HACKERS TOEFL
LISTENING BASIC 200%활용법

KB132730

토플 쉐도잉&말하기 연습 프로그램

이용방법 고우해커스(goHackers.com) 접속 ▶
상단 메뉴 [TOEFL → 쉐도잉&말하기 연습] 클릭하여 이용하기

토플 스피킹/라이팅 첨삭 게시판

이용방법 고우해커스(goHackers.com) 접속 ▶
상단 메뉴 [TOEFL → 스피킹게시판/라이팅게시판] 클릭하여 이용하기

토플 공부전략 강의

이용방법 고우해커스(goHackers.com) 접속 ▶
상단 메뉴 [TOEFL → 토플공부전략] 클릭하여 이용하기

토플 자료 및 유학 정보

이용방법 유학 커뮤니티 **고우해커스(goHackers.com)**에 접속하여
다양한 토플 자료 및 유학 정보 이용하기

고우해커스 바로 가기 ▶

교재 MP3

이용방법 해커스인강(HackersIngang.com) 접속 ▶
상단 메뉴 [토플 → MP3/자료 → 문제풀이 MP3] 클릭하여 이용하기

문제풀이 MP3 바로 가기 ▶

단어암기 MP3

이용방법 해커스인강(HackersIngang.com) 접속 ▶
상단 메뉴 [토플 → MP3/자료 → 무료 MP3/자료] 클릭하여 이용하기

MP3/자료 바로 가기 ▶

HACKERS
TOEFL
LISTENING
BASIC

해커스 어학연구소

해커스 토플은 토플 시험 준비와 함께 여러분의 영어 실력 향상에 도움이 되고자 하는 마음에서 시작되었습니다. 해커스 토플을 처음 출간하던 때와 달리, 이제는 많은 토플 책들을 서점에서 볼 수 있지만, 그럼에도 해커스 토플이 여전히 **독보적인 베스트셀러**의 자리를 지킬 수 있는 것은 늘 **처음과 같은 마음으로** 더 좋은 책을 만들기 위해 고민하고, 최신 경향을 반영하기 위해 끊임없이 노력하기 때문입니다.

이러한 노력의 결실로, 새롭게 변경된 토플 시험에서도 학습자들이 영어 실력을 향상하고 토플 고득점을 달성하는 데 도움을 주고자 **최신 토플 경향을 반영한** 『Hackers TOEFL Listening Basic (iBT)』을 출간하게 되었습니다.

영어 듣기의 기본을 확실히 잡습니다!

『Hackers TOEFL Listening Basic (iBT)』은 영어 듣기를 위한 기본서로, 학습자들이 문제 풀이 능력뿐만 아니라 전반적인 영어 듣기 능력을 향상할 수 있도록 기본기를 탄탄히 다져주는 해법을 제시하였습니다.

체계적인 4주 학습으로 실전도 문제없습니다!

1주에는 영어 듣기의 기본기를 다지고, 2-3주에 다양한 유형의 문제를 풀어봄으로써 토플 리스닝 유형에 대한 이해도를 높인 후, 4주에 Progressive Test를 통해 실전 감각까지 익힐 수 있도록 하였습니다.

『Hackers TOEFL Listening Basic (iBT)』이 여러분의 토플 목표 점수 달성에 확실한 해결책이 되고, 영어 실력 향상, 나아가 **여러분의 꿈을 향한 길**에 믿음직한 동반자가 되기를 소망합니다.

David Cho

CONTENTS

1st Week 기본기 다지기

2nd Week 대화 공략하기

3rd Week 강의 공략하기

4th Week 실전 대비하기

해커스 토플 베이직으로
Listening 기초를 잡는다!

01 4주 완성, Listening 기본서!

영어 듣기의 기본서

토플 리스닝 공부를 시작하는 수험생뿐만 아니라, 영어로 진행되는 수업에 대비하는 유학생 및 일반인들이 영어 듣기의 기본을 다질 수 있도록 하는 데 중점을 두었다. **영어 듣기의 기본기부터 토플 리스닝 유형별 문제 풀이 전략까지 이 한 권으로 모두 학습**할 수 있다.

맞춤형 학습플랜

학습자들은 레벨 테스트를 통해 자신의 실력을 미리 진단하고, **자신에게 가장 잘 맞는 학습플랜을 선택하여 학습**할 수 있다.

02 전략부터 실전까지 체계적인 Listening 학습!

▌1주 기본기 다지기

예문을 눈으로만 봤을 때에는, '알러르기'와 '아마추어'라는 발음이 먼저 떠오를 것입니다. 하지만 실제 발음을 들어 보면 'allergy'의 정확한 발음은 '앨러쥐'에 가깝고, 'amateur'의 정확한 발음은 '애머춰'에 가깝습니다. 이처럼 우리의 머릿속에 잘못된 발음으로 굳어진 외래어들 때문에 리스닝이 더욱 어렵게 느껴질 수 있습니다. 이와 같은 외래어의 대표적인 예를 들어 보며 정확한 발음을 익혀 봅시다.

귀로 다시 외워야 할 외래어

단어	보이는 발음	들리는 발음	단어	보이는 발음	들리는 발음
aerobic	에어로빅	[에로우빅]	film	필름	[필므]
aluminum	알루미늄	[얼루미넘]	ideology	이데올로기	[아이디알러지]
bacteria	박테리아	[박테(어)리어]	interior	인테리어	[인테(어)리어]
battery	배터리	[배러리]	item	아이템	[아이럼]
calendar	카렌다	[캘린더]	label	라벨	[레어블]

1주에서는 영어 발음과 강세, 끊어 듣기, 노트테이킹까지 **영어 듣기에 필요한 기본기들을 Course별로 학습**한다. 각 Course가 끝날 때마다 제공되는 Exercise와 하루 학습이 끝날 때마다 제공되는 Daily Check-up으로 배운 내용을 복습할 수 있다.

▌2, 3주 대화/강의 공략하기

2, 3주에서는 **토플 리스닝의 대화(Conversation)와 강의(Lecture)를 각각 5가지 문제 유형으로 나누어 학습**한다. 유형별 질문 형태와 문제 풀이 핵심 전략 등을 예제와 함께 살펴보고, Daily Check-up과 Daily Test를 통해 문제에 적용하여 풀어볼 수 있다.

▌4주 실전 대비하기

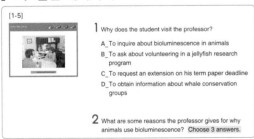

4주에서는 여러 유형의 문제들이 혼합된 실전 형태의 Progressive Test를 통해 **1~3주에서 학습한 내용을 총정리**할 수 있다. 하루 학습은 대화 1개와 강의 2개로 구성되어 있어, 실제 토플 리스닝에서 출제되는 지문 구성에 대비할 수 있다.

▌Actual Test

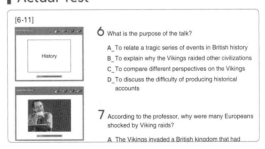

이 책의 최종 마무리 단계로, 한 회분의 실전 테스트를 수록하였다. **실제 iBT TOEFL Listening 시험과 동일한 형식을 갖춘 문제를 풀어봄으로써**, 실전에 효과적으로 대비할 수 있다.

03 정확한 해석·해설을 통한 문제 이해로 실력 UP!

스크립트/해석

> M: Hello, Professor. Do you have a minute?
> W: Sure, Eric. How are you?
> M: I'm doing really well. I had a lot of fun preparing my presentation on irony in twentieth American literature. But, um, I'm supposed to give it on Friday, and I have a slight probl uh . . . I need to . . . reschedule it.
> W: I'm sorry, but the presentation times have already been assigned.
> M: I know, but I have a really important event for my father on Friday. I just found out yesterday. If I don't go, my parents will be really disappointed.
>
> 해석
> M: 안녕하세요, 교수님. 시간 있으신가요?
> W: 물론이지, Eric. 어떻게 지내니?
> M: 정말 잘 지내고 있어요. 20세기 미국 문학에서의 모순에 대한 발표를 준비하면서 정말 재미있었어요. 하지만, 음, 제 발표하기로 되어 있는데, 약간 문제가 있어서요. 저... 어... 저는... 일정을 변경하고 싶어요.
> W: 미안하지만, 발표 시간은 이미 다 배정되었단다.
> M: 알아요, 하지만 금요일에 아버지를 위한 정말 중요한 행사가 있거든요. 그걸 어제야 알았어요. 제가 가지 않으면, 부 말 실망하실 거에요.
>
> Q. 대화의 주된 주제는 무엇인가?
> ⓐ 발표 주제를 변경하는 것

영어 듣기에 어려움을 느끼는 초보 학습자들이 **지문의 내용과 문제를 바르게 이해하며 학습할 수 있도록** 모든 대화 및 강의에 대한 듣기 스크립트를 수록하였을 뿐 아니라, 교재에 수록된 모든 지문, 문제 및 선택지에 대한 정확한 해석을 함께 제공하였다.

해설/정답단서

> 해설
> 학생은 "I was hoping ~" 이하에서 자신이 준비하고 있는 행사에 대해 이야기를 나누고 싶다고 한 한 교수가 연설하지 못하게 되었다고 말합니다. 따라서 자신의 계획에 차질이 생긴 점을 논의하기 위 간 것임을 알 수 있습니다.
>
> [2]   Listen to a conversation between a student and a university employee at the office.
>
> M: Hi, is this the registrar's office? I've got a problem I was hoping you could he
> W: You're in the right place. What can I do for you?
>
> 학생의 용건/문제점
> 등록하려던 강의가 다 참
> M: ⁰² Well, I tried to sign up for Professor Daniel's Russian history course next But . . . um, it's full. I'm really interested in the topic, though. I'm not really su do now.
>
> 교직원의 제안
> 온라인 강의에 등록할 것
> W: Let me take a quick look at the schedule for next semester. Hmm . . . Did that there is an online class as well? It hasn't filled up yet. There are still a available.
>
> 학생의 반응
> 부정 - 들어본 적 없어서 걱정됨
> M: I actually saw that . . . but I'm not sure. I've never taken an online class be little worried that it won't be a good experience.

교재에 수록된 모든 문제에 대해 친절하고 상세한 해설을 수록하였고, 실전 문제에는 정답의 단서 또한 함께 제공하여 학습자가 **정답과 오답의 근거를 정확하게 파악할 수 있도록** 하였다.

04 해커스만의 다양한 학습자료 제공!

▌고우해커스(goHackers.com)

온라인 토론과 정보 공유의 장인 **고우해커스(goHackers.com)** 사이트에서 다른 학습자들과 함께 교재 내용에 관한 문의사항을 나누고 학습 내용을 토론할 수 있으며, **다양한 무료 학습자료와** TOEFL 시험 및 유학에 대한 풍부한 정보도 얻을 수 있다.

▌해커스인강(HackersIngang.com)

해커스인강(HackersIngang.com) 사이트에서 **교재에 수록된 단어 및 표현의 단어암기 MP3**를 무료로 제공받을 수 있다. 또한, 교재 학습 시 **동영상강의**를 수강하면 선생님의 상세한 설명을 통해 영어 듣기에 필요한 기본기 및 토플 리스닝 문제 유형별 전략을 좀 더 깊이 있고 체계적으로 학습할 수 있다.

TOEFL Listening 소개 및 학습전략

TOEFL Listening 소개

iBT TOEFL Listening 영역은 크게 대화(Conversation)와 강의(Lecture)로 구성되어 있으며, 대화는 주로 대학에서 일어날 수 있는 상황, 강의는 주로 대학 강의에서 다루는 학문 분야에 관한 것이다. 대화 및 강의를 들으면서 노트테이킹을 할 수 있으므로, 기억력에 의존하기보다는 내용을 듣고 이해하면서 정리하는 능력이 더욱 요구된다고 볼 수 있다.

TOEFL Listening 구성

2023년 7월 26일부터 시험은 2개의 Part로 구성되며, 각 Part에는 다음과 같이 1개의 대화(Conversation)와 1~2개의 강의(Lecture)가 나온다. 보통 대화 하나는 약 3분, 강의 하나는 약 3~5분 동안 이어진다. 이때, 1개의 강의가 나오는 Part가 먼저 나올 수도 있고, 2개의 강의가 나오는 Part가 먼저 나올 수도 있다. (2023년 7월 26일 전까지는 총 2개 또는 3개의 Part로 구성된다.)

Part 구성 예시 1 (1개의 강의가 나오는 Part)
Conversation (5문항 출제) → Lecture (6문항 출제)

Part 구성 예시 2 (2개의 강의가 나오는 Part)
Conversation (5문항 출제) → Lecture 1 (6문항 출제) → Lecture 2 (6문항 출제)

TOEFL Listening 문제 유형 소개

문제 유형		유형 소개
Basic Comprehension 들은 내용에 대한 기본적인 이해를 요하는 문제	Main Topic/Purpose	주제를 묻는 문제
	Detail	세부 정보를 묻는 문제
Pragmatic Understanding 들은 내용의 기저에 놓인 실질적인 의미를 파악하는 문제	Function & Attitude	화자의 의도나 태도를 묻는 문제
Connecting Information 들은 내용을 종합해서 풀어야 하는 문제	Connecting Contents	주어진 정보들 간의 관계 또는 내용의 전개 구조를 묻는 문제
	Inference	주어진 정보로 추론하는 문제

TOEFL Listening 학습전략

1. 정확한 영어 발음 및 억양을 익힌다.

정확한 영어 듣기를 위해서는 실제 원어민의 발음과 억양, 말하는 속도 등에 익숙해져야 한다. 교재 1주차에 수록된 내용은 음성을 들으면서 꼼꼼하게 학습하여 영어의 주요 발음 현상, 주의해야 할 강세와 억양 등을 정확하게 익히도록 한다.

2. 토플에 자주 출제되는 토픽에 관한 배경 지식을 쌓는다.

배경 지식을 많이 알고 있을수록 들리는 내용도 많으므로, 시험에 자주 출제되는 토픽과 관련된 내용을 많이 알아두는 것이 좋다. 교재에 수록된 지문들과 함께 평소에 다양한 분야의 학술·시사적인 내용을 많이 접하도록 한다.

3. 어휘력을 기른다.

모르는 단어는 잘 들리지 않으므로, 교재에 수록된 단어를 비롯하여 다양한 어휘들을 외워두도록 한다. 단어를 외울 때에는 철자와 뜻뿐만 아니라 정확한 발음까지 함께 알아두는 것이 중요하다.

4. 많이 받아써 본다.

영어 문장을 계속해서 받아쓰다 보면 자신이 영어 듣기에서 어느 부분에 취약한지, 어떤 단어가 잘 들리지 않는지 쉽게 파악할 수 있다. 교재에 수록된 받아쓰기 문제를 활용하여 이를 충분히 연습하도록 한다.

5. 노트테이킹 연습을 한다.

iBT TOEFL Listening 시험에서는 들으면서 노트테이킹하는 것이 허용되므로, 이를 잘 활용할 수 있어야 한다. 교재에 수록된 대화(Conversation)와 강의(Lecture)를 들으면서 핵심 내용을 중심으로 간략하게 노트테이킹하는 것을 연습하도록 한다.

* 노트테이킹의 방법에 관해서는 교재 1주 5일(p.68)에서 자세히 다룬다.

나만의 **학습플랜**

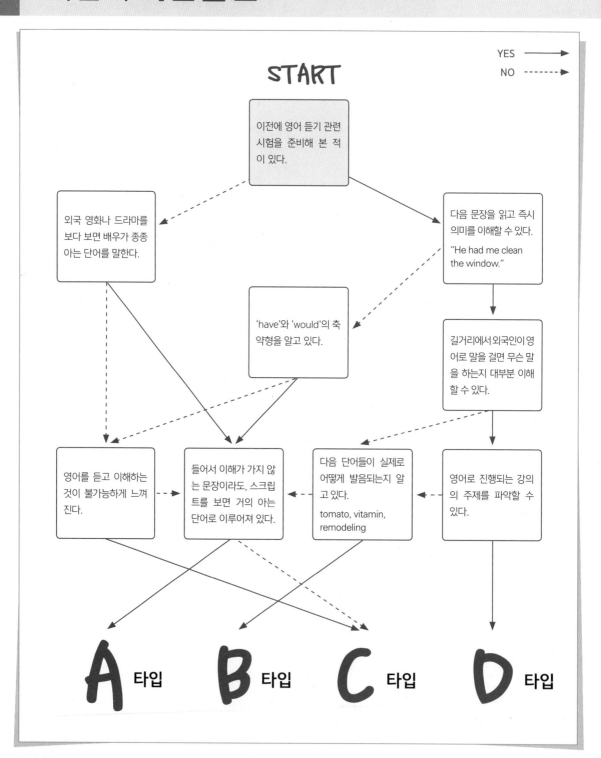

A 타입 : 영어의 **정확한 발음과 억양**을 익혀야 하는 당신!

영어가 낯설지는 않지만 정확하게 듣고 이해하는 것에는 아직 미숙하군요. 학습한 내용을 듣고 받아쓰는 연습을 통해, 주요 단어들의 정확한 발음과 억양을 다시 점검해 볼 필요가 있겠습니다. 1주에서 학습하는 영어의 발음 현상 및 강세와 억양을 특히 꼼꼼히 살펴보고, 학습플랜에 따라 한 달 동안 공부하세요.

4주 학습플랜

	Day 1	Day 2	Day 3	Day 4	Day 5	Day 6
Week 1	1주 1일	1주 2일	1주 3일	1주 4일	1주 5일	휴식
Week 2	2주 1일	2주 2일	2주 3일	2주 4일	2주 5일	휴식
Week 3	3주 1일	3주 2일	3주 3일	3주 4일	3주 5일	휴식
Week 4	4주 1일	4주 2일	4주 3일	4주 4일	4주 5일	Actual Test

B 타입 : 들은 내용을 활용한 **문제 풀이 능력**을 키워야 하는 당신!

기본적인 듣기 실력은 어느 정도 갖추고 있지만, 귀에 들리는 영어를 능동적으로 이해하고 활용하는 능력이 부족하네요. 들은 내용을 정확히 이해하고 문제 풀이에 적용하는 연습이 필요합니다. 문제 유형별 핵심 전략을 꼼꼼히 학습하고, 이를 적용하여 문제를 푸는 데 주력하세요. 학습플랜에 따라 3주 동안 공부하세요.

3주 학습플랜

	Day 1	Day 2	Day 3	Day 4	Day 5	Day 6
Week 1	1주 1~3일	1주 4~5일	2주 1일	2주 2일	2주 3일	2주 4일
Week 2	2주 5일	3주 1일	3주 2일	3주 3일	3주 4일	3주 5일
Week 3	4주 1일	4주 2일	4주 3일	4주 4일	4주 5일	Actual Test

C 타입 : 차근차근 **영어 듣기의 기초**부터 다져야 하는 당신!

이제 막 영어 듣기의 첫걸음을 떼려 하는군요. 기본적인 어휘력과 구문 지식이 부족할 뿐만 아니라, 영어 듣기의 기본 원리도 잘 모르는 상태이므로, 지금은 무조건 문제를 풀기보다는 듣기의 기본기부터 확실히 다지는 것이 중요합니다. 1주 내용을 완벽하게 숙지했다고 생각될 때까지 반복 학습하고, 2, 3, 4주는 본문 하단의 단어를 먼저 외우고 나서 문제를 풀어 보세요. 학습플랜에 따라 6주 동안 공부하되, 내용이 너무 어렵게 느껴진다면 여러 번 복습하며 조금 더 천천히 진도를 나가도 좋습니다.

6주 학습플랜

	Day 1	Day 2	Day 3	Day 4	Day 5	Day 6
Week 1	1주 1일	1주 2일	1주 3일	1주 4일	1주 5일	1주 1~3일
Week 2	1주 4~5일	2주 1일	2주 2일	2주 3일	2주 4일	2주 5일
Week 3	3주 1일	3주 2일	3주 3일	3주 4일	3주 5일	휴식
Week 4	4주 1일	4주 2일	4주 3일	4주 4일	4주 5일	Actual Test
Week 5	1주 1~3일	1주 4~5일 2주 1일	2주 2~4일	2주 5일 3주 1~2일	3주 3~5일	휴식
Week 6	4주 1일	4주 2일	4주 3일	4주 4일	4주 5일	Actual Test

D 타입 : iBT 실전 유형을 익혀야 하는 당신!

기본적인 영어 듣기에 대한 감각은 물론, 들은 내용을 요약하여 정리하는 능력까지 갖추었군요. 이제 iBT 토플 시험에 대한 실전 감각만 키우면 바로 실전에 도전해도 되겠습니다. 1~3주에서는 노트테이킹 방법과 익숙하지 않은 문제 유형 위주로 공부하고, 4주는 학습 스케줄에 따라 일별로 꼼꼼히 공부하세요. 학습플랜에 따라 2주 동안 끝내세요.

2주 학습플랜

	Day 1	Day 2	Day 3	Day 4	Day 5	Day 6
Week 1	1주	2주 1~2일	2주 3~4일	2주 5일 3주 1일	3주 2~3일	3주 4~5일
Week 2	4주 1일	4주 2일	4주 3일	4주 4일	4주 5일	Actual Test

교재 학습 (**TIP**)

1. 매일 제시되는 본문 내용을 충분히 학습한 뒤, Exercise 및 Daily Check-up을 풀고 자신이 취약한 부분이 무엇인지 체크해 보세요. 부족한 부분은 본문을 참고하여 복습하고, 2, 3주는 Daily Test로 마무리하세요.

2. 4주의 Progressive Test를 풀면서 1~3주에서 학습했던 내용을 총정리하고, 자신의 실력을 점검해 보세요.

3. Progressive Test와 Actual Test를 풀 때에는 시간 제한을 두고 실전처럼 풀어 보세요. 문제 내용을 보지 않은 상태에서 먼저 지문을 듣고 노트테이킹한 후 문제를 풀면서 실제 시험 방식에 익숙해지도록 하는 것이 중요합니다.

4. 문제를 푼 뒤에는 자신이 취약한 부분을 파악하여 그 부분을 중점적으로 복습하세요.
   · 어휘력이 부족한 경우: 스크립트를 보면서 몰랐던 단어를 다시 한번 학습합니다.
   · 발음이 잘 안 들리는 경우: 들리지 않는 부분을 반복적으로 들으면서 받아쓰기합니다.
   · 문장은 들리는데 이해가 잘 안 되는 경우: 음성 파일을 들으면서 같은 속도로 따라 읽습니다.

5. 매일 정해진 분량을 끝내지 못했을 경우에는 학습플랜에 따라 계속 진도를 나가되, 다음 주로 넘어가기 전에 그 주에 끝내지 못한 부분을 학습하세요.

6. 스터디 학습을 할 때에는 각자 문제 유형 및 핵심 전략을 충분히 숙지해온 뒤, 팀원들과 함께 시간을 정해 놓고 문제를 풀어 보세요. 지문을 듣고 받아쓰거나 노트테이킹한 내용은 스크립트를 확인하기 전에 서로 비교하여 빠진 내용이 있는지 확인해 보세요. 채점을 한 뒤에는 서로의 답을 비교해 보고, 혼동되는 부분이 있으면 그 이유를 함께 논의해 보면서 부족한 부분을 채워 나가는 것이 중요합니다.

미국 영어와 영국 영어의 차이

iBT TOEFL Listening에서는 미국식 발음 외에도 영국, 호주 및 뉴질랜드식 발음이 등장합니다. 미국식 영어에 익숙한 한국 학습자들에게는 다른 영어권 국가의 발음이 낯설고 어렵게 느껴질 수 있으므로, 각 영어권 국가의 발음을 비교해가며 기본적인 차이점을 숙지하는 과정이 필요합니다. 호주와 뉴질랜드식 영어는 영국식 영어와 비교적 유사하기 때문에, 크게 미국식 영어와 영국식 영어를 비교해 보겠습니다.

1. 자음

❶ /r/ 발음 : 영국 영어에서 [r]는 바로 뒤에 모음이 따라 올 경우에만 발음하는 반면, 미국 영어에서는 [r]를 항상 부드럽게 굴려 발음합니다.

	corn	fever	bird	further
미국	[kɔːrn]	[fíːvər]	[bəːrd]	[fə́ːrðər]
영국	[kɔːn]	[fíːvə]	[bəːd]	[fə́ːðə]

❷ /t/ 발음 : 미국 영어에서는 [t] 발음이 종종 생략되거나 변형되어 발음되는 반면, 영국 영어에서는 대부분 그대로 발음됩니다.

	water	item	printer	Internet
미국	워러r	아이럼	프뤼너r	이너r넷
영국	워터	아이템	프린터	인터넷

	mountain	recently	artist	transporter
미국	마운은	리슨ㅌ리	아r리스트	트랜스포어r러
영국	마운튼	리슨틀리	아티스트	트란스포터

2. 모음

❶ /a/ 발음 : 미국 영어에서는 [æ]로 발음되지만 영국 영어에서는 [a]로 발음됩니다.

	can't	half	path	glass
미국	[kænt]	[hæf]	[pæθ]	[glæs]
영국	[kɑːnt]	[hɑːf]	[pɑːθ]	[glɑːs]

❷ **/i/ 발음** : 특정 단어의 경우 미국 영어에서는 [i]로 발음되지만 영국 영어에서는 [ai]로 발음됩니다.

	either	neither	direction	organization
미국	[íːðər]	[níːðər]	[dirékʃən]	[ɔ̀ːrgənizéiʃən]
영국	[áiðə]	[náiðə]	[dairékʃən]	[ɔ̀ːgənaizéiʃən]

❸ **/o/ 발음** : 특정 단어의 경우 미국 영어에서는 [ɑ]로 발음되지만 영국 영어에서는 [ɔ]로 발음됩니다.

	not	shop	stop	bottle
미국	[nɑt]	[ʃɑp]	[stɑp]	[bɑtl]
영국	[nɔt]	[ʃɔp]	[stɔp]	[bɔtl]

❹ **/u/ 발음** : 미국 영어에서는 주로 [u], 즉 '우'로 발음되는 반면 영국 영어에서는 [ju], 즉 '유'로 발음됩니다.

	assume	tune	news	opportunity
미국	[əsúːm]	[tuːn]	[nuːz]	[ɑ̀pərtúːnəti]
영국	[əsjúːm]	[tjuːn]	[njuːz]	[ɔ̀pərtjúːnəti]

3. 강세

미국 영어에서는 강세가 뒤에 오는 반면, 영국 영어에서는 같은 단어의 강세가 앞에 오는 경우가 있습니다.

	garage	baton	debris	vaccine
미국	[gərɑ́ːʒ]	[bətán]	[dəbríː]	[væksíːn]
영국	[gǽrɑːʒ]	[bǽtɔn]	[déibriː]	[vǽksiːn]

4. 기타 차이나는 발음들

	methane	schedule	Asia	transient
미국	[méθein]	[skédʒu(ː)l]	[éiʒə]	[trǽnʃənt]
영국	[míːθein]	[ʃédjuːl]	[éiʃə]	[trǽnziənt]

1st
Week
기본기 다지기

1주에서는 리스닝 실력을 향상하기 위해서 다져야 하는 기본기를 익혀 보겠습니다. 기본기에는 영어의 발음 현상을 제대로 알고 듣는 것에서부터, 주의해야 할 강세와 억양, 끊어 듣기, 효과적인 영어 청취를 위한 노트테이킹까지 모두 포함됩니다.

A Model from Athens

'아테네'에서 온 '모델'이라고요!

사실 고대 도시 '아테네'와 '모델'이라는 단어를 모르는 사람은 거의 없을 것입니다. 다만, 외국인이 발음하는 '아테네'와 '모델'을 알아듣기가 쉽지 않을 뿐이죠. 이는 외국인이 이 단어들을 우리가 알고 있는 것처럼 '아테 네,' '모델'이라고 발음하지 않기 때문입니다. 이처럼 영어 단어들이 제대로 들리지 않는 경우가 많은데, 그 이 유는 우리가 그 단어들의 발음을 잘못 알고 있었거나 영어의 강세에 익숙하지 않아서, 또는 비슷한 발음을 제 대로 구분하지 못하기 때문입니다. 이제 영어 단어들의 정확한 발음을 배워 볼까요?

 1일 훈련 일정

훈련 코스	학습 목표
Course 1 잘못 알고 있는 외래어 바로 듣기	평소에 알고 있던 외래어들의 정확한 발음을 익힌다.
Course 2 강세에 유의하여 듣기	강세의 유무에 따라 모음의 발음이 어떻게 달라지는지 안다.
Course 3 비슷하게 들리는 자음과 모음 구분하기	소리가 유사해 혼동하기 쉬운 자음과 모음을 귀로 듣고 구분한다.
Course 4 비슷하게 들리는 단어들 구분하기	발음이 같거나 유사한 단어들을 문맥을 통해 구분한다.

Listen & Check

At this time, there is no cure for food **allergies**.
현재로써는, 음식 알레르기에 대한 치료법이 없습니다.

He is an **amateur** singer.
그는 아마추어 가수입니다.

예문을 눈으로만 봤을 때에는, '알레르기'와 '아마추어'라는 발음이 먼저 떠오를 것입니다. 하지만 실제 발음을 들어 보면 'allergy'의 정확한 발음은 '앨러쥐'에 가깝고, 'amateur'의 정확한 발음은 '애머춰'에 가깝습니다. 이처럼 우리의 머릿속에 잘못된 발음으로 굳어진 외래어들 때문에 리스닝이 더욱 어렵게 느껴질 수 있습니다. 이와 같은 외래어의 대표적인 예를 들어 보며 정확한 발음을 익혀 봅시다.

🎧 귀로 다시 외워야 할 외래어

단어	보이는 발음	들리는 발음	단어	보이는 발음	들리는 발음
ae**ro**bic	에어로빅	[에로우빅]	**fi**lm	필름	[필음]
al**u**minum	알루미늄	[얼루미넘]	ide**o**logy	이데올로기	[아이디알러지]
bac**te**ria	박테리아	[백티(어)리어]	in**te**rior	인테리어	[인티(어)리어]
battery	배터리	[배러리]	**i**tem	아이템	[아이럼]
calendar	카렌다	[캘린더]	**la**bel	라벨	[레이블]
calorie	칼로리	[캘러리]	**ma**rathon	마라톤	[매러쏜]
camera	카메라	[캐므라]	**mar**garine	마가린	[마ㄹ저린]
ca**reer**	캐리어	[커리어]	**mar**keting	마케팅	[마ㄹ키링]
ca**sse**tte	카세트	[커셋트]	**mi**ssile	미사일	[미슬]
catalogue	카탈로그	[캐덜로그]	**mo**del	모델	[마들]
cocoa	코코아	[코우코(우)]	te**le**pathy	텔레파시	[털레퍼씨]
coupon	쿠폰	[쿠펀]	**vi**tamin	비타민	[바이러민]
data	데이타	[데이러]	**yo**gurt	요구르트	[요거르트]

→ 영어 발음을 우리말로 표기하는 데에는 한계가 있으므로, 반드시 음성을 들으면서 발음을 익혀야 합니다.

✍ Exercise

🎧 들려주는 발음이 어떤 단어인지 찾아 그 기호를 쓰세요.

A. 헤게모니	B. 르네상스	C. 카누	D. 마사지	E. 이탈리아
F. 헬리콥터	G. 뷔페	H. 레퍼토리	I. 심포지엄	J. 아이템

1 _____ 2 _____ 3 _____ 4 _____ 5 _____

6 _____ 7 _____ 8 _____ 9 _____ 10 _____

🎧 들려주는 단어를 듣고 받아써 보세요.

11 _____ 12 _____ 13 _____

14 _____ 15 _____ 16 _____

17 _____ 18 _____ 19 _____

🎧 다음 문장의 빈칸을 채워 보세요.

20 She is a _____.

21 All you need is her _____ to add the class.

22 You should call everyone to collect the _____.

23 Check out the cost of renting an _____ first.

24 If you don't have a _____ player to do the research, you can use mine.

정답 p.234

● 단어 및 표현 ●

hegemony [hidʒéməni] 헤게모니, 지배권   symposium [simpóuziəm] 심포지엄, 토론회   add the class 수업을 추가 신청하다

Course ② 강세에 유의하여 듣기

Listen & Check

The book can be placed in the **category** of science fiction.
그 책은 공상 과학 분야에 포함될 수 있습니다.

The vacancy is for industrial **design** majors.
그 자리는 산업 디자인 전공자들을 위한 거야.

'category'는 흔히 '카테고리'로 사용됩니다. 이 단어의 정확한 발음을 우리말로 표기하면 '캐러고리'가 될 것입니다. 그리고 흔히 '디자인'으로 사용되는 단어 'design'의 정확한 발음은 '(드)자인'에 가깝습니다. 이처럼 강세가 없는 모음은 매우 약해져서, 거의 '어'나 '으'에 가깝게 발음됩니다. 반면 강세가 있는 모음은 상대적으로 매우 강하게 들리죠. 아래의 단어들은 우리가 강세를 제대로 알지 못해 실제 발음과 흔히 알고 있는 발음이 다르게 들리는 예입니다. 강세에 유의하여 발음을 익혀 봅시다.

🎧 강세를 알아두어야 할 단어들

단어	보이는 발음	들리는 발음	단어	보이는 발음	들리는 발음
ac**cor**ding	어코딩	[(어)코ㄹ딩]	bal**loon**	벌룬	[(벌)룬]
ad**mit**	어드밑	[(얻)밑]	be**cause**	비코우즈	[(비)커즈]
ad**van**ce	어드밴스	[(얻)밴스]	car**toon**	카툰	[(커ㄹ)툰]
af**ford**	어포드	[(어)포ㄹ드]	de**mo**cracy	데모크라시	[(드)마크러시]
ap**pear**	어피어	[(어)피어]	le**git**imate	리지터밑	[(리)지러밑]
as**sure**	어슈어	[(어)슈어]	ma**te**rial	머터리얼	[(머)티리얼]
Athens	아테네	[애(쓴)즈]	**no**vel	나벌	[**나**(블)]
atom	애톰	[애(럼)]	**po**em	포엠	[**포**(엄)]
at**tend**	어텐드	[(어)텐드]	**sen**timent	센티멘트	[**센**트먼(ㅌ)]

✍️ Exercise

🎧 들려주는 단어를 듣고 받아써 보세요.

1 _____   **2** _____   **3** _____

4 _____   **5** _____   **6** _____

7 _____   **8** _____   **9** _____

🎧 들려주는 문장에서 어떤 단어를 발음하고 있는지 찾아보세요.

10 Ⓐ attend   Ⓑ tend   **11** Ⓐ assure   Ⓑ sure

12 Ⓐ apply   Ⓑ fly   **13** Ⓐ admit   Ⓑ meet

14 Ⓐ room   Ⓑ balloon   **15** Ⓐ attempt   Ⓑ tempt

🎧 다음 문장의 빈칸을 채워 보세요.

16 Thanks for _____ me.

17 You can get the reading _____ at the public library.

18 Seven courses in one _____ is just too much.

19 You can _____ that the song information is available on your Web site.

20 Only a _____ child could be installed as Crown Prince.

정답 p.234

● 단어 및 표현 ●

sentiment[séntəmənt] 감정, 정서   bladder[blǽdər] 방광   attempt[ətémpt] 시도   restoration[rèstəréiʃən] 복원
legitimate[lidʒítəmət] 적출의   install[instɔ́:l] 임명하다   Crown Prince 왕세자

Listen & Check

He was a **fast** runner in the **past**. 그는 과거에 빠른 육상 선수였습니다.

Before **long**, he turned out to be **wrong**. 오래지 않아, 그가 틀렸다는 것이 밝혀졌습니다.

'fast'의 [f]와 'past'의 [p]는 혼동하기 쉬운 유사한 자음입니다. 그리고 'long'과 'wrong'의 [l]와 [r] 또한 유사한 자음이므로, 들을 때 혼동하기 쉽습니다. 이처럼 소리가 유사한 자음과 모음으로 인해 혼동하기 쉬운 단어의 대표적인 예를 잘 듣고 확실히 구분할 수 있도록 발음을 익혀 봅시다.

🎧 발음을 혼동하기 쉬운 단어들

[l] & [r]	lock [lɑk] rock [rɑk]	low [lou] raw [rɔ:]	gloss [glɑs] gross [grous]	lift [lift] rift [rift]	fly [flai] fry [frai]
	[l]는 우리말의 'ㄹ' 발음과 비슷하게 입천장에 혀를 대고 내는 소리 [r]는 혀를 입천장 가까이로 가져간 후 입을 둥글게 해서 내는 소리				
[b] & [v]	bent [bent] vent [vent]	bail [beil] veil [veil]	ban [bæn] van [væn]	bow [bau] vow [vau]	bury [béri] very [véri]
	[b]는 우리말의 'ㅂ' 발음과 비슷하게 입술을 붙였다가 떼며 내는 소리 [v]는 윗니를 아랫입술에 댄 채 목을 울리며 내는 소리				
[f] & [p]	file [fail] pile [pail]	coffee [kɔ́:fi] copy [kápi]	fair [fɛər] pair [pɛər]	fat [fæt] pat [pæt]	a fly [əflái] apply [əplái]
	[f]는 윗니를 아랫입술에 댄 채 바람을 새어나가게 해서 내는 소리 [p]는 우리말의 'ㅍ' 발음과 비슷하게 입술을 붙였다가 떼며 내는 소리				
[ɔ:] & [ou]	bought [bɔ:t] boat [bout]	lawn [lɔ:n] loan [loun]	caught [kɔ:t] coat [kout]	ball [bɔ:l] bowl [boul]	bald [bɔ:ld] bold [bould]
	[ɔ:]는 입 모양을 둥글게 한 채 발음하는 우리말의 '오'와 '아'의 중간 소리 [ou]는 입을 '오'와 같이 했다가 '우'와 가까운 모양으로 바꾸며 내는 소리				
[i:] & [i]	feet [fi:t] fit [fit]	leaves [li:vz] lives [livz]	neat [ni:t] knit [nit]	seep [si:p] sip [sip]	least [li:st] list [list]
	[i:]는 혀를 긴장시킨 채 입술을 옆으로 크게 벌리고 길게 '이'라고 발음하는 소리 [i]는 혀와 입술에 힘을 빼고 짧게 '이'라고 발음하는 소리				

✏ Exercise

🎧 들려주는 단어를 듣고 받아써 보세요.

1 _____ **2** _____ **3** _____

4 _____ **5** _____ **6** _____

7 _____ **8** _____ **9** _____

🎧 들려주는 문장에서 어떤 단어를 발음하고 있는지 찾아보세요.

10 Ⓐ best　　　Ⓑ vest　　　　**11** Ⓐ feinting　　　Ⓑ painting

12 Ⓐ call　　　Ⓑ coal　　　　**13** Ⓐ rice　　　Ⓑ lice

14 Ⓐ beat　　　Ⓑ bit　　　　**15** Ⓐ a fly　　　Ⓑ apply

🎧 다음 문장의 빈칸을 채워 보세요.

16 There will be a _____ about the student lounge this _____.

17 I borrowed _____ of _____ from the library to finish my term paper.

18 It will _____ you lots of money to investigate the _____ area.

19 I _____ that there was a _____ at that time.

20 Now, you can see the _____ through the _____.

정답 p.235

● 단어 및 표현 ●

rift[rift] 틈, 균열　largely[lάːrdʒli] 대부분　live on ~을 주식으로 하다　buzz[bʌz] 윙윙거리다　poll[poul] 여론 조사
coastal[kóustəl] 연안의　vet[vet] 수의사

Course ④ 비슷하게 들리는 단어들 구분하기

Listen & Check

You didn't **write** the **right** answer.
너는 올바른 답을 쓰지 않았어.

After the children are **adopted**, they will need to **adapt** to the new environment.
아이들은 입양된 후에, 새로운 환경에 적응해야 할 것입니다.

'write'와 'right'는 발음이 같아서 혼동을 줄 수 있는 단어들이고, 'adopt'와 'adapt'는 발음이 유사하여 혼동을 줄 수 있는 단어들입니다. 이와 같이 발음이 같거나 유사한 단어들은 문맥에서 그 뜻을 생각하며 구분해야 합니다.

🎧 발음이 같거나 유사한 단어들

발음이 같은 단어들			발음이 유사한 단어들		
[ɛər]	air	공기	color [kʌ́lər]	색	
	heir	상속자	collar [kálər]	깃	
[əláud]	allowed	허락된	contact [kántækt]	연결하다	
	aloud	큰 소리로	contract [kántrækt]	계약	
[bɛər]	bare	발가벗은	directly [diréktli]	직접	
	bear	견디다	directory [diréktəri]	주소 성명록	
[breik]	break	깨뜨리다	disease [dizíːz]	질병	
	brake	제동 장치	decease [disíːs]	사망	
[dai]	die	죽다	literary [lítərèri]	문학의	
	dye	염료	literally [lítərəli]	사실상	
[fɛər]	fair	공정한	revolution [rèvəlúːʃən]	혁명	
	fare	운임	evolution [èvəlúːʃən]	진화	
[plein]	plane	비행기	repair [ripɛ́ər]	수리하다	
	plain	명백한	prepare [pripɛ́ər]	준비하다	

☑ Exercise

🎧 들리는 두 단어의 발음이 같으면 O, 틀리면 ×로 표시하세요.

| 1 | _____ | 2 | _____ | 3 | _____ |

| 4 | _____ | 5 | _____ | 6 | _____ |

| 7 | _____ | 8 | _____ | 9 | _____ |

🎧 문장에서 들은 단어가 어떤 단어인지 뜻을 생각하며 찾아 보세요.

10 Ⓐ planting   Ⓑ printing   11 Ⓐ adapted   Ⓑ adopted

12 Ⓐ quality   Ⓑ quantity   13 Ⓐ quite   Ⓑ quiet

14 Ⓐ feign   Ⓑ pain   15 Ⓐ addition   Ⓑ edition

🎧 다음 문장의 빈칸을 채워 보세요.

16 It is _____ tomorrow.

17 The coach _____ me to skip practice.

18 It wasn't _____ to charge the visitors _____ for coming here.

19 I should _____ you about the risk you're taking.

20 It may be hard to _____ the office during peak hours.

정답 p.236

● 단어 및 표현 ●

absorb [æbsɔ́ːrb] 흡수하다   locality [loukǽləti] 지방   innovation [ìnəvéiʃən] 혁신   binding [báindiŋ] 표지   feat [fiːt] 위업
pain reliever 진통제

Daily Check-up

🎧 다음 문장의 빈칸에 알맞은 단어를 써넣으세요.

1 You'll also have an opportunity to attend an international _____.

2 You don't seem to _____ of my plan.

3 The school _____ the students from smoking in the building.

4 The dam regulated the _____ of the river.

5 You need to keep a _____ of this document.

6 This book covers the history of _____ mining.

🎧 들려주는 문장의 의미를 바르게 이해한 것을 고르세요.

7 Ⓐ 연구는 셔츠의 색깔이 사람의 첫인상에 영향을 미칠 수 있다는 것을 보여줍니다.
　　Ⓑ 연구는 셔츠의 색깔로 첫인상을 남길 수 있다는 것을 보여줍니다.

8 Ⓐ 오늘의 강의는 청력에 관한 것입니다.
　　Ⓑ 오늘의 강의는 구강에 관한 것입니다.

9 Ⓐ 황제 찰스 2세는 대담했습니다.
　　Ⓑ 황제 찰스 2세는 대머리였습니다.

10 Ⓐ 춤이 끝날 때 남자 파트너가 여자 파트너에게 인사를 하곤 했습니다.
　　Ⓑ 춤이 끝날 때 남자 파트너가 여자 파트너에게 서약을 하곤 했습니다.

● 단어 및 표현 ●───────────────────────────────

approve[əprúːv] 찬성하다   ban[bæn] 금지하다   regulate[régjulèit] 통제하다   keep a copy of ~의 사본을 보관하다
cover[kʌ́vər] 다루다   coal mining 탄광업   oral cavity 구강

🎧 문장을 듣고 받아써 보세요.

11 _____ of the Greek garden.

12 Do you know _____?

13 I wasn't able to bring _____ today.

14 _____ from a graduate school.

15 _____ for over 5,000 years.

16 _____ in the library.

17 _____, the world economy is recovering right now.

🎧 문장을 듣고 받아써 보세요.

18 _____.

19 _____.

20 _____.

21 _____.

22 _____.

23 _____.

24 _____.

정답 p.237

● 단어 및 표현 ●

due[dʲuː] 마감 예정인   transcript[trǽnskript] 성적 증명서   acceptance letter 입학 허가서   carry out ~을 실행하다
nutrient[njúːtriənt] 영양분   beyond repair 수리할 수 없을 정도로   groundless[gráundlis] 근거 없는

2일 달려가는 발음 쫓아가기

Next Stop ≠ Neck Stop

의사는 왜 부르시려고요?

넥스트 스탑? 넥 스탑? 분명 아는 영어 단어인데 외국인이 조금만 빨리 말하면 다른 단어로 들린다고요? 5만 개의 단어를 외웠는데도 막상 외국인과 대화할 때에는 별 소용이 없다고요? 그건 바로 영어의 연음 현상 때문입니다. 영어에서는 두 개 이상의 단어들이 연달아 발음될 때 마치 새로운 단어처럼 소리나는 경우가 많은데, 이를 연음 현상이라고 합니다. 이러한 영어 발음의 연음 현상에 익숙해지지 않는다면, 10만 개의 단어를 안다고 해도 외국인과 원활하게 대화하기가 쉽지 않을 것입니다. 외국인이 '넥스트 스탑'이라고 또박또박 발음해 주지 않아도 잘 알아들을 수 있도록, 이제 영어의 연음 현상을 배워 볼까요?

🔹 2일 훈련 일정

훈련 코스	학습 목표
Course 1 연음 시 탈락되는 소리	발음이 같거나 비슷한 자음이 연속될 경우 어떻게 발음되는지 안다.
Course 2 연음 시 하나 되는 소리	단어들이 이어질 때 앞 단어의 끝 자음과 뒤 단어의 모음이 연음되어 어떻게 소리 나는지 안다.
Course 3 축약되어 약해지는 소리	조동사, be 동사, 부정어 등이 축약될 경우 어떻게 발음되는지 안다.
Course 4 다양하게 변화하는 /t/ 소리	위치에 따라 /t/ 소리가 어떻게 변화되어 발음되는지 안다.

Course ① 연음 시 탈락되는 소리

Listen & Check

I took that class **last semester**.
저는 그 수업을 지난 학기에 수강했습니다.

Our **health center** offers a course on losing weight.
우리 건강 센터는 체중을 줄이는 과정을 제공합니다.

'last'와 'semester'가 연이어 발음되면서 last의 [t]가 탈락되어 [læˈsiméstər]라고 들립니다. 'health center' 역시 health의 마지막 소리 [θ]가 탈락되면서 [hélsèntər]라고 들립니다. 두 개의 똑같은 자음이 겹치는 경우나, [t, d, θ, ð, s, l]와 같이 발음할 때 혀의 위치가 비슷한 두 개의 자음이 이어지는 경우, 앞 자음은 발음하지 않는 것 이 일반적입니다.

🎧 앞 단어의 끝소리 탈락

his stereo [hístèriou]

had to [hǽtu]

student center [stʃúːdnsèntər]

summer research [sʌmərísəːrtʃ]

toward the [tɔ́ːrðə]

last night [lǽsnàit]

next term [nékstə̀ːrm]

first step [fəːrstép]

ice skate [áiskeit]

hard time [háːrtàim]

next stop [nékstàp]

breathe through [briːθrú]

field trip [fíːltrip]

bus schedule [bʌ́skedʒu(ː)l]

math tutoring [mǽtjuːtəriŋ]

health science [hélsaiəns]

last station [lǽstèiʃən]

front desk [frʌndésk]

fast train [fǽstrèin]

space shuttle [spéiʃʌtl]

✎ Exercise

🎧 이어지는 단어를 듣고 받아써 보세요.

1 _____   **2** _____

3 _____   **4** _____

5 _____   **6** _____

7 _____   **8** _____

9 _____   **10** _____

11 _____   **12** _____

🎧 다음 문장의 빈칸을 채워 보세요.

13 I _____ keeping up with all the reading material.

14 The doctor told me that I should _____ it easy.

15 I'm _____ you could make it.

16 I _____ chance to study abroad.

17 I can't understand _____.

18 I had a _____ finishing my computer assignment.

정답 p.238

● 단어 및 표현 ●

keep up with ~을 따라잡다   reading material 읽기 자료   take it easy 일을 쉬엄쉬엄하다   make it 오다, 나타나다
study abroad 해외에서 공부하다

Course ② 연음 시 하나 되는 소리

Listen & Check

The library doesn't **make it easy** for us. 이 도서관은 우리에게 편하지가 않네요.

We'll all be in time. 우리는 모두 제시간에 도착할 거야.

'make it easy'는 단어 하나하나가 따로 발음되지 않고 연이어 발음됨으로써 [meikid*éi:zi]라는 하나의 소리로 들립니다. 'We'll all' 역시 [l]가 연이어 발음되어 하나의 소리로 들립니다. 이와 같이 여러 단어가 이어질 때 앞 단어의 끝 자음과 뒤 단어의 첫 모음이 결합되거나 발음이 비슷한 단어들이 뭉쳐지면, 두 개 이상의 단어가 마치 하나의 단어처럼 들리게 됩니다.

 연음되는 단어들

get over [géd*òuvər]

catch up [kætʃʌ́p]

not any more [nɑd*enimɔ́:r]

sign up [sáinʌ̀p]

checked out [tʃéktàut]

call it a day [kɔ́:lid*ədèi]

half an hour [hǽfənàuər]

keep up [kí:bʌ̀p]

work on [wə́:rkən]

take advantage of [teikædvǽnidʒəv]

fit into [fíd*intə]

write up [ráid*ʌ̀p]

head off [hédɔ:f]

give up [givʌ́p]

give it a shot [gívid*əʃàt]

a lot of [əlɑ́d*əv]

could you [kúdʒju]

think about [θínkəbàut]

hour or so [áuərərsou]

beat it [bí:d*it]

feel ill [fí:líl]

right or wrong [ráid*ərɔ̀:ŋ]

→ d*: flap sound (혀끝이 윗잇몸을 스치고 지나가면서 나는 소리로, 우리말의 '기린'에서 'ㄹ' 소리와 유사한 소리)

✏️ Exercise

🎧 이어지는 단어를 듣고 받아써 보세요.

1	_____	**2**	_____
3	_____	**4**	_____
5	_____	**6**	_____
7	_____	**8**	_____
9	_____	**10**	_____
11	_____	**12**	_____

🎧 다음 문장의 빈칸을 채워 보세요.

13 I've been _____ that field for a long time.

14 I'm really _____.

15 I don't think this is _____.

16 Many countries _____ by the bloody war.

17 Let's _____ the chart.

18 If you _____ experience, you could apply for the internship.

정답 p.239

● 단어 및 표현 ●

fill out 기입하다   get along with ~와 잘 지내다   ruined[ruːind] 폐허가 된

Course ③ 축약되어 약해지는 소리

부정어 'not'이 조동사 'have'와 연결되면 축약되기 쉽습니다. 또한, 'I', 'you', 'she'와 같은 주어에 조동사 'would'가 연결되면 축약되기 쉽습니다. 이와 같이 축약된 단어들은 약하게 발음되어 엉뚱한 소리로 들리기 쉬우므로, 여러 번 들어서 익숙해져야 합니다.

🎧 축약

1. 주어 + be 축약

I'm[aim]　you're[juər]　they're[ðɛər]　she's[ʃi:z]　he's[hi:z]　it's[its]　that's[ðæts]

2. 주어 + will 축약

I'll[ail]　you'll[ju:l]　he'll[hi:l]　she'll[ʃi:l]　we'll[wi:l]　they'll[ðeil]

3. 주어 + would/had 축약

I'd[aid]　you'd[ju:d]　she'd[ʃi:d]　he'd[hi:d]　we'd[wi:d]　they'd[ðeid]　it'd[id*əd]

4. 주어 + has/have 축약

she's[ʃi:z]　he's[hi:z]　it's[its]　I've[aiv]　you've[ju:v]　we've[wi:v]　they've[ðeiv]

5. 조동사 + have 축약

could've[kúd*əv]　should've[ʃúd*əv]　would've[wúd*əv]　might've[máid*əv]

6. be + 부정어 축약

isn't[iznt]　aren't[ɑːrnt]　wasn't[wʌznt]　weren't[wəːrnt]

7. 조동사 + 부정어 축약

won't[wount]　wouldn't[wudnt]　shouldn't[ʃudnt]　couldn't[kudnt]　mustn't[mʌsnt]
haven't[hævnt]　hasn't[hæznt]　can't[kænt]　don't[dount]　doesn't[dʌznt]　didn't[didnt]

8. 기타 축약

there's[ðɛərz]　let's[lets]　here's[hiərz]

✍ Exercise

🎧 다음 문장의 빈칸을 채워 보세요.

1 I think _____ be good for you.

2 _____ be easier for you to study in the library than in the dorm room.

3 You _____ told me about that.

4 That _____ be necessary.

5 Okay, _____ talk about the _____ behavior.

6 I _____ really been using my meal card.

7 I _____ think _____ impossible.

8 _____ one example.

9 _____ be discussing the common emotions of people.

10 _____ rather not apply for the internship program.

11 It _____ been better if you had asked for my advice.

12 If you did a little research on the topic, you _____ found out the energy source.

정답 p.239

● 단어 및 표현 ●

should have p.p. ~했어야만 했는데 하지 않았다   meal card 식권

Course ④ 다양하게 변화하는 /t/ 소리

Listen & Check

I can **get it** for you. 내가 너에게 그것을 가져다줄 수 있어.

I was **disappointed** with my test result. 저는 제 시험 결과에 실망했습니다.

Rotten meat can make people sick. 상한 고기는 사람들을 병들게 만들 수 있습니다.

'get'과 'it'이 이어질 때 'get'의 마지막 't' 소리는 [d]와 [r]의 중간 소리가 되어, [géd*it]에 가깝게 들립니다. 'disappointed'는 모음 'i'와 'e' 사이에 'nt' 소리가 와서 [dìsəpɔ́inid]로 들립니다. 그리고 'rotten'의 경우에는 't' 소리에서 숨을 멈췄다가 목에서부터 약하게 내뱉는 'n' 소리만 들리게 됩니다. 이는 't' 발음을 위해 혀끝을 입천장 쪽에 붙이고 숨을 멈췄다가 연이어 'n'의 끝소리를 발음하기 때문에 '응' 혹은 '은'으로 들리는 것입니다. 이러한 현상은 개별 단어에서 또는 단어와 단어 사이에서 일어날 수 있으므로, 다양한 예를 익혀 봅시다.

🎧 다양하게 소리나는 /t/

한 단어		
bottom [bád*əm]	identification [aidèn(t)əfikéiʃən]	center [sén(t)ər]
matter [mǽd*ər]	interchange [ìn(t)ərtʃéindʒ]	certain [sə́:r(t)n]
better [béd*ər]	continuity [kàn(t)ənjú:əd*i]	brighten [brái(t)n]
scatter [skǽd*ər]	counterbalance [kàun(t)ərbǽləns]	completely [kəmplí:(t)li]
status [stéd*əs]	advantage [ædvǽn(t)idʒ]	definitely [défəni(t)li]
lattice [lǽd*is]	quantity [kwán(t)əd*i]	absolutely [ǽbsəlú:(t)li]

이어지는 단어들		
set apart [sed*əpá:rt]	good at it [gúd*əd*it]	grant it [grǽntit]
let her [léd*ər]	not at all [nɑd*ed*ɔ́:l]	in front of [infrʌ́nəv]
sit on [síd*ən]	meant to [mén(t)ə]	comment on [kámenən]

✏️ Exercise

🎧 이어지는 단어를 듣고 받아써 보세요.

1 _____   2 _____

3 _____   4 _____

5 _____   6 _____

7 _____   8 _____

9 _____   10 _____

11 _____   12 _____

🎧 다음 문장의 빈칸을 채워 보세요.

13 They _____ a solution after a long talk.

14 Finishing the whole book in one day is _____ question.

15 Can you imagine what's _____ happen in ten minutes?

16 He is _____ studying abroad next semester.

17 I _____ finish my assignment in time.

18 Be sure to fasten your seat belt _____.

19 All the sailors _____ by the roaring waves.

정답 p.240

● 단어 및 표현 ●

put aside ~을 제쳐놓다   urgent[ə́ːrdʒənt] 긴급한   take for granted 당연한 일로 생각하다   enlightened[inláitnd] 계몽된
out of the question 불가능한   bent on ~을 결심하고 있는   fasten[fǽsn] 매다   roaring[rɔ́ːriŋ] 사나운

Daily Check-up

🎧 이어지는 단어들을 듣고 어떤 단어인지 찾아보세요.

1　Ⓐ bought them
　　Ⓑ bottom

2　Ⓐ fit it
　　Ⓑ fill it

3　Ⓐ warning
　　Ⓑ weren't in

4　Ⓐ I had a rat
　　Ⓑ I'd rather

5　Ⓐ our right
　　Ⓑ I'll write

6　Ⓐ better
　　Ⓑ bet on

7　Ⓐ lit up
　　Ⓑ little

8　Ⓐ meet him
　　Ⓑ meeting

9　Ⓐ gentle leader
　　Ⓑ general reader

🎧 문장을 듣고 빈칸에 들어갈 두 단어로 알맞은 것을 고르세요.

10　Winter is _____ the corner.

　　Ⓐ just round　　　　Ⓑ adjusted to　　　　Ⓒ just around

11　Can I _____ for the test with an additional report?

　　Ⓐ make up　　　　Ⓑ make it　　　　Ⓒ take up

12　Don't _____ any longer.

　　Ⓐ put it off　　　　Ⓑ pull it off　　　　Ⓒ tell it off

13　It might not have been _____ be used as a court at first.

　　Ⓐ bent on　　　　Ⓑ planned to　　　　Ⓒ meant to

● 단어 및 표현 ●

bet on 돈을 걸다　just around the corner 임박한　make up for ~을 만회하다　put off 미루다

🎧 문장을 듣고 빈칸을 채워 보세요.

14 How many credits are you taking _____?

15 I really _____ my photo on this ID card.

16 _____ my tuition.

17 Spoken English is one thing, and _____ is another thing altogether.

18 _____ do any independent research?

19 As far as I know, _____.

20 You should _____ your lab schedule.

🎧 문장을 듣고 받아써 보세요.

21 _____.

22 _____.

23 _____.

24 _____.

25 _____.

26 _____.

27 _____.

정답 p.241

● 단어 및 표현 ●

tuition[tʃuːíʃən] 수업료   fit into 맞추다   take advantage of ~을 이용하다

Who made this?

이거 누가 만들었어?

"이거 누가 만들었어?" 기뻐하고 있는 걸까요, 화를 내고 있는 걸까요? 정황을 드러내는 그림이나 앞뒤 설명 없이 글자만으로 화자의 기분을 정확하게 알 수 있을까요? 같은 문장이라도 강세와 억양에 따라 의미가 전혀 달라지기 때문에, 우리는 단어뿐만 아니라 문장의 강세와 억양까지 신경 써서 들어야 합니다. 이제 영어 문장의 강세와 억양의 원리를 이해하여, 같은 문장의 섬세한 의미 변화까지 파악해 봅시다.

 # 3일 훈련 일정

훈련 코스	학습 목표
Course 1 강하게 들리는 내용어 알고 듣기	의미상 중요하여 강하게 발음되는 내용어가 무엇인지 안다.
Course 2 약하게 들리는 기능어 알고 듣기	의미상 중요하지 않은 기능어가 어떻게 발음되는지 안다.
Course 3 문장 끝 억양에 따라 달라지는 의미 구분하기	문장 끝의 억양을 올리느냐 내리느냐에 따라 의미가 어떻게 달라지는지 안다.
Course 4 억양 변화로 강조되는 단어 파악하기	화자가 억양에 변화를 주어 강조하는 단어가 무엇인지 안다.

Course ① 강하게 들리는 내용어 알고 듣기

Listen & Check

You should **turn in** your **paper** by **next class**. 너는 다음 수업 시간까지 보고서를 제출해야 해.

What made you **skip class**? 왜 수업을 빠졌니?

첫 번째 예문에서 잘 들리는 단어는 'turn in', 'paper', 'next class'로 동사구와 명사입니다. 그리고 두 번째 예문에서는 'made', 'skip', 'class'의 명사와 동사뿐만 아니라, 의문사 'what'도 잘 들립니다. 이와 같이 전달하고자 하는 주요 내용을 포함하고 있기 때문에 강하고 길게 강조되어 들리는 단어를 내용어라고 하며, 명사, 동사, 형용사, 부사, 의문사가 내용어에 속합니다.

🎧 문장에서 강조되어 들리는 내용어

1. 명사

   Your **pictures** are hanging on the **wall**.   벽에 네 사진들이 걸려 있다.

2. 동사

   I already **finished** it this morning.   저는 오늘 아침에 이미 그것을 끝냈어요.

3. 형용사

   The novel was so **boring**.   그 소설은 너무 지루했습니다.

4. 부사

   A sports car moves **really fast**.   스포츠카는 정말 빠르게 움직입니다.

5. 의문사

   Why didn't he arrive on time?   그가 왜 제시간에 도착하지 못했지?

✏️ Exercise

🎧 들려주는 문장에서 내용어를 채워 보세요.

1 I _____ the _____ , but these days I can _____
to the cafeteria 10 times a week.

2 I _____ for my _____ on the _____ .

3 My _____ is really _____ this _____
with school and _____ .

4 I _____ on the _____ for this _____ .

5 A _____ of mine from New York _____ a _____
last month.

🎧 들리는 내용어를 통해 전체 문장을 정확하게 이해한 것을 고르세요.

6 Ⓐ 나는 호주에 있는 숙모와 사촌들을 방문하러 갈 것이다.
Ⓑ 나는 호주에 있는 내 친구 Ann과 그녀의 가족들을 방문하러 간다.

7 Ⓐ 많은 학생들이 시험에 통과했다.
Ⓑ 시험에 통과한 학생이 한 명도 없다.

8 Ⓐ 네가 뛰어난 축구 선수라고 생각하지 않는다.
Ⓑ 네가 확실히 뛰어난 축구 선수라고 생각한다.

9 Ⓐ 나는 통계를 분석하지 않고는 다른 일을 할 수가 없다.
Ⓑ 나는 통계를 분석하는 것 외에 할 일이 없다.

10 Ⓐ 나는 정치에 어느 정도 관심이 있다.
Ⓑ 나는 정치에 전혀 관심이 없다.

● 단어 및 표현 ●

baby-sit[béibisìt] 아이를 돌봐주다   packed[pækt] 꽉 찬   syllabus[síləbəs] 강의 계획표   needless to say 말할 필요도 없는
statistics[stətístiks] 통계   disinterested[disíntərèstid] 관심이 없는

1주 3일 문장 강세와 어조 익히기 47

1st Week   1일   2일   3일   4일   5일   Hackers **TOEFL** Listening Basic

Listen & Check

It is not uncommon to **see them** in a biology book.
생물책에서 그것들을 보는 일은 드물지 않습니다

You should go to the registration office in order to drop **one of your** classes.
수업 중 하나를 취소하려면 학적과에 가야 해요.

첫 번째 예문의 'see them'은 연결되어 [siːðəm] 또는 [siːəm]으로 발음되고, 두 번째 예문의 'one of your'는 연결되어 [wʌnəvjər]로 발음됩니다. 이처럼 'them'이나 'of'와 같이 문법적인 기능을 담당하는 대명사, 전치사, 관사, 접속사, 조동사 등의 기능어는 다른 단어들 사이에서 약하게 발음되므로, 여러 단어가 마치 하나의 단어인 것처럼 들리게 됩니다. 이는 기능어가 의미상으로 중요하지 않아 약하게 발음되기 때문입니다.

🎧 약해져서 다른 단어와 하나로 들리는 기능어

1. 인칭대명사 it, his, her, him, them, me, us

   He moved to Paris to **pursue his** own scientific studies.
   그는 그만의 과학 연구에 종사하기 위해 파리로 갔습니다.

   ➜ 'his', 'her' 등의 대명사는 연음되어 'h' 소리를 잃는 경우가 많습니다.

2. 전치사 of, in, at, with, on

   I don't know much about **either of them**.
   저는 그 두 가지 모두에 대해 잘 모릅니다.

3. 관사 a(n), the

   I've **got a lot of** paperwork to finish.
   저는 끝내야 할 문서 업무가 많습니다.

4. 접속사 and, but

   The bodies were formed from a soft **material and** then stuffed.
   몸통은 부드러운 재료로 만들어지고 난 후 채워졌습니다.

5. 조동사 would, could, can, will

   I would rather stay home today.
   저는 오늘 차라리 집에 있겠습니다.

   ➜ 조동사는 주로 축약되어 주어와 결합하는 경우가 많습니다.

✒ Exercise

🎧 이어지는 단어를 듣고 받아써 보세요.

1 _____   2 _____

3 _____   4 _____

🎧 다음 문장의 빈칸을 채워 보세요.

5 I _____ it on time _____ helped me.

6 _____ is not as fast as mine.

7 I prefer studying alone _____.

8 You'd better _____ right away.

9 Archaeologists found items _____ produce a bronze substance.

10 I've _____ environmental science for a long time.

11 Please _____ to your roommate after class.

12 I spent all day _____ yesterday.

13 Can you _____ right away?

14 I'm signing up _____.

정답 p.243

● 단어 및 표현 ●

give it a shot 시도해 보다   right away 즉시   archaeologist[ὰːrkiάlədʒist] 고고학자   hand[hænd] 전해주다
botany[bάtəni] 식물학   sign up for ~을 신청하다

Course 3 문장 끝 억양에 따라 달라지는 의미 구분하기

Listen & Check

You are good at typing, aren't you? 너 타이핑을 잘하지 않니? (불확실)

You are good at typing, aren't you? 너는 타이핑을 잘하잖아, 그렇지? (확실)

첫 번째 예문의 화자가 끝을 올려서 말하는 것은 상대방이 타이핑을 잘하는지 아닌지를 확실히 알지 못하기 때문입니다. 반면에, 두 번째 예문의 화자는 상대방이 타이핑을 잘한다는 것을 이미 확신하고 있으므로 끝을 내려서 말합니다. 이처럼 문장 끝의 억양을 올리느냐, 내리느냐에 따라 내포하는 의미가 달라질 수 있습니다.

🎧 억양에 따른 의미의 차이

1. 영어의 기본 억양 pattern

평서문	The professor wants us to turn in the paper by tomorrow. 교수님께서는 우리가 내일까지 보고서를 제출하기를 원하신다.
일반 의문문	Does anyone notice anything about the size of the figures? 인물상들의 크기에 대해 뭔가 발견한 사람 있나요?
Wh-question	Who is your advisor? 네 지도 교수님이 누구니?
명령문	Finish your work first. 네 일을 먼저 끝내도록 해.

2. Wh-question의 억양 변화

What time did you arrive here?   네가 여기 몇 시에 도착했다고? (내용 확인)

What time did you arrive here?   너는 여기 몇 시에 도착했니? (일반 Wh-question)

3. 부가 의문문의 억양 변화

Dr. Hopkins wrote that book, didn't he?   Hopkins 박사가 그 책을 쓰지 않았습니까? (불확실)

Dr. Hopkins wrote that book, didn't he?   Hopkins 박사가 그 책을 썼잖아요, 그렇죠? (확실)

4. 평서문의 억양 변화

You are from California?   네가 캘리포니아 출신이라고? (의문)

You are from California.   너는 캘리포니아 출신이지. (평서)

✎ Exercise

🎧 억양을 통해 화자의 의도를 바르게 파악한 것을 고르세요.

1 ⒜ 너 오늘 아침에 화학수업 빠졌지, 그렇지? (확실)
　　⒝ 너 오늘 아침에 화학수업 빠졌나? (불확실)

2 ⒜ 이 그림에서 뭐가 보이나요? (일반 Wh-question)
　　⒝ 이 그림에서 뭐가 보인다고요? (내용 확인)

3 ⒜ 그것은 식량으로 쓰였어요. (평서)
　　⒝ 그것이 식량으로 쓰였다고요? (의문)

4 ⒜ 너는 지난달에 해외에 갔었지. (평서)
　　⒝ 너는 지난달에 해외에 갔었니? (의문)

5 ⒜ 물이 모두 증발했습니다, 그렇죠? (확실)
　　⒝ 물이 모두 증발하지 않았습니까? (불확실)

6 ⒜ 네 논제가 뭐니? (일반 Wh-question)
　　⒝ 네 논제가 뭐라고 했지? (내용 확인)

정답 p.244

● **단어 및 표현** ●

evaporate[ivǽpərèit] 증발하다　　thesis[θíːsis] 논제

Listen & Check

M: Did you apply for the internship or the exchange student program?
인턴십을 신청했니, 교환학생 프로그램을 신청했니?

W: I didn't apply for either the internship or the exchange student program.
저는 인턴십도, 교환학생 프로그램도 신청하지 않았어요.

여자는 인턴십과 교환학생 중 어느 것도 신청하지 않는다는 것을 강조하기 위해 'or'에서 억양을 높였다가 낮춥니다. 이처럼 내용어나 기능어와 관계없이 화자가 문맥상 가장 강조하는 단어에서 억양이 높아졌다가 낮아지는 현상이 일어납니다. 화자가 강조하는 말은 주로 새로운 정보, 이야기의 초점, 질문에 대한 핵심적인 응답, 놀람/반의 등의 감정입니다.

🎧 화자가 특별히 강조하는 단어

1. **새로운 정보**

   W: Army ants go foraging together.   전투 개미들은 함께 먹이를 찾으러 가요.

   M: They are also seasonally **nomadic**.   그들은 또한 계절마다 이동하죠.

   → 남자는 전투 개미에 대한 여자의 말에 새로운 정보인 'nomadic'을 덧붙이면서 여기에 억양의 변화를 줍니다.

2. **이야기의 초점**

   M: I'd like to drop my English 101 class.   저의 영어 101 수업을 취소하고 싶어요.

   W: But it's **too late** for you to drop your class now.   그런데 이제 네가 수업을 취소하기에는 너무 늦었어.

   → 여자는 'too late'에서 억양을 변화시켜, 수강 취소 기간이 지났다는 것이 이야기의 초점이 됨을 강조합니다.

3. **질문에 대한 핵심적 응답**

   M: When is your brother entering college?   동생이 언제 대학에 입학하니?

   W: He'll start college **next year**.   그는 내년에 대학에 입학할 거예요.

   → 여자는 'When'의 핵심적 응답이 되는 'next year'에서 억양을 높였다가 낮춥니다.

4. **놀람/반의**

   M: I'll go abroad to study next spring.   저는 내년 봄에 유학 갈 거예요.

   W: **Next spring**? That's quite soon.   내년 봄? 꽤 빠르구나.

   → 여자는 남자가 빨리 떠나는 것에 대한 놀람을 표현하기 위해 'next spring'에서 억양의 변화를 줍니다.

✍ Exercise

🎧 첫 번째 화자의 말에 대한 두 번째 화자의 의도를 바르게 나타낸 것을 고르세요.

1 Ⓐ 이미 등록금을 냈다.
    Ⓑ 등록금을 내지 못했다.

2 Ⓐ John에게 투표를 하겠다.
    Ⓑ 둘 중에서 아직 결정하지 못했다.

3 Ⓐ 내가 꽃을 가지고 왔다.
    Ⓑ 너를 위해 꽃을 가지고 왔다.

4 Ⓐ 돌발 퀴즈를 쳤다는 사실에 놀랐다.
    Ⓑ 나는 너와 다른 수업을 듣는다.

5 Ⓐ 나는 이 도서관에서 일을 한다.
    Ⓑ 나는 다른 도서관에서 일을 한다.

6 Ⓐ 수치를 합산하고 싶지 않다.
    Ⓑ 수치를 합산하고 싶다.

● 단어 및 표현 ●

vote for ~에게 투표하다   pop quiz 돌발 퀴즈   add up 합산하다

Daily Check-up

🎧 들려주는 문장에서 발음하고 있는 단어를 고르세요.

1 Ⓐ write a　　Ⓑ writer　　**2** Ⓐ half an　　Ⓑ happen

3 Ⓐ let him　　Ⓑ letting　　**4** Ⓐ all of the　　Ⓑ a loved

5 Ⓐ bet a　　Ⓑ better　　**6** Ⓐ all out of　　Ⓑ a lot of

🎧 문장의 내용어를 종합하여 의미를 바르게 파악한 것을 고르세요.

7 Ⓐ site, inhabited, tribe, north　그 자리에는 처음에 북쪽에서 온 작은 부족이 살았습니다.
　　Ⓑ site, inhibit, tribe, north　그 자리는 처음에 북쪽에서 온 작은 부족에 의해 금지되었습니다.

8 Ⓐ don't want, work, can afford　저는 여유가 있어서 일하고 싶지 않습니다.
　　Ⓑ don't want, work, can't afford　저는 일하고 싶지 않지만, 하지 않을 여유가 없습니다.

9 Ⓐ particular interest, the field, art　저는 예술 분야에 특히 관심이 있어요.
　　Ⓑ particular interest, field, art　저는 야외 예술에 관심이 있어요.

🎧 문장의 강세와 억양을 통해 화자의 의도를 바르게 나타낸 것을 고르세요.

10 Ⓐ 너는 너의 점수가 충분히 높았다고 생각했니? (의문)
　　Ⓑ 너는 너의 점수가 충분히 높았다고 생각했다. (평서)

11 Ⓐ 제가 가장 좋아하는 과목은 생물입니다. (biology를 강조)
　　Ⓑ 저는 생물을 (싫어하는 것이 아니라) 가장 좋아해요. (favorite을 강조)

12 Ⓐ 그녀가 결정하는 사람이잖아, 그렇지? (확실)
　　Ⓑ 그녀가 결정하는 사람 아니야? (불확실)

13 Ⓐ 다음 주까지 실험 보고서를 써서 내야 해. (lab report를 강조)
　　Ⓑ 다음 주에 실험 보고서를 내도 괜찮아. (next week을 강조)

● **단어 및 표현** ●

had better ~하는 편이 낫다　afford[əfɔ́ːrd] ~할 여유가 있다　favorite[féivərit] 가장 좋아하는

🎧 문장을 듣고 빈칸을 채워 보세요.

14 Let's discuss _____ .

15 I can't hand in my _____ .

16 It is such a large _____ grade.

17 _____ to go to the library.

18 I am _____ to give advice.

19 _____ shouldn't _____ you more than _____ .

20 The English literature professor _____ 10 books _____

_____ .

1st Week 1일 2일 3일 4일 5일 Hackers **TOEFL** Listening Basic

🎧 문장을 듣고 받아써 보세요.

21 _____ .

22 _____ .

23 _____ .

24 _____ .

25 _____ .

26 _____ .

27 _____ .

28 _____ .

29 _____ .

30 _____ .

정답 p.245

● **단어 및 표현** ●

on time 제시간에   **literature**[lítərətʃər] 문학   **write down** 적어두다

Bla Bla Bla...

무슨 말을 저렇게 길게 해?

짧은 영어 문장은 잘 이해하겠는데, 긴 문장만 들으면 머리가 멍해지는 경험을 해본 적이 있나요? 설사 알아들었더라도 그 문장을 이해하는 데 시간이 너무 걸려서 뒤에 오는 문장을 놓친 경험은요? 모두 알고 있는 단어들이고 같은 문장이 글로 쓰여진 것을 보면 쉽게 이해가 되는데, 왜 귀로 들었을 때에는 이해가 안 될까요? 긴 문장을 끊어 듣는 연습이 이 어려움을 해소할 수 있습니다. 이제 귀에 들리는 순서대로 각각의 절과 구를 차례차례 끊어 듣는 연습을 해 봅시다.

 ## 4일 훈련 일정

훈련 코스	학습 목표
Course 1 명사절 끊어 듣기	명사절을 포함한 긴 문장을 듣고 이해한다.
Course 2 형용사절 끊어 듣기	형용사절을 포함한 긴 문장을 듣고 이해한다.
Course 3 부사절 끊어 듣기	부사절을 포함한 긴 문장을 듣고 이해한다.
Course 4 분사구 끊어 듣기	분사구를 포함한 긴 문장을 듣고 이해한다.

Listen & Check

What happened there / is really shocking.
그곳에서 일어난 일은 / 무척 충격적입니다

Do you suppose / **that you can finish it on time**?
생각하니 / 네가 그것을 제시간에 끝낼 수 있다고

'What happened there'는 동사 'is'의 주어 역할을 하는 명사절입니다. 'that you can finish it on time'은 동사 'suppose'의 목적어 역할을 하는 명사절입니다. 이처럼 명사절은 문장 안에서 주어, 보어, 목적어 역할을 하며, '~하는 것, ~하는지' 등으로 해석됩니다. 구어체 표현에서 자주 쓰이는 명사절 접속사에는 that, what, when, where, how, why, whether, if 등이 있습니다. 이러한 접속사를 기준으로 내용을 끊어서 들으면 긴 문장을 이해하는 데 도움이 됩니다.

 명사절의 쓰임

1. 주어 역할을 하는 명사절

   Whether I'm on top of the class or not / doesn't matter to me.
   제가 반에서 일등인지 아닌지는 / 저에게 중요하지 않습니다

   It is unbelievable / **that they can float on water when they weigh so much**. (가주어 구문)
   믿기 힘듭니다 / 그들이 그렇게 무게가 많이 나가는데도 물 위에 뜰 수 있다는 것은

2. 목적어 역할을 하는 명사절

   She said / **(that) restructuring is an essential requirement**.
   그녀는 말했습니다 / 구조조정이 필수 조건이라고

   I'm not sure / **if I will have to enroll in another class**.
   저는 잘 모르겠습니다 / 다른 수업에 등록해야 할지

   ➔ 접속사 that이 목적절을 이끌 때에는 생략될 수 있습니다.

3. 보어 역할을 하는 명사절

   The important thing is / **that the whales navigate around the small islands**.
   중요한 것은 / 고래들이 그 작은 섬들 주변을 지나간다는 것입니다

✏️ Exercise

🎧 순서대로 끊어 해석한 것을 참고하여, 빈칸에 들어갈 명사절을 받아써 보세요.

1 I just want to know / _____ / so quickly.
나는 단지 알고 싶다 / 어떻게 네가 보고서를 끝냈는지 / 그렇게 빨리

2 I can't tell / _____.
나는 알 수 없다 / 그가 옳은지 아닌지

3 I heard / _____.
나는 들었다 / Brown 선생님께서 더는 여기에서 강의하지 않으실 거라고

4 _____ / was just that your opinion is different from his.
그가 의미한 바는 / 단지 너의 의견이 그의 것과 다르다는 것뿐이다

5 You should explain / _____ / a few days ago.
너는 설명해야 한다 / 왜 네가 그녀를 도울 수 없었는지 / 며칠 전에

6 I don't care / _____.
저는 신경 쓰지 않습니다 / 제 최종 성적이 무엇이 될지

● 단어 및 표현 ●

tell[tel] 알다, 분간하다   opinion[əpínjən] 의견   final grade 최종 성적

1주 4일 긴 문장 끊어 듣기 59

1st Week

1일 2일 3일 4일 5일

Hackers TOEFL Listening Basic

Course ② 형용사절 끊어 듣기

Listen & Check

I have something / **that you might be interested in.**
나는 무언가를 가지고 있다 / 네가 관심 있을 만한

Can I talk to you for a moment about the report / **I handed in yesterday?**
보고서에 대해 잠시 이야기할 수 있을까요 / 제가 어제 제출한

'that you might be interested in'은 'something'을 수식하는 형용사절입니다. 'I handed in yesterday'는 목적격 관계대명사 'that'이 생략된 형용사절로, 'report'를 수식하고 있습니다. 이처럼 형용사절은 명사 뒤에 위치하여 명사를 수식하며, 주로 '~하는', '~한'이라고 해석됩니다. 형용사절 접속사에는 주격 관계대명사인 that, which, who와 소유격 관계대명사 whose, 목적격 관계대명사 whom(who), which, that이 있습니다.

형용사절의 쓰임

1. **주격 관계대명사를 포함한 형용사절**

   They want a person / **who is honest and diligent.**
   그들은 사람을 원합니다 / 정직하고 부지런한

   I have to stay in the library until late at night / because of this assignment / **which is due tomorrow.**
   나는 도서관에 밤늦게까지 있어야 합니다 / 이 과제 때문에 / 내일이 마감인

2. **소유격 관계대명사를 포함한 형용사절**

   Trains transported all the people / **whose goal was to look for gold.**
   기차는 모든 사람들을 실어 날랐습니다 / 그들의 목표가 금을 찾는 것인

3. **목적격 관계대명사를 포함한 형용사절**

   He is the professor / **(whom) I've respected for a long time.**
   그는 교수님입니다 / 제가 오랫동안 존경해온

   → that, which, whom과 같은 목적격 관계대명사는 생략될 수 있습니다.

☑ Exercise

🎧 순서대로 끊어 해석한 것을 참고하여, 빈칸에 들어갈 형용사절을 받아써 보세요.

1 Doctor Johns, / _____, / visited our campus.
Johns 박사가 / 자신의 유명한 저서로 널리 알려진 / 우리 학교를 방문했습니다

2 He is a writer / _____.
그는 작가입니다 / 자신의 책들이 매우 유명한

3 How do you feel about your dorm room / _____?
너의 기숙사 방은 어떠니 / 새로 지어진

4 She gave all the money / _____ / _____.
그녀는 모든 돈을 주었습니다 / 그녀가 가진 (모든 돈을) / 그 나이 든 여자에게

5 This is a great movie / _____.
이것은 훌륭한 영화입니다 / 두 번 볼 가치가 있는

6 The article is about the endangered animals / _____.
그 기사는 멸종 위기에 처한 동물들에 관한 것입니다 / 법에 의해 보호되어야 하는

정답 p.247

● 단어 및 표현 ●

article[á:rtikl] 기사   endangered[indéindʒərd] 멸종 위기에 처한   protect[prətékt] 보호하다

Course ③ 부사절 끊어 듣기

Listen & Check

Before we start today's lecture, / I'd like to introduce you to the basics of economics.
오늘의 강의를 시작하기 전에 / 여러분에게 경제학의 기초를 소개하고자 합니다

Meerkats live in a group / **so that they can protect themselves.**
미어캣은 무리 지어 삽니다 / 그들 자신을 보호할 수 있도록

'Before we start today's lecture'는 시간의 정보를 제공하는 부사절로 쓰였습니다. 'so that they can protect themselves'는 목적의 정보를 제공하는 부사절로 쓰였습니다. 이와 같이 부사절은 첫 번째 예문처럼 문두에 올 수도 있고 두 번째 예문처럼 문미에 올 수도 있습니다. 부사절이 문두에 올 때에는 부사절과 주절 사이에 보통 콤마가 있으므로, 그 부분에서 잠깐의 휴지가 있습니다.

🎧 부사절의 쓰임

1. 시간의 부사절: when ~, since ~, after ~, before ~, as soon as ~

   Tell him to go to the student center / **as soon as he finishes the class.**
   그에게 학생 회관으로 가라고 전해라 / 수업이 끝나자마자

2. 이유의 부사절: since ~, because ~, cause ~

   As you studied so hard, / I believe you can pass the exam.
   너는 매우 열심히 공부했으니 / 나는 네가 시험에 통과할 수 있다고 믿는다

3. 목적의 부사절: so that ~, in order that ~

   I repeated the course / **so that I could get better results.**
   저는 그 수업을 여러 번 들었습니다 / 더 나은 결과를 내기 위해

4. 양보의 부사절: though ~, although ~, even if ~

   Although he is not a famous actor, / he is a really talented person.
   비록 유명한 배우는 아니지만 / 그는 매우 재능 있는 사람입니다

5. 조건의 부사절: if ~, unless ~

   If you had been elected, / you would've become a great representative.
   만약 네가 뽑혔다면 / 너는 훌륭한 대표자가 되었을 것이다

Exercise

순서대로 끊어 해석한 것을 참고하여 빈칸에 들어갈 부사절을 받아써 보세요.

1 _____, / I wouldn't have failed the class.

내가 제시간에 보고서를 끝냈더라면 / 나는 수업에서 낙제하지 않았을 것이다

2 I really need to get those tickets / _____.

저는 꼭 그 표를 구해야 합니다 / 왜냐하면 그 공연이 오늘 밤이기 때문에

3 _____, / he went to Italy.

프랑스에서 돌아오자마자 / 그는 이탈리아로 떠났습니다

4 The professor will not give you an extension / _____

_____.

교수님께서는 시간을 연장해주지 않으실 거야 / 네가 합당한 이유를 제시하지 않는 한

5 Airtight buildings were built / _____.

밀폐형 건물들이 지어졌습니다 / 사람들이 에너지를 절약할 수 있도록 하기 위해

6 You can't get additional points / _____

_____.

너는 추가 점수를 얻을 수 없다 / 네가 단독 실험을 한다고 할지라도

정답 p.247

● 단어 및 표현 ●

reasonable[ríːzənəbl] 합당한   excuse[ikskjúːs] 이유   airtight[ɛ́ərtàit] 밀폐된

Listen & Check

He wished to write a book / **read by many people**.
그는 책을 쓰기를 원했습니다 / 많은 사람들에게 읽히는

Having spread to the four corners of the world, / jazz music became really popular.
전 세계 구석구석으로 퍼져 나갔기 때문에 / 재즈 음악은 매우 대중적인 것이 되었습니다

'read by many people'은 형용사 역할을 하는 분사구로서 앞에 있는 명사 'a book'을 수식하고 있습니다. 그리고 'Having spread to ~'는 부사 역할을 하는 분사구로서 뒤에 있는 문장 전체를 수식하고 있습니다. 이처럼 분사구는 종종 명사 뒤, 또는 문장의 앞이나 뒤에 쓰여 형용사나 부사의 역할을 합니다. 이러한 분사구가 주로 쓰이는 형태인 '부사 역할을 하는 경우', '형용사 역할을 하는 경우', '접속사를 포함하는 경우'를 익혀 봅시다.

분사구의 쓰임

1. 부사 역할을 하는 분사구

   Students today do most of their research / **using the computer**.
   오늘날 학생들은 대부분의 조사를 합니다 / 컴퓨터를 사용해서

   → 'using the computer'가 앞에 있는 동사 'do'를 수식하고 있습니다.

   Played by a famous musician, / the song became very popular.
   유명한 음악가에 의해 연주되어 / 그 곡은 널리 알려졌습니다

   → 'played by ~'가 뒤에 있는 문장 전체를 수식하고 있습니다.

2. 형용사 역할을 하는 분사구

   I took part in the academic seminar / **lasting for a week**.
   저는 학술 세미나에 참가했습니다 / 일주일 동안 계속되었던

   → 'lasting for a week'가 앞에 있는 명사 'the academic seminar'를 수식하고 있습니다.

   The picture / **taken by the photographer** / sold at a high price.
   그 사진은 / 그 사진가에 의해 촬영된 / 높은 가격에 팔렸습니다

   → 'taken by ~'가 앞에 있는 명사 'the picture'를 수식하고 있습니다.

3. 접속사를 포함하는 분사구

   Although getting a bad grade on the test, / I did my best.
   비록 시험에서 낮은 점수를 받았지만 / 저는 최선을 다했습니다

   → 접속사를 생략할 수도 있지만, 생략하여 의미가 불분명해지는 경우에는 생략하지 않습니다.

☑ Exercise

🎧 순서대로 끊어 해석한 것을 참고하여 빈칸에 들어갈 분사구를 받아써 보세요.

1 The exhibition, / _____, / attracts many people.
그 박람회는 / 현재 무역 센터에서 열리고 있는 / 많은 사람들을 끌어들입니다

2 I've been reading several books / _____.
저는 몇 권의 책을 읽었습니다 / Hemingway에 의해 쓰인

3 I have lots of work to do / _____.
저는 할 일이 매우 많습니다 / 실험 보고서와 아르바이트를 포함한

4 _____, / you should present
your student ID card.
도서관에서 책을 몇 권 빌릴 때 / 당신은 학생증을 제시해야 합니다

5 _____, / I can now enroll in the
advanced one.
기초 과정을 수강했기 때문에 / 저는 이제 상급 과정에 등록할 수 있습니다

6 _____, / I don't think this book is interesting.
비록 많은 사람에게 읽혔지만 / 저는 이 책이 재미있다고 생각하지 않습니다

● 단어 및 표현 ●
present[prizént] 제시하다   enroll[inróul] 등록하다   advanced[ædvǽnst] 상급의

1주 4일 긴 문장 끊어 듣기 65

Daily Check-up

🎧 들려주는 문장에서 분사구를 받아써 보세요.

1 Students _____ should talk to a counselor.

2 _____, we finally finished our project.

3 _____, I found something interesting.

4 _____, he was calm and steady.

5 _____, you can apply as a practice teacher.

6 The homework _____ is too demanding.

🎧 문장을 듣고, 그 속에 포함된 명사절, 형용사절 또는 부사절의 의미를 바르게 파악한 것을 고르세요.

7 Ⓐ 제가 요청했던
   Ⓑ 제가 요청했던 것

8 Ⓐ 네가 이 학교의 학생이 아니라는 것
   Ⓑ 네가 이 학교의 학생이 아니기 때문에

9 Ⓐ 내가 찾아온 것
   Ⓑ 내가 찾던

10 Ⓐ 제가 시상식에 갈 수 있도록
   Ⓑ 제가 시상식에 갈 수 있기 때문에

● 단어 및 표현 ●

steady [stédi] 한결같은   fulfill [fulfíl] 만족시키다   practice teacher 교생   demanding [dimǽndiŋ] 힘든

🎧 문장을 듣고 빈칸을 채워 보세요.

11 You should find someone _____ .

12 You will fail the class _____ .

13 I'm worried about my essay, _____ .

14 I will talk about friendship between animals, _____
_____ .

15 _____ , the way you develop your writing is old-fashioned.

16 I was impressed by the teacher _____ .

🎧 문장을 듣고 받아써 보세요.

17 _____ .

18 _____ .

19 _____ .

20 _____ .

21 _____ .

22 _____ .

23 _____ .

24 _____ .

25 _____ .

26 _____ .

정답 p.248

● 단어 및 표현 ●

punctual[pʌ́ŋktʃuəl] 시간을 잘 지키는   fail[feil] 낙제하다   novel[návəl] 참신한   motivate[móutəvèit] ~에게 동기를 부여하다
marmot[máːrmət] 마멋 (땅에 구멍을 파고 사는 설치류 동물)   flock together 떼를 짓다   migrate[máigreit] 이동하다

5일 노트테이킹하기

Note-taking

나보고 속기사가 되라고?

기자 회견장에서 수많은 기자들이 노트북을 펼쳐 놓고 손가락이 보이지 않을 정도로 타자를 치는 장면을 본 적 있나요? 혹은 그보다 앞서서 수첩에 열심히 받아 적는 모습은요? 이렇게 전문적으로 노트해야 하는 사람들을 '속기사'라고 부릅니다. 하지만 토플 리스닝에서 그렇게 모든 내용을 받아 적을 필요는 없습니다. 문제를 푸는 데 필요한 부분, 즉 중요한 내용만 골라서 받아쓰면 되기 때문이죠. 여기에 약어와 기호를 사용하여 빠른 속도로 받아 적을 수 있다면 금상첨화겠지요. 지금까지 연습해왔던 기본 듣기 훈련을 토대로 귀를 뚫었다면, 이제 들은 내용을 손으로 옮겨 적어 봅시다.

 ## 5일 훈련 일정

훈련 코스	학습 목표
Course 1 중요 내용 기호와 약어로 노트하기	문장을 들으며 중요한 내용만을 기호와 약어로 빠르게 노트테이킹한다.
Course 2 대화의 구조를 알고 노트하기	대화의 구조를 알고 들음으로써 효과적으로 노트테이킹한다.
Course 3 강의의 구조를 알고 노트하기	강의의 구조를 알고 들음으로써 효과적으로 노트테이킹한다.

Course 1 중요 내용 기호와 약어로 노트하기

노트테이킹의 핵심은 대화나 강의의 중요 내용, 즉 요점만 간략하게 적는 것입니다. 먼저 기호와 약어를 사용하여 문장의 키워드를 간략하게 적는 연습을 해 봅시다.

1 키워드 노트하기

키워드는 들은 내용을 이해하는 데 중요한 정보를 담고 있는 단어들입니다. 노트테이킹을 할 때에는 이 키워드를 잘 요약해서 적는 것이 중요합니다.

키워드에 해당하는 단어들

- 명사, 동사, 형용사 등 의미를 가진 내용어
- 화자가 억양과 강세를 이용해서 강조하는 단어

→ 관사, be 동사, 관계대명사 등의 기능어를 비롯하여, 내용어 중에서도 숫자나 연도 등 지나치게 세부적인 단어들은 받아쓸 필요가 없습니다.

지문의 예

> I've been working as a teacher's assistant since October. But, see, I didn't get my paycheck for this month . . .

노트의 예

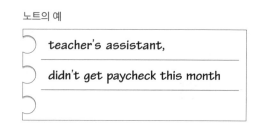

2 기호와 약어 사용하여 노트하기

키워드만 적어도 받아써야 할 분량이 적지 않기 때문에 이 단어들을 모두 노트하는 것은 상당히 힘듭니다. 기호와 약어를 사용한다면 훨씬 빠른 속도로 많은 내용을 노트테이킹할 수 있습니다.

기호의 예

좋음/긍정/맞음/있다	○	나쁨/부정/틀림/없다	×
오름/증가	↑	내림/감소	↓
큼/많음	大	작음/적음	小
같음	=	다름	≠
왜냐하면/이유/출처	←, ∵	결과/야기	→, ∴
~와 함께(with)	w/	~없이(without)	w/o
그리고(and)	&, +	그러나/반면(but)	B/
최대	max.	최소	min.

약어의 예

· 앞부분만 쓰기

　예) professor ☞ prof.　　lecture ☞ lec.　　biology ☞ bio.

· 자음만 쓰기

　예) passage ☞ pssg.　　background ☞ bkgrd.　　page ☞ pg.　　between ☞ btwn.

· 중간 빼고 쓰기

　예) government ☞ gov't　　improvement ☞ impv't　　environment ☞ env't

· 발음이 비슷한 것으로 대체하기

　예) to ☞ 2　　for ☞ 4　　you ☞ U　　through ☞ thru　　before ☞ b4

· 자주 쓰는 단어 약어 쓰기

　예) for example ☞ ex), e.g.　　student ☞ S.　　teaching assistant ☞ TA.

→ 기호나 약어를 이용하는 데 정해진 방법은 없습니다. 쓰고 난 뒤 자신이 잘 알아볼 수 있는 것이면 됩니다. 많은 연습을 통해 자신이 가장 익숙하고 편한 방법을 찾는 것이 좋습니다.

노트의 예

> teacher's assistant,
>
> didn't get paycheck this month

기호와 약어를 사용한 노트의 예

> TA., X pay. this mth.

✍ Exercise

🎧 다음 대화나 강의의 일부를 듣고 빈칸을 채운 후, 키워드를 정리해 보세요.

1

The ① _____ is an animal that ② _____
in a ③ _____ like a kangaroo.

키워드 _____

2

Most Americans ① _____ and ② _____,
_____ usually using ③ _____.

키워드 _____

3

① _____ the leaves of the trees naturally
② _____.

키워드 _____

4

Freshmen and sophomores ① _____
_____ because, ② _____, they can
③ _____.

키워드 _____

5

M: Do you have ① _____ that I can move into?

W: I'm really sorry but . . . ② _____, ③ _____

_____ .

키워드 _____

6

OK, uh . . . As we know today, ① _____ make up ② _____

_____ because, uh . . . they're the ③ _____ . . .

able to ④ _____ . . . not to mention, they're

capable of ⑤ _____ .

키워드 _____

7

Birds which live ① _____

_____ weather ② _____ .

At lower altitudes, there is ③ _____ . Also,

④ _____ is available.

키워드 _____

정답 p.250

● 단어 및 표현 ●

marsupial[mɑːrsúːpiəl] 유대류   pouch[pautʃ] 주머니   suburb[sʌ́bəːrb] 교외   evaporate[ivǽpərèit] 증발하다

the strings 현악기   versatile[vǽːrsətl] 다재다능한   altitude[ǽltətjùːd] 고도

토플 리스닝의 대화는 하나의 기본적인 구조를 가지고 있습니다. 이 구조를 숙지하고 흐름을 예상하면서 대화를 들으면 더욱 효과적으로 노트테이킹할 수 있습니다.

1 대화의 기본적인 구조 익히기

대화는 학생이 용건이나 문제가 있어 교수나 교직원을 찾아오는 것으로 시작합니다. 따라서 대화의 초점은 자연스럽게 학생의 용건이나 문제점에 맞춰지며, 이러한 용건이나 문제점을 해결하기 위한 교수나 교직원의 제안과 그에 대한 학생의 반응이 대화의 기본 구조를 이루게 됩니다.

대화의 기본 구조

- 학생의 용건/문제점 제시
- 용건/문제점 해결을 위한 교수 및 교직원의 제안
- 제안에 대한 학생의 반응(긍정/부정)

대화의 예

	학생	안녕하세요.
	사서	네, 안녕하세요. 무엇을 도와드릴까요?
학생의 용건/문제점 보고서에 쓸만한 자료 없음	학생	보고서에 쓸 자료를 찾고 있거든요. 그런데 도서관을 아무리 찾아보아도 쓸 만한 자료를 찾기가 힘들어서요.
	사서	아, 그렇군요. 혹시 학교 전자 도서관에서도 찾아보셨나요?
	학생	전자 도서관이요? 처음 들어보는데요.
교직원의 제안 학교 전자 도서관 이용할 것	사서	학교 도서관 홈페이지에 접속하면 전자 도서관을 이용하실 수 있어요. 전자 도서관에서 자료를 검색해 보면 여기에 있는 것보다 훨씬 더 많은 자료를 간편하게 찾아보실 수 있을 거예요.
학생의 반응 긍정	학생	아, 그런 게 있었군요. 정말 감사합니다.

2 대화 노트하기

대화에서는 학생의 용건이나 문제점이 어떻게 해결되는지가 가장 기본적이고 중요한 내용이라고 할 수 있습니다. 따라서 대화를 들을 때에는 무엇보다도 학생이 무슨 용건으로 찾아왔는지, 어떤 문제점이 있는지, 그 용건이나 문제점을 해결하기 위한 교수나 교직원의 제안은 무엇인지, 그리고 그 제안에 대한 학생의 반응은 어떠한지 등을 적극적으로 찾아 들으며 노트테이킹하도록 합니다.

노트의 예

학생의 용건/문제점	보고서 쓸 자료 찾음 - 쓸만한 자료 X
교직원의 제안	학교 전자 도서관 - 더 많은 자료, 간편
학생의 반응	긍정

📝 Exercise

🎧 다음 대화를 듣고 빈칸을 채운 후, 주어진 노트를 정리해 보세요.

1

W: Hi, Professor. Do you have a minute? ① _____

_____ .

M: Sure . . . What's the problem?

W: Well, I've picked out my topic, but ② _____

_____ .

M: Well, that happens sometimes. ③ _____

_____ ? They can often arrange for students

to borrow books from another university's library.

W: Hmm . . . I didn't think about that. ④ _____ .

학생의 용건/문제점	_____
교수의 제안	_____
학생의 반응	_____

● 단어 및 표현 ●

term paper 학기말 보고서   pick out ~을 선택하다   out[aut] 대출된   check with ~에 문의하다
Inter-Library Loan Office 도서관 상호 대출 부서   arrange[əréindʒ] 처리하다

2

M: Hi. What can I do for you?

W: Well . . . ① _____,
_____ but . . . um, ② _____
_____.

M: Why do you want to take this class? I mean . . . usually students must complete the lower level courses before . . .

W: But that's just it . . . The material in Biology 100 was ③ _____
_____. So . . . well, it's kind of like I already took the course, right?

M: I'm sorry . . . That's not how it works. I am afraid ④ _____
_____ before you register in this class.

W: OK . . . I understand.

정답 p.251

학생의 용건/문제점	_____
교직원의 제안	_____
학생의 반응	_____

● 단어 및 표현 ●

take a class 수업을 듣다   complete[kəmplíːt] 마치다   prerequisite[priːrékwəzit] 필수 과목

토플 리스닝 대화와 달리 강의의 구조는 매우 다양해서 하나로 규정하기 어렵지만, 기본적인 구조와 몇 가지 주제 전개 방식을 파악하고 흐름을 예측하며 강의를 들으면 더욱 수월하게 노트테이킹할 수 있습니다.

① 강의의 기본적인 구조 익히기

강의는 교수가 도입부에서 주제를 소개한 후, 본론에서 그 주제를 다양한 전개 방식으로 설명하는 것을 기본 구조로 하고 있습니다.

강의의 기본 구조

- [도입] 주제 소개
- [본론] 다양한 전개 방식을 통한 주제 설명

→ 본론의 주요 전개 방식에는 정의, 비교/대조, 순차적 나열, 분류, 예시 등이 있습니다.

강의의 예

주제 휴면의 두 가지 형태	많은 동물이 추운 겨울에 에너지를 보존하기 위해 휴면(dormancy)에 들어간다는 건 잘 알고 있겠죠? 오늘은 이러한 동물들의 휴면에 대해, 음... 구체적으로, 두 가지 형태의 휴면에 대해 논의해 보겠어요.
분류 1 예상적 휴면	첫째로 예상적 휴면(predictive dormancy)입니다. 예상적 휴면이란······ 그 예로는 ······가 있으며, 이들은 공통적으로 ······와 같은 특징을 갖습니다.
분류 2 결과적 휴면	다른 하나의 휴면 형태는 결과적 휴면(consequential dormancy)으로 이것은 ······ 이렇게 결과적 휴면을 하는 동물들로는 ······가 있습니다. 예상적 휴면을 하는 동물들과 달리 이들은 ······한 특징을 보입니다.

2 강의 노트하기

강의에서 교수는 주제를 더욱 효과적으로 설명하기 위해 특정한 전개 방식을 사용합니다. 즉, 전개 방식은 강의의 중요 내용을 더욱 쉽게 파악할 수 있게 해주는 도구가 되는 것입니다. 따라서 강의를 들을 때에는 무엇보다도 강의의 전개 방식, 즉 강의의 구조를 파악하고 이를 바탕으로 노트테이킹하도록 합니다.

노트의 예

주제	휴면 두 형태
분류 1	예상적 - ……
	예) ……
	특징) ……
분류 2	결과적 - ……
	예) ……
	특징) ……

✅ Exercise

다음 대화를 듣고 빈칸을 채운 후, 주어진 노트를 정리해 보세요.

1

Today we are going to continue our discussion on the ① _____ _____. One of the key traits that distinguish these two orders of animals is the way that they regulate their body temperatures. I'm sure you have all heard the expressions "hot-blooded" and "cold-blooded," right? Well, it's actually a bit more complicated than that. Basically, mammals ② _____ _____ as required. In contrast, reptiles ③ _____ _____. OK . . . Let's look at these functions in a bit more detail.

주제	_____
주요 차이점	*way they regul bdy temp.*
	1. mammal:
	2. reptile:

● 단어 및 표현 ●

mammal[mǽməl] 포유 동물   reptile[réptail] 파충류   trait[treit] 특성   distinguish[distíŋgwiʃ] 구별하다   order[ɔ́ːrdər] 종류
complicated[kámpləkèitid] 복잡한   rely on ~에 의존하다   generate[dʒénərèit] 발생시키다   external[ikstə́ːrnl] 외부의

2

Ancient Greek sculpture is classified into three periods, each of which is clearly distinguishable from the other. The first of these, the Archaic period, is ① _____

_____. Artists did not try to represent it accurately, but rather followed a set pattern that included certain symbols. The Classical period broke with this tradition, in that ② _____,

and there was great ③ _____.

However, the subject matter was primarily limited to famous public figures. The Hellenistic period saw the form become even more naturalistic, and artists, uh . . . began to include a ④ _____

in an effort to portray everyday Greek life.

주제	ancient Grk sculpt → 3 prd.
분류 1	Archaic:
분류 2	Classical:
분류 3	Hellenistic:

정답 p.253

● 단어 및 표현 ●

distinguishable[distíŋgwiʃəbl] 구별할 수 있는   characterize[kǽriktəràiz] 특징짓다   stylistic representation 대략적 표현
represent[rèprizént] ~을 표현하다   break with ~을 깨버리다   mimic[mímik] 모방하다   human anatomy 인체 해부학적 구조
public figure 공인   portray[pɔːrtréi] 묘사하다

Daily Check-up

🎧 다음 대화를 듣고 주어진 노트를 정리해 보세요.

1

학생의 용건/문제점 _____

교직원의 제안 _____

학생의 반응 _____

2

학생의 용건/문제점 _____

교수의 제안 _____

● 단어 및 표현 ●

transit card 교통 카드 student ID 학생증 issue[íʃuː] 발급하다 valid[vælid] 유효한
reschedule[rìːskédʒu(ː)l] (일정을) 재조정하다 slip[slip] 미끄러지다 note[nout] 진단서 medical[médikəl] 의학적인
adjust[ədʒʌ́st] 조정하다 coursework[kɔ́ːrswə̀ːrk] 수업 활동

다음 강의를 듣고 주어진 노트를 정리해 보세요.

3

주제	_____
	_____
예시	_____
	_____
	_____
	_____

4

주제	_____
순서 1	_____
순서 2	_____
순서 3	_____

정답 p.254

● 단어 및 표현 ●

tribe[traib] 부족   fairly[fέərli] 꽤   oral tradition 구전   convey[kənvéi] 전달하다   accommodate[əkάmədèit] 수용하다
phonetic[fənétik] 음성의   combination[kὰmbənéiʃən] 조합   venom[vénəm] 독   vary[vέəri] 다르다
ensure[inʃúər] 확실하게 하다   victim[víktim] 피해자   immobilize[imóubəlàiz] 고정시키다   transport[trænspɔ́ːrt] 이동
arrange[əréindʒ] 조처하다   preferably[préfərəbli] 되도록이면

Hackers **TOEFL** Listening Basic

goHackers.com

2nd

Week
대화 공략하기

2주에서는 TOEFL Listening의 대화(Conversation)를 공부해 보겠습니다. 대화의 각 문제 유형별 질문 형태와 핵심 전략, 주의해야 할 오답 유형을 분석한 뒤, 단계별로 문제를 풀어 볼 것입니다.

대화의 Topics

대화에서 출제되는 Topic은 학생이 대학에서 생활하며 겪을 수 있는 상황을 바탕으로 하고 있으며, 다음과 같이 크게 두 가지로 구분할 수 있습니다.

- 학생과 교수의 대화: 성적/과제물 관련 문의, 강의 내용에 대한 질문, 인턴십 관련 상담 등
- 학생과 교직원 사이의 대화: 수강 신청/등록금 납부/편입 절차 등의 학사 행정 관련 문의, 도서관/식당/기숙사 등의 시설 이용 관련 대화

대화의 문제 유형

TOEFL Listening 대화에서 출제되는 문제 유형에는 크게 Main Topic, Detail, Function & Attitude, Connecting Contents, Inference의 다섯 가지가 있습니다.

1일   Main Topic Questions

2일   Detail Questions

3일   Function & Attitude Questions

4일   Connecting Contents Questions

5일   Inference Questions

01: Main Topic 문제란?

Main Topic 문제란 대화의 목적이나 주제를 묻는 문제를 말합니다. 주로 학생이 교수나 교직원을 찾아간 목적이 무엇인지(Main Purpose형 문제)를 묻거나, 두 사람이 무엇에 관해 이야기하는지 (Main Topic형 문제)를 묻습니다. 대화에서는 일반적으로 Main Purpose형 문제가 자주 출제되며, 1개의 대화 지문당 1문제씩 출제됩니다.

02: 질문 형태

Main Purpose형 질문

· Why does the student go to see the professor?
  학생은 왜 교수를 찾아가는가?

· Why does the student visit the registrar's office?
  학생은 왜 학적과를 찾아가는가?

· Why did the professor ask to see the student?
  교수는 왜 학생을 보자고 했는가?

· Why does the man talk to the woman?
  남자는 왜 여자와 이야기하는가?

Main Topic형 질문

· What are the speakers mainly discussing?
  화자들은 주로 무엇을 논의하고 있는가?

· What is the conversation mainly about?
  대화는 주로 무엇에 관한 것인가?

· What problem does the man have?
  남자의 문제는 무엇인가?

O3: 핵심 전략

❶ 도입부의 흐름을 숙지한다.

대화의 도입부는 보통 아래와 같은 전형적인 흐름으로 진행됩니다. 이러한 흐름을 숙지하고 대화를
들으면 보다 쉽게 대화의 목적 및 주제를 잡아낼 수 있습니다.

인사 교환	두 사람 사이의 간단한 인사
↓	
용건/문제점 묻기	교수 또는 교직원이 학생의 용건이나 문제점 질문
↓	
용건/문제점 말하기	학생이 교수 또는 교직원에게 용건이나 문제점[찾아온 목적] 언급

❷ 찾아온 목적을 묻는 말이 들리면 주의한다.

일반적으로 대화의 도입부에서 교수 또는 교직원이 학생에게 용건이나 문제점을 묻습니다. 이러한 질
문 다음에 학생이 찾아온 목적이 언급되므로 주의를 기울여 학생의 대답을 듣도록 합니다.

대표적인 질문 형태

What can I do for you? 무엇을 도와줄까?   **How may I help you?** 어떻게 도와줄까?
Can I help you? 도와줄까?   **What did you want to talk about?** 무슨 이야기를 하고 싶었니?

❸ 표시어(Signal Words)를 반드시 잡는다.

학생이 찾아온 목적을 말할 때에는 다음에 제시된 것과 같은 표현들을 자주 사용합니다. 이러한 표현
들은 곧이어 언급될 내용이 대화의 목적임을 알려주는 표시어로서, 대화의 Main Topic을 찾는 데 가
장 좋은 힌트가 됩니다.

주요 표시어

I'd like to talk to you about ~ ~에 관해 이야기하고 싶습니다   **The reason I'm here is ~** 여기 온 이유는 ~
I'm here to talk about ~ ~에 관해 이야기하려고 왔습니다   **I came to ask ~** ~을 부탁하러 왔습니다
I'm interested in knowing ~ ~에 대해 알고 싶습니다   **The problem/thing is ~** 문제는 ~입니다
I'm wondering ~ ~인지 궁금합니다

❹ 다음과 같은 오답 유형에 주의한다.

- 대화 내용의 일부분만을 다루고 있는 보기
- 대화에서 언급된 단어를 포함하고 있지만 내용이 틀린 보기
- 대화에서 언급되지 않은 내용에 관한 보기

Example:

🎧 Script

Listen to part of a conversation between a student and a professor.

간단한 인사 — **W** _ Hello, Professor. Can I talk to you for a moment?

용건/문제점 묻기 — **M** _ Of course, come on in. What can I do for you, Julianne?

용건/문제점 말하기 — **W** _ Well, actually, I-I'd like to take part in the internship program that's being offered by the department during the summer vacation. So, um, I came to ask if you could, maybe, uh, write me a letter of recommendation for my application.

▶ 표시어

학생과 교수 사이의 대화 일부를 들으시오.

W _ 안녕하세요, 교수님. 잠시 말씀 좀 나눌 수 있을까요?

M _ 물론이지, 들어오렴. 무엇을 도와줄까, Julianne?

W _ 음, 사실, 저, 저는 여름방학 동안 학과에서 제공되고 있는 인턴십 프로그램에 참여하고 싶어요. 그래서, 음, 저는 교수님께서, 혹시, 어, 지원에 필요한 추천서를 써주실 수 있는지 여쭤 보려고 왔어요.

Why does the student go to see the professor?

Ⓐ To ask for help with an assignment she is working on
Ⓑ To apply for an internship recommended by the professor
Ⓒ To request a written recommendation from the professor
Ⓓ To seek advice in changing her field of study

해석 학생은 왜 교수를 찾아가는가?

　　Ⓐ 작업 중인 과제에 대한 도움을 요청하기 위해
　　Ⓑ 교수가 추천한 인턴십에 지원하기 위해
　　Ⓒ 교수에게 추천서를 부탁하기 위해
　　Ⓓ 전공 변경에 대한 조언을 구하기 위해

정답 Ⓒ

해설 이 문제는 대화의 목적이 무엇인지를 묻는 Main Topic 문제입니다. 대화는
　　학생의 간단한 인사 후, 교수가 학생에게 "무엇을 도와줄까(What can I do
　　for you)?"라고 목적을 묻는 것으로 시작합니다. 이 질문에 학생은 "~을 부탁
　　하러 왔습니다(I came to ask ~)"라는 표시어를 써서 자신의 용건을 말합니
　　다. 학생은 교수에게 "인턴십 프로그램 지원에 필요한 추천서를 써달라(write
　　me a letter of recommendation for my application)"고 말하고 있으
　　므로, 정답은 Ⓒ입니다.
　　Ⓐ와 Ⓓ는 대화에서 언급되지 않은 내용이며, Ⓑ는 대화에서 언급된 단어를
　　포함하고 있지만 틀린 내용입니다.

● 단어 및 표현 ●

take part in ~에 참여하다　a letter of recommendation 추천서　application[æ̀pləkéiʃən] 지원

Daily Check-up

🎧 대화 도입부의 빈칸을 받아 적고, 질문에 대한 답을 고르세요.

01
M: Hi.
W: Hello. What can I do for you?
M: Um . . . I was wondering if ① _____
   _____.
W: Yes, ② _____.

Q 남자가 여자를 찾아간 목적은 무엇인가?
Ⓐ 도서관에서 책을 대출하기 위해
Ⓑ 중고책을 팔기 위해
Ⓒ 중고책을 기부하기 위해

02
W: Hi, uh . . . I'm interested in ① _____.
M: OK . . . Can you tell me why you want to study abroad? Is this related to your major?
W: Actually, no. I'm majoring in economics, but what I'd really like to do is
   ② _____
   _____.

Q 학생이 교수를 찾아간 목적은 무엇인가?
Ⓐ 자신의 학점에 대해 문의하기 위해
Ⓑ 전공 선택에 대한 조언을 구하기 위해
Ⓒ 유학가는 것에 대해 문의하기 위해

● 단어 및 표현 ●
used books 중고책   **study abroad** 유학하다   **economics**[èkənámiks] 경제학   **get exposure to** ~을 직접 체험하다

03
> M: Hi, there. ① _____ ?
>
> W: Well, the reason I'm here is . . . ② _____
> _____. This is so annoying!
>
> M: Hmm, well, this is a common problem. When did you lose it?
>
> W: This morning. I was really hoping someone would turn it in.

Q Why does the woman talk to the man?

    Ⓐ To request him to return her ID

    Ⓑ To report that her wallet was lost

    Ⓒ To turn in an item that she found

04
> M: Hello, Ms. Pearson? ① _____
> _____.
>
> W: Yes, hello, Joshua. Please come in. Make sure the door is shut behind
> you. Have a seat.
>
> M: Um . . . I'm not sure why I'm here, but something tells me it's not to
> hear good news.
>
> W: I'm afraid not. ② _____
> _____. Our computer system tells us that
> your grade point average has fallen below 2.0.

Q Why did the professor ask to see the student?

    Ⓐ To show the student the new computer system

    Ⓑ To talk about the student's grade point average

    Ⓒ To give the student some good news

● 단어 및 표현 ●

annoying[ənɔ́iiŋ] 짜증나는 turn in ~을 돌려주다 appointment[əpɔ́intmənt] 약속 grade point average(GPA) 평점

2nd Week

1일

2일

3일

4일

5일

Hackers **TOEFL** Listening Basic

Daily Check-up

🎧 대화 도입부를 노트테이킹하고, 질문에 대한 답을 고르세요.

05

학생의 용건/문제점 _____

_____

_____

Q 학생이 교수를 찾아간 목적은 무엇인가?

Ⓐ 학기말 과제에 대한 조언을 얻기 위해

Ⓑ 보고서 작성에 필요한 자료를 얻기 위해

Ⓒ 학기 중 수강 과목을 변경하기 위해

06

학생의 용건/문제점 _____

_____

_____

Q 학생은 왜 교수를 찾아가는가?

Ⓐ 인턴 자리를 위한 면접을 보기 위해

Ⓑ 수업 과제에 대해 문의하기 위해

Ⓒ 인턴십에 대한 조언을 얻기 위해

● 단어 및 표현 ●

come up with ~을 찾다   appreciate[əprí:ʃièit] 감사하다   line up (일 등을) 예정하다   in terms of ~과 관련해서

07

학생의 용건/문제점 _____

_____

_____

Q What is the main subject of the conversation?

Ⓐ Changing the topic of a presentation
Ⓑ Assigning the time for a presentation
Ⓒ Rescheduling the presentation date

08

학생의 용건/문제점 _____

_____

_____

Q Why does the student go to see the professor?

Ⓐ To talk about the responsibilities of an editor
Ⓑ To discuss some difficulties with a writer
Ⓒ To reschedule the deadline of the newspaper

정답 p.257

● 단어 및 표현 ●

reschedule[rìːskédʒu(ː)l] 일정을 변경하다   assign[əsáin] 배정하다   pointer[pɔ́intər] 조언   quality[kwɑ́ləti] 훌륭한
let down 실망시키다   on time 제때   delay[diléi] 지연시키다

Daily Test

다음 대화를 듣고 질문에 알맞은 답을 고르세요.

1 Why does the student go to see the professor?

A_ To inquire about rescheduling a future event

B_ To discuss a recent setback in her plans

C_ To invite him to an annual psychology dinner

D_ To ask him to organize an upcoming function

2 Why does the student visit the registrar's office?

A_ To ask how to improve his grades

B_ To get information about tuition fees

C_ To discuss a problem registering for a class

D_ To learn how to sign up for an online course

● 단어 및 표현 ●

annual[ǽnjuəl] 연례의   sponsor[spánsər] 후원하다   in charge of ~을 담당하는   organize[ɔ́ːrɡənàiz] 준비하다
out-of-town 시외의   substitute[sʌ́bstətjùːt] 대리인   setback[sétbæk] 차질   sign up for ~에 등록하다   spot[spɑt] 자리
benefit[bénəfit] 이점   tuition fee 수업료   ordinary[ɔ́ːrdənèri] 보통의   electricity[ilektrísəti] 전기
maintenance[méintənəns] 유지   course material 수업 자료   follow[fálou] 이해하다   lead to ~로 이어지다

3 Why did the student ask to see the academic counselor?

A_ To register for a class

B_ To change her specialization

C_ To declare her major

D_ To enroll in the summer session

4 What is the main topic of the conversation?

A_ The topic of the student's presentation

B_ The student's plan to visit a museum

C_ Why the student missed a class field trip

D_ How the student can make up lost marks

정답 p.261

● 단어 및 표현 ●

concentration of major 세부 전공   accounting[əkáuntiŋ] 회계학   session[séʃən] 학기   master's degree 석사 학위
business school 경영대학원   struggle[strʌ́gl] 고심하다   field trip 현장 학습   Civil War (미국) 남북전쟁
embarrassing[imbǽrəsiŋ] 난처한   make up for ~을 만회하다   mandatory[mǽndətɔ̀:ri] 의무적인   exhibit[igzíbit] 전시회
private collection 개인 소장품   perspective[pərspéktiv] 관점   memoir[mémwɑ:r] 회고록   valid[vǽlid] 타당한
excuse[ikskjú:s] 이유   submit[səbmít] 제출하다   plenty of 넉넉한

2일 Detail Questions

01: Detail 문제란?

Detail 문제란 대화에서 언급된 세부 내용에 관해 묻는 문제를 말합니다. 주로 대화의 흐름에 중심
적이거나 주제와 밀접하게 관련된 내용이 문제로 출제됩니다. 다양한 질문 형태로 출제되며, 2개
이상의 답을 고르는 문제가 출제되기도 합니다. 1개의 대화 지문당 1~2문제씩 출제됩니다.

02: 질문 형태

· According to the conversation, what is ~?
대화에 따르면, ~은 무엇인가?

· Why does the professor want the man to do ~?
교수는 왜 그 남자가 ~하기를 원하는가?

· What does the professor say about ~?
교수는 ~에 관해 무엇이라고 말하는가?

· Where will the man look for the information he needs?
남자는 필요한 정보를 어디서 찾을 것인가?

· What does the woman suggest?
여자는 무엇을 제안하는가?

정답이 2개 이상인 질문 형태

· What are the examples the professor gives of ~? Choose 2 answers.
교수가 ~에 대해 제시한 예는 무엇인가? 2개의 답을 고르시오.

· According to the conversation, what are the reasons for ~?
Choose 3 answers.
대화에 따르면, ~에 대한 이유는 무엇인가? 3개의 답을 고르시오.

O3: 핵심 전략

❶ 다른 말로 바꿔 쓴 표현에 익숙해진다.

Detail 문제의 정답은 화자의 말이 그대로 인용되기보다 다른 말로 바뀌어 표현(paraphrase)되어 있는 경우가 많으므로, 이러한 표현에 익숙해지도록 합니다.

대화에서 언급된 내용
S: Professor Leach is not in his office now. They say he's on holiday.

→ Paraphrase된 보기들
  • Professor Leach is not available.
  • The student cannot meet with the professor.

❷ 대화의 중요 내용을 파악하며 듣는다.

Detail 문제를 잘 풀기 위해서는 대화에서 언급된 여러 내용 중 무엇이 중요한지를 적극적으로 파악하며 들어야 합니다. 특히 다음과 같은 내용들은 귀를 쫑긋 세우고 듣도록 합니다.

대화 중요 내용	주요 표시어	
교수 및 교직원이 학생에게 제안하는 내용 (~은 어떻니?/~을 해보렴)	What/how about ~? Why don't you ~? Have you checked ~? You might want to ~	You might consider ~ What you want to do is ~ You can/could ~ (I think) you should ~
이유를 언급하는 내용 (왜냐하면)	because ~ since ~	the reason is ~ due to ~
역접의 내용 (하지만)	but yet	however though
부연하여 길게 설명하거나 반복, 강조하는 내용 (내 말은/그러니까/실은)	I mean actually in fact	that is the thing is you know

❸ 다음과 같은 오답 유형에 주의한다.

  • 대화에서 언급된 단어를 포함하고 있지만 내용이 틀린 보기
  • 대화에서 언급된 사실과 전혀 관련 없는 보기

Example:

🎧 Script

Listen to part of a conversation between a student and a professor.

M _ First, I'd like to hear the specifics. Which internship are you applying for?

W _ I want to try for the marketing internship.

M _ Really? Oh. But, as far as I know, you're a Mass Communications major. Isn't marketing quite a bit different? Any special reason for choosing that?

W _ Well, yeah, I want to have a variety of experiences. You know, before I really enter the workforce.

M _ Hmm, I can see what you're saying. But, I think it might be a good idea to try doing a bit of research. (How about) an internship with a magazine? Something a bit more in tune with your field of study.

W _ A magazine, huh? I never thought of that. Um . . . yeah, yeah, I suppose that's a good idea.

▶ 표시어

교수의 제안

학생과 교수 사이의 대화 일부를 들으시오.

M _ 우선, 세부사항을 듣고 싶구나. 어떤 인턴십에 지원하려고 하지?

W _ 마케팅 인턴십을 해 보고 싶어요.

M _ 정말? 오. 그런데, 내가 알기론, 넌 대중 매체 전공자잖아. 마케팅은 상당히 다르지 않니? 그걸 선택한 특별한 이유라도 있니?

W _ 음, 네, 저는 다양한 경험을 하고 싶어요. 그러니까, 실제로 취업 전선에 뛰어들기 전에요.

M _ 흠, 네가 무엇을 말하려는지 알겠어. 하지만, 조사를 조금 해 보는 것도 좋은 생각일 것 같구나. 잡지 관련 인턴십은 어떠니? 네 전공과도 더 잘 맞는 것으로.

W _ 잡지요, 네? 그 생각은 못 해봤는데. 음... 네, 네, 좋은 생각 같아요.

Volume   Help   OK   Next

HIDE TIME 00 : 10 : 00

What does the professor suggest the student should consider?

(A) Entering the workforce earlier than originally planned

(B) Increasing her work experience before graduation

(C) Switching her major to Mass Communications

(D) Applying for an internship related to her field of study

해석   교수는 학생에게 무엇을 고려할 것을 제안하는가?

　　(A) 계획보다 더 일찍 취업 전선에 뛰어드는 것

　　(B) 졸업 전에 직장 경험을 늘리는 것

　　(C) 전공을 대중 매체로 바꾸는 것

　　(D) 전공과 관련 있는 인턴십에 지원하는 것

정답   (D)

해설   이 문제는 대화의 세부 내용에 관해 묻는 Detail 문제입니다. 교수는 "How about"이라는 표시어 이하에서 잡지처럼 학생의 전공에 맞는 인턴십을 알아볼 것을 제안(How about an internship with a magazine? Something a bit more in tune with your field of study)하고 있으므로, 정답은 (D)입니다.

　　(A), (B), (C)는 모두 대화에서 언급된 단어를 포함하고 있지만 틀린 내용입니다.

● 단어 및 표현 ●

specifics[spisífiks] 세부사항   apply for ~에 지원하다   Mass Communications 대중 매체   major[méidʒər] 전공(자)
enter the workforce 취업 전선에 뛰어들다   in tune with ~과 잘 맞는

Daily Check-up

🎧 대화 일부의 빈칸을 받아 적고, 질문에 대한 답을 고르세요.

01

M: I was wondering if you would consider ① _____
_____. I am planning to apply for several
laboratory positions this summer.

W: Sure. I would be happy to. But maybe Dr. Grey ② _____
_____. I mean, ③ _____.

M: I know, but the problem is that ④ _____.
I really need to apply for these jobs by the end of the week.

Q 학생은 왜 지금 Grey 박사의 추천장을 받을 수 없는가?

Ⓐ Grey 박사가 학생을 잘 모르기 때문에

Ⓑ Grey 박사가 다른 업무로 바쁘기 때문에

Ⓒ Grey 박사가 휴가 중이기 때문에

02

M: Good morning! What can I do for you today?

W: I need to talk to someone about ① _____.

M: I think I should be able to help you.

W: Well, I was hoping that I could arrange it so that I ② _____
_____. I really like her, and
we get along well.

M: I'm sorry, but, you know, we ③ _____
_____ to a particular room. It's all
④ _____.

Q 교직원은 왜 학생의 요구를 들어줄 수 없는가?

Ⓐ 방 배정은 전산 시스템에 의해 자동으로 이루어진다.

Ⓑ 학생은 방 배정 신청서를 제때 제출하지 않았다.

Ⓒ 학생의 친구가 현재 머물고 있는 방을 바꾸려 하지 않는다.

● 단어 및 표현 ●

laboratory [lǽbərətɔ̀:ri] 연구실   position [pəzíʃən] ~직(職)   dormitory [dɔ́:rmətɔ̀:ri] 기숙사   get along 사이가 좋다

03

W: Hi . . . I was wondering if I could speak to the manager.

M: I'm the manager . . . Is there a problem?

W: Um . . . well, sort of. As you know, it's exam time now . . . so lots of students are studying quite late. The problem is . . . well, ① _____ _____ .

I was hoping ② _____ until . . . say, 1:00 a.m.

M: Well . . . there's not much I can do . . . you know, since ③ _____ _____ , it

wouldn't be fair to make them stay later.

Q Why is the manager reluctant to extend the hours of the snack bar?

Ⓐ The other students do not care about the issue.

Ⓑ The employees of the snack bar are also students.

Ⓒ The exam period will be finished very soon.

04

M: I wanted to check with you about ① _____ .

W: What did you want to know?

M: Well . . . I was ② _____ .

W: I see. Are you unable to find enough material related to your topic?

M: Actually, I think ③ _____ . I just don't know where to begin.

W: I know that feeling. What you need to do is sit down and ④ _____ . You know . . . ⑤ _____ ,

and how you intend to support them. Figure out exactly what you want to discuss, and then look for sources that deal with those specific points.

Q What does the professor suggest?

Ⓐ The student should prepare an outline.

Ⓑ The student should do more research.

Ⓒ The student should select a different topic.

● 단어 및 표현 ●

extend[iksténd] (기한을) 연장하다   reluctant[rilʌ́ktənt] 꺼려하는   outline[áutlàin] 개요   deal with ~을 다루다

🎧 대화 일부를 노트테이킹하고, 질문에 대한 답을 고르세요.

05

학생의 용건/문제점	
교직원의 조언	1.
	2.

Q 교직원이 말하는 오리엔테이션 참석의 장점은 무엇인가? 2개의 답을 고르시오.

Ⓐ 새로운 친구들을 사귈 수 있다.

Ⓑ 학교를 둘러볼 수 있다.

Ⓒ 유용한 정보를 얻을 수 있다.

06

학생의 용건/문제점	
교수의 조언	

Q 교수는 학생에게 무엇을 하라고 조언하는가?

Ⓐ 어쩔 수 없이 다른 과목을 신청해야 한다.

Ⓑ 지도 교수에게 찾아가야 한다.

Ⓒ 대기자 명단에 이름을 올려야 한다.

● 단어 및 표현 ●

mandatory [mǽndətɔ̀ːri] 의무인   academic advisor 지도 교수   waiting list 대기자 명단   drop [drɑp] 취소하다

07

학생의 용건/문제점 _____

교수의 제안 _____

Q What does the professor offer to do for the student?

Ⓐ To help her enroll in a language exchange program

Ⓑ To take her to a seminar on the European banking system

Ⓒ To contact a friend who works at a French bank

08

학생의 용건/문제점 _____

문제 발생 이유 _____

Q Why were the posters removed from the bulletin boards?

Ⓐ They did not have an authorization stamp.

Ⓑ They had been posted for longer than a week.

Ⓒ They were not about an official school event.

정답 p.267

● 단어 및 표현 ●

ambitious[æmbíʃəs] 야심찬   qualified[kwáləfàid] 적격인   bulletin board 게시판   fundraiser[fʌ́ndrèizər] 모금 행사

authorization stamp 허가 소인

Daily Test

[1-2]

1 Why does the student go to see the professor?

A_ To inquire about changing her major

B_ To get help preparing for an internship

C_ To ask for advice about employment

D_ To request a letter of recommendation

2 What does the professor say about the alumni association?

A_ It launched a website for students.

B_ It will make changes to a publication.

C_ It wants to hire former students.

D_ It plans to open an office on campus.

[3-4]

3 What does the officer suggest the student do?

A_ He should first complete the introductory programming class.

B_ He should take a placement test to show his skills.

C_ He should talk to an officer who is more lenient with school policy.

D_ He should meet the head of the department to get permission.

● 단어 및 표현 ●

be supposed to ~하기로 되어 있다   run behind schedule 일정에 뒤처지다   alumni association 동창회
look through ~을 훑어 보다   issue[íʃuː] (잡지, 신문 같은 정기 발행물의) 호   adjust[ədʒʌst] 조정하다   launch[lɔːntʃ] 출시하다
employment[implɔ́imənt] 직장   letter of recommendation 추천서   fulfill[fulfíl] 끝내다   advanced[ædvǽnst] 상급의
introductory[ìntrədʌ́ktəri] 입문의   priority[praiɔ́ːrəti] 우선권   prerequisite[priːrékwəzit] 필수 과목
intermediate[ìntərmíːdiət] 중급의   waive[weiv] 면제하다   head of department 학과장   placement test 반편성 시험

---

4 Why can't the student meet the professor right away?

A_The professor's schedule is full for appointments until next week.

B_The student must first get permission from an officer of the registrar.

C_The professor is absent from campus.

D_The student can't find the professor's office.

[5-6]

5 Why does the student speak to the university employee?

A_To make a reservation for a campus facility

B_To request assignment to a different dormitory

C_To complain about a new university policy

D_To find out a building's hours of operation

6 What does the student say about the dormitory common areas?

A_Guests are not allowed late at night.

B_The atmosphere is not very relaxing.

C_Students have to speak quietly in them.

D_They close at 8:00 p.m. every night.

정답 p.272

● 단어 및 표현 ●

lounge[láundʒ] 휴게실   management[mǽnidʒmənt] 관리   midnight[mídnàit] 자정   entrance[éntrəns] 입구
facility[fəsíləti] 시설   atmosphere[ǽtməsfìər] 분위기   hang out 시간을 보내다   common area 공용 공간
resident[rézədənt] 거주자   reservation[rèzərvéiʃən] 예약   assignment[əsáinmənt] 배정   operation[ùpəréiʃən] 운용

3일 Function & Attitude Questions

01: Function & Attitude 문제란?

Function & Attitude 문제란 대화에서 화자가 한 말에 숨겨진 의도가 무엇인지(Function), 또는 화자의 태도나 의견이 어떠한지(Attitude)를 묻는 문제를 말합니다. 일반적으로 다시 듣기 형태의 문제로 출제되며, 1개의 대화 지문당 1~2문제씩 출제됩니다.

02: 질문 형태

· Why does the student say this: 🎧
  학생은 왜 이렇게 말하는가?

· What does the professor mean/imply when he says this: 🎧
  교수는 이렇게 말함으로써 무엇을 의미/암시하는가?

· What is the professor's opinion of ~?
  ~에 대한 교수의 의견은 무엇인가?

· What is the student's attitude toward ~?
  ~에 대한 학생의 태도는 무엇인가?

다시 듣기 문제는 다음과 같은 형식으로 출제됩니다.

> Listen again to part of the conversation. Then answer the question.
>
> M : ~~~~~~~~~~~~~~~~
>
> W: ************************
>
> Q Why does the woman say this: 🎧
>
> W: ************************

03: 핵심 전략

❶ 문맥을 정확히 파악한다.

글을 읽다가 모르는 단어가 나오면 문맥으로 그 뜻을 추측할 수 있듯이, 대화에서도 문맥은 화자가 한 말의 정확한 의미나 의도를 파악하는 데 도움을 줍니다. 특히 같은 말도 문맥에 따라 뜻이 달라질 수 있으므로, 대화를 들을 때에는 문맥을 정확하게 파악하도록 합니다.

교수	A plus! What an improvement! What happened? A⁺구나! 놀라운 향상인데! 어떻게 된 거니?
학생	You know, I put a lot of time and effort into this. 그러니까, 제가 여기에 많은 시간과 노력을 들였거든요.

문제　Why does the student say this: *You know, I put a lot of time and effort into this.*

답　**To explain why his grade got better** 성적이 좋아진 이유를 설명하기 위해

학생	I think the grade was a little too low. I don't understand why! 성적이 너무 낮아요. 왜 그런지 모르겠어요! You know, I put a lot of time and effort into this. 그러니까, 저는 여기에 많은 시간과 노력을 들였단 말이에요.

문제　Why does the student say this: *You know, I put a lot of time and effort into this.*

답　**To complain about his grade** 성적에 대한 불만을 표시하기 위해

❷ 어조를 느끼며 듣는다.

어조에는 말하는 사람의 감정이 드러나고, 이는 화자의 의도나 태도를 파악하는 데 큰 단서가 됩니다. 따라서 대화를 들을 때에는 화자의 어조를 주의 깊게 들으며 화자가 기뻐하는지, 질책하는지, 사과하는지, 또는 우려하는지 등을 판단하도록 합니다.

대화 내용	어조	화자의 의도 및 태도
(1) Jason?	J a s o n	놀람 (expressing surprise) Jason이라고? (정말 Jason이 그랬단 말이야?)
(2) Jason!	J a s o n	질책 (reprimanding) Jason! (Jason, 그러지 마!)

❸ 다음과 같은 오답 유형에 주의한다.

- 화자의 의도가 아닌 표면적 의미만을 제시한 보기
- 전후 문맥을 잘못 파악한 보기

Example:

🎧 Script

Listen to part of a conversation between a student and a librarian.

M _ Hi, are you ready to check these out? Did you find everything OK?

W _ Yeah, thanks.

M _ I see you have many sociology books here. Doing a big report?

W _ Yep, on marriage and family in urban areas.

M _ Sounds interesting. Oh, hold on! You have twelve books, and you're only allowed to borrow ten books at one time. I'm afraid you can't check out two of them now.

어조
우려(concerned)

문맥
학생이 대출하려고 책을 12권
가져 왔는데 10권만 대출 가능

학생과 사서 사이의 대화 일부를 들으시오.

M _ 안녕하세요, 이 책들을 대출하려고요? 다 괜찮던가요?

W _ 네, 감사합니다.

M _ 사회학 책이 많은 것 같네요. 방대한 보고서를 쓰려나 봐요?

W _ 네, 도시 지역에서의 결혼과 가정에 대해서요.

M _ 재미있을 것 같네요. 오, 잠깐만요! 가져온 책이 12권인데, 한 번에 10권만 빌릴 수 있어요. 그것들 중 두 권은 지금 대출할 수 없을 것 같네요.

Volume · ? Help · ✓ OK · → Next

HIDE TIME · 00 : 10 : 00

Listen again to part of the conversation. Then answer the question.

M _ Sounds interesting. Oh, hold on! You have twelve books, and you're only allowed to borrow ten books at one time. I'm afraid you can't check out two of them now.

Q   Why does the librarian say this:
M _ Oh, hold on!

(A) To suggest that the topic is actually boring
(B) To indicate that there is a problem
(C) To stop her from leaving the place
(D) To warn her to hold the books tightly

해석   대화의 일부를 다시 듣고 질문에 답하시오.

M_재미있을 것 같네요. 오, 잠깐만요! 가져온 책이 12권인데, 한 번에 10권만 빌릴 수 있어요. 그것들 중 두 권은 지금 대출할 수 없을 것 같네요.

Q   사서는 왜 이렇게 말하는가?
M_오, 잠깐만요!

(A) 사실 그 주제가 지루하다는 것을 암시하기 위해
(B) 문제가 있다는 것을 나타내기 위해
(C) 그녀가 도서관에서 나가는 것을 막기 위해
(D) 책을 꼭 붙들고 있으라고 경고하기 위해

정답   (B)

해설   이 문제는 화자가 한 말의 의도를 묻는 Function 문제입니다. 문맥을 보면 학생이 책을 대출하려고 하는데 사서(librarian)가 "오, 잠깐만요!"라고 하며, 10권만 빌릴 수 있는데 학생이 12권을 가져왔다고 말합니다. 즉, 사서는 학생의 대출 요구에 문제가 있다는 것을 나타내기 위해 이와 같이 말한 것입니다. 또한 우려하는 듯한 화자의 어조를 통해 대출에 문제가 있음을 알 수 있습니다. 따라서 정답은 (B)입니다.
(A), (C), (D)는 hold on의 의미 자체만 놓고 볼 때에는 그럴듯한 답이지만 전후 문맥을 잘못 파악했습니다.

● 단어 및 표현 ●

check out (도서관에서 책 등을) 대출하다   sociology [sòusiάlədʒi] 사회학   urban [ə́:rbən] 도시의   at one time 한 번에

Daily Check-up

🎧 대화 일부의 빈칸을 받아 적고, 질문에 대한 답을 고르세요.

01

M: Um, can you tell me how much I could get for these books? ① _____ _____.

W: Well . . . I can see that you've kept your books in good condition, but ② _____. Our bookstore has a strict policy . . . ③ _____ _____.

M: ④ _____ _____.

Q Why does the student say this: 🎧
  Ⓐ 책을 되파는 절차가 간단한 것에 대한 놀라움을 표현하기 위해
  Ⓑ 지불 가격이 너무 낮다는 것을 나타내기 위해
  Ⓒ 방침에 만족한다는 것을 보여주기 위해

02

W: Well, I think my paper is going OK. But, uh . . . I'm a little confused about ① _____. I have a lot of ideas I want to talk about, but it seems like maybe I am going into too much detail . . .

M: I see, and ② _____! Here's what I would suggest . . . ③ _____ _____ . . . I mean someone who's an absolute beginner. How much information do you need to make your listener understand?

Q 보고서 작성에 있어 학생의 어려움에 대한 교수의 태도는 무엇인가?
  Ⓐ 학생이 글을 잘 쓰고 있는 것에 기뻐하고 있다.
  Ⓑ 학생이 글 쓰는 능력이 부족한 것에 실망하고 있다.
  Ⓒ 학생이 겪고 있는 상황에 대해 동정적이다.

● 단어 및 표현 ●
practically [præktikəli] 거의   absolute [ǽbsəlùːt] 완전한

03

M: It costs $10 to get new photo ID. Do you want a new ID card?

W: I really need my ID, but . . . ① _____ .
I just hope someone finds my old one and drops it off here soon.
② _____ .

M: Well, ③ _____
_____ . It's good for a week, but then ④ _____
_____ . . .

W: OK . . . If you could issue me a temporary card, I would really appreciate it.

Q Why does the woman say this: 🎧

Ⓐ 남자의 제안에 따르겠다는 것을 나타내기 위해
Ⓑ 자신의 경제적 어려움의 정도를 강조하기 위해
Ⓒ 새 학생증을 살 수밖에 없다는 것을 나타내기 위해

04

M: I would really like to be accepted for this part-time internship.

W: I'm sure that ① _____ .

M: Really? Thank you. There's just one more thing. ② _____
_____ ?

W: Well . . . I've been very pleased with your efforts over the past
semester. ③ _____ .

M: I'll do that!

Q Why does the professor say this: 🎧

Ⓐ 교수는 지금 결정을 내리고 싶어 하지 않는다.
Ⓑ 교수는 기꺼이 학생의 요구를 들어주려고 한다.
Ⓒ 교수는 기꺼이 지난 학기 성적을 확인해주고자 한다.

● 단어 및 표현 ●

drop off 놓고 가다   issue [íʃuː] 발급하다   temporary [témpərèri] 임시의   state [steit] 나타내다   permanent [pə́ːrmənənt] 정규의
show up 나타나다   qualification [kwàləfikéiʃən] 자격   reference letter 추천서

Daily Check-up

05

W: Well, when a student's grades drop below a certain level, the computer system automatically notifies our office and ① _____ _____.

M: My parents can't find out about this. ② _____!

W: The letter's already on its way. ③ _____. Um . . . Why don't I call your parents and invite them here for a meeting. ④ _____ _____. I assume there's a good reason and that your performance will improve next semester.

Q Why does the woman say this: ◠

Ⓐ She has a possible solution to the problem.
Ⓑ She thinks that the student is overreacting.
Ⓒ She feels that the student is not listening.

06

M: You know, France is very popular with students who wish to study abroad. Well, I hope this won't dampen your spirits, but ① _____ _____ _____. What were your grades like in your freshman year?

W: I had a 2.5 average for the year but my grade point average in French was an A.

M: ② _____. I don't want you to be disappointed, but ③ _____ _____.

W: Oh . . . That's too bad.

Q Why does the professor say this: ◠

Ⓐ To suggest that the student should study more
Ⓑ To indicate that the student's grades are too low
Ⓒ To demonstrate the importance of studying French

● 단어 및 표현 ●

notify [nóutəfài] 통보하다   panic [pǽnik] 당황하다   dampen one's spirit 기를 꺾다

07

M: ① _____?

W: No . . . and I've searched everywhere. ② _____
_____. My roommate keeps lending me her key whenever I
go out.

M: You should probably get a new one. If you go to the Student Services
office, ③ _____.

W: Yeah . . . I suppose so. Maybe I will do that now.

Q Why does the woman say this: 🔊

Ⓐ She has accepted that she will not find her key.

Ⓑ She is worried that her roommate will not lend her the key.

Ⓒ She is determined to search for her key once more.

08

W: ① _____? You've had
over a month to prepare this!

M: No, I've actually finished preparing the presentation already. I need to,
um . . . reschedule for other reasons.

W: I'm sorry, but ② _____.

M: I know, but ③ _____.

W: Okay, I guess I can ask the class tomorrow . . . but ④ _____
_____.

Q What is the professor's attitude regarding the rescheduling of the
presentation?

Ⓐ She is angry because the student is not prepared.

Ⓑ She is worried that it may take up too much time.

Ⓒ She is doubtful that it is possible to accomplish.

정답 p.278

● 단어 및 표현 ●

dorm [dɔːrm] 기숙사(=dormitory)   extension [iksténʃən] 연장

Daily Test

 다음 대화를 듣고 질문에 알맞은 답을 고르세요.

[1-3]

1 Why does the woman talk to the man?

A_To enroll in a physical education class

B_To sign up for a swimming class

C_To discuss a low grade in swimming

D_To protest an increase in tuition fees

2 How does the man explain the higher fees for swimming classes? Choose 2 answers.

A_The university has not increased tuition in years.

B_The university gave in to the physical education teachers' call for higher pay.

C_The university is planning to build a better swimming pool.

D_The university is constructing a new gym.

3 Why does the man say this: 🎧

A_To assure the woman that the whole student body agrees with her

B_To encourage the woman to join in the protest against high tuition

C_To indicate that the student is complaining to the wrong person

D_To indicate that he does not care about the woman's complaint

● 단어 및 표현 ●

demand[diménd] 요구하다; 요구   salary[sǽləri] 급여   grant[grænt] 승낙하다   credit[krédit] 학점   faculty[fǽkəlti] 강사
equipment[ikwípmənt] 장비   gymnasium[dʒimnéiziəm] 체육관   first-come-first-served 선착순의   give in 받아들이다

[4-6]

4 What is the man's problem?

A_He cannot afford to pay his lesson fees.

B_He cannot participate in the vocal competition.

C_He does not like his vocal coach.

D_He cannot attend his lesson due to illness.

5 Why can't the man schedule a class for next week?

A_Because it is against department policy

B_Because the schedule is full for next week

C_Because the student did not pay his tuition

D_Because the student has been absent before

Listen again to a part of the conversation. Then answer the question.

6 What does the woman imply when she says this: 🎧

A_She was unaware of the voice competition.

B_She is worried that the student will not be ready.

C_She would like to participate in the competition as well.

D_She had not considered the voice competition.

정답 p.282

● 단어 및 표현 ●

sore[sɔ:r] 아픈   strain[strein] 무리를 주다   recovery[rikʌ́vəri] 회복   damage[dǽmidʒ] 상하게 하다   **makeup lesson** 보충 수업
book[buk] 예약하다   in advance 미리   humidifier[hju:mídəfàiər] 가습기

01: Connecting Contents 문제란?

Connecting Contents 문제란 대화에서 정보들이 서로 어떻게 연결되었는지 묻는 문제를 말합니다. 대화에서 나오는 Connecting Contents 문제는 크게 두 가지 유형이 있는데, 하나는 화자가 언급한 특정 부분이 내용 흐름상 혹은 구조적으로 어떤 역할을 하는지를 묻는 Purpose형 문제이며, 다른 하나는 보기에서 제시된 정보들이 대화에서 언급된 것인지를 묻는 List형 문제입니다. 1개의 대화 지문당 0~1문제씩 출제됩니다.

02: 질문 형태

Purpose형 질문

· Why does the professor tell the man about ~?
교수는 왜 남자에게 ~에 관해 말하는가?

· Why does the professor mention ~?
교수는 왜 ~을 언급하는가?

List형 질문

What information will the man include in ~? Indicate whether each of the following is information which will be included.
Click in the correct box for each phrase.
남자는 ~에 어떤 정보를 포함시킬 것인가? 다음의 항목이 포함될 정보인지를 표시하시오.
각 항목에 적절한 칸을 클릭하시오.

	Included (Suggested / Yes)	Not included (Not suggested / No)
정보 A		
정보 B		
정보 C		
정보 D		

O3: 핵심 전략

❶ Purpose형 문제: 화자가 한 말의 역할을 파악한다.

화자가 자신의 경험이나 어떤 특정 사항에 대해 구체적으로 언급하는 경우, 이 부분이 Purpose형 문제로 출제될 수 있습니다. 이러한 경우에는 경험이나 특정 사항에 대한 화자의 언급이 내용 흐름상 어떤 역할을 하는지를 바로 앞부분의 대화 내용과 관련해 파악하도록 합니다.

학생	프랑스어 실력을 어떻게 향상해야 할지 모르겠어요. 재미도 없고 너무 어려워요.
교수	어떤 외국어든 잘하려면 연습할 기회를 적극적으로 만들어야 해. 나는 대학 시절에 국제 박람회 같은 행사에 자원해 외국인들을 도우며 회화를 연습하곤 했지. 큰 도움이 되었을 뿐 아니라 재미도 있었단다.

문제	교수는 왜 국제 박람회에서 자원봉사했던 일을 언급하는가?
답	외국어를 잘할 수 있는 하나의 방법을 알려주기 위해

❷ List형 문제: 나열(List)되는 사항들에 집중한다.

대화에서 여러 정보들이 어떤 연관성을 가지고 나열되면 List형 문제가 출제될 것을 예상해야 합니다. 예를 들어, 교수나 교직원이 학생에게 보고서나 지원서 등에 기재해야 할 여러 사항들을 제안해줄 경우, 이 제안사항들이 List형 문제로 출제될 수 있습니다.

주요 표시어

for example/for instance	There are three things/options ~
First ~, second ~, third ~	The first one is ~
also	things like ~
such as ~	You should include ~
Did you check ~?	

❸ 정보의 연결 관계를 생각하며 노트테이킹한다.

Connecting Contents 문제는 정보들의 연결 관계를 생각하며 노트테이킹하면 쉽게 해결할 수 있습니다. 지금 화자가 하는 말이 앞서 한 말에 대한 예시인지, 이유인지, 혹은 여러 하위 항목 중 하나인지 등을 ex), ∵, 1, 2, 3 등과 같은 기호나 숫자를 이용해 일목요연하게 정리하도록 합니다.

Example:

🎧 Script

Listen to part of a conversation between a student and a librarian.

M _ Sounds interesting. Oh, hold on! You have twelve books, and you're only allowed to borrow ten books at one time. I'm afraid you can't check out two of them now.

W _ What? There was never any limit before. I checked out over twenty books at one time last month!

M _ Well, we decided to change our policy. Students had to wait weeks and weeks for books that were probably not being read. Let's face it . . . even a student who reads very quickly can't read more than 10 books in two weeks. I mean, I've dealt with many different students, and most would require at least a month to get through that many books, so . . . well, we decided on this new policy.

특정 사항 언급
빨리 읽는 학생도 2주에 10권 이상은 못 읽음. 대부분 학생이 그만큼 끝내려면 한 달은 필요.
→ 방침 변경에 대한 이유

학생과 사서 사이의 대화 일부를 들으시오.

M _ 재미있을 것 같네요. 오, 잠깐만요! 가져온 책이 12권인데, 한 번에 10권만 빌릴 수 있어요. 그것들 중 두 권은 지금 대출할 수 없을 것 같네요.

W _ 뭐라고요? 전에는 그 어떤 제한도 없었는데요. 저는 지난달 한 번에 20권 넘게 대출했었다고요!

M _ 음, 방침을 바꾸기로 했거든요. 학생들은 읽히지 않고 있을 책들을 몇 주 동안이나 기다려야 했죠. 솔직히 말해서... 아무리 빨리 읽는 학생이라도 2주 만에 10권 이상은 못 읽잖아요. 제 말은, 제가 많은 다양한 학생을 대해 봤는데, 대부분 그렇게 많은 책들을 끝내려면 적어도 한 달은 필요로 하더라고요, 그래서... 음, 우리가 이 새 방침을 정한 거예요.

Volume   Help   OK   Next

HIDE TIME   00 : 10 : 00

Why does the man mention students who read?

Ⓐ To tell her when the books should be returned

Ⓑ To demonstrate a way to read faster

Ⓒ To provide a reason for the policy change

Ⓓ To indicate that the student should work harder

해석   남자는 왜 책을 읽는 학생들을 언급하는가?

　　　Ⓐ 책을 언제 반납해야 하는지 말해주기 위해

　　　Ⓑ 더 빨리 읽을 수 있는 방법을 설명하기 위해

　　　Ⓒ 방침 변경에 대한 이유를 제시하기 위해

　　　Ⓓ 학생이 더 노력해야 함을 나타내기 위해

정답   Ⓒ

해설   이 문제는 화자가 왜 특정 사항을 언급했는지 묻는 Purpose형 문제입니다. 한 번에 10권만 대출할 수 있다는 것을 학생이 납득하지 못하자 사서는 책을 읽는 학생들에 대해 언급하며 방침을 변경하게 된 이유를 제시합니다. 즉, 아무리 빨리 읽는 학생이라도 2주에 10권 이상 읽지 못한다는 것은 방침 변경에 대한 합리적인 이유가 되는 것입니다. 따라서 정답은 Ⓒ입니다.

　　　Ⓐ, Ⓑ, Ⓓ는 모두 대화의 흐름을 제대로 파악하지 못했을 때 고를 수 있는 오답입니다.

● 단어 및 표현 ●

deal with 대하다   **require**[rikwáiər] 필요로 하다   **get through** 끝내다

Daily Check-up

🎧 대화 일부의 빈칸을 받아 적고, 질문에 대한 답을 고르세요.

01

M: Excuse me professor . . . I was hoping you could help me.

W: What's going on?

M: Well, I've been working on my application to law school, and I am
① _____.

W: You should include ② _____
_____. These are the most important.

M: Yeah, I know. I'm just not sure what else should be in my application . . .

W: Well, I would definitely include ③ _____
_____.

M: Like what?

W: Anything that makes you look good, even if it isn't directly related to law
school. One student I knew drew attention to the fact that he had
managed a video store. It showed that he was responsible and capable
of supervising a team. I think it really helped him. It also looked good
on his résumé later.

Q 대화에서 교수는 법학 대학원 지원서에 포함시켜야 하는 세 가지를 언급한다. 다음의 항목
이 언급된 것인지를 표시하시오.

	포함됨	포함 안 됨
이력서		
추천서		
성적 증명서		
과외 활동 목록		

● 단어 및 표현 ●

transcript[trǽnskript] 성적 증명서   **extracurricular activity** 과외 활동   **draw attention to** 관심을 끌다
manage[mǽnidʒ] 운영하다   **supervise**[súːpərvàiz] 감독하다   **résumé**[rézumèi] 이력서

02

W: I am a little worried about our exam next week. I missed the lecture on alpine climates.

M: Hmm . . . Have you considered ① _____ ?

W: Well, I was thinking about it, but ② _____ .

M: This could provide the perfect opportunity for you to get to know someone. ③ _____ , you know.

④ _____

_____ . We exchanged notes, studied together,

and reviewed each other's papers. It really helped my overall grade.

Q Why does the professor mention his time in graduate school?

Ⓐ To illustrate why the student should not miss important lectures

Ⓑ To demonstrate the importance of cooperation with other students

Ⓒ To provide an explanation for his high grades as a student

03

W: Hi. Could you tell me ① _____ ?

M: Sure . . . I would be happy to help. Are you, um . . . currently a student?

W: Well . . . No. Is that a problem?

M: Hmm . . . Actually, ② _____ . I'm really sorry.

W: Really? That won't help me at all. ③ _____ .

M: Well . . . The university doesn't really have a choice. ④ _____

_____

_____ . We have to limit access to students and employees, or the

publishers would not allow us to include the materials in our collection.

Q Why does the man mention copyright laws?

Ⓐ To emphasize the advantages of being a student

Ⓑ To explain why journals are only available online

Ⓒ To provide an explanation for a library policy

● 단어 및 표현 ●

alpine[ǽlpain] 고산성의   cooperate[kouápərèit] 협력하다   exchange[ikstʃéindʒ] 교환하다   review[rivjúː] 검토하다

Daily Check-up

🎧 대화 일부를 노트테이킹하고, 질문에 대한 답을 고르세요.

04

학생의 용건/문제점	_____
교수의 조언	1. _____
	2. _____
	3. _____

Q 대화에서 교수는 학생에게 조별 발표 과제에 대해 조언한다. 다음의 항목이 조언인지를 표시하시오.

	조언됨	조언 안 됨
모두로부터 의견을 모을 것		
정기적인 모임을 가질 것		
구체적인 업무를 할당할 것		
조장을 선출할 것		

● 단어 및 표현 ●

make progress 나아가다   **brainstorming** [bréinstɔ̀ːrmiŋ] 브레인스토밍

05

학생의 용건/문제점	
교직원의 조언	1.
	2.

Q In the conversation, the financial advisor offers financial advice to the student. Indicate whether each of the following is a suggestion.
Click in the correct box for each phrase.

	Suggested	Not suggested
Record his purchases		
Cut unneeded expenses		
Try to get a job		
Ask his parents for money		

정답 p.286

● 단어 및 표현 ●

broke[brouk] 돈이 없는   budget[bʌ́dʒit] 예산을 짜다   cut out 줄이다

Daily Test

🎧 다음 대화를 듣고 질문에 알맞은 답을 고르세요.

[1-3]

1 Why does the student go to see the professor?

A_ To find out the title of a book of poetry

B_ To request that a test be rescheduled

C_ To discuss the topic of a presentation

D_ To explain her absence on the day of a quiz

2 Why does the professor mention medieval poets?

A_ To specify the type of Irish poetry that will be tested

B_ To identify the poems that the class will discuss

C_ To explain why materials are not available online

D_ To encourage the student to study for an exam

3 The professor suggests several actions the student can take to solve her problem. Indicate whether each of the following is a suggestion.
Click in the correct box for each phrase.

	Suggested	Not Suggested
Search for a book on the Internet		
Find out if another library has a book		
Buy a book from a nearby store		
Borrow a book from another student		

● 단어 및 표현 ●

literature[lítərətʃər] 문학   challenging[tʃǽlindʒiŋ] 간단하지 않은   postpone[poustpóun] 미루다   collection[kəlékʃən] 모음집
poetry[póuitri] 시   copy[kápi] 권   medieval[mìːdíːvəl] 중세의   poet[pouit] 시인   carry[kǽri] 가지고 있다
state[steit] (미국·호주 등에서) 주(州)   promising[prámisiŋ] 가망이 있는   specify[spésəfài] 명시하다

[4-6]

Listen again to part of the conversation. Then answer the question.

4 Why does the employee say this: ◯

    A_ To stress that a rule is easy to understand

    B_ To show that a request will likely be denied

    C_ To suggest that a university policy is unfair

    D_ To check whether he understood a question

5 Why is the landlord unable to return the student's deposit before Friday? Choose 2 answers.

    A_ He is out of town on business.

    B_ He must inspect one of his buildings.

    C_ He must meet with another tenant.

    D_ He is taking a trip with his family.

6 Why does the employee mention training workshops?

    A_ To show that a rule cannot be changed

    B_ To give a reason for a delay

    C_ To offer an excuse for a late payment

    D_ To demonstrate that she is busy

정답 p.290

● 단어 및 표현 ●

deposit[dipázit] 보증금   collect[kəlékt] 받다   landlord[lǽndlɔːrd] 집주인   housing[háuziŋ] 주택   inspect[inspékt] 점검하다
bend a rule 규칙을 (사정에 맞게) 바꾸다   supervisor[súːpərvaizər] 상관   settled[setld] 해결된   stress[stres] 강조하다
deny[dinái] 거부하다   tenant[ténənt] 세입자

5일 Inference Questions

01: Inference 문제란?

Inference 문제란 대화에서 언급된 정보를 근거로 추론하여 이끌어낼 수 있는 결론을 묻는 문제를 말합니다. 종종 Function & Attitude 문제에서처럼 대화의 일부를 다시 듣고 푸는 문제가 나올 수도 있습니다. 1개의 대화 지문당 0~1문제씩 출제됩니다.

02: 질문 형태

· What can be inferred about ~?
~에 관해 추론할 수 있는 것은 무엇인가?

· What does the man imply about ~?
남자는 ~에 관해 무엇을 암시하는가?

· What will the woman probably do next?
여자는 다음에 무엇을 할 것인가?

· What does the professor imply when he says this: 🎧
교수는 이렇게 말함으로써 무엇을 암시하는가?

O3: 핵심 전략

❶ 언급된 사실에 근거하여 추론한다.

Inference 문제를 풀기 위해서는 대화에서 화자가 언급한 사실들을 근거로 하여, 직접적으로 언급되지 않은 내용을 추론하는 과정이 필요합니다.

학생	저, 지금 수강 철회를 할 수 있나요?
교직원	네, 가능해요. 그런데 왜 수강 철회를 하려고 하죠?
학생	교수님이 너무 일방적으로 강의를 하시거든요. 수업을 듣다가 1시간은 지났겠거니 생각했는데 시계를 보니 겨우 10분밖에 지나지 않았더군요. 이런 수업은 견딜 수가 없어요.

문제	학생이 수강 철회하려는 이유에 관해 추론할 수 있는 것은 무엇인가?
답	학생은 수업이 너무 지루하다고 생각한다.

* 토플 리스닝의 Inference 문제는 높은 수준의 추리력이나 논리력을 요구하지 않습니다. 지나치게 깊이 생각하여 논리의 비약이 일어나지 않도록 항상 화자의 말 중에서 근거를 찾아내도록 합니다.

❷ 교수 및 교직원의 제안과 이에 대한 학생의 반응을 확인한다.

Inference 문제는 종종 학생이 다음에 할 행동이 무엇인지를 묻습니다. 이 문제를 풀기 위해서는 교수 및 교직원의 제안과 이에 대한 학생의 반응을 확인해야 합니다. 학생이 제안에 대해 긍정적인 반응을 보인다면 그 제안이 학생이 다음에 할 행동이 됩니다.

교직원	수강 철회를 하려면 먼저 해당 교수님의 서명을 받아야 합니다.
학생	아, 그렇군요. 늦기 전에 서둘러야겠어요.

문제	학생은 다음에 무엇을 할 것인가?
답	해당 교수님 찾아가기

❸ 다음과 같은 오답 유형에 주의한다.

- 충분한 근거 없이 논리가 비약된 보기
- 대화에서 언급되지 않은 내용에 관한 보기
- 대화에서 언급된 단어를 포함하고 있지만 내용이 틀린 보기

Example:

🎧 Script

Listen to part of a conversation between a student and a librarian.

W _ I understand, but I really need every one of these books for the project I'm doing now. All the students in my sociology class have to do reports on similar subjects, so everyone is going to be looking for the same books!

M _ Hmm . . . I understand your dilemma. But unfortunately . . . as I said, you cannot check out more than ten books at a time . . . uh, two of these books have to stay. Um, one thing I can suggest is that you quickly find information in a couple of the books, and return them as soon as possible to get the remaining two.

W _ I guess so.

교직원의 제안

학생의 반응
긍정
→ 다음에 할 행동

학생과 사서 사이의 대화 일부를 들으시오.

W_ 알겠습니다만, 저는 지금 하고 있는 과제 때문에 정말 이 책들이 전부 필요해요. 사회학 수업의 모든 학생들이 비슷한 주제에 대해 보고서를 써야 해서, 모두가 같은 책을 찾을 거란 말이에요!

M_ 흠... 학생의 문제는 이해해요. 안됐지만... 말씀드린 것처럼, 한 번에 10권 이상은 대출할 수 없어요... 어, 이것들 중 두 권은 가져갈 수 없어요. 음, 한 가지 제안해드릴 수 있는 건 서둘러서 두 권의 책에서 정보를 찾고, 나머지 두 권을 빌릴 수 있도록 가능한 빨리 그 책들을 반납하는 겁니다.

W_ 그래야겠네요.

What will the student probably do next?

Ⓐ She will find the books at another location.

Ⓑ She will do less research for her project.

Ⓒ She will go through two books.

Ⓓ She will search for other books on the subject.

해석　학생은 다음에 무엇을 할 것인가?

　　Ⓐ 그녀는 다른 장소에서 책을 찾을 것이다.

　　Ⓑ 그녀는 과제를 위한 조사를 덜 할 것이다.

　　Ⓒ 그녀는 두 권의 책을 훑어볼 것이다.

　　Ⓓ 그녀는 그 주제에 관한 다른 책을 찾을 것이다.

정답　Ⓒ

해설　두 권을 빨리 보고 반납한 뒤 다른 책들을 마저 빌려가라는 사서의 제안에 학생이 "그래야겠네요"라고 말하며 긍정적인 반응을 보이고 있으므로, 학생은 사서가 제안한 대로 책 두 권을 먼저 훑어볼 것입니다. 따라서 정답은 Ⓒ입니다. Ⓐ, Ⓑ, Ⓓ 모두 대화에서 언급된 단어를 포함하고 있지만 틀린 내용입니다.

● 단어 및 표현 ●

dilemma[dilémə] 문제　　remaining[riméiniŋ] 나머지의

Daily Check-up

🎧 대화 일부의 빈칸을 받아 적고, 질문에 대한 답을 고르세요.

01

W: Why do you want to change your topic now? The topics were assigned several weeks ago.

M: Well, I originally was planning to, um . . . ① _____, but after talking to my uncle, I realized that he would be a, uh . . . ② _____. He has a lot of ③ _____.

W: Hmm . . . Publishing companies . . . You're right. That could be a big help. I think you should, uh . . . take advantage of this.

M: Thanks!

Q 학생의 삼촌에 관해 추론할 수 있는 것은 무엇인가?

Ⓐ 출판업에 관한 논문을 썼다.
Ⓑ 다국적 기업에 관한 지식을 많이 가지고 있다.
Ⓒ 출판업에 관계된 직업을 가지고 있다.

02

W: You know what . . . your final essay this semester was excellent, so . . . I was wondering if you would, uh . . . consider ① _____. Usually, several essays written by students are included.

M: Really? I'm not sure if it's, um . . . that good.

W: I think it is. Why don't you ② _____, and then ③ _____? That would give you the, uh . . . weekend.

M: I guess so . . . I'll see you then.

Q 학생은 주말에 무엇을 할 것인가?

Ⓐ 보고서를 수정할 것이다.
Ⓑ 사학과에 보고서를 제출할 것이다.
Ⓒ 기말 보고서를 쓰기 시작할 것이다.

● 단어 및 표현 ●

firsthand [fə̀ːrsthǽnd] 직접적인   take advantage of ~을 이용하다   annual publication 연감   revision [riví ʒən] 수정

03

W: Excuse me, Dr. Jenkins? Can I speak with you about the, uh, essay we're supposed to write about *The Defense* by Nabokov? ① _____ _____, so, umm, ② _____.

M: ③ _____. How did you feel about the book?

W: Feel? ④ _____.

M: Be careful. You don't want the paper to just be a summary of what the book is about. Try this. Just ⑤ _____ _____.

Q What can be inferred about the student's problem?

Ⓐ It is one that many students have.

Ⓑ It is the first one she has had in the class.

Ⓒ It is because she has not taken notes in class.

04

W: Professor Woodworth, I was wondering if you, uh . . . had a few minutes to look over my paper?

M: Sure, what seems to be the problem?

W: Well, ① _____. I feel like it doesn't explain what I am trying to say very well. ② _____.

M: Hmm . . . That's a common problem for inexperienced writers. Why don't you attend one of my workshops? ③ _____ _____.

W: That's exactly what I need. I am sure I will see a few of my classmates there as well.

Q What is implied about the student?

Ⓐ She is popular with her classmates.

Ⓑ She is an experienced writer.

Ⓒ She is a freshman.

● 단어 및 표현 ●

get through ~을 끝내다   complaint[kəmpléint] 불평   look over ~을 훑어보다   workshop[wə́ːrkʃὰp] 강습회

Daily Check-up

🎧 대화 일부를 노트테이킹하고, 질문에 대한 답을 고르세요.

05

학생의 용건/문제점	_____
	_____
	_____
교수의 제안	_____

Q 명함 디자인 과제에 관해 추론할 수 있는 것은 무엇인가?

Ⓐ 학생은 이미 다른 수업에서 해 본 적이 있다.

Ⓑ 디자인에 그림이 들어가야 한다.

Ⓒ 수업을 듣는 모든 학생이 해야 하는 것이다.

06

학생의 용건/문제점	_____
교직원의 제안	_____
학생의 반응	_____

Q 학생은 저녁에 무엇을 할 것인가?

Ⓐ 컴퓨터 실습 수업을 들을 것이다.

Ⓑ 컴퓨터실에서 조사를 할 것이다.

Ⓒ 기숙사에서 인터넷 검색을 할 것이다.

● 단어 및 표현 ●

make an exception for ~을 예외로 하다 appreciate[əprí:ʃièit] 높이 평가하다 enthusiasm[inθú:ziæzm] 열정
component[kəmpóunənt] 요소 computer lab 컴퓨터실

07

학생의 용건/문제점 _____

_____

_____

교직원의 제안 _____

학생의 반응 _____

Q What can be inferred about why the man wants to pay only half of his fine?

Ⓐ He does not think the policy is reasonable.

Ⓑ He does not think he had that many late books.

Ⓒ He does not have much money.

08

학생의 용건/문제점 _____

_____

_____

교수의 제안 _____

학생의 반응 _____

Q What can be inferred about the book?

Ⓐ It is boring.

Ⓑ It is lengthy.

Ⓒ It is difficult.

정답 p.295

● 단어 및 표현 ●

notification [nòutəfəkéiʃən] 통지   overdue [òuvərdjú:] 기한이 지난

Daily Test

🎧 다음 대화를 듣고 질문에 알맞은 답을 고르세요.

[1-3]

1 Why does the student visit the professor?

A_ To get information on an upcoming group project

B_ To discuss a concept that was introduced in class

C_ To find out the title of a recently published paper

D_ To talk about the topic of a class assignment

Listen again to part of the conversation. Then answer the question.

2 What can be inferred about the student when she says this: 🎧

A_ She does not think presentations are difficult.

B_ She finds presentations easier than written assignments.

C_ She prefers to do presentations with a group.

D_ She has not given many presentations before.

3 What will the student probably do next?

A_ Visit the department office

B_ Speak with another professor

C_ Participate in a seminar

D_ Inquire about joining a class

● 단어 및 표현 ●

briefly [brí:fli] 간단히 fascinating [fǽsənèitiŋ] 대단히 흥미로운 intelligent [intélədʒənt] 지적인 combined [kəmbáind] 결합된
outweigh [àutwéi] 능가하다 psychology [saikálədʒi] 심리학 knowledgeable [nálidʒəbl] 많이 아는
collectively [kəléktivli] 집합적으로 undergraduate student 대학생

[4-6]

4 According to the conversation, what do the student's job prospects have in common?

A_ They involve the student's field of study.

B_ They are entry-level jobs.

C_ They require advertising experience.

D_ They are long-term employment opportunities.

5 What can be inferred about the student?

A_ She is no longer interested in a marketing position.

B_ She wants to study copywriting before taking the job at the ad agency.

C_ She would rather get a job that pays well.

D_ She is worried about her lack of experience in copywriting.

6 Why does the professor say this: 🎧

A_ To encourage the student to say what she thinks

B_ To assure the student that he will accept whatever choice she makes

C_ To indicate that he will make the choice for the student

D_ To urge the student to consider her options more carefully

정답 p.300

● 단어 및 표현 ●

prospect[práspekt] 후보   public relations 홍보   copywriting[kápiràitiŋ] 카피라이팅, 광고 문안 작성   ad agency 광고 대행사
statement of purpose 계획서   manufacturer[mænjufæktʃərər] 제조사   intrigued[intríːgd] 흥미 있는

2nd Week 1일 2일 3일 4일 5일 Hackers **TOEFL** Listening Basic

3rd

Week

강의 공략하기

3주에서는 TOEFL Listening의 강의(Lecture)를 공부해 보겠습니다. 강의의 각 문제 유형별 질문 형태와 핵심 전략, 주의해야 할 오답 유형을 분석한 뒤, 단계별로 문제를 풀어 볼 것입니다.

강의의 Topics

강의에서 출제되는 Topic은 실제 대학교 강의실에서 나올만한 다양한 주제들로 이루어져 있습니다.

- 이공계열 강의: Biology(생물학), Astronomy(천문학), Environmental Science(환경 과학) 등
- 인문사회계열 강의: History(역사학), Anthropology(인류학), Economics(경제학) 등
- 예술계열 강의: Music(음악), Film(영화) 등

강의의 문제 유형

TOEFL Listening 강의에서 출제되는 문제 유형에는 대화와 마찬가지로 Main Topic, Detail, Function & Attitude, Connecting Contents, Inference의 다섯 가지가 있습니다.

1일   Main Topic Questions

2일   Detail Questions

3일   Function & Attitude Questions

4일   Connecting Contents Questions

5일   Inference Questions

01: Main Topic 문제란?

Main Topic 문제란 강의에서 중심이 되는 내용이 무엇인지 찾는 문제를 말합니다. 강의를 듣고 그것이 전체적으로 무엇에 관해 이야기하는지 파악하는 능력을 평가하기 위해 출제되며, 드물게 강의의 목적을 묻는 Main Purpose형 문제로 변형되어 출제되기도 합니다. 1개의 강의 지문당 1문제씩 출제됩니다.

02: 질문 형태

Main Topic형 질문

· What is the lecture/talk/discussion mainly about?
   강의는 주로 무엇에 관한 것인가?

· What is the main topic of the lecture?
   강의의 주된 주제는 무엇인가?

· What is the class discussing?
   수업에서 무엇을 논의하고 있는가?

· What aspect of ~ does the professor mainly discuss?
   교수는 ~의 어떤 면에 관해 주로 논의하는가?

· What is the speaker describing?
   화자는 무엇을 설명하고 있는가?

Main Purpose형 질문

· What is the main purpose of the lecture/talk?
   강의의 주된 목적은 무엇인가?

O3: 핵심 전략

❶ 강의의 도입부에 집중한다.

주제는 도입부에서 언급되므로 처음부터 긴장을 늦추지 말아야 합니다. 또한 Main Topic이 도입부
의 첫 문장에 등장하는 경우도 있지만, 지난 시간에 배운 내용이나 주제를 소개하기 위한 배경 지식
다음에 등장하는 경우도 있으므로 혼동하지 않도록 주의합니다.

❷ 표시어(Signal Words)를 반드시 잡는다.

Main Topic을 언급할 때 자주 쓰이는 전형적인 표시어들이 있습니다. 이 표시어들은 강의의 주제나
목적을 파악할 수 있는 좋은 힌트가 됩니다.

주요 표시어

Today, we're going to discuss ~ 오늘, 우리는 ~을 논의할 것입니다
For today, I'll be focusing on ~ 오늘, ~에 초점을 맞출 것입니다
Now, we're going to consider ~ 이제, ~을 생각해 볼 것입니다
Let's talk about ~ ~에 관해 이야기해 봅시다
Let us continue our study on ~ ~에 관한 공부를 이어서 합시다
OK, I'd like to talk about ~ 자, ~에 관해 이야기하고자 합니다
I wanna get into the topic of ~ ~에 관한 주제를 시작하고자 합니다

❸ 다음과 같은 오답 유형에 주의한다.

• 강의 내용 중 일부만을 다루고 있는 보기
• 강의에서 언급된 단어를 포함하고 있지만 내용이 틀린 보기
• 강의에 언급되지 않은 내용에 관한 보기

Example:

🎧 Script

Listen to part of a lecture in a biology class.

P _ OK, Why don't we start? I'm pretty sure you've seen this plant in pictures if not in real life. It's the Venus Flytrap. Now that's a name you've all probably heard of . . . Anyhow, the second part of the name alone tells you this plant catches flies, but it may not be so obvious that it also traps caterpillars, slugs and spiders. So . . . today, I will be discussing how the Venus Flytrap catches its prey.

주제를 소개하기 위한 배경 지식

주제

▶ 표시어

생물학 강의의 일부를 들으시오.

P _ 자, 시작해 볼까요? 나는 여러분들이 이 식물을 일상생활에서는 보지 못했더라도 사진에서는 본 적이 있을 거라고 확신하는데요. 그것은 파리지옥입니다. 여러분 모두가 아마 들어 봤을 만한 이름이죠... 어쨌거나, 이름의 두 번째 부분은 이 식물이 파리를 잡는다는 것을 말해주지만, 그것이 애벌레, 민달팽이 그리고 거미도 잡는다는 것은 아마 뚜렷하지 않을 거예요. 그래서... 오늘, 파리지옥이 먹이를 어떻게 잡는지를 논의할 것입니다.

What is the main topic of the lecture?

(A) The difficulty in finding the Venus Flytrap in real life
(B) The way the Venus Flytrap catches insects
(C) The behavior of insect-eating plants
(D) The reason why the Venus Flytrap traps spiders

해석 강의의 주된 주제는 무엇인가?

    (A) 일상생활에서 파리지옥을 찾는 것의 어려움
    (B) 파리지옥이 곤충을 잡는 방법
    (C) 식충식물의 습성
    (D) 파리지옥이 거미를 잡는 이유

정답 (B)

해설 이 문제는 강의에서 주로 논의되는 내용이 무엇인지를 묻는 Main Topic 문제
    입니다. 표시어 "today, I will be discussing ~" 이하에서 "how the Venus
    Flytrap catches its prey", 즉 파리지옥이 먹이를 어떻게 잡는지를 논의해 보
    겠다고 했으므로, 정답은 (B)입니다.
    (A)는 주제를 소개하기 위한 내용에 불과하고 (C)는 너무 일반적인 내용이며, (D)
    는 지나치게 구체적인 내용의 오답입니다.

● 단어 및 표현 ●

Venus Flytrap 파리지옥   obvious[ábviəs] 뚜렷한   trap[træp] 잡다   caterpillar[kǽtərpìlər] 애벌레   slug[slʌg] 민달팽이

Daily Check-up

🎧 강의 도입부의 빈칸을 받아 적고, 질문에 대한 답을 고르세요.

01
Thanks to movies, TV, and countless science-fiction books, we've all heard about colonizing or settling on Mars. While futuristic cities under huge glass domes on the surface of Mars might seem real only in Hollywood, there are, um, ① _____

_____. OK, so today, let's talk about

② _____.

Q 강의의 주된 주제는 무엇인가?
  Ⓐ TV와 공상 과학 소설이 끼치는 나쁜 영향
  Ⓑ TV와 공상 과학 소설의 교육적 측면
  Ⓒ 화성에서 생명체의 생존이 가능할지도 모르는 이유

02
Let's pick up where we left off last class. Previously, ① _____

_____. Why don't we take a closer look at ② _____

_____? As you know, continental islands

form when the ocean cuts through a peninsula.

Q 강의는 주로 무엇에 관한 것인가?
  Ⓐ 양도에 서식하는 동식물의 기원
  Ⓑ 육도의 생성
  Ⓒ 육도에 서식하는 생물의 발달

● 단어 및 표현 ●

colonize[kάlənàiz] 식민지화하다   far-fetched 억지스러운   oceanic island 양도(대양에 있는 섬)
continental island 육도 (대륙에 부속된 섬)   peninsula[pənínsʃulə] 반도

03

In today's class, ① _____

_____

_____. Red muscle fibers contain large amounts of an oxygen-storing

protein called myoglobin. ② _____

_____ and are used primarily during activities that require

endurance.

Q What is the main topic of the lecture?

Ⓐ The different characteristics of red muscles

Ⓑ The difference between red and white muscles

Ⓒ The components of muscles

04

OK . . . Let's begin. Now . . . I am sure all of you are familiar with dams . . .

I mean, they are pretty common. These can range from, uh . . . ① _____

_____

_____ such as the Hoover dam. ② _____

_____

_____ .

Q What is the lecture mainly about?

Ⓐ A function of the Hoover Dam

Ⓑ The construction of the Hoover Dam

Ⓒ Main types of dams

● 단어 및 표현 ●

muscle[mʌsl] 근육 tissue[tíʃu:] 조직 fiber[fáibər] 섬유 myoglobin[màiouglóubin] 미오글로빈 (헤모글로빈과 비슷한 근육의 색소 단백)

endurance[indʒúərəns] 지구력 irrigation[ìrəgéiʃən] 관개 hydroelectric power 수력발전

Daily Check-up

🎧 강의 도입부를 노트테이킹하고, 질문에 대한 답을 고르세요.

05

배경 지식	Arctic – inhosp. ∴ sumr. – short, wint. – long, brutal, vege. X B/ many inhabit
강의 주제	_____

Q 강의는 주로 무엇에 관한 것인가?
- Ⓐ 북극곰이 추위를 극복하는 방법
- Ⓑ 북극에 거주하는 생물의 특성
- Ⓒ 북극 생태계 식물의 종류

06

지난 강의	arch. design & constr. method
강의 주제	_____ _____ _____

Q 강의는 주로 무엇에 관한 것인가?
- Ⓐ 냉난방 장치의 중요성
- Ⓑ 전통적인 건축 방식의 효율성
- Ⓒ 생물기후학적 건물의 특징

● 단어 및 표현 ●

Arctic Ocean 북극해 inhospitable[inháspitəbl] 살기에 적합하지 않은 brutal[bruːtl] 혹독한 vegetation[vèdʒətéiʃən] 식물
reindeer[réindiər] 순록 construction[kənstrʌ́kʃən] 건축 bioclimatic[bàiouklaimǽtik] 생물기후학적인

07

지난 강의	new plant from single parent
강의 주제	

Q What is the talk mainly about?

Ⓐ The importance of plant reproduction
Ⓑ How honeybees reproduce
Ⓒ The process of pollination in flowers

08

배경 지식	camouflage – imp. def. mecha.
	B/ larger species in coral reefs → hard ∵ coral color changes
	octop. overcome with spc. skin
강의 주제	

Q What is the main topic of the lecture?

Ⓐ The gods of ancient Greece
Ⓑ The camouflage of the octopus
Ⓒ Species of coral reefs

정답 p.306

● 단어 및 표현 ●

reproduce[riːprədjúːs] 번식하다 pollination[pɑ̀lənéiʃən] 수분 camouflage[kǽməflɑ̀ːʒ] 위장 conceal[kənsíːl] 숨기다
coral reef 산호초 dramatically[drəmǽtikəli] 극적으로 obstacle[ɑ́bstəkl] 장애

3rd Week
1일 2일 3일 4일 5일

Hackers **TOEFL** Listening Basic

Daily Test

 다음 강의를 듣고 질문에 알맞은 답을 고르세요.

1 What is the main topic of the lecture?

A_ The advantages of migration for birds

B_ The journey made by a migratory bird

C_ The link between diet and bird migration

D_ The reasons that some bird species migrate

2 What is the main topic of the lecture?

A_ The influence of European settlers on Native Americans

B_ The hunting techniques used by Native Americans

C_ The effects of forest fires on Native American groups

D_ The reasons that Native Americans burned areas of land

● 단어 및 표현 ●

migration[maigréiʃən] (새·동물 등의) 이동   adjust[ədʒʌ́st] 조절하다   wood thrush 미국 개똥지빠귀   migratory bird 철새
ecological[èkəládʒikəl] 생태학적인   Native American 북미 원주민   misconception[mìskənsépʃən] 오해
untouched[ʌ̀ntʌ́tʃt] 훼손되지 않은   wilderness[wíldərnis] 황무지   alter[ɔ́ːltər] 바꾸다   intentionally[inténʃənəli] 의도적으로
set a fire 불을 지르다   wildfire[wàildfáiər] 들불   fertile[fə́ːrtl] 비옥한   harvest[háːrvist] 수확(량)

3 What is the lecture mainly about?

A_ A technique to capture and count animals

B_ A way to estimate a species' population

C_ A method to identify new species in an area

D_ A process to protect endangered animals

4 What is the main topic of the lecture?

A_ The formation of terrestrial planets by accretion

B_ The theory of how the Solar System was made

C_ The similarities and differences between Earth and Venus

D_ The characteristics of a planet

정답 p.309

● 단어 및 표현 ●

track[træk] 추적하다   sampling[sǽmpliŋ] 표본 추출법   habitat[hǽbitæt] 서식지
mark-recapture 표지방류 (수산동물에 표지를 하여 방류하고 일정 기간이 지난 후 다시 잡는 것)   ensure[inʃúər] 보장하다
estimate[éstəmeit] 추산하다   density[dénsəti] 밀도   classify[klǽsəfài] 분류하다   accretion[əkríːʃən] 부착
particle[páːrtikl] 입자   Venus[víːnəs] 금성   mass[mæs] (물체의) 질량   terrestrial[təréstriəl] 지구형의
rotate[róuteit] 자전하다   orbit[ɔ́ːrbit] 궤도를 공전하다   head-on 정면의   collision[kəlíʒən] 충돌

01: Detail 문제란?

Detail 문제란 강의에서 직접적으로 언급된 세부 내용을 묻는 문제를 말합니다. 강의의 주제와 밀접한 관련을 가지고 있는 내용들을 얼마나 정확히 이해했는지를 알아보기 위해 출제됩니다. 상당히 다양한 질문 형태가 포함되어 있으며, 2개 이상의 답을 골라야 하는 문제가 출제되기도 합니다. 1개의 강의 지문당 1~3문제씩 출제됩니다.

02: 질문 형태

· What does the professor say about ~?
교수는 ~에 관해 무엇이라고 말하는가?

· According to the professor, what is ~?
교수에 따르면, ~은 무엇인가?

· According to the professor, why did the scientist ~?
교수에 따르면, 과학자는 왜 ~을 하였는가?

· What does the professor consider unusual about ~?
교수가 ~에 관해 특이하다고 여긴 점은 무엇인가?

· How does ~ react?
~은 어떻게 반응하는가?

정답이 2개 이상인 질문 형태

· What are the two features of ~? Choose 2 answers.
~의 두 가지 특징은 무엇인가? 2개의 답을 고르시오.

· What is stated about ~? Choose 2 answers.
~에 관해 무엇이 언급되었는가? 2개의 답을 고르시오.

· According to the professor, what causes ~? Choose 3 answers.
교수에 따르면, 무엇이 ~을 야기하는가? 3개의 답을 고르시오.

O3: 핵심 전략

❶ 문장의 Paraphrasing에 익숙해진다.

Detail 문제의 정답은 거의 대부분 화자가 직접적으로 한 말을 paraphrase한 것입니다. 한 개의 문장이 paraphrase되기도 하고, 여러 개의 문장이 요약되어 paraphrase되기도 합니다.

| 교수 | Water takes in thermal energy during the daylight hours and discharges this energy after the sun has set. |

| 문제 | What does the professor say about the thermal function of water? |
| 답 | Water absorbs heat during the day and releases it at night. |

* 지문에서 나온 단어들이 아무 변화 없이 그대로 보기에 쓰였다면 오히려 함정이 아닌지 의심해 보는 것이 좋습니다.

❷ 적극적으로 문제가 나올만한 부분을 예상한다.

주로 주제와 관련되어 화자가 강조하는 내용이 문제로 출제될 확률이 높습니다. 이를 노트테이킹하기 위해서는 자주 등장하는 표시어들을 알아두는 것이 좋습니다.

강의 내용	주요 표시어
강조하는 내용	I'd like to point out ~ ~을 지적하고 싶습니다 It's important/significant/essential ~ ~은 중요합니다
놀라움과 흥미를 나타내는 내용	What's more interesting/exciting is ~ 더 흥미로운 것은 ~ 입니다 It's surprising/amazing ~ ~은 놀라운 일입니다
어떤 일의 이유/근거/결과를 언급하는 내용	That's because ~ 그것은 ~이기 때문입니다 The reason why ~ ~한 이유는 As a result 결과적으로
역접의 내용	On the other hand 다른 한편으로는 Ironically 반어적으로 However 그렇지만 But 그러나

❸ 다음과 같은 오답 유형에 주의한다.

• 강의에서 언급된 단어를 포함하고 있지만 내용이 틀린 보기
• 강의에서 언급되지 않은 내용에 관한 보기

Example:

Biology

🎧 Script

Listen to part of a lecture in a biology class.

P _ This mechanism is really interesting. You see, the hairs must be, uh . . . touched twice in rapid succession for the plant to, um . . . detect that an insect is in the trap. If this happens, the leaves suddenly snap shut. But, if, well, a bit of debris, sets off the trigger, the plant will eventually reopen . . . in about two days, and then, the rain or wind will remove it from the plant. This is because the plant can't consume inorganic material.

▶ 역접의 표시어　　　　▶ 이유를 나타내는 표시어

생물학 강의의 일부를 들으시오.

P _ 이 구조는 아주 흥미롭죠. 그러니까, 그 털들은, 어... 곤충이 덫 안에 있는지를 탐지하기 위해서, 음... 아주 빠르게 연속적으로 건드려져야 합니다. 이것이 일어나면, 잎들은 갑자기 탁 닫혀요. 그러나, 음, 약간의 부스러기가, 그 자극을 일으키면, 그 식물은 약 이틀 후에... 결국 다시 열리게 되고, 그러고 나서, 비나 바람이 그것을 식물로부터 제거할 것입니다. 이는 그 식물이 무기물을 흡수하지 못하기 때문이죠.

What does the professor say about debris caught in a Venus Flytrap?

Ⓐ It destroys the plant's trigger mechanism.
Ⓑ It forces the plant to burst open.
Ⓒ It is not digested by the plant.
Ⓓ It is not able to be removed from the hair.

해석 교수는 파리지옥에 잡힌 부스러기에 관해 무엇이라고 말하는가?

Ⓐ 그것은 그 식물의 자극 구조를 파괴한다.
Ⓑ 그것은 그 식물을 갑자기 열리게 한다.
Ⓒ 그것은 그 식물에 의해 소화되지 않는다.
Ⓓ 그것은 털로부터 제거될 수 없다.

정답 Ⓒ

해설 이 문제는 강의의 세부사항에 대해 묻는 Detail 문제입니다. 문제의 clue는 "But ~" 이하의 곤충이 아닌 부스러기가 자극을 일으켰을 경우에 대한 설명과 "because ~" 이하의 그 이유에 관한 내용입니다. 이 식물은 inorganic material, 즉 부스러기와 같은 무기물을 흡수하지 못한다고 하였으므로 정답은 Ⓒ입니다. consume이 digest로 paraphrase된 것을 유의해야 합니다. 이 식물의 잎은 이틀 후에 열리고, 부스러기는 비나 바람에 의해 제거된다고 했으므로 Ⓑ와 Ⓓ는 틀린 내용이라는 것을 알 수 있습니다. Ⓐ는 본문에 언급되지 않은 내용입니다.

● 단어 및 표현 ●

mechanism[mékənìzm] 구조   in succession 연속적으로   debris[dəbríː] 부스러기   set off 일으키다   trigger[trígər] 자극

Daily Check-up

🎧 강의 일부의 빈칸을 받아 적고, 질문에 대한 답을 고르세요.

01

Now, there was another reason Modigliani was less popular than other painters of his time. Modigliani did portraits almost exclusively. So what was wrong with portraits? Well, ① _____ _____. ② _____ _____.

Q 모딜리아니의 그림은 왜 인기가 없었는가?

    Ⓐ 미술상들과 사이가 좋지 못했다.
    Ⓑ 인기가 없는 장르의 그림을 그렸다.
    Ⓒ 다른 화가들보다 그림 실력이 떨어졌다.

02

Yesterday, we talked about how Greek and Roman plays are similar. ① ____ _____. The Romans and Greeks were talented, and they knew how to make the people laugh or cry. ② _____ _____. People today think of the Romans as courageous people who were very loyal and just. However, on stage, ③ _____ _____. Of course, this does not mean that the Romans never did anything creative in theater.

Q 교수는 로마 연극에 관해 무엇이라고 말하는가?

    Ⓐ 그리스 연극을 흉내 낸 것이 많다.
    Ⓑ 인간의 정의감과 충성심을 강조하였다.
    Ⓒ 그리스 연극보다 뛰어났다.

● 단어 및 표현 ●

portrait[pɔ́ːrtrit] 초상화 exclusively[iksklúːsivli] 오로지 unfashionable[ʌ̀nfǽʃənəbl] 한물간
courageous[kəréidʒəs] 용기 있는

03

Now when the blowpipe was invented around 30 BC, probably along the Eastern Mediterranean coast, it revolutionized glass production. It made

① _____. So, for the first

time, ② _____

_____, who avoided using glass cups

③ _____

_____. Glass was ④ _____

_____.

Q According to the professor, why did the wealthy stop using glass cups?

Ⓐ Glass cups were very brittle.

Ⓑ The quality was getting worse.

Ⓒ Ordinary people started to use them.

04

A Kouros is a sculpture that portrays a male youth. ① _____

_____.

But the smile disappeared in the later Kouroi, uh . . . that's the plural form,

② _____

_____.

Q What does the professor say about the smile of the Kouroi?
Choose 2 answers.

Ⓐ It was meant to give life to the statues.

Ⓑ It was used to accurately represent the human form.

Ⓒ It was the signature of the sculptors.

Ⓓ It was not present in subsequent Kouroi.

● 단어 및 표현 ●

blowpipe[blóupàip] 취관 (녹인 유리의 모양을 잡을 때 입으로 바람을 불어 넣는 긴 대롱) Mediterranean[mèdətəréiniən] 지중해의
resentment[rizéntmənt] 분노 rarity[rɛ́ərəti] 진귀한 것 brittle[britl] 깨지기 쉬운 faint[feint] 희미한 plural[plúərəl] 복수의

3rd Week 1일 2일 3일 4일 5일 Hackers **TOEFL** Listening Basic

Daily Check-up

강의 일부를 노트테이킹하고, 질문에 대한 답을 고르세요.

05

_____
_____
_____
_____

Q 전선과 반도체 칩을 이용한 컴퓨터의 단점은 무엇인가?
  Ⓐ 가격이 비싸다.
  Ⓑ 크기가 크다.
  Ⓒ 속도가 느리다.

06

_____
_____
_____
_____

Q 초기 미국인들은 금과 은이 없을 때, 물건값을 지불하기 위해 무엇을 사용했는가?
  Ⓐ 유럽의 동전
  Ⓑ 천 조각
  Ⓒ 다양한 종류의 음식

● 단어 및 표현 ●

wire[waiər] 전선 chip[tʃip] 반도체 칩 optical[áptikəl] 광학의 tumultuous[tjumʌ́ltʃuəs] 격동의
importation[ìmpɔːrtéiʃən] 수입 commodity[kəmádəti] 상품

07

Q How is an earth-fill dam more cost-effective than a dugout?

ⓐ Earth-fill dams last longer than dugouts.

ⓑ Earth-fill dams require less construction.

ⓒ Earth-fill dams can store more water.

08

Q According to the professor, how do glial cells support neurons?
Choose 2 answers.

ⓐ They allow the passage of electricity.

ⓑ They receive communication signals.

ⓒ They clean the nervous system.

ⓓ They provide electrical insulation.

정답 p.313

● 단어 및 표현 ●

livestock[láivstàk] 가축 dugout[dʌ́gàut] 방공호 fortification[fɔ̀ːrtəfikéiʃən] 방어 시설 excavate[ékskəvèit] 구멍을 파다
evaporation[ivæ̀pəréiʃən] 증발 glial cell 글리아 세포 insulate[ínsəlèit] 절연하다 janitor[dʒǽnətər] 관리자

Daily Test

🎧 다음 강의를 듣고 질문에 알맞은 답을 고르세요.

[1-3]

1 What does the professor mainly discuss?

A_Common characteristics of a self-portrait

B_The personal information revealed in the portraits of two artists

C_How to portray facets of one's personality in pictures

D_The uniqueness of the self-portraits by Sherman and Warhol

2 In the lecture, what characteristics of Cindy Sherman's self-portraits does the professor describe?
Choose 2 answers.

A_They reflect Sherman's individual characteristics.

B_They include a variety of props and disguises.

C_They show the same facial expression.

D_They depict character types common in her culture.

3 According to the professor, what is a characteristic of Andy Warhol's collection of self-portraits?

A_The pictures were taken over many years.

B_The subject always wore a mask.

C_The images were disliked by the public.

D_The subject frequently wore make-up.

● 단어 및 표현 ●

self-portrait 자화상 autobiographical [ɔ́:toubàiəgræ̀fikəl] 자전적인 measure up 부합하다 ring a bell 생각이 떠오르다
disguised [disgáizd] 변장한 wig [wig] 가발 prosthetics [prɑsθétiks] 보철술 prop [prɑp] 소도구
stereotype [stériətàip] 고정관념 divorcee [divɔ̀:rséi] 이혼녀 facet [fǽsit] 일면 intriguing [intríːgiŋ] 호기심을 자극하는
span [spæn] 기간

[4-6]

4 What does the professor mainly talk about?

A_ How squirrels have found ways to communicate with rattlesnakes

B_ How squirrels are always willing to help out others

C_ How rattlesnakes are able to detect their squirrel prey

D_ How squirrels defend themselves against rattlesnakes

5 What does the professor say about old rattlesnake skin?

A_ It is used by squirrels to fool the rattlesnakes.

B_ It is shed by rattlesnakes to distract the squirrels.

C_ It is shed when the snake grows too quickly.

D_ It is used by squirrels to line their burrows.

6 What are three reasons that squirrels wave their tails as mentioned in the lecture? Choose 3 answers.

A_ It signals to rattlesnakes that the squirrel is ready to attack.

B_ It warns other squirrels that a predator is close by.

C_ It distracts rattlesnakes from attacking the squirrels' pups.

D_ It cools the squirrel down when the weather is too hot.

E_ It makes the squirrel appear to be larger than it actually is.

정답 p.317

● 단어 및 표현 ●

squirrel [skwə́:rəl] 다람쥐   rattlesnake [rǽtlsnèik] 방울뱀   pup [pʌp] 새끼   burrow [bə́:rou] (동물의) 굴   lick [lik] 핥다
fool [fu:l] 속이다   detect [ditékt] 발견하다   infrared [ìnfrəréd] 적외선의   give off (열·빛 등을) 발산하다
slither [slíðər] 스르르 달아나다   distract [distrǽkt] (주의를) 돌리다

01: Function & Attitude 문제란?

Function & Attitude 문제는 화자가 한 말에 숨겨진 의미를 파악하는 Function 문제와, 화자의 견해나 태도를 묻는 Attitude 문제로 나뉩니다. 교수와 학생의 질의응답이나 교수의 여담, 또는 화자가 자신이 한 말을 번복하거나 수정하는 등 주의를 환기시키는 내용에서 자주 출제되며, 주로 다시 듣기 형태의 문제로 1개의 강의 지문당 1~2 문제씩 출제됩니다.

02: 질문 형태

· Why does the professor say/mention this: 🎧
교수는 왜 이렇게 말하는가/이것을 언급하는가?

· What does the professor mean/imply when he/she says this: 🎧
교수는 이렇게 말함으로써 무엇을 의미하는가/암시하는가?

· What does the professor intend to explain? 🎧
교수는 무엇을 설명하려고 하는가?

· What is the professor's attitude toward ~?
~에 대한 교수의 태도는 무엇인가?

· What is the professor's opinion of ~?
~에 대한 교수의 의견은 무엇인가?

다시 듣기 문제는 다음과 같은 형식으로 출제됩니다.

Listen again to part of the lecture. Then answer the question.

P: ~~~~~~~~~~~~~~~~~

****

Q Why does the professor say this: 🎧

P: ~~~~~~~~~~~~~~~~~

O3: 핵심 전략

❶ 다시 들려주는 부분의 문맥을 파악한다.

Function & Attitude 문제에서는 화자가 한 말 그대로의 뜻이 아닌 그 밑에 숨겨진 화자의 목적을 분별할 수 있어야 합니다. 이를 위해서는 앞뒤 문맥을 명확히 파악하는 것이 중요합니다.

교수	So . . . Does anyone know the, uh . . . cause of this situation? 그래서... 어... 이 상황의 원인이 무엇인지 아는 사람 있나요?
학생	Um . . . is it the rise in unemployment? 음... 실업률의 증가인가요?
교수	Yes! That's it. That is the cause. 그렇죠! 바로 그겁니다. 그것이 원인이죠.

문제	Why does the professor say this: *That's it.*
답	To indicate that the answer is correct. 답이 정확하다는 것을 나타내기 위해

교수	OK . . . That's it. We've covered everything I wanted to talk about today. 자... 여기까지 합시다. 오늘 이야기하고 싶었던 것을 모두 다루었군요.

문제	Why does the professor say this: *That's it.*
답	To indicate that the class is over. 수업이 끝났다는 것을 나타내기 위해

❷ 화자가 자신의 의견을 말하는 부분을 놓치지 않는다.

화자의 개인적인 의견이 드러나는 부분은 Attitude 문제로 출제되기 쉬우므로 주의해서 들어야 합니다.

교수	많은 나라들이 국가적 차원에서 지구 온난화 현상을 줄이기 위해 캠페인을 벌이고 있습니다. 이런 캠페인이 얼마나 효과가 있을까요? 글쎄요... 지켜봐야겠죠.

문제	정부 차원의 캠페인에 대한 교수의 태도는 무엇인가?
답	그는 그것의 효과에 대해 확신하지 못한다.

❸ 화자의 어조를 파악한다.

같은 말이라도 화자의 어조에 따라 다른 의미를 가지는 경우가 있습니다. 강의의 맥락을 파악함과 동시에 화자의 어조가 positive(긍정적인), negative(부정적인), uncertain(불확실한), encouraging(격려하는), critical(비판적인)한지 등을 판단할 수 있다면, 화자의 말에 숨어있는 의미나 태도를 더 정확하게 파악할 수 있습니다.

Example:

 Script

Listen to part of a lecture in a biology class.

P _ The plant does look lethal, doesn't it? The outer part of the leaves is divided into two halves and there's a midrib that joins these halves. On the margins of these two halves are long, sharp spines. If I put the tip of a pencil on the spines, the plant is not going to clamp down on my pencil. Why? Well . . . it takes a little more than that. Who can tell me what is required to make the trap close? Anyone? It was in the reading material I assigned for you to read.

문맥
교수가 학생들에게 질문하지만
아무도 대답하지 않자
읽으라고 주었던 읽기 자료에
있는 내용이라고 말함

생물학 강의의 일부를 들으시오.

P _ 그 식물은 위험스러워 보입니다, 그렇지 않나요? 잎의 외부는 반씩 나뉘어 있고 이 반쪽들을 연결하는 잎맥이 있습니다. 길고 날카로운 가시들이 이 두 반쪽의 가장자리에 있지요. 만약 내가 연필 끝을 그 가시 위에 댄다면, 그 식물은 연필을 꽉 조이지 않을 겁니다. 왜 그럴까요? 자... 그것보다는 뭔가가 더 필요하죠. 무엇이 그 덫을 닫히게 만드는지 누가 말해 볼 수 있나요? 아무도 없어요? 그건 내가 여러분들에게 읽으라고 주었던 읽기 자료에 있었어요.

Listen again to part of the lecture. Then answer the question.

P _ Why? Well . . . it takes a little more than that. Who can tell me what is required to make the trap close? Anyone? It was in the reading material I assigned for you to read.

Q   Why does the professor say this:

P _ Anyone? It was in the reading material I assigned for you to read.

Ⓐ To indicate that the students should know the answer

Ⓑ To suggest where the information may be located

Ⓒ To illustrate the complexity of a lecture topic

Ⓓ To emphasize that further discussion is not necessary

해석   강의의 일부를 다시 듣고 질문에 답하시오.

　　　P _ 왜 그럴까요? 자... 그것보다는 뭔가가 더 필요하죠. 무엇이 그 덫을 닫히게 만드는지 누가 말해 볼 수 있나요? 아무도 없어요? 그건 내가 여러분들에게 읽으라고 주었던 읽기 자료에 있었어요.

　　　Q   교수는 왜 이렇게 말하는가?

　　　P _ 아무도 없나요? 그건 내가 여러분들에게 읽으라고 주었던 읽기 자료에 있었어요.

　　　Ⓐ 학생들이 답을 알아야 한다는 것을 나타내기 위해

　　　Ⓑ 그 정보가 어디에 있는지 암시하기 위해

　　　Ⓒ 강의 주제의 복잡함을 설명하기 위해

　　　Ⓓ 더 이상의 토론이 필요하지 않음을 강조하기 위해

정답   Ⓐ

해설   이 문제는 화자가 한 말의 의도를 파악하는 Function 문제입니다. 질문을 하지만 아무도 대답하지 않자, 교수는 "It was in the reading material I assigned for you to read"라고 말하며 그것은 이미 학습해 왔어야 하는 내용임을 지적합니다. 즉, 읽어오라고 과제로 준 내용이니 학생들이 마땅히 답을 알고 있어야 한다고 말하고 있으므로, 정답은 Ⓐ입니다.
　　　Ⓒ는 문맥을 고려하지 않고 화자의 의도를 잘못 파악한 오답이며, Ⓑ와 Ⓓ는 그 말의 문자 그대로의 뜻만을 생각했을 때 선택할 수 있는 오답입니다.

● 단어 및 표현 ●

lethal[líːθəl] 위험스러운　midrib[mídrìb] 잎맥　margin[máːrdʒin] 가장자리　spine[spain] 가시　clamp[klæmp] 꽉 조이다

Daily Check-up

🎧 강의 일부의 빈칸을 받아 적고, 질문에 대한 답을 고르세요.

01

So . . . the early orchestra had as its main instrument the viol . . . ① _____ _____? Viol? Well, it should ② _____ _____ that make up today's orchestra . . . uh, the violin, the viola, the cello . . .

Q Why does the professor say this: 🎧

Ⓐ 학생들이 예습을 해왔는지 확인하기 위해

Ⓑ 설명하려는 대상에 대한 학생들의 흥미를 유도하기 위해

Ⓒ 많은 악기들의 이름이 비슷하다는 것을 암시하기 위해

02

S: Professor, uh . . . sorry for interrupting, but doesn't methane from decomposed garbage smell bad?

P: ① _____ _____ has shown success in removing impurities and odor from methane. ② _____ _____.

Q Why does the professor say this: 🎧

Ⓐ 학생이 중요한 부분을 잘 파악하고 있다는 것을 나타내기 위해

Ⓑ 냄새를 없애는 현재의 방법을 비판하기 위해

Ⓒ 학생이 질문에 대답할 수 있도록 장려하기 위해

● 단어 및 표현 ●

predecessor[prédəsèsər] 전신   stringed instrument 현악기   decomposed[dìːkəmpóuzd] 부패한
impurity[impjúərəti] 불순물

03

P: We spent last class doing a quick overview of the major types of, uh . . . early European poetry. ① _____ _____ . OK . . . Now who can tell me the major stylistic difference between chanson and romantic poetry? Anybody? ② _____ .

S: Uh . . . chanson was more formulaic?

Q What does the professor mean when he says this: 🎧

Ⓐ 누구라도 답변을 할 수 있도록 장려하기 위해

Ⓑ 현재의 주제가 너무 광범위하다는 것을 암시하기 위해

Ⓒ 중요하지 않은 내용이라는 것을 나타내기 위해

04

Other communities have a "pay-as-you-throw" system. Uh . . . ① _____ _____ . I mean, there are things you have to consider like . . . what if you have a big family? ② _____ ?

Q 쓰레기 종량제 시스템에 대한 교수의 의견은 무엇인가?

Ⓐ 사람들이 쓰레기 종량제 시스템을 지지하지 않을 것이라고 생각한다.

Ⓑ 쓰레기 종량제 시스템에 결점이 있다고 생각한다.

Ⓒ 쓰레기 종량제 시스템이 대가족에게 유리하다고 생각한다.

● 단어 및 표현 ●

poetry [póuitri] 시가, 시   chanson [ʃǽnsən] 샹송   formulaic [fɔ̀ːrmjuléiik] 상투적인

05

But it is a fact that people laugh thirty times more often when they're with a group than when they're alone. ① _____

_____

_____. ② _____

_____. So let's see if we can

understand this type of behavior a bit better.

Q Why does the professor say this: ◯

    Ⓐ To correct an error that she made in an earlier statement

    Ⓑ To explain the meaning of a difficult concept

    Ⓒ To caution the students not to make an incorrect assumption

06

① _____

_____. As a result,

populations of other harmful insects that were also the prey of the predator

may increase. In addition, if a pesticide is used again and again, the

insects may develop the strength to endure the effects of the pesticide . . .

and if they develop the strength, this would make the pesticide ineffective.

However, ② _____

_____. So, the focus should be on ensuring that

their negative effects are reduced.

Q What is the professor's attitude toward pesticides?

    Ⓐ They are useful, but inefficient.

    Ⓑ They are harmful, but necessary.

    Ⓒ They are effective, but underused.

● 단어 및 표현 ●

instinctive[instíŋktiv] 본능적인   gene[dʒiːn] 유전자   assumption[əsʌ́mpʃən] 가정   pesticide[péstəsàid] 살충제
underused[ʌ̀ndərjúːzd] 충분히 이용하지 않은

07

The wetlands used to filter water and keep it clean . . . but the Everglades, a wetland in Florida, is now polluted because of factories and agriculture.

① _____

_____

_____. Even more wetland species are being driven from the area as development of the land continues. Well,

② _____

_____ .

Q Why does the professor say this: ◯

Ⓐ To check the students' comprehension of the topic

Ⓑ To show that he did not enjoy his time in Florida

Ⓒ To express regret over the effects of human activity in Florida

08

By the way, has anyone here been to an opera? No one? Well, even if none of you have ever seen an opera, I'm pretty sure ① _____

_____ . . . because

② _____ !

③ _____ ?

Q What does the professor mean when she says this: ◯

Ⓐ She believes the students did their assigned reading.

Ⓑ She wants to verify what the students know about opera.

Ⓒ She does not expect to give much information on opera.

정답 p.321

● 단어 및 표현 ●
wetland[wétlæ̀nd] 습지   unfortunate[ʌnfɔ́ːrtʃ∂nət] 불행한 결과를 가져오는   lyric[lírik] 가사

Daily Test

다음 강의를 듣고 질문에 알맞은 답을 고르세요.

[1-3]

1 What does the professor mainly discuss?

A_ The role Robinson played in building Mount Rushmore

B_ The making of the Mount Rushmore Memorial

C_ The symbolism incorporated into the Mount Rushmore Memorial

D_ The popularity of huge sculptures in the United States

Listen again to part of the lecture. Then answer the question.

2 What does the professor mean when she says this: 🎧

A_ She thinks there is much to teach the students about Mount Rushmore.

B_ She did not think the students would know who Doane Robinson was.

C_ She feels she does not have to talk about Doane Robinson.

D_ She did not expect the students to be familiar with South Dakota.

3 Why could the miners not work continuously?

A_ The project finances were inadequate.

B_ The equipment did not always function.

C_ The assignment was too difficult.

D_ They were not proud of the project.

● 단어 및 표현 ●

memorial [mɛmɔ́ːriəl] 기념비 carving [kάːrviŋ] 조각 lure [luər] 끌어들이다 struggle [strʌgl] 투쟁
equality [ikwάləti] 평등 prominence [prάmənəns] 명성 spire [spaiər] 뾰족한 꼭대기 brittle [britl] 약한 peak [piːk] 정상
consistency [kənsístənsi] 경도, 단단함 coincide [kòuinsáid] 동시에 일어나다 laid off 일시 해고된

[4-6]

4 What is the main topic of the lecture?

A_ A famous imitator of Shakespeare

B_ The discovery of an 18th century play

C_ A deception related to Shakespeare

D_ The errors found in a famous literary work

Listen again to part of the lecture. Then answer the question.

5 Why does the professor say this:

A_ To suggest that Collier's version needed revision

B_ To explain the great interest in Collier's book

C_ To show that Collier's revisions were implausible

D_ To stress that scholars doubted Collier's work

6 How was Collier's forgery detected?
Choose 2 answers.

A_ He did not use the correct type of ink.

B_ He wrote all of the corrections in pencil.

C_ He used 17th-century spellings of words.

D_ He incorporated fonts from the wrong era.

정답 p.325

● 단어 및 표현 ●

forgery[fɔ́ːrdʒəri] 위조(품) punctuation[pʌ̀ŋktʃuéiʃən] 구두점 stage direction 지문 (희곡에서 해설과 대사를 뺀 나머지 부분의 글)
forge[fɔːrdʒ] 위조하다 pretend[priténd] (사실이 아닌 것을) 주장하다 attribute to ~의 것이라고 하다 authority[əθɔ́ːrəti] 설득력
plausible[plɔ́ːzəbl] 그럴듯한 have something to do with ~과 뭔가 관련이 있다 conclusively[kənklúːsivli] 결정적으로
deception[disépʃən] 사기 implausible[implɔ́ːzəbl] 타당해 보이지 않는

01: Connecting Contents 문제란?

Connecting Contents 문제란 강의에 포함된 정보들이 어떻게 연결되어 있는지 묻는 문제를 말합니다. 1개의 강의 지문당 Purpose/Organization 형태로 0~1문제, List/Matching/Ordering 형태로 0~1문제씩 출제됩니다.

02: 질문 형태

Purpose형 질문

Why does the professor mention ~?
교수는 왜 ~을 언급하는가?

Organization형 질문

How does the professor emphasize his point about ~?
교수는 어떻게 ~에 관한 그의 요점을 강조하는가?

List/Matching/Ordering형 질문

List형 질문: 몇 가지 진술의 사실 여부를 확인하는 유형

	Yes	No
Statement A	√	
Statement B		√
Statement C		√

Matching형 질문: 각 범주별로 알맞은 내용을 연결하는 유형

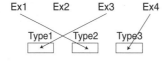

Ordering형 질문: 사건 및 절차를 순차적으로 나열하는 유형

Step 1 _____   Statement A
Step 2 _____   Statement B
Step 3 _____   Statement C

O3: 핵심 전략

❶ 강의의 구조를 파악한다.

강의의 내용을 정확히 듣는 것뿐만 아니라, 각각의 정보가 서로 어떤 상관 관계를 가지고 있는지 알아야 합니다. 다음과 같은 표시어들을 알아두면 강의가 어떻게 구성되어 있는지를 훨씬 수월하게 파악할 수 있습니다.

강의 구조	주요 표시어
비교 / 대조	in comparison to ~ ~와 비교하면 ~er than – -보다 더 ~한 (비교급) similar to ~ ~와 비슷하게 on the other hand 반면에 however 그렇지만 but 그러나
순차적인 설명	and then 그러고 나서 the first step is 첫 번째 단계는 next 다음에 A [lead to/cause] B A는 B를 일으킵니다
예시	for example 예를 들어서 like ~ ~처럼 to illustrate 예증을 하자면
분류	There are two types of ~ 두 종류의 ~이 있습니다 ~ have three groups of – ~는 세 집단의 -를 가지고 있습니다

❷ 강의 중 주제와 관련 없어 보이는 단어에 주의한다.

교수가 주제와 관련이 없는 듯한 단어를 언급한다면, 그 단어는 비유적으로 쓰이거나 다른 목적으로 즉 중요한 주제를 더 부각시키기 위해 사용되는 경우가 많기 때문에, 이는 Organization과 Purpose 문제를 낼 수 있는 좋은 소재가 됩니다. 갑자기 색다른 단어가 등장한다면 이 단어가 가리키는 것이 무엇인지를 파악해야 합니다.

> 교수 사람들은 무슨 일이 일어나고 있는지 스스로 파악하기 전에 오직 주변 사람들의 반응에만 기초해서 반응하기도 합니다. 천적이 등장했을 때 사슴 무리가 어떻게 반응하는지를 생각해 보세요.

문제 교수는 왜 사슴 무리를 언급하는가?

답 사람들의 특정 행동에 대한 이해를 돕기 위해

❸ 강의 구조에 맞춰서 노트테이킹한다.

강의 전개 방식에 맞춰 상위 항목과 하위 항목을 일목요연하게 정리할 수 있다면 각각의 정보가 어떻게 연결되어 있는지 파악하기가 쉬워집니다. 따라서 강의의 전체적인 구조가 어떻게 구성되어있는지를 항상 염두에 두고 노트테이킹해야 합니다.

Example:

강의의 구조
– 순차적인 설명
– 표시어 leads to, Next, then

노트

- how trap shut
- when open - compressed
- when trigger hair touched
- change water pressure
- → cells expand, relaxes
- tissues → quickly shut
- stiff hairs prev. insect esc.

🎧 Script

Listen to part of a lecture in a biology class.

P _ Now . . . how does the, uh . . . double stimulation of the trigger hairs make the trap snap shut? Well, the theory is . . . when the trap is open, the plant's cells are, uh . . . compressed. This creates tension in the plant tissue and keeps the trap open. But when the trigger hairs are touched twice, this (leads to) a cellular reaction that changes the, uh . . . water pressure in these cells. (Next,) the increase in water pressure causes the cells to expand, which relaxes the, um . . . tissues of the plant. This, (then,) allows the trap to quickly shut. And . . . when the trap shuts, these, uh . . . stiff hairs mesh together and prevent the insect from escaping.

▶ 표시어   ▶ 표시어 ▶ 표시어

생물학 강의의 일부를 들으시오.

P _ 자... 어떻게, 어... 감촉모의 이중 자극이 덫을 탁 닫히게 할까요? 음, 이론은... 덫이 열려 있을 때, 그 식물의 세포들은, 어... 압축되어 있습니다. 이는 그 식물 조직의 긴장을 유발하여 덫을 열려 있도록 하죠. 하지만 감촉모를 두 번 건드리면, 이것은, 어... 세포들 안의 수압을 변화시키는 세포 반응을 일어나게 합니다. 그 다음에, 수압의 증가는 그 세포들이 팽창하게 하고, 이는 그 식물의 조직을, 음... 느슨해지게 하죠. 이것은, 그러고 나서, 그 덫이 재빨리 닫히게 합니다. 그리고... 덫이 닫힐 때, 이러한, 어... 빽빽한 털들이 서로 맞물려서 곤충이 도망가지 못하게 방지합니다.

The professor explains the sequence of events that result in the closure of the trap. Put the steps listed below in the correct order.

Step 1	
Step 2	
Step 3	

Ⓐ The internal water pressure changes.
Ⓑ The plant tissue relaxes as the cells expand.
Ⓒ The trigger hairs are stimulated.

해석 교수는 덫이 닫히게 하는 일들의 순서를 설명한다. 올바른 순서대로 나열하시오.

　　Ⓐ 내부 수압이 변화한다.
　　Ⓑ 세포들이 팽창하면서 식물 조직이 느슨해진다.
　　Ⓒ 감촉모가 자극된다.

정답

Step 1	Ⓒ
Step 2	Ⓐ
Step 3	Ⓑ

해설 이 문제는 Connecting Content 문제 중에서도 몇 가지 사건을 순차적으로 나열하는 Ordering형 문제입니다. 표시어 leads to, Next, then과 함께, the trigger hairs are touched twice → change the water pressure → causes the cells to expand, which relaxes the tissues of the plant 순으로 각각의 Step이 나열되어 있음을 알 수 있습니다.

● 단어 및 표현 ●

stimulation[stìmjuléiʃən] 자극　compress[kəmprés] 압축하다　tissue[tíʃuː] 조직　relax[rilǽks] 느슨해지다
stiff[stif] 빡빡한　mesh together 맞물리다

Daily Check-up

🎧 강의 일부의 빈칸을 받아 적고, 질문에 대한 답을 고르세요.

01

P: OK . . . Let's talk about garbage—as a power source!

S: You mean . . . someone's actually thinking about somehow getting energy out of garbage?

P: That's exactly what I mean. ① _____

_____ . . . because ② _____.

Now, methane is colorless and odorless . . . but don't be fooled; ③ _____

_____

than carbon dioxide, according to the Environmental Protection Agency.

Q 교수는 왜 환경보호청을 언급하는가?

Ⓐ 메탄의 성질에 관한 근거를 제시하기 위해

Ⓑ 메탄의 위험성에 관해 세부적으로 설명하기 위해

Ⓒ 앞서 말한 내용을 번복하기 위해

02

S: You know, I can't figure out why people would laugh unless somebody cracks a joke or tells a funny story.

P: OK, uh . . . the incongruity theory . . . Um, you might as well take this down. This theory says that when ① _____

_____ . . . well, we tend to laugh. Uh, let me see, we know what underwear's for, right? Well, ② _____

_____? Yeah?

Q 교수는 어떻게 불일치 이론을 설명하는가?

Ⓐ 개인적인 경험을 이야기함으로써

Ⓑ 비교함으로써

Ⓒ 예시를 제시함으로써

● 단어 및 표현 ●

viable[váiəbl] 실용적인   emit[imít] 방출하다   methane[méθein] 메탄   odorless[óudərlis] 무취의   greenhouse gas 온실가스
carbon dioxide 이산화탄소   crack a joke 농담을 하다   incongruity[ìnkəŋgrúːəti] 불일치

3rd Week

1일

2일

3일

4일

5일

Hackers **TOEFL** Listening Basic

03

OK . . . so, ① _____

_____ : uh . . . autotrophs and heterotrophs. An autotroph

is any creature that is capable of photosynthesis or some other chemical

process, and that is able to, um . . . ② _____

_____ , such as compounds found in the

soil. Examples of this include most plant and, uh . . . bacteria species.

Heterotrophs, such as animals and fungi, are unable to do this, and instead

must, well . . . ③ _____ .

Q 강의에서 교수는 독립 영양 생물과 종속 영양 생물을 나누어 설명하면서 몇 가지의 예를
들다. 아래의 보기와 각각의 항목들을 일치시키시오.

producer	
consumer	

animal	bacteria	soil	grass	fungus

● 단어 및 표현 ●

autotroph[ɔ́ːtətràf] 독립 영양 생물   heterotroph[hétərətràf] 종속 영양 생물   photosynthesis[fòutousínθəsis] 광합성
chemical[kémikəl] 화학의   organic[ɔːrgǽnik] 유기의   compound[kámpaund] 화합물   sustenance[sʌ́stənəns] 자양물

Daily Check-up

🎧 강의 일부를 노트테이킹하고, 질문에 대한 답을 고르세요.

04

_____

_____

_____

_____

_____

Q Why does the professor mention the tower?

Ⓐ To emphasize the haziness of the light reflected by moist dust

Ⓑ To illustrate why people should be extra careful on rainy days

Ⓒ To explain why the reflected light appears milky white

05

_____

_____

_____

_____

Q In the lecture, the professor describes three different psychological experiments. Click in the correct box for each description.

	Simple Reaction	Choice Reaction	Recognition Reaction
A response must correctly match the stimulus.			
A response is not required for all the stimuli.			
A response to a single stimulus is measured.			

● 단어 및 표현 ●────────────────────────────────────

moisture-laden 습기를 머금은   atmospheric[æ̀tməsférik] 대기의   hazy[héizi] 흐릿한

06

Q Why does the professor mention the Netherlands?

Ⓐ To show that the Zero Waste Program can be actualized in any environment

Ⓑ To explain a strategy a country uses to implement the Zero Waste Program

Ⓒ To emphasize the need to implement the Zero Waste Program in other countries

07

Q In the lecture, the professor describes the conditions necessary to preserve DNA. Indicate whether each of the following is a condition.
Click in the correct box for each phrase.

	Yes	No
Dry environment		
Low levels of acidity		
Many microorganisms		
Near-freezing temperatures		
Close proximity to Siberia		

정답 p.329

● 단어 및 표현 ●

corpse[kɔːrps] 시체   permafrost[pə́ːrməfrɔːst] 영구 동토층   microorganism[màikrouɔ́ːrɡənizəm] 미생물

Daily Test

🎧 다음 강의를 듣고 질문에 알맞은 답을 고르세요.

[1-3]

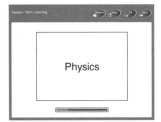

1 What is the main topic of the lecture?

  A_ How Ledrik's theory of rain exposure developed

  B_ New research at the National Climatic Data Center

  C_ Water absorption rates of different textiles

  D_ Rain exposure differences between running and walking

2 According to the lecture, what purpose did cotton sweat suits serve?

  A_ They kept researchers warm in the rain.

  B_ They registered raindrops that fell on each subject.

  C_ They served as the standard for water absorption rates.

  D_ They indicated the amount of water absorbed.

3 In the lecture, the professor explains the sequence of steps in an experiment. Put the steps listed below in the correct order.

Step 1	
Step 2	
Step 3	

  A_ Two subjects with similar body types put on sweat suits.

  B_ The sweat suits were checked for water intake amount.

  C_ One subject walked while the other ran.

● 단어 및 표현 ●

accumulate[əkjú:mjulèit] 쌓이다　extrapolation[ikstrǽpəléiʃən] 추정　sprint[sprint] 전력 질주하다　dig up 조사하다

[4-6]

4 What is the lecture mainly about?

A_ A comparison of tools made from stone and obsidian

B_ The various types of tools used by early humans

C_ The use of obsidian to create primitive tools

D_ A technique to produce the first composite tools

5 Why does the professor mention steel in the lecture?

A_ To illustrate that obsidian can be dangerous

B_ To provide a modern improvement in toolmaking

C_ To highlight a characteristic of obsidian

D_ To show that obsidian is extremely hard

6 What does the professor say about knives made with obsidian fragments?

A_ They were heavy and very sharp.

B_ They were light and easy to repair.

C_ They were replaced by bone ones.

D_ They were frequently damaged.

3rd Week

1일

2일

3일

4일

5일

Hackers **TOEFL** Listening Basic

정답 p.334

● 단어 및 표현 ●

toolmaking[túːlmèikiŋ] 도구 제작   obsidian[əbsídiən] 흑요석   refer to A as B A를 B라고 부르다   edged[edʒd] 날이 있는
flake[fleik] 파편   break off 떨어지다   razor edge 날카로운 날   sharpen[ʃáːrpən] 날카롭게 깎다   cut oneself 베이다
fragment[frǽgmənt] 조각   composite[kəmpázit] 복합의   serve as ~로 쓰이다   blade[bleid] (칼 등의) 날
prehistoric times 선사시대   bulky[bʌ́lki] 부피가 큰   place[pleis] ~을 끼우다   primitive[prímətiv] 원시의

5일 Inference Questions

01: Inference 문제란?

Inference 문제란 강의에서 주어진 정보를 바탕으로 추론할 수 있는 내용을 묻는 문제를 말합니다. 강의에서 언급된 사실을 근거로 하여 논리적인 판단을 할 수 있는 능력을 평가하기 위해 출제되며, 1개의 강의 지문당 0~1문제씩 출제됩니다.

02: 질문 형태

· What does the professor imply about ~?
교수는 ~에 관해 무엇을 암시하는가?

· What can be inferred about ~?
~에 관해 추론할 수 있는 것은 무엇인가?

· According to the professor, what does ~ demonstrate?
교수에 따르면, ~은 무엇을 보여주는가?

O3: 핵심 전략

❶ 언급된 사실에 근거하여 추론한다.

Inference 문제를 풀기 위해서는 강의나 토론 중에 직접적으로 언급되지 않은 내용을 추론해내는 과정이 필요합니다.

교수	타조, 펭귄, 공작 등이 날지 못하는 새로 분류됩니다.
학생	잠시만요. 저는 TV에서 공작이 나는 것을 본 적이 있는데요?
교수	일반적으로 '난다'라고 하는 것은 충분한 시간 동안 공중에 떠 있을 수 있어야 하는 것이죠.

문제　공작에 관해 추론할 수 있는 것은 무엇인가?

답　　공작새는 잠깐 동안만 날 수 있다.

* 토플 리스닝의 Inference 문제는 높은 수준의 추리력이나 논리력을 요구하지 않습니다. 따라서 지나치게 깊게 생각해서 논리의 비약이 일어나지 않도록 항상 화자가 한 말 중에서 근거를 찾아내야 합니다.

❷ 화자가 언급하는 내용의 결론을 생각한다.

Inference 문제 중에는 여러 가지 정보를 종합해서 하나의 결론을 도출해내는 형태가 자주 등장합니다. 제시된 사실을 그대로만 받아들이지 말고, 결론적으로 화자가 말하고자 하는 바가 무엇인지를 염두에 두어야 합니다.

❸ 토론식 강의에서는 화자의 입장을 파악한다.

강의에서 토론하는 내용이 등장한다면 이는 화자의 생각을 유추하는 문제가 출제될 수 있는 부분이므로, 각 화자가 어떤 태도를 취하고 있는지 파악해야 합니다.

❹ 다음과 같은 오답 유형에 주의한다.

• 충분한 근거 없이 논리가 비약된 보기
• 강의에 언급되지 않은 내용을 근거로 한 보기
• 강의에 언급된 단어를 포함하고 있지만 내용이 틀린 보기

Example:

Biology

🎧 Script

Listen to part of a lecture in a biology class.

P _ Well, why does the Venus Flytrap have to catch insects at all? The plant has a stem and leaves capable of photosynthesis, of converting carbon dioxide and water to sugar and oxygen. However, plants also need nutrients like nitrogen, magnesium, sulfur, calcium . . . The problem is the Venus Flytrap is located mostly in the bogs of North and South Carolina. These bogs, which are wet, spongy ground, are found within a 700-mile region along the coastline, and, well, the soil in this region is acidic. This means these nutrients are scarce, which makes it pretty hard for this plant to survive in this ecological niche. The insects trapped by the plant are the solution to this problem.

주어진 정보 1
다양한 영양소 필요

주어진 정보 2
땅에서는 얻을 수 없음

주어진 정보 3
곤충이 해결책

생물학 강의의 일부를 들으시오.

P _ 자, 어쨌든 왜 파리지옥이 꼭 곤충을 잡아야 할까요? 이 식물은 이산화탄소와 물을 당과 산소로 바꾸는 광합성을 할 수 있는, 줄기와 잎을 가지고 있습니다. 그렇지만, 식물은 또한 질소, 마그네슘, 황, 칼슘과 같은 영양소들이 필요하죠... 문제는 파리지옥이 대부분 노스캐롤라이나와 사우스캐롤라이나의 늪지에 살고 있다는 겁니다. 이 늪지는, 축축하고 흡수성 있으며, 해안선을 따라서 700마일의 지역에 걸쳐 찾을 수 있고, 토양은 산성입니다. 이것은 이러한 영양소들이 부족하다는 것을 뜻하며, 이 식물이 이러한 생태학적 지위에서 살아가기 힘들게 만드는 것이죠. 이 식물에게 잡힌 곤충들이 바로 문제의 해결책이 됩니다.

What can be inferred about the insects caught by the Venus Flytrap?

Ⓐ They are a source of nutrients.

Ⓑ They are only found in coastal regions.

Ⓒ They are a cause of soil acidity.

Ⓓ They are able to produce sugar and oxygen.

해석 파리지옥에 잡힌 곤충들에 관해 추론할 수 있는 것은 무엇인가?

Ⓐ 그것들은 영양소의 원천이다.

Ⓑ 그것들은 해안 지역에서만 발견된다.

Ⓒ 그것들은 토양 산도의 원인이다.

Ⓓ 그것들은 당과 산소를 만들어낼 수 있다.

정답 Ⓐ

해설 이 문제는 지문에서 직접적으로 언급되지 않은 내용을 추론해야 하는 Inference 문제입니다. 지역적 특성에 기인하는 영양소 부족의 해결책이 바로 곤충을 잡는 것이라는 설명에서, 이 식물이 곤충을 통해 부족한 영양소를 보충하고 있음을 추론할 수 있으므로, 정답은 Ⓐ입니다.

Ⓑ와 Ⓒ는 본문의 내용에 근거하지 않고 비약된 오답이며, Ⓓ는 광합성과 관련된 내용으로 곤충과 상관 없는 내용의 오답입니다.

● 단어 및 표현 ●

stem[stem] 줄기   convert[kənvə́ːrt] 바꾸다   region[ríːdʒən] 지역   coastline[kóustlàin] 해안선

scarce[skέərs] 부족한   ecological niche 생태학적 지위 (생태계에서 개체가 정하는 위치나 기능)

Daily Check-up

🎧 강의 일부의 빈칸을 받아 적고, 질문에 대한 답을 고르세요.

01

Okay, the first tragedies were ① _____
to honor the Greek god Dionysus. What is unusual is that, ② _____
_____, these performances were actually celebrations with
③ _____. As time passed,
though, the pieces became ④ _____.

Q 초기 비극에 관해 추론할 수 있는 것은 무엇인가?

ⓐ 초기의 비극은 흥겨운 부분이 많았다.
ⓑ 초기 비극의 형태는 슬픈 노래와 춤으로 이루어져 있었다.
ⓒ 초기 비극에는 음악적 요소가 없었다.

02

P: Well . . . beavers were plentiful in America before the Europeans came
and started killing them. Anyone know what happened with the
Europeans?

S: Um . . . beaver pelts became the material of choice for top hats in
Europe. ① _____
_____.

P: Right. Does anyone know the numbers . . .? During the peak of the fur
trade era, 200,000 pelts were being shipped to Europe every year. And
with the beavers gone, what were the effects? Um . . . ② _____
_____
_____.

Q 비버에 관해 추론할 수 있는 것은 무엇인가?

ⓐ 그것들은 습지 유지에 중요하다.
ⓑ 그것들은 유럽에서 발견된다.
ⓒ 그것들은 건조한 기후에서 살 수 없다.

● 단어 및 표현 ●

tragedy [trǽdʒədi] 비극   **celebration** [sèləbréiʃən] 축전   **pelt** [pelt] 모피   **drain** [drein] 말라버리다

03

Well, despite the differences between Earth and Mars now, there are actually clear similarities between ① _____ _____ and ② _____ _____. You see, at a certain point, very tiny bacteria developed on Earth. They were able to survive by using sunlight. They eventually created enough oxygen to support animal life. ③ _____ _____.

Q What does the professor imply about the future of Mars?

ⓐ It may one day resemble Earth.

ⓑ It will be much cooler than it is now.

ⓒ It may harbor more bacteria than Earth.

04

I'll start off by defining what a brown dwarf is. Basically, a brown dwarf is a failed star. It's larger than a planet, but ① _____ _____. The difference between a successful star and a brown dwarf is that ② _____ _____ _____. This squeezing continues until ③ _____ _____ _____. But a brown dwarf has ④ _____ _____.

Q According to the professor, why do brown dwarfs fail to become stars?

ⓐ They don't have enough mass.

ⓑ They have insufficient hydrogen.

ⓒ They are too cool.

● 단어 및 표현 ●

atmosphere[ǽtməsfiər] 대기   intervention[ìntərvénʃən] 개입   brown dwarf 갈색 왜성   hydrogen[háidrədʒən] 수소
helium[híːliəm] 헬륨   nuclear fusion 핵융합   squeeze[skwiːz] 압착하다

Daily Check-up

🎧 강의 일부를 노트테이킹하고, 질문에 대한 답을 고르세요.

05

Q 도시형 마을에 관해 추론할 수 있는 것은 무엇인가?

ⓐ 도시형 마을은 대도시 교통 혼잡의 주요 원인이다.
ⓑ 도시형 마을에서는 차량 통행이 금지되어 있다.
ⓒ 도시형 마을이 많아지면 환경오염을 줄일 수 있다.

06

Q 먼지에 관해 추론할 수 있는 것은 무엇인가?

ⓐ 먼지를 제거하기 위해서는 막대한 노력이 필요하다.
ⓑ 먼지는 생명체가 살아가기 위해 필요하다.
ⓒ 먼지는 아직 완전히 이해되지 않았다.

● 단어 및 표현 ●

urban[ə́ːrbən] 도시형의   glaring[glέəriŋ] 너무 밝은   unbearable[ʌ̀nbέərəbl] 견딜 수 없는   organism[ɔ́ːrgənìzm] 생물체
wavelength[wéivlèŋkθ] 파장   horizon[həráizn] 지평선   hue[hjuː] 색조

07

Q What does the professor imply about neutrinos?

Ⓐ They are the smallest type of particle.

Ⓑ They are not electrically charged.

Ⓒ They are not present on Earth.

08

Q What can be inferred about the portraits?

Ⓐ They were accurate portrayals of the subject.

Ⓑ They were copies of earlier sculptures.

Ⓒ They were original and extraordinary.

정답 p.338

● 단어 및 표현 ●

particle[pá:rtikl] 미립자   neutrino[nju:trí:nou] 중성 미자   distracted[distrǽktid] 혼란스러운

elongated[iló:ŋgeitid] (비정상적으로) 가늘고 길쭉한   onlooker[ánlùkər] 관찰자

Daily Test

다음 강의를 듣고 질문에 알맞은 답을 고르세요.

[1-3]

1 What is the talk mainly about?

A_ The characteristics of twentieth century photography

B_ The perspectives of two modern photographers

C_ The unique aspects of Weston's photographs

D_ The importance of environmental issues to Ansel Adams

Listen again to part of the lecture. Then answer the question.

2 What does the professor mean when she says this:

A_ She does not know if Weston's pictures of trees look like trees.

B_ She wants to illustrate a point she is making.

C_ She thinks the students will not admire Weston's pictures.

D_ She does not think the students have seen Weston's photographs.

3 What can be inferred about Ansel Adams' photographs?

A_ They were able to capture the colors of the mountains.

B_ They were not as visually appealing as those of Weston.

C_ They were admired by a variety of political figures.

D_ They contributed to the conservation movement.

● 단어 및 표현 ●

perspective [pərspéktiv] 관점   pictorialist [piktɔ́:riəlist] 영상 중심주의자   impressionistic [imprèʃənístik] 인상주의의
etching [étʃiŋ] 동판화   transition period 과도기   unpretentious [ʌ̀npriténʃəs] 꾸밈이 없는   renounce [rináuns] 버리다
render [réndər] 표현하다   advocacy [ǽdvəkəsi] 지지   solidify [səlídəfài] 굳어지다

[4-6]

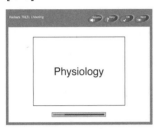

4 What does the professor mainly discuss?

A_The benefits of sleep for the body and mind

B_The way that sleep improves cognitive functions

C_The ways that sleep stimulates the memory

D_The physical effects of insufficient sleep

5 In the lecture, the professor describes the physical effects of having adequate sleep. Indicate whether each of the following is an effect.
Click in the correct box.

	Yes	No
Stimulates weight gain		
Helps produce sufficient growth hormone		
Revitalizes the aspects of the body		
Elevates blood pressure		

6 What can be inferred about REM?

A_It is the only phase of sleep.

B_It is able to occur without dreams.

C_It is the lengthiest stage of rest.

D_It is needed to recall data.

정답 p.342

● 단어 및 표현 ●

urge[əːrdʒ] 충동 rejuvenate[ridʒúːvənèit] 회복시키다 skeletal[skélətl] 골격의 restore[ristɔ́ːr] 회복시키다
exertion[igzɔ́ːrʃən] 격렬한 활동 resistance[rizístəns] 저항 consolidate[kənsɑ́lədèit] 통합하다 associate[əsóuʃièit] 관련시키다
declarative[diklǽrətiv] 선언의 revitalize[riːváitəlaiz] 회복시키다

4th

Week

실전 대비하기

4주에서는 앞서 공부한 내용을 토대로 실전에 가깝게 구성된 문제들을 풀어 보겠습니다. 대화 1개와 강의 2개로 구성된 총 17문제의 테스트를 매일 한 세트씩 풀어 보면서 실전 감각을 익히게 됩니다.

1일 Progressive Test 1

[1-5]

1 Why does the student visit the professor?

A_ To inquire about bioluminescence in animals

B_ To ask about volunteering in a jellyfish research program

C_ To request an extension on his term paper deadline

D_ To obtain information about whale conservation groups

2 What are some reasons the professor gives for why animals use bioluminescence? Choose 3 answers.

A_ To distract potential predators

B_ To help themselves see in the deep ocean

C_ To interact with each other

D_ To harm possible predators

E_ To lure potential prey

● 단어 및 표현 ●─────────────────────────────────────

conservation[kὰnsərvéiʃən] 보호   marine[mərí:n] 해양의   jellyfish[dʒélifiʃ] 해파리   give off (빛·열 등을) 내다
bioluminescence[bàioulu:mənésns] 생체 발광   emit[imít] (빛·열 등을) 발산하다   startle[stá:rtl] 깜짝 놀라게 하다

3 Why is the student interested in the topic of animal bioluminescence?

A_He would like to learn more about how fireflies use light.

B_He is fascinated by any topic related to marine biology.

C_He is considering using this topic for his term paper.

D_He wants to present this topic at a departmental seminar.

Listen again to part of the conversation. Then answer the question.

4 What does the professor mean when she says this: 🔊

A_She is trying to discourage him from writing a term paper on this topic.

B_She is thinking about giving him a lower grade on this paper.

C_She is wondering whether or not he will be able to do a good job.

D_She is hinting that it may be hard to please her enough to get a good grade.

5 What can be inferred about the professor?

A_She has never had a student who was so interested in the course before.

B_She is usually too busy with her departmental duties to help her students out.

C_She feels pleasantly surprised that her student chose a topic she is also interested in.

D_She can probably help the student find a position with a whale conservation group.

● 단어 및 표현 ●

attract[ətrǽkt] 유혹하다 glow[glou] 빛을 내다 organ[ɔ́ːrgən] 기관 investigate[invéstəgèit] 살피다
recognize[rékəgnàiz] 알아보다 expertise[èkspərtíːz] 전문 지식 after all 어쨌든

[6-11]

6 What is the lecture mainly about?

A_ Similarities between the Moon and Mercury

B_ The difficulties of doing research on Mercury

C_ The physical characteristics of the planet Mercury

D_ Differences in the compositions of Earth and Mercury

7 According to the professor, what is one reason for the early lack of information on the planet Mercury?

A_ Mercury is located far from the Earth.

B_ Mercury is too close to the Sun to be examined properly.

C_ Mercury is less interesting than the other planets.

D_ Mercury moves too fast to be observed.

8 What can be inferred about Mercury?

A_ It looks exactly like the Earth's moon.

B_ Its magnetic field attracts debris.

C_ Its craters were formed by geological activity.

D_ It may have a core that is partly liquid.

● 단어 및 표현 ●

skim[skim] 대충 지나가다   rotate[róuteit] 자전하다   orbit[ɔ́ːrbit] 공전하다   ratio[réiʃou] 비율   magnetic field 자기장
core[kɔːr] 핵   molten[móultən] 용해된   liquid[líkwid] 액화된   solid[sálid] 고체의   detect[ditékt] 탐지하다
exhibit[igzíbit] 나타내다   geological[dʒìːəládʒikəl] 지질의   flyby[fláibài] (우주선의 천체로의) 저공 비행

9 What does the professor say about the craters of Mercury and the Moon?

A_ They were formed by lava flows from now extinct volcanoes.

B_ They are quite dissimilar in appearance.

C_ They result from having little protective gases.

D_ They cover only about half of the surface of both celestial bodies.

Listen again to a part of the lecture. Then answer the question.

10 What does the professor imply when she says this: 🎧

A_ The satellite did an excellent job of getting information.

B_ The Mariner 10 was inadequate as a research tool.

C_ Scientists should have allowed the Mariner 10 to take more pictures.

D_ There is more research that needs to be done.

11 In the lecture, the professor describes the characteristics of Mercury. Indicate whether each of the following is a feature of Mercury. Click in the correct box.

	Yes	No
Rotations are more frequent than originally believed.		
Magnetic field exists but is faint.		
Geological activity is sporadic.		
Temperature ranges are extreme.		
Density is similar to the Earth's moon.		

● 단어 및 표현 ●

pockmarked[pάkmà:ɾkt] 자국이 난   crater[kréitəɾ] 분화구   basin[beisn] 분지   meteorite[míːtiəràit] 운석
debris[dəbríː] 파편   extreme[ikstríːm] 극한의   density[dénsəti] 밀도   igneous rock 화성암   lava flow 용암류

12 What does the professor mainly discuss?

   A_ The superiority of jazz music over classical music

   B_ The success of a jazz violinist trained in classical music

   C_ The early musical education of Regina Carter

   D_ The performance by Regina Carter using the Cannon

13 Why does the professor mention the Suzuki method?

   A_ To explain why Carter became interested in classical music

   B_ To provide a detail about Carter's early music education

   C_ To discuss an experience shared by many jazz musicians

   D_ To emphasize the importance of early exposure to music

14 What advice did Regina Carter's music teacher in university give her?

   A_ She should focus on composition.

   B_ She should listen to jazz violinists.

   C_ She should imitate horn players.

   D_ She should develop her own style.

● 단어 및 표현 ●

regard [rigá:rd] 여기다 inferior [infíəriər] 열등한 mimic [mímik] 흉내 내다 composition [kàmpəzíʃən] 작곡
improvisation [impràvəzéiʃən] 즉흥 연주 imitation [ìmətéiʃən] 모조품 horn [hɔːrn] 호른

15 What can be inferred about the playing of the Cannon?

A_ It is considered to be an honor.

B_ It is easy for classical musicians.

C_ It is a fairly common occurrence.

D_ It is difficult due to its large size.

Listen again to part of the lecture. Then answer the question.

16 What does the professor mean when she says this: ◯

A_ She thinks the students are unfamiliar with jazz musicians who play the violin.

B_ She wants to stress the popularity of the violin amongst classical musicians.

C_ She believes many students prefer to listen to classical rather than jazz music.

D_ She wants the students to understand the importance of jazz violinists.

17 What is similar about the musical styles of Regina Carter and Niccolò Paganini?

A_ They are produced using improvisation.

B_ They are based on the study of horn players.

C_ They are influenced by historical musicians.

D_ They are similar to the thumping of a drum.

정답 p.347

● 단어 및 표현 ●

rearrange[rìːəréindʒ] 재편성하다 　 percussion instrument 타악기 　 rap[ræp] 툭툭 두드리다 　 virtuoso[vəˌːrtʃuóusou] 대가
boom[buːm] 울리다 　 protest[prətést] 항의하다 　 thump[θʌmp] 치다

2일 Progressive Test 2

[1-5]

1 What is the conversation mainly about?

A_ The research the man wants to do in the library

B_ Locating the history section of the library

C_ Library policies in different universities

D_ Procedures for using the library

2 What is the man looking for?

A_ A place to do research on ancient Roman history

B_ An office in the university's history department

C_ A place where he can connect his laptop to the Internet

D_ A booklet explaining the library's lending policy

● 단어 및 표현 ●────────────────────────

transfer[trǽnsfə́:r] 편입하다   ancient[éinʃənt] 고대의   entire[intáiər] 전체의

3 What does the student mention about using the library?
Choose 2 answers.

A_He does not have a student ID card

B_He will spend long periods in the library.

C_He wants to use personal equipment in the library.

D_He thinks he will easily get lost in the library.

Listen again to part of the conversation. Then answer the
question.

4 Why does the librarian say this: 🎧

A_To indicate that it is standard for her to discuss
library policy

B_To acknowledge that two weeks is a long time

C_To get the student's permission to bring up library
policy

D_To assure the student that the library's policy is
interesting

Listen again to part of the conversation. Then answer the
question.

5 What does the librarian mean when she says this: 🎧

A_She does not think that many students at the library
are truly doing research.

B_She thinks the student understands the type of
research she is referring to.

C_She believes it is not easy to conduct research in
the library.

D_She feels students benefit from opportunities to do
research.

● 단어 및 표현 ● ─────────────────────────────────

straight off 당장   reference[réfərəns] 참고 도서   familiarize[fəmíljəràiz] 익히다   rigid[rídʒid] 엄격한

[6-11]

6 What is the main topic of the lecture?

A_The ineffectiveness of state laws against trusts and monopolies

B_What led to the legislation of the Sherman Act

C_Business practices that set Standard Oil apart from its competition

D_Violations of the Sherman Act in the early twentieth century

Listen again to part of the lecture. Then answer the question.

7 What does the professor mean when he says this: 🎧

A_He thinks the students are probably knowledgeable about trusts.

B_He does not expect the students to agree with his opinion.

C_He thinks the students will agree that trusts are deceptive.

D_He wants the students to form their own view of trusts.

8 According to the lecture, what are two ways the Standard Oil Company eliminated competition? Choose 2 answers.

A_It convinced government to pass bills in its favor.

B_It sold better quality products than its competitors.

C_It sold oil at a price lower than its actual value.

D_It made customers buy what they did not want.

● 단어 및 표현 ●

senator[sénətər] 상원 의원   monopoly[mənάpəli] 독점   trust[trʌst] 담합   supplier[səpláiər] 공급자
distribution[dìstrəbjúːʃən] 배포   share[ʃɛər] 주식   crafty[krǽfti] 교묘한   Industrial Revolution 산업혁명   major share 선점
refining[riːfáiniŋ] 정제   facility[fəsíləti] 설비   market value 시장 가격   bill[bil] 법안

9 What does the professor say about state anti-trust laws?

A_ They did not cover monopolies.

B_ They were restricted in terms of jurisdiction.

C_ They contradicted each other.

D_ They had only partial power over monopolies.

Listen again to part of the lecture. Then answer the question.

10 Why does the professor say this: 🎧

A_ To indicate that he is unfamiliar with application of the law

B_ To express disappointment over the Sherman Act

C_ To clarify a statement he just said

D_ To explain a little-known fact about the law

11 What can be inferred about the Sherman Act?

A_ It was the most powerful economic act passed by American government.

B_ It allowed smaller companies to gain control of the market.

C_ It made stockholders very wealthy individuals.

D_ It eventually resulted in the breaking up of monopolies in the United States.

● 단어 및 표현 ●

anti-trust law 독점 금지법　Federal Act 연방법　decade[dékeid] 10년　conspiracy[kənspírəsi] 공동 모의　prove[pru:v] 증명하다

case[keis] 소송　violation[vàiəléiʃən] 위반　dismantle[dismǽntl] 해산하다　distribute[distríbju:t] 분배하다

shareholder[ʃéərhòuldər] 주주　penalize[pí:nəlàiz] 처벌하다　jurisdiction[dʒùərisdíkʃən] 관할권

12 What does the professor mainly discuss?

A_ The ways in which dust devils are formed

B_ The characteristics of dust devils on Mars

C_ The many different varieties of dust devils

D_ The qualities that distinguish dust devils

13 According to the professor, what causes the creation of a dust devil?

A_ Electricity causes the air currents to rotate.

B_ Heated air rises up through a section of cooler air.

C_ The surface of the planet cools quickly.

D_ The temperature of the air changes dramatically.

14 According to the professor, why are dust devils on Mars so large? Choose 2 answers.

A_ The low gravity of the planet

B_ The heat on the planet's surface

C_ The electricity in the atmosphere

D_ The absence of natural obstacles

● 단어 및 표현 ●

dust devil 회오리바람   swirl [swəːrl] 소용돌이   rotate [róuteit] 회전하다   current [kə́ːrənt] 기류   debris [dəbríː] 부스러기, 파편
ascend [əsénd] 상승하다   vast [væst] 거대한   gravity [grǽvəti] 중력   lift [lift] 들어 올리다   facilitate [fəsílətèit] 촉진하다

15
According to the professor, what prevents the build up of static electricity in the dust devils on Earth?

A_The humidity of the planet's atmosphere

B_The lack of friction between sand grains

C_The speed at which air currents move

D_The lack of moisture in the environment

16
How does the professor explain massive dust devils on Mars?

A_By showing how obstacles help the growth of dust devils

B_By illustrating the electrical features of dust devils on Mars

C_By contrasting features of the planet Mars with those of Earth

D_By explaining why dust devils on Earth last for longer periods

Listen again to part of the lecture. Then answer the question.

17
Why does the professor say this: 🎧

A_She feels she has expressed the information clearly.

B_She wants to confirm the extent of the student's knowledge.

C_She thinks that she is discussing a topic that is not well known.

D_She believes the students are familiar with the subject.

정답 p.355

● 단어 및 표현 ●

obstacle[ábstəkl] 장애물　counterpart[káuntərpɑ̀ːrt] 비슷한 것　reveal[rivíːl] 드러내다　track[træk] 자취
Martian[máːrʃən] 화성의　static electricity 정전기　friction[fríkʃən] 마찰　grain[grein] 입자　humidity[hjuːmídəti] 습기
charge[tʃɑ́ːrdʒ] 전하　probe[proub] 탐사선

3일 Progressive Test 3

[1-5]

1 Why does the student want to talk to the professor?

A_ To explain why she would like to take a makeup test

B_ To discuss a grade she received on a recent test

C_ To notify the professor that she will be absent from the next class

D_ To ask a question about an assignment that is due soon

2 What is the reason the student gives for her absence?

A_ She was in an accident.

B_ She was studying for final exams.

C_ She was at the hospital for treatment.

D_ She was visiting a sick relative.

● 단어 및 표현 ●
makeup test 재시험 grant[grænt] 허락하다 submit[səbmít] 제출하다 physician[fizíʃən] 의사 dictate[díkteit] 지시하다

Listen again to part of the conversation. Then answer the question.

3 Why does the professor say this: 🎧

A_To inform the student of a school policy

B_To imply that the student would not score high on the makeup test

C_To warn that the level of difficulty will be different than the original test

D_To suggest that he might not grant the student a makeup test

Listen again to part of the conversation. Then answer the question.

4 What does the professor mean when he says this: 🎧

A_The professor is doubtful of the student's excuse.

B_The professor is hinting that the student's idea is acceptable.

C_The professor is willing to give the student a makeup test.

D_The professor believes taking notes will improve the student's grades.

5 What does the student imply when she says this: 🎧

A_She does not want her absence to affect her grade.

B_She thinks students with good marks deserve special treatment.

C_She is proud of her academic achievements so far.

D_She is suggesting that she has never cheated on a test.

● 단어 및 표현 ●

exception[iksépʃən] 예외   circumstance[sə́ːrkəmstæns] 상황   jeopardize[dʒépərdàiz] 위태롭게 하다
approve[əprúːv] 승인하다

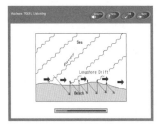

6 What is the talk mainly about?

A_ The most suitable structures for a beach

B_ The underlying cause of coastline erosion

C_ The best locations for the construction of homes

D_ The various ways to prevent beach erosion

7 What does the professor say about beaches?

A_ They are a popular location for private residences.

B_ They are suitable areas for urban development.

C_ They are unaffected by the currents of the ocean.

D_ They are unlikely to change over an extended period of time.

8 The professor explains the sequence of steps involved in the process of longshore drift. Put the steps listed below in the correct order.

Step 1	
Step 2	
Step 3	

A_ The waves move towards the shore at an angle.

B_ The sand is pulled back to the water in a straight line.

C_ The waves recede back to the ocean.

● 단어 및 표현 ●

win a lottery 복권에 당첨되다   constantly [kánstəntli] 끊임없이   erosion [iróuʒən] 침식 작용   beachfront [bíːtʃfrʌnt] 해변
property [prápərti] 소유지   wipe out 쓸어버리다   longshore drift 연안 표류   stick out 돌출하다   recessed [ríːsest] 움푹 들어간
virtually [vɔ́ːrtʃuəli] 사실상   approach [əpróutʃ] 접근하다

9 Why does the professor mention protective seawalls?

　A_ To provide an example of an ineffective way to halt erosion

　B_ To explain how a structure is able to prevent the erosion of beaches

　C_ To illustrate a situation where building a beach house is appropriate

　D_ To emphasize the importance of protecting the coastline

Listen again to part of the lecture. Then answer the question.

10 Why does the professor say this: ⌒

　A_ To suggest that the process is difficult to understand

　B_ To emphasize the enduring nature of the process

　C_ To indicate that she will now explain the process

　D_ To correct a statement she made about the process

11 What does the professor say about changes to the coastline?

　A_ They require a period of thousands of years to occur.

　B_ They are unaffected by strong weather disturbances.

　C_ They occur because of changes in the wind speed.

　D_ They are a normal and constant occurrence in nature.

● 단어 및 표현 ●

at an angle 비스듬히　recede[risíːd] 멀어지다　transport[trænspɔ́ːrt] 운반하다　erode[iróud] 침식시키다
sediment[sédəmənt] 퇴적물　relocate[rìːloukéit] 이동하다　reverse[rivə́ːrs] 뒤바꾸다　settle on 결정하다
seawall[síwɔ̀ːl] 방파제　bottom line 핵심　environmentalist[invàiərənméntəlist] 환경보호론자

[12-17]

12 What is the main topic of the lecture?

A_ The development of modern art in France

B_ An influential French landscape painter

C_ The impact of Impressionism on Corot

D_ A new genre of landscape painting

13 What defined Corot as an artist for much of his early career?

A_ He imitated the painting techniques of his instructors.

B_ He experimented with a wide variety of artistic styles.

C_ He tried to create exact representations of nature.

D_ He depicted the famous buildings of French towns.

Listen again to part of the lecture. Then answer the question.

14 Why does the student say this: ◯

A_ To highlight the unusual features of a painting

B_ To expand on her previous statement

C_ To show that she is looking closely at a painting

D_ To point out the objects that are visible in a painting

● 단어 및 표현 ●

landscape painting 풍경화   master[mǽstər] (과거에 살았던) 유명 화가   productive[prədʌ́ktiv] 다작의   career[kəríər] 이력
fine[fain] 섬세한   brushwork[brʌ́ʃwə̀ːrk] 화법   well defined 윤곽이 뚜렷한   representation[rèprizentéiʃən] 묘사

15 Why does the professor mention the Barbizon School?

A_ To provide a reason for Corot's growing fame

B_ To show Corot's connection to Impressionism

C_ To illustrate Corot's respect for other artists

D_ To identify the place where Corot first studied art

16 What does the professor imply about the impressionists?

A_ They had inferior brushwork techniques.

B_ They were not influenced by Corot's work.

C_ They did not paint in a traditional style.

D_ They used many different painting methods.

17 According to the professor, what distinguished Corot's later art from that of the impressionists?

A_ He did not create any of his paintings outdoors.

B_ He utilized shocking colors that impressionists neglected.

C_ He did not favor the use of bright shades.

D_ He tended to use much heavier brushstrokes.

정답 p.364

● 단어 및 표현 ●

Barbizon School 바르비종파   impressionistic[impréʃənístik] 인상주의적인   expressive[iksprésiv] 표현력이 있는
soften[sɔ́:fən] 은은해지다   dream-like 몽환적인   out-of-focus 초점이 벗어난   forerunner[fɔ́:rrʌ̀nər] 선구자
revere[rivíər] 존경하다   shade[ʃeid] 색조

4일 Progressive Test 4

[1-5]

1 What is the student's problem?

A_ He is unable to afford tuition.

B_ He must pay a late fee to register.

C_ He needs to go to the Financial Aid Office.

D_ He has to repay his student loans.

2 Why has the student not paid tuition yet?

A_ He was not willing to wait in line.

B_ He was not sure which classes to take.

C_ He had not received his student loan check.

D_ He couldn't find the Financial Aid Office.

● 단어 및 표현 ●

register[rédʒistər] 등록하다   tuition[tjuːíʃən] 등록금   session[séʃən] 학기   late fee 연체료   on time 제때

3 What does the assistant suggest the student do?

A_ Contact the Student Loans Administrative Office directly

B_ Ensure that tuition payments are made on time in the future

C_ Register for classes other than the ones initially chosen

D_ Request an official note from the Financial Aid Office

Listen again to part of the conversation. Then answer the question.

4 What does the assistant mean when she says this: 🎧

A_ She has seen other students with a similar problem.

B_ She understands the nature of the student's complaint.

C_ She knows the best way to get to the Financial Aid Office.

D_ She has all the information needed to process the payment.

Listen again to part of the conversation. Then answer the question.

5 Why does the assistant say this: 🎧

A_ To caution the student to proceed carefully

B_ To indicate that the student will be expected

C_ To emphasize that she is working as quickly as possible

D_ To suggest that she has an alternative plan

● 단어 및 표현 ●

student loan check 학자금 대출금   Financial Aid Office 학자금 대출과   administrative office 행정실

[6-11]

6 What is the main topic of the talk?

    A_ The popularity of Edgar Allan Poe's *The Raven*

    B_ A history of nineteenth century poetry in the US

    C_ An interpretation of the famous poem *The Raven*

    D_ Why people everywhere try to analyze *The Raven*

7 Why does the professor mention pop music?

    A_ To compare the expressions used in music and poetry

    B_ To emphasize that poetry is more difficult to write

    C_ To describe an art form that Poe's work has influenced

    D_ To explain the popularity of poetry during its day

8 What can be inferred about *The Raven*?

    A_ Edgar Allan Poe was upset when he wrote it.

    B_ It appeals to people who are depressed.

    C_ The intended meaning behind the poem is unknown.

    D_ It can be appreciated only by educated people.

● 단어 및 표현 ●

raven[réivən] 갈까마귀　in particular 특히　widespread[wàidspréd] 널리 퍼진　political[pəlítikəl] 정치적인
despair[dispέər] 절망　mourn[mɔːrn] 애도하다　symbolism[símbəlìzm] 상징적 표현

9 What are two important reasons for the widespread popularity of *The Raven*? Choose 2 answers.

A_ It has an appealing rhythm.

B_ It is darker than Poe's other works.

C_ It is highly intellectual.

D_ Its symbols encourage analysis.

Listen again to part of the lecture. Then answer the question.

10 What does the professor imply when she says this: ⌒

A_ Poems should not be placed on the front page.

B_ Poetry is usually not found on the front page.

C_ More poetry should be placed on the front page.

D_ Poetry is not important enough to be in newspapers.

Listen again to part of the lecture. Then answer the question.

11 Why does the professor say this: ⌒

A_ To check whether or not the students agree with him

B_ To express that her view is opinion and not fact

C_ To encourage the students to interpret the poem for themselves

D_ To give the students an opportunity to seek clarification

● 단어 및 표현 ●

distraught[distrɔ́ːt] 마음이 심란한   insanity[insǽnəti] 광기   all walks of life 사회 각계 각층   intellectual[intəléktʃuəl] 지식인
interpret[intə́ːrprit] 해석하다   haunting[hɔ́ːntiŋ] 잊혀지지 않는   somber[sámbər] 우울한

[12-17]

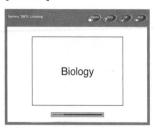

12 What is the lecture mainly about?

    A_ Why some insects migrate seasonally

    B_ The stages of a dragonfly's lifecycle

    C_ How a species of insect reproduces

    D_ The physical traits of dragonflies

13 What does the professor say about an adult dragonfly?

    A_ It rarely finds a suitable mate.

    B_ It does not live for a long time.

    C_ It hunts other dragonflies.

    D_ It does not feed after mating.

14 How does a male dragonfly identify a female of the same species? Choose 2 answers.

    A_ By her aggressive behavior

    B_ By her physical appearance

    C_ By her unique buzzing sound

    D_ By her distinctive movements

● 단어 및 표현 ●

dragonfly[drǽgənflài] 잠자리　reproduction[rìːprədʌ́kʃən] 번식　lifespan[láifspæ̀n] 수명　maturity[mətʃúərəti] 다 자란 상태
mate[meit] 짝; 짝짓기하다　aggressive[əgrésiv] 적극적인, 공격적인　buzz around 부산하게 돌아다니다　fight off ~와 싸워 물리치다
offspring[ɔ́ːfsprìŋ] 새끼　fertilize[fɔ́ːrtəlàiz] 수정시키다

Listen again to part of the lecture. Then answer the question.

15 Why does the professor say this: 🎧

    A_ To show that the assigned reading was inaccurate

    B_ To indicate that the student's response is incorrect

    C_ To discourage the student from participating in a discussion

    D_ To show that the student misunderstood the question

16 What does the professor imply about dragonflies in tropical regions?

    A_ They can only reproduce at certain times of year.

    B_ They return to the same place every spring.

    C_ They lay eggs less often than other dragonflies.

    D_ They do not stay in one location.

17 Why must dragonflies leave their eggs in ponds or lakes?

    A_ A young dragonfly cannot move until it grows wings.

    B_ A dragonfly starts its life as an aquatic insect.

    C_ A dragonfly cannot hatch unless the egg is wet.

    D_ An immature dragonfly is at risk from land organisms.

정답 p.373

● 단어 및 표현 ●

freshwater [fréʃwɔːtər] 민물; 민물의   tropical regions 열대 지방   seasonal rain 장맛비   hatch [hætʃ] 부화하다
aquatic organism 수중 생물   gill [gil] 아가미   seasonally [síːznli] 계절에 따라   begin life 태어나다   aquatic insect 수서곤충

5일 Progressive Test 5

[1-5]

1 What are the speakers mainly discussing?

A_ A comparison of two education systems

B_ The student's plans for after graduation

C_ The value of firsthand teaching experience

D_ A concept related to a teaching method

2 Why does the professor support progressive teaching?
Choose 2 answers.

A_ It builds strong student-teacher relationships.

B_ It encourages children to develop independence.

C_ It lets educators experiment with new methods in class.

D_ It helps children remember new information.

● 단어 및 표현 ●
firm [fəːrm] 확고한   independent [ìndipéndənt] 자립적인   experiential [ikspìəriénʃəl] 경험적인   firsthand [fə́ːrsthǽnd] 직접적인
tie [tai] 매다   on one's own 혼자서   guidance [gaidns] 안내   confused [kənfjúːzd] 혼란스러운

3 What does the professor say about experiential learning?

   A_ It is not always the most effective approach.

   B_ It includes detailed instructions for students.

   C_ It is a process that involves multiple steps.

   D_ It requires more effort than other teaching styles.

Listen again to part of the conversation. Then answer the question.

4 What does the professor mean when she says this: ◯

   A_ The professor is impressed by the student's answer.

   B_ The scenario has only one possible result.

   C_ The question may have surprised the student.

   D_ The cause of the child's failure is uncertain.

5 What will the student probably do next?

   A_ Visit a library

   B_ Read a book

   C_ Attend a class

   D_ Take some notes

● 단어 및 표현 ●

give it a try 한 번 시도해 보다   reflect on 되돌아보다   determine[ditə́ːrmin] 알아내다   go wrong 잘못되다
put into action 행동으로 옮기다   go through 거치다   afterwards[ǽftərwərdz] 그 후에   check out 대출하다

Psychology

6 What is the main topic of the lecture?

A_ The methods one can use to learn a language

B_ The reason why children learn languages easily

C_ The behavioral view of language acquisition process

D_ The effect of learning a language early

7 What is a consequence of the belief that people are born with a blank slate?

A_ They learn best in a structured environment.

B_ They require plenty of social interaction.

C_ They need to be guided in their learning.

D_ They start in a position of total ignorance.

8 What does the professor say about stimulus-response behavior?

A_ It cannot take place without a spoken exchange.

B_ Its duration varies depending on the social context.

C_ It need not involve a child's biological parents.

D_ It is an ineffective method of language learning.

● 단어 및 표현 ●

acquire[əkwáiər] 습득하다 behavioral psychology 행동심리학 blank slate 백지상태 stimulus[stímjuləs] 자극
provoke[prəvóuk] 유발하다 by necessity 필연적으로 structured[strʌ́ktʃərd] 구조화된 ignorance[ígnərəns] 무지

9 Why does the professor mention how parents react to their children's first words?

A_ To stress the importance of giving praise

B_ To show that children are smarter than people think

C_ To illustrate the concept of reinforcement

D_ To describe the proper way to teach children words

10 What can be inferred about language learning from a behavioral point of view?

A_ It can be accelerated through correction.

B_ It differs from how people learn a foreign language.

C_ It demands that old habits be broken.

D_ It is strengthened through practice.

Listen again to part of the lecture. Then answer the question.

11 Why does the professor say this: ⟨⟩

A_ To anticipate a contrary view

B_ To confirm his understanding of a point

C_ To correct a common misconception

D_ To express support for an opinion

● 단어 및 표현 ●

context[kántekst] 맥락   stimulate[stímjulèit] 활성화하다   reinforcement[rì:infɔ́:rsmənt] 강화
acknowledge[æknɑ́lidʒ] 인정하다   utterance[ʌ́tərəns] 발화   habituation[həbìtʃuéiʃən] 습관화
accelerate[æksélərèit] 가속하다   misconception[mìskənsépʃən] 오해

12 What is the talk mainly about?

A_Four factors that affect a marketing strategy

B_How the product determines the best market

C_Choosing the right media for your advertising message

D_Why sufficient capital is necessary to utilize the four Ms

13 What does the professor say about money for marketing expenses?

A_It should cover the cost of press conferences.

B_It is usually insufficient in start-up businesses.

C_It should only be spent on Internet technology.

D_It should be spent only when necessary.

14 Why does the professor mention baby diapers?

A_To show that free gifts are always welcomed by customers

B_To give an example of a product offer that appeals to customers

C_To emphasize the importance of making offers that are appropriate

D_To illustrate the necessity of identifying the target market

---

● 단어 및 표현 ●

product[prádʌkt] 재화, 상품   profession[prəféʃən] 직업   lawn tractor 잔디 깎는 기계   entrepreneur[ɑ̀ːntrəprəná:r] 사업가
absolutely[æ̀bsəlúːtli] 전혀   budget[bʌ́dʒit] 예산을 짜다   scrap[skræp] 빼버리다

Listen again to part of the lecture. Then answer the question.

15 Why does the professor say this: 🎧

    A_ To criticize a theory he considers to be inaccurate

    B_ To explain why certain decisions are difficult to make

    C_ To make the students offer a solution to a problem

    D_ To provide an example of a concept he introduced

Listen again to part of the lecture. Then answer the question.

16 What does the professor imply when he says this: 🎧

    A_ The professor has already told the students the right answer.

    B_ The correct answer is probably obvious to the students.

    C_ The professor is not expecting the students to answer the question.

    D_ The example the professor gave is not essential to the lecture.

17 What can be inferred about media?

    A_ Media with an audience similar to the target market are best.

    B_ Social networking sites offer cheaper ad rates than other types of media.

    C_ All forms of media should be used when marketing a product or service.

    D_ Customers always buy a product if the right type of media is used.

정답 p.381

● 단어 및 표현 ●

lavish [lǽviʃ] 사치스러운　assumption [əsʌ́mpʃən] 전제　selling point (상품이 지닌) 장점　give away ~을 나눠주다
potential [pəténʃəl] 잠재적인　equate [ikwéit] 동일시하다

Actual Test

ACTUAL TEST

Actual Test

[1-5]

1 Why does the professor talk with the student?

   A_ To ask him to write another essay

   B_ To explain how he can improve his essay

   C_ To inquire when he will submit his essay

   D_ To remind him of an essay deadline

2 What does the professor say about the topic of the student's essay?

   A_ It can be narrowed further.

   B_ It is not appropriate to the class subject.

   C_ It was too difficult for a student essay.

   D_ It is refreshing and daring.

● 단어 및 표현 ●────────────────────────────

government[ɡʌ́vərnmənt] 정부　angle[ǽŋɡl] 시각　citizenry[sítəzənri] 시민　bold[bould] 대담한
confident[kάnfədənt] 자신 있는　cram[kræm] 쑤셔 넣다　inject[indʒékt] 삽입하다　daring[dɛ́əriŋ] 대담한

3 What point does the professor make about the student's examples and anecdotes?

A_ They are well organized.

B_ They are unsuitable to the topic.

C_ They are too numerous.

D_ They are not very interesting.

Listen again to part of the conversation. Then answer the question.

4 Why does the professor say this: 🎧

A_ To encourage the student to give an answer

B_ To indicate a serious flaw in the essay

C_ To complain about the length of the essay

D_ To remind the student to write an introduction

Listen again to part of the conversation. Then answer the question.

5 What can be inferred about the student: 🎧

A_ He is concerned that he will not pass his midterms.

B_ He expects to submit the revised essay later in the day.

C_ He will be unable to submit his essay the next day.

D_ He is not planning to revise the essay.

● 단어 및 표현 ●

repetition [rèpətíʃən] 반복   anecdote [ǽnikdòut] 일화   sub-point 세부 요점   intro [íntrou] 서론 (= introduction)
conclude [kənklúːd] 결론을 내리다   wrap up 마무리하다   stretch [stretʃ] 부담을 주다

[6-11]

6 What is the purpose of the talk?

A_ To relate a tragic series of events in British history

B_ To explain why the Vikings raided other civilizations

C_ To compare different perspectives on the Vikings

D_ To discuss the difficulty of producing historical accounts

7 According to the professor, why were many Europeans shocked by Viking raids?

A_ The Vikings invaded a British kingdom that had been around for a long time.

B_ The Vikings targeted places that were considered sacred.

C_ The Vikings conducted a surprise attack instead of declaring war.

D_ The Vikings carried out raids even during peace time.

8 What can be inferred about the Icelandic sagas?

A_ They primarily described developments after the twelfth century.

B_ Their writers valued accurate historical information.

C_ They were composed more for literary rather than historical purposes.

D_ The authorship of the sagas is still in dispute to this day.

● 단어 및 표현 ●

horned[hɔːrnd] 뿔이 난 barbarian[bɑːrbɛ́əriən] 야만인 civilized[sívəlàizd] 문명화된 pirate[páiərət] 해적
raid[reid] 습격하다 monastery[mánəstèri] 수도원 monk[mʌŋk] 수도승 off and on 불규칙적으로
savage[sǽvidʒ] 야만적인 perception[pərsépʃən] 인식 saga[sáːgə] 영웅 전설 invade[invéid] 침략하다

9 What do runestones suggest about Viking society?

A_ It valued soldiers more highly than other citizens.

B_ It was less sophisticated than neighboring cultures.

C_ Its degree of development had been underestimated.

D_ It placed a strong emphasis on victory in battle.

10 Why does the professor mention the Viking legal system?

A_ To illustrate new knowledge that came from runestones

B_ To compare the Vikings with mainland European societies

C_ To explain how Viking property was inherited

D_ To demonstrate the impact of runestones on Viking culture

Listen again to part of the lecture. Then answer the question.

11 Why does the professor say this: 🎧

A_ To confirm a common perception of Vikings

B_ To question a previously held belief

C_ To verify the historical appearance of Vikings

D_ To seek out student opinions on a topic

● 단어 및 표현 ●

glamorize[glǽməràiz] 미화하다   fierce[fiərs] 맹렬한   bloodthirsty[blʌ́dθə̀ːrsti] 피에 굶주린
skaldic verse 스칼드 시(詩) (아이슬란드의 구전 궁중 시)   artifact[ɑ́ːrtəfæ̀kt] 유물   memorial[məmɔ́ːriəl] 기념비
gravestone[gréivstòun] 묘비   deceased[disíːst] 죽은   inscription[inskrípʃən] 비문   possession[pəzéʃən] 소유물
shed light on 실마리를 던져주다   sophisticated[səfístəkèitid] 교양 있는

Actual Test **225**

[12-17]

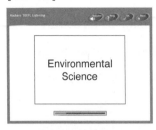

12 What is the main topic of the lecture?

A_A benefit of fog harvesting

B_The lack of water in desert areas

C_The causes of fog formation

D_A way to get water from the air

13 According to the professor, why are fog fences so inexpensive? Choose 2 answers.

A_They do not need power to function.

B_They are built in one particular area.

C_They are made of common materials.

D_They do not require maintenance.

14 Why does the professor mention a spider web?

A_To provide an example of a natural fog fence

B_To illustrate how a material is structured

C_To explain why a material should not be solid

D_To stress the effectiveness of a fog fence

● 단어 및 표현 ●

water vapor 수증기   arid[ǽrid] 매우 건조한   exploit[iksplɔ́it] 활용하다   harvesting[hɑ́ːrvistiŋ] 수확   cloth[klɔːθ] 천
power source 전력원   pole[poul] 기둥   solid[sɑ́lid] 견고한   encounter[inkáuntər] 만나다   extract[ikstrǽkt] 추출하다

15 What makes a site suitable for a fog fence?

A_Vegetation that is wet in the morning

B_Air currents that move in one direction

C_Mountainous areas with little wind

D_Large holes that can be used to store water

Listen again to part of the lecture. Then answer the question.

16 What does the professor mean when she says this:

A_The student overestimated the amount of water.

B_The student has asked an unexpected question.

C_The student has made an inaccurate assumption.

D_The student misunderstood a fog fence's purpose.

17 In the lecture, the professor states several disadvantages of fog fences. Indicate whether each of the following is a disadvantage.
Click in the correct box for each sentence.

	Yes	No
They become covered in harmful molds.		
They are hard to operate in remote areas.		
They require specific climate conditions.		
They are vulnerable to wind damage.		
They must be repaired once a year.		

● 단어 및 표현 ●

humidity [hju:mídəti] 습도   interior [intíəriər] 내륙   mold [mould] 곰팡이   air current 기류   remote [rimóut] 외딴
vulnerable [vʌ́lnərəbl] 취약한

18 What is the main topic of the conversation?

A_ What art supplies are needed for a class

B_ Where the student can put on an exhibit

C_ How to find information about local artists

D_ Why the student wants to sell his art

19 Why did the bookstore recently change a policy?
Choose 2 answers.

A_ It created additional work for the employees.

B_ It led to conflicts between students and staff.

C_ It caused increases in the prices of products.

D_ It resulted in a shortage of display space.

● 단어 및 표현 ●

a selection of 다양한   regarding[rigá:rdiŋ] ~에 대한   stuff[stʌf] 물건   run out of ~이 부족하다   set aside 따로 확보해 두다
exposure[ikspóuʒər] 진열   supply[səplái] 용품

---

20 Why does the student mention a study abroad program?

A_ To show his commitment to studying art

B_ To explain why he is in need of money

C_ To account for his interest in painting

D_ To specify his plans for the summer

21 What is the student's attitude toward displaying his paintings in the library?

A_ He thinks that few people will pass by the exhibit.

B_ He is worried that he will not receive permission.

C_ He is concerned that no one will stop to focus on his art.

D_ He feels that his art is unsuitable for the space.

22 What does the employee say about local galleries?

A_ They hold art exhibits for the university.

B_ They charge a fee to put on an art show.

C_ They show the works of student artists.

D_ They offer funding for fine art students.

● 단어 및 표현 ●─────────────────────────────────

feature[fíːtʃər] 특별히 다루다   established[istǽbliʃt] 인정받는   fine arts 순수 예술   bet[bet] 틀림없이 ~하다
commitment[kəmítmənt] 전념   account for 설명하다   specify[spésəfài] 구체적으로 말하다   funding[fʌ́ndiŋ] 지원금

23 What is the main topic of the lecture?

A_The various relationships between animals

B_The importance of oxpeckers to the buffalo

C_The dangers of interactions between species

D_The connection between two species

24 What does the professor say about oxpeckers?

A_They have many predators in the wild.

B_They live in a few small regions of Africa.

C_They spend a lot of time on other animals.

D_They cause great harm to the buffalo.

25 Why does the student mention fish that cling to sharks?

A_To express disagreement with the professor

B_To show that he understands a concept

C_To correct an error in an earlier statement

D_To explain his response to the professor

● 단어 및 표현 ●

mutualism[mjúːtʃuəlìzm] 상리공생 reluctant to ~을 주저하는 cling to ~에 매달리다 feed on ~을 먹고 살다 tick[tik] 진드기
be short of ~이 부족하다 irritate[írətèit] 염증을 일으키다 sore[sɔːr] 상처

Listen again to part of the lecture. Then answer the question.

26 What does the professor mean when she says this: 🔊

A_ The students may not have understood her question.

B_ The students probably disagree with her assertion.

C_ The students might have confused ticks with spiders.

D_ The students may be unfamiliar with an organism.

27 What are three ways in which ticks harm a buffalo? Choose 3 answers.

A_ They create wounds.

B_ They cause blood loss.

C_ They infect open sores.

D_ They spread disease.

E_ They dry out the skin.

28 According to the professor, how does an oxpecker warn a buffalo of danger?

A_ It flies in the direction of a predator.

B_ It creates a lot of noise.

C_ It tries to escape from the area.

D_ It defends itself against the threat.

정답 p.391

● 단어 및 표현 ●

infected[inféktid] 감염된 transfer[trænsfə́:r] 옮기다 fatal[feitl] 치명적인 calf[kæf] 송아지 pregnant[prégnənt] 새끼를 밴
alarm[əlá:rm] 경보 장치 assertion[əsə́:rʃən] 주장 wound[wu:nd] 상처 open[óupən] 아물지 않은

토플 리스닝의 기본서

HACKERS TOEFL
LISTENING BASIC

개정 3판 8쇄 발행 2023년 7월 17일
개정 3판 1쇄 발행 2019년 8월 1일

지은이	David Cho | 언어학 박사, 前 UCLA 교수
펴낸곳	(주)해커스 어학연구소
펴낸이	해커스 어학연구소 출판팀

주소	서울특별시 서초구 강남대로61길 23 (주)해커스 어학연구소
고객센터	02-537-5000
교재 관련 문의	publishing@hackers.com
동영상강의	HackersIngang.com

ISBN	978-89-6542-305-8 (13740)
Serial Number	03-08-01

외국어인강 1위,
해커스인강(HackersIngang.com)

해커스인강

- 토플 시험에 나올 어휘를 정리한 **단어암기 MP3**
- 해커스 토플 스타강사의 **본 교재 인강**

전세계 유학정보의 중심,
고우해커스(goHackers.com)

고우해커스

- 고득점을 위한 **무료 토플 공부전략 강의 및 적중특강**
- **토플 라이팅/스피킹 첨삭 게시판, 토플 보카 시험지 생성기** 등 무료 학습 콘텐츠
- **국가별 대학 및 전공별 정보, 유학 Q&A 게시판** 등 다양한 유학정보

[외국어인강 1위] 헤럴드 선정 2018 대학생 선호브랜드 대상 '대학생이 선정한 외국어인강' 부문 1위

전세계 유학정보의 중심
고우해커스

goHackers.com

HACKERS

TOEFL
LISTENING
BASIC

David Cho

정답 · 스크립트 · 해석 · 해설

해커스 어학연구소

HACKERS
TOEFL
LISTENING
BASIC

정답 · 스크립트 · 해석 · 해설

해커스 어학연구소

1일   단어 제대로 듣기

Course 1 ·· p. 23

1 H (repertory)	2 C (canoe)	3 A (hegemony)
4 F (helicopter)	5 I (symposium)	6 B (Renaissance)
7 G (buffet)	8 J (item)	9 E (Italy)
10 D (massage)		

11 calorie	12 marathon	13 interior
14 coupon	15 cocoa	16 career
17 aerobic	18 missile	19 bacteria

20 She is a **counselor**.
그녀는 상담원입니다.

21 All you need is her **signature** to add the class.
수업을 추가 신청하기 위해 당신이 필요한 것은 그녀의 서명뿐입니다.

22 You should call everyone to collect the **data**.
당신은 자료를 수집하기 위해 모든 사람에게 전화해야 합니다.

23 Check out the cost of renting an **apartment** first.
먼저 아파트를 임대하는 비용을 확인하세요.

24 If you don't have a **cassette** player to do the research, you can use mine.
당신이 조사를 하기 위한 카세트 플레이어를 가지고 있지 않다면, 제 것을 써도 됩니다.

Course 2 ·· p. 25

1 veteran	2 opera	3 model
4 sentiment	5 legitimate	6 Athens
7 poem	8 elite	9 material

10 A	11 B	12 A	13 B	14 B	15 A

10 I'm going to **attend** the meeting.
저는 그 모임에 참석할 것입니다.

11 Are you **sure**?
정말입니까?

12 Did you **apply** for that position?
그 직위에 지원했나요?

13 What time shall we **meet**?
몇 시에 만날까요?

14 Early **balloons** were made of dried animal bladders.
초기의 풍선은 동물의 말린 방광으로 만들어졌습니다.

15 I want to talk about one particular **attempt** at species restoration.
저는 종 복원에 대한 한 가지 특정한 시도에 관해 이야기하고 싶습니다.

16 Thanks for **reminding** me.
상기시켜주셔서 고맙습니다.

17 You can get the reading **materials** at the public library.
공공 도서관에서 읽기 자료를 구하실 수 있습니다.

18 Seven courses in one **semester** is just too much.
한 학기에 일곱 과목은 너무 많아요.

19 You can **announce** that the song information is available on your Web site.
당신은 노래 정보가 당신의 웹사이트에서 이용 가능하다고 알릴 수 있습니다.

20 Only a **legitimate** child could be installed as Crown Prince.
오직 적출자만이 왕세자로 임명될 수 있었습니다.

Course 3 ⸳⸳ p. 27

1 law	2 beat	3 vow
4 lock	5 rift	6 bought
7 bury	8 pair	9 leaves

10 B	11 B	12 A	13 A	14 B	15 A

10 What a nice **vest**!
정말 멋진 조끼군요!

11 He is **painting** the walls green.
그는 벽을 초록색으로 페인트칠하고 있습니다.

12 **Call** me later.
나중에 제게 전화하세요.

13 We live largely on **rice**.
우리는 대부분 쌀을 주식으로 합니다.

14 I miss my hometown a **bit**.
저는 고향이 조금 그립습니다.

15 I heard **a fly** buzz in the middle of the night.
저는 한밤중에 파리가 윙윙거리는 것을 들었습니다.

16 There will be a **poll** about the student lounge this **fall**.
이번 가을에 학생 휴게실에 대한 여론 조사가 있을 것입니다.

17 I borrowed **a pile** of **files** from the library to finish my term paper.
저는 학기말 보고서를 끝내기 위해 도서관에서 파일 더미를 빌렸습니다.

18 It will **cost** you lots of money to investigate the **coastal** area.
연안 지역을 조사하는 데 많은 비용이 들 거야.

19 I **bet** that there was a **vet** at that time.
저는 당시에 수의사가 있었을 거라고 확신합니다.

20 Now, you can see the **grass** through the **glass**.
이제, 유리를 통해 잔디를 볼 수 있습니다.

Course 4 p. 29

1 (×) dairy / diary   2 (○) threw / through   3 (×) later / ladder

4 (×) beard / beer   5 (○) waste / waist   6 (×) absorb / observe

7 (×) pants / fans   8 (○) wait / weight   9 (×) arise / rise

10 B	11 B	12 A	13 A	14 B	15 B

10 I finally finished my paper, and I'm **printing** it out now.
저는 마침내 보고서를 끝내고, 지금 그것을 인쇄하고 있어요.

11 Yesterday, I mentioned that farmers in one locality **adopted** technological innovations.
어제, 나는 한 지방의 농부들이 기술적인 혁신을 도입했다는 것을 언급했습니다.

12 The binding is very good and the paper **quality** is also excellent.
표지가 매우 좋고 종이의 질 역시 뛰어납니다.

13 For his first film, it was **quite** a feat.
그의 첫 번째 영화치고는, 그것은 굉장한 위업이었습니다.

14 Didn't you take the **pain** reliever I gave you?
내가 너에게 준 진통제를 복용하지 않았니?

15 I better go out and get the new **edition**.
나가서 새로운 판을 구입하는 것이 낫겠어요.

16 It is **due** tomorrow.
그건 내일이 마감입니다.

17 The coach **allowed** me to skip practice.
코치님께서 제가 연습을 빠지도록 허락해 주셨어요.

18 It wasn't **fair** to charge the visitors **fare** for coming here.
방문객들에게 이곳으로 오는 데 드는 운임을 부담하게 하는 것은 공평하지 않습니다.

19 I should **warn** you about the risk you're taking.
나는 네가 무릅쓰는 위험에 대해 경고해주어야 할 것 같아.

20 It may be hard to **contact** the office during peak hours.
가장 붐비는 시간대에는 사무실에 연락하기 어려울 수도 있어요.

Daily Check-up p. 30

1 You'll also have an opportunity to attend an international **symposium**.
당신은 또한 국제 토론회에 참가할 기회를 가질 것입니다.

2 You don't seem to **approve** of my plan.
너는 나의 계획에 찬성하지 않는 것 같구나.

3 The school **banned** the students from smoking in the building.
학교는 학생들이 건물 내에서 담배 피우는 것을 금지했습니다.

4 The dam regulated the **flow** of the river.
그 댐은 강물의 흐름을 통제했습니다.

5 You need to keep a **copy** of this document.
너는 이 서류의 사본을 보관해야 해.

6 This book covers the history of **coal** mining.
이 책은 탄광업의 역사를 다루고 있습니다.

7 A   8 B   9 B   10 A

7 Research shows that the color of a shirt can **affect** a person's first impression.

8 Today's lecture is about the **oral** cavity.

9 Emperor Charles II was **bald**.

10 The male partner used to **bow** to his female partner at the end of the dance.

11 **I'd like to talk about the design** of the Greek garden.
그리스 정원의 설계에 관해 이야기하고 싶습니다.

12 Do you know **when the assignment is due**?
그 과제가 언제 마감 예정인지 아니?

13 I wasn't able to bring **a copy of my original transcript** today.
저는 오늘 성적 증명서 사본을 가져오지 못했어요.

14 **Mike got an acceptance letter** from a graduate school.
Mike는 대학원으로부터 입학 허가서를 받았습니다.

15 **Dyelng has been carried out** for over 5,000 years.
염색은 5천 년 이상 실행되어 왔습니다.

16 **It is not allowed to read aloud** in the library.
도서관에서 큰 소리로 낭독하는 것은 허용되지 않습니다.

17 **According to this book**, the world economy is recovering right now.
이 책에 따르면, 세계 경제는 지금 회복되고 있는 중입니다.

18 This branch of sociology emphasizes three main areas.
이 사회학 분과는 세 가지 주요한 영역을 강조합니다.

19 I heard it from the registrar's office directly.
제가 학적과에서 그것을 직접 들었습니다.

20 Mushrooms steal nutrients from some plants.
버섯은 몇몇 식물들에게서 영양분을 빼앗습니다.

21 The application deadline has been extended a week.
신청 마감 기한은 일주일 연장되었습니다.

22 I think this computer's broken beyond repair this time.
이번에는 이 컴퓨터가 수리할 수 없을 정도로 고장난 것 같은데요.

23 It will not be fair for all the students.
그것은 모든 학생에게 공평하지 않을 거야.

24 The theme seems a bit groundless.
그 주제는 약간 근거가 없는 것 같군요.

2일 달려가는 발음 쫓아가기

Course 1 ·· p. 35

1 great deal	2 bad timing	3 send this letter
4 every fifth day	5 get through	6 this Saturday
7 ancient theater	8 last November	9 field trip
10 last test	11 pass through	12 around the corner

13 I **had trouble** keeping up with all the reading material.
저는 모든 읽기 자료를 따라잡느라 애를 먹었습니다.

14 The doctor told me that I should **just take** it easy.
의사는 제가 그저 일을 쉬엄쉬엄해야 한다고 말했습니다.

15 I'm **glad that** you could make it.
당신이 올 수 있었다니 기쁘네요.

16 I **missed the** chance to study abroad.
저는 해외에서 공부할 기회를 놓쳤습니다.

17 I can't understand **this theory**.
저는 이 이론을 이해할 수 없습니다.

18 I had a **hard time** finishing my computer assignment.
저는 컴퓨터 과제를 끝내느라 고생했습니다.

Course 2 ·· p. 37

1 as a matter of fact   2 a lot of people   3 fill out the form

4 take your time   5 make it up   6 get along with

7 take it away   8 as far as I know   9 your work

10 above all   11 the second world war   12 rewrite the report

13 I've been **interested in** that field for a long time.
저는 그 분야에 오랫동안 관심이 있었습니다.

14 I'm really **excited about it**.
저는 그것 때문에 매우 흥분됩니다.

15 I don't think this is **hard work**.
저는 이것이 힘든 일이라고 생각하지 않습니다.

16 Many countries **were ruined** by the bloody war.
많은 국가들이 피비린내 나는 전쟁에 의해 폐허가 됐습니다.

17 Let's **take a look at** the chart.
도표를 한 번 봅시다.

18 If you **had enough** experience, you could apply for the internship.
네가 충분한 경험이 있다면, 그 인턴십에 지원할 수 있을 텐데.

Course 3 ·· p. 39

1 I think **it'd** be good for you.
나는 그것이 너에게 좋을 거라고 생각해.

2 **It'll** be easier for you to study in the library than in the dorm room.
너는 기숙사 방보다 도서관에서 공부하는 것이 더 쉬울 거야.

3 You **should've** told me about that.
너는 내게 그것을 이야기했어야만 했어.

4 That **won't** be necessary.
그것은 필요하지 않을 거야.

5 Okay, **let's** talk about the **animal's** behavior.
자, 그 동물의 행동에 관해 이야기해 봅시다.

6 I **haven't** really been using my meal card.
저는 사실 제 식권을 사용하지 않았습니다.

7 I **don't** think **it's** impossible.
저는 그것이 불가능하다고 생각하지 않아요.

8 **Here's** one example.
여기 한 가지 예가 있습니다.

9 **We'll** be discussing the common emotions of people.
사람들의 공통적인 감정에 대해 논의해 보겠습니다.

10 **I'd** rather not apply for the internship program.
저는 그 인턴십 프로그램에 지원하지 않는 게 나을 것 같아요.

11 It **would've** been better if you had asked for my advice.
네가 내 충고를 구했다면 더 좋았을 텐데.

12 If you did a little research on the topic, you **might've** found out the energy source.
네가 그 주제에 대해 조금만 조사해 봤더라면, 에너지원을 발견했을지도 몰라.

Course 4 · p. 41

1 put it aside
2 part of it
3 from start to finish

4 right after
5 in urgent need of
6 an identification card

7 went on to work
8 recent invention
9 take for granted

10 an enlightened person
11 the Fountain of Youth
12 certainly not

13 They **hit on** a solution after a long talk.
그들은 오랜 논의 후에 해결책을 생각해냈습니다.

14 Finishing the whole book in one day is **out of the** question.
하루 만에 책 전체를 끝내는 것은 불가능해요.

15 Can you imagine what's **going to** happen in ten minutes?
10분 후에 무슨 일이 일어날지 상상할 수 있겠습니까?

16 He is **bent on** studying abroad next semester.
그는 다음 학기에 해외에서 공부하려고 결심하고 있어.

17 I **meant to** finish my assignment in time.
저는 제시간에 과제를 끝낼 생각이었습니다.

18 Be sure to fasten your seat belt **tightly**.
반드시 안전 벨트를 단단히 매라.

19 All the sailors **were frightened** by the roaring waves.
사나운 파도에 모든 선원이 겁을 먹었습니다.

Daily Check-up ·· p. 42

1 A	2 A	3 B	4 B	5 B	6 B	7 A	8 A	9 B

1 bought them   2 fit it   3 weren't in

4 I'd rather   5 I'll write   6 bet on

7 lit up   8 meet him   9 general reader

10 C	11 A	12 A	13 C

10 Winter is **just around** the corner.
겨울이 임박했습니다.

11 Can I **make up** for the test with an additional report?
추가 보고서로 시험을 만회할 수 있을까요?

12 Don't **put it off** any longer.
더 이상 그것을 미루지 마세요.

13 It might not have been **meant to** be used as a court at first.
처음에 그것은 법정으로 사용될 의도가 아니었을 수도 있습니다.

14 How many credits are you taking **this semester**?
당신은 이번 학기에 몇 학점이나 수강하십니까?

15 I really **don't like** my photo on this ID card.
저는 이 신분증에 있는 제 사진이 정말 마음에 안 들어요.

16 **I've already paid** my tuition.
저는 이미 수업료를 냈습니다.

17 Spoken English is one thing, and **written English** is another thing altogether.
구어체 영어와 문어체 영어는 완전히 별개의 것입니다.

18 **Don't you** do any independent research?
독자적인 연구는 하지 않니?

19 As far as I know, **it's optional**.
제가 알기로, 그것은 선택 사항입니다.

20 You should **fit it into** your lab schedule.
당신은 당신의 실험실 일정에 그것을 맞춰야 합니다.

21 Please fill in this application before you register.
등록하기 전에 이 신청서를 먼저 작성하세요.

22 Have you decided on your major yet?
너는 벌써 전공을 결정했니?

23 Today's topic is about the space shuttle.
오늘의 주제는 우주 왕복선에 관한 것입니다.

24 You should take it easy and spend the day at home.
당신은 쉬면서 하루를 집에서 보내야 합니다.

25 You should not take advantage of your friend.
너는 친구를 이용해서는 안 돼.

26 You'd better ask for some help from your friends.
친구들에게 도움을 좀 요청하는 것이 좋을 거야.

27 That kind of work is as easy as pie for me.
그런 종류의 일이라면 저에겐 식은 죽 먹기죠.

3일 문장 강세와 억조 익히기

Course 1 ·· p. 47

1 I **have** the **20-meal plan**, but these days I can **barely get** to the cafeteria 10 times a week.
저는 20회의 식단 계획을 가지고 있는데, 요즘은 거의 일주일에 10번도 구내식당에 가지 못해요.

2 I **baby-sit** for my **neighbor** on the **weekends**.
저는 주말에 이웃집 아이를 돌봐줍니다.

3 My **schedule** is really **packed** this **semester** with school and **a part-time job**.
이번 학기에 저의 일정은 학업과 아르바이트로 정말 꽉 찼습니다.

4 I **studied everything** on the **syllabus** for this **month**.
저는 이번 달 강의 계획표에 있는 것을 전부 공부했어요.

5 A **friend** of mine from New York **made** a **surprise visit** last month.
뉴욕에 있는 친구가 지난달에 갑자기 저를 방문했습니다.

6 A	7 B	8 B	9 B	10 A

6 I'm going to Australia to visit my aunt and cousins.
저는 숙모와 사촌들을 방문하러 호주에 갈 거예요.

7 Not a single student passed the exam.
   단 한명의 학생도 시험에 통과하지 못했습니다.

8 It is needless to say that you're an excellent soccer player.
   네가 뛰어난 축구 선수라는 것은 말할 필요도 없어.

9 I have nothing to do other than to analyze the statistics.
   저는 통계를 분석하는 것 외에 할 일이 없습니다.

10 I'm not disinterested in politics.
   나는 정치에 관심이 없는 것이 아니야.

Course 2 ·· p. 49

1 nuts and bolts   2 give it a shot   3 let them in

4 pull it off

5 I **wouldn't have made** it on time **if you had not** helped me.
   당신이 도와주지 않았다면 저는 그것을 제시간에 끝낼 수 없었을 거에요.

6 **His computer** is not as fast as mine.
   그의 컴퓨터는 제 것만큼 빠르지 않습니다.

7 I prefer studying alone **than with others**.
   저는 다른 사람들과 함께 하는 것보다 혼자 공부하는 것을 선호합니다.

8 You'd better **attend the meeting** right away.
   너는 즉시 모임에 참석하는 것이 나을 거야.

9 Archaeologists found items **that were used to** produce a bronze substance.
   고고학자들은 청동 물질을 생산하는 데 사용되었던 물품을 발견했습니다.

10 I've **had an interest in** environmental science for a long time.
   저는 환경 과학에 오랫동안 관심이 있었습니다.

11 Please **hand it** to your roommate after class.
   수업이 끝나고 그것을 네 룸메이트에게 전해줘.

12 I spent all day **at the botany lab** yesterday.
   저는 어제 온 하루를 식물학 실험실에서 보냈습니다.

13 Can you **start it** right away?
   그것을 즉시 시작할 수 있나요?

14 I'm signing up **for an extra class**.
   저는 추가 수업을 신청할 겁니다.

Course 3 ·· p. 51

1 You skipped chemistry class this morning, didn't you?
너 오늘 아침에 화학수업 빠졌지, 그렇지? (확실)

2 What do you see in this painting?
이 그림에서 뭐가 보인다고요? (내용 확인)

3 It served as food.
그것은 식량으로 쓰였어요. (평서)

4 You went abroad last month?
너는 지난달에 해외에 갔었니? (의문)

5 All the water evaporated, didn't it?
물이 모두 증발하지 않았습니까? (불확실)

6 What is your thesis?
네 논제가 뭐니? (일반 Wh-question)

Course 4 ·· p. 53

1 M: Did you pay your tuition fee?

  W: I haven't had time.
  M: 등록금 냈니?
  W: 시간이 없었어요.

2 W: Who are you voting for, Pamela or John?

  M: I'd like to vote for Pamela and John.
  W: Pamela와 John 중에서, 누구에게 투표할 거니?
  M: 저는 Pamela와 John에게 모두 투표하고 싶어요.

3 W: What are all these flowers for?

  M: I brought them for you.
  W: 웬 꽃이죠?
  M: 당신을 위해서 가지고 왔어요.

4 M: We had a pop quiz in history class this morning.

  W: Pop quiz? I missed class. What should I do?
  M: 오늘 아침 역사 수업 시간에 돌발 퀴즈를 봤어요.
  W: 돌발 퀴즈라고요? 전 수업에 빠졌었는데. 어쩌면 좋죠?

5 W: Are you here to search for some books?

  M: No, I am supposed to work at this library starting today.
  W: 여기에 책을 찾으러 왔나요?
  M: 아뇨, 저는 오늘부터 이 도서관에서 일하기로 되어 있는데요.

6 M: Don't forget to add up the numbers we just discussed.

  W: Oh, great! I'll never be able to finish my paper on time.
  M: 방금 논의한 수치 합산하는 거 잊지 마.
  W: 오, 잘됐군! 제시간에 절대로 보고서를 못 끝내겠네.

Daily Check-up .... p. 54

| 1 B | 2 A | 3 A | 4 A | 5 B | 6 B |

1 The **writer** will speak during class today.
  그 작가가 오늘 수업 시간에 강의를 할 것입니다.

2 It took just **half an** hour.
  그것은 30분밖에 안 걸렸습니다.

3 Don't **let him** in.
  그를 들여보내지 마.

4 **All of the** materials you read are not appropriate.
  당신이 읽었던 모든 자료는 적절하지 않습니다.

5 You'd **better** start another project.
  너는 다른 과제를 시작하는 편이 낫겠어.

6 There are **a lot of** books in this bookstore.
  이 서점에는 많은 책이 있습니다.

| 7 A | 8 B | 9 A |

7 The **site** was first **inhabited** by a small **tribe** from the **north**.
  그 자리에는 처음에 북쪽에서 온 작은 부족이 살았습니다.

8 I **don't want** to **work**, but I **can't afford** not to.
  저는 일하고 싶지 않지만, 하지 않을 여유가 없습니다.

9 I have a **particular interest** in **the field** of **art**.
  저는 예술 분야에 특히 관심이 있어요.

| 10 A | 11 B | 12 A | 13 B |

10 You thought your score was high enough?
   너는 너의 점수가 충분히 높았다고 생각했니? (의문)

11 Biology is my favorite subject.
저는 생물을 (싫어하는 것이 아니라) 가장 좋아해요. (favorite을 강조)

12 She is the decision-maker, isn't she?
그녀가 결정하는 사람이잖아, 그렇지? (확실)

13 You can turn in your lab report next week.
다음 주에 실험 보고서를 내도 괜찮아. (next week을 강조)

14 Let's discuss **how to deal with stress**.
스트레스를 다루는 방법을 논의해 봅시다.

15 I can't hand in my **report on time**.
저는 보고서를 제시간에 제출할 수 없습니다.

16 It is such a large **part of your** grade.
그건 너의 성적에서 매우 큰 부분을 차지해.

17 **Neither one of us wants** to go to the library.
우리 중 누구도 도서관에 가고 싶어하지 않습니다.

18 I am **hardly the right person** to give advice.
저는 조언을 하기에 적합한 사람이 아닙니다.

19 **The ticket** shouldn't **cost** you more than **a few dollars**.
그 표는 너에게 몇 달러 이상의 비용이 들게 하지 않을 거야.

20 The English literature professor **made us read** 10 books **this semester**.
영문학 교수님은 이번 학기에 우리에게 10권의 책을 읽게 하셨습니다.

21 So, what do you want me to do?
그래서, 내가 무엇을 해주길 원하니?

22 Please write it down in your notebook.
공책에 그것을 적어두세요.

23 Nothing makes me happier than reading.
독서보다 나를 행복하게 만드는 것은 없습니다.

24 What is the answer again?
답이 뭐라고 하셨죠?

25 Let me know when you've finally solved the problem.
그 문제를 결국 해결하면 나에게 알려줘.

26 Professor, you said the quiz will be on Saturday morning, not today.
교수님, 퀴즈는 오늘이 아니라, 토요일 아침에 있을 거라고 하셨는데요.

27 Nothing seems to be impossible for you.
네게는 불가능한 것이 없어 보여.

28 What kind of experiment are you doing?
어떤 종류의 실험을 하고 있니?

29 She is working on her lab report.
그녀는 실험 보고서를 쓰고 있어요.

30 If you had called me earlier, I could have given you my used books.
나에게 더 빨리 전화했더라면, 내 중고책들을 너에게 줄 수 있었을 텐데.

4일 긴 문장 끊어 듣기

Course 1 ···· p. 59

1 I just want to know / **how you finished your report** / so quickly.

2 I can't tell / **whether he is right or not**.

3 I heard / **that Mr. Brown will not teach here anymore**.

4 **What he meant** / was just that your opinion is different from his.

5 You should explain / **why you couldn't help her** / a few days ago.

6 I don't care / **what my final grade will be**.

Course 2 ···· p. 61

1 Doctor Johns, / **who is widely known for his famous book**, / visited our campus.

2 He is a writer / **whose books are very popular**.

3 How do you feel about your dorm room / **that is newly built**?

4 She gave all the money / **she had** / **to the old woman**.

5 This is a great movie / **that is worth watching twice**.

6 The article is about the endangered animals / **that should be protected by the law**.

Course 3 ···· p. 63

1 **If I had finished the paper on time**, / I wouldn't have failed the class.

2 I really need to get those tickets / **because the show is for tonight**.

3 **As soon as he came from France**, / he went to Italy.

4 The professor will not give you an extension / **unless you can give him a reasonable excuse**.

5 Airtight buildings were built / **so that people could save energy**.

6 You can't get additional points / **even though you do independent research**.

Course 4 ·· p. 65

1 The exhibition, / **now being held in the trade center**, / attracts many people.

2 I've been reading several books / **written by Hemingway**.

3 I have lots of work to do / **including the lab report and part-time job**.

4 **When borrowing some books in the library**, / you should present your student ID card.

5 **Having taken the introductory course**, / I can now enroll in the advanced one.

6 **Although read by many people**, / I don't think this book is interesting.

Daily Check-up ·· p. 66

1 Students **having problems** should talk to a counselor.
문제가 있는 학생들은 상담원과 이야기를 해야 합니다.

2 **Staying up all night yesterday**, we finally finished our project.
어제 밤을 샜기 때문에, 우리는 마침내 연구 과제를 끝냈습니다.

3 **Researching this book**, I found something interesting.
이 책을 조사하다가, 흥미로운 것을 발견했습니다.

4 **Although laughed at by many people**, he was calm and steady.
비록 많은 사람에 의해 비웃음을 당했지만, 그는 침착하고 한결같았습니다.

5 **After fulfilling all the requirements**, you can apply as a practice teacher.
모든 필요조건을 만족시킨 후에, 당신은 교생으로 지원할 수 있습니다.

6 The homework **given to me** is too demanding.
제게 주어진 숙제가 너무 힘듭니다.

7 A	8 A	9 B	10 A

7 Did the book **I asked for** arrive?
제가 요청했던 책이 도착했나요?

8 The problem is **that you aren't a student of this university**.
문제는 네가 이 학교의 학생이 아니라는 거야.

9 You are the person **I've been looking for**.
당신은 내가 찾던 사람이에요.

10 Could you reschedule my presentation **so that I can go to the awards ceremony**?
제가 시상식에 갈 수 있도록 발표를 재조정해주실 수 있나요?

11 You should find someone **who is punctual and diligent**.
당신은 시간을 잘 지키고 근면한 사람을 찾아야 합니다.

12 You will fail the class **unless you do well on the test**.
너는 시험을 잘 보지 않으면 수업에서 낙제할 거야.

13 I'm worried about my essay, **which is much too long**.
저는 제 에세이가 걱정돼요, 그건 너무 길거든요.

14 I will talk about friendship between animals, **comparing it to that of human beings**.
인간들의 우정과 비교하여, 동물 간의 우정에 대해 이야기할 것입니다.

15 **Although your characters are novel**, the way you develop your writing is old-fashioned.
너의 등장인물들은 참신한데, 네가 글을 전개하는 방식은 구식이구나.

16 I was impressed by the teacher **whose teaching method motivated children**.
저는 아이들에게 동기를 부여하는 교수법을 쓰는 그 선생님에게 감명을 받았습니다.

17 The whales move to a warmer place in winter so that they can save energy.
고래들은 겨울에 에너지를 아끼기 위해 따뜻한 곳으로 이동합니다.

18 The marmots living in a cold area flock together.
추운 지역에 사는 마멋은 떼를 지어 삽니다.

19 After migrating, they start to mate.
이동한 후에, 그들은 짝짓기를 시작합니다.

20 You were the only student who solved that problem in my class.
네가 우리 반에서 그 문제를 푼 유일한 학생이구나.

21 When protecting their nest, they get aggressive.
그들의 둥지를 보호할 때, 그들은 공격적이 됩니다.

22 It is you that I wanted to meet.
제가 만나고 싶었던 것은 당신이에요.

23 That's why you studied all night yesterday.
그것이 네가 어젯밤 내내 공부한 이유구나.

24 Living near the campus, I can save time in the morning.
학교 근처에 살기 때문에, 저는 아침에 시간을 절약할 수 있습니다.

25 The truth is that they use their poison only to protect themselves.
사실은 그들이 오로지 자신을 보호하기 위해서만 독을 사용한다는 것입니다.

26 I can't tell you whether I will be able to finish evaluating your report by next week.
내가 다음 주까지 네 보고서 평가를 마칠 수 있을지 말해줄 수가 없구나.

Course 1 ·· p. 72

1

The ① **marsupial** is an animal that ② **carries its babies** in a ③ **pouch on its stomach** like a kangaroo.

유대류는 캥거루처럼 그것의 새끼들을 배에 있는 주머니에 넣고 다니는 동물입니다.

키워드	marsu.: carry bby. in pouch stom. – kangaroo

2

Most Americans ① **work in the heart of the city** and ② **live in the suburbs**, usually using ③ **cars to get to work**.

대부분의 미국인들은 도시 중심부에서 일을 하고 교외에서 살며, 일하러 가기 위해 일반적으로 차를 사용합니다.

키워드	Ams. work city, live suburbs, cars

3

① **The water that evaporates off** the leaves of the trees naturally ② **cools the surrounding air**.

나뭇잎에서 증발하는 물은 자연적으로 주변의 공기를 서늘해지게 합니다.

키워드	water evap. → cool air

4

Freshmen and sophomores ① **have difficulties getting parking permits** because, ② **unlike juniors and seniors**, they can ③ **live in a dorm**.

3, 4학년들과는 달리, 1, 2학년들은 기숙사에서 살 수 있기 때문에, 주차 허가증을 얻기가 힘듭니다.

키워드	1st & 2nd diffi. parking permit ∵ live in dorm

5

M: Do you have ① **any other dorms** that I can move into?

W: I'm really sorry but . . . ② **all the dorms are full**, ③ **even for the next semester**.

M: 제가 들어갈 수 있는 다른 기숙사가 있나요?

W: 정말 유감스럽지만... 모든 기숙사가 꽉 찼어요, 심지어 다음 학기까지요.

키워드	oth. dorm to move? all full, next sem.

6

OK, uh . . . As we know today, ① **the strings** make up ② **the heart of the orchestra** because, uh . . . they're the ③ **most versatile** . . . able to ④ **express any emotion, mood, or tempo** . . . not to mention, they're capable of ⑤ **continuous play**.

좋아요, 어... 오늘날 우리가 아는 것처럼, 현악기는 오케스트라의 핵심을 구성하는데 왜냐하면, 어... 그들이 가장 다재다능하기 때문이죠... 어떠한 감정, 기분, 혹은 속도라도 표현해낼 수 있어요... 쉼 없이 연주할 수 있다는 것은 말할 필요도 없겠죠.

키워드	strings, heart orche. ← versatile → any emot., mood, tempo, cont.

7

Birds which live ① **high up on mountains during the warm summer** weather ② **travel down the mountain in the fall**. At lower altitudes, there is ③ **greater protection from winter storms**. Also, ④ **more food** is available.

따뜻한 여름 날씨 동안 산의 높은 곳에서 사는 새들은 가을에 산 아래로 이동합니다. 낮은 고도에서, 겨울 폭풍으로부터 더 잘 보호 받을 수 있죠. 또한, 더 많은 먹이를 구할 수 있습니다.

키워드	birds↑ mout. summer, ↓ in fall ∵ protect fr. win. storm, ↑ food

Course 2 · p. 76

1

W: Hi, Professor. Do you have a minute? ① **I have some questions about the term paper**.

M: Sure . . . What's the problem?

W: Well, I've picked out my topic, but ② **the materials I'm looking for at the library all seem to be out**.

M: Well, that happens sometimes. ③ **Did you check with the Inter-Library Loan Office**? They can often arrange for students to borrow books from another university's library.

W: Hmm . . . I didn't think about that. ④ **I'll try it**.

W: 안녕하세요, 교수님. 시간 있으신가요? 학기말 보고서에 대해서 여쭤볼 것이 좀 있어서요.

M: 물론이지... 문제가 뭐니?

W: 음, 주제는 선택했는데, 도서관에서 제가 찾고 있는 자료가 모두 대출된 것 같아요.

M: 음, 종종 일어나는 일이지. 도서관 상호 대출 부서에 문의해 봤니? 그들은 종종 학생들을 위해서 다른 학교의 도서관에서 책을 빌릴 수 있도록 처리해 주거든.

W: 흠... 그건 생각 못 해봤네요. 한번 해 볼게요.

학생의 용건/문제점	term pper. – mtr. all out
교수의 제안	chk. Inter-lib. loan office → borrow book from anthr. univ.
학생의 반응	긍정

2

M: Hi. What can I do for you?

W: Well . . . ① **I would like to register for a second year Biology class**, but . . . um, ② **I am only in my first year of studies**.

M: Why do you want to take this class? I mean . . . usually students must complete the lower level courses before . . .

W: But that's just it . . . The material in Biology 100 was ③ **covered by my high school teacher**. So . . . well, it's kind of like I already took the course, right?

M: I'm sorry . . . That's not how it works. I am afraid ④ **you will have to complete the prerequisites** before you register in this class.

W: OK . . . I understand.

M: 안녕하세요. 무엇을 도와드릴까요?

W: 음, 2학년 생물학 수업을 신청하고 싶은데요, 그런데... 음, 저는 이제 1학년이거든요.

M: 왜 이 수업을 듣고 싶어 하지요? 제 말은... 일반적으로 학생들은 그 전에 더 낮은 단계의 수업들을 마쳐야 하거든요.

W: 하지만 바로 그게 문제예요... 생물학 100의 내용은 고등학교 선생님이 다뤄주셨거든요. 그러니까... 음, 그건 마치 제가 그 수업을 이미 들은 것과 마찬가지잖아요, 그렇죠?

M: 유감스럽지만... 그렇게 할 수는 없어요. 미안하지만 학생이 이 수업을 등록하기 전에 필수 과목을 이수해야 할 것 같네요.

W: 네... 알겠습니다.

학생의 용건/문제점	reg. 2nd yr. Bio class ÷ B/ in 1st yr.,
	Bio 100 covered by hi-sch. teacher
교직원의 제안	complete prereq.
학생의 반응	긍정

1

Today we are going to continue our discussion on the ① **differences between mammals and reptiles**. One of the key traits that distinguish these two orders of animals is the way that they regulate their body temperatures. I'm sure you have all heard the expressions "hot-blooded" and "cold-blooded," right? Well, it's actually a bit more complicated than that. Basically, mammals ② **rely on their ability to burn fats and sugars to generate heat** as required. In contrast, reptiles ③ **depend on external factors, such as the sun, to warm their bodies, or cold water to cool them**. OK . . . Let's look at these functions in a bit more detail.

오늘 우리는 포유 동물과 파충류의 차이에 관한 논의를 계속해 볼 것입니다. 이러한 동물들의 두 가지 종류를 구별하는 중요한 특성 중 하나는 그들이 체온을 조절하는 방법이죠. 여러분 모두 '온혈 동물'과 '냉혈 동물'에 대해 들어봤을 거라고 확신해요. 그렇죠? 음, 이것은 사실상 그것보다 좀 더 복잡하죠. 근본적으로, 포유 동물은 필요에 따라 지방과 당을 태워서 열을 발생시키는 능력에 의존합니다. 대조적으로, 파충류들은 그들의 몸을 따뜻하게 해주는 태양이나, 서늘하게 식혀주는 차가운 물과 같은 외부 요소들에 의존하죠. 자... 이런 기능들을 좀 더 자세하게 살펴 봅시다.

주제	diff. mammal & reptile
주요 차이점	**way they regul. body temp.**
	1. mammal: burn fat & sugar → heat
	2. reptile: sun → warm body water → cool

2

Ancient Greek sculpture is classified into three periods, each of which is clearly distinguishable from the other. The first of these, the Archaic period, is ① **characterized by stylistic representations of the human form**. Artists did not try to represent it accurately, but rather followed a set pattern that included certain symbols. The Classical period broke with this tradition, in that ② **poses became more natural**, and there was great ③ **interest in mimicking human anatomy**. However, the subject matter was primarily limited to famous public figures. The Hellenistic period saw the form become even more naturalistic, and artists, uh . . . began to include a ④ **wider range of subject matter** in an effort to portray everyday Greek life.

고대 그리스 조각상은 세 가지 시대로 분류되는데, 각각의 시대가 서로 분명하게 구별될 수 있습니다. 이 중 첫 번째인 아르카이크 시대는 사람 형태의 대략적인 표현으로 특징지어집니다. 예술가들은 그것을 정확하게 표현하려고 노력하지 않고, 오히려 특정한 상징을 포함한 정해진 패턴을 따랐습니다. 고전 시대는 자세가 더 자연스러워지고, 인체 해부학적 구조를 모방하는 데 지대한 관심이 있었다는 점에서, 이런 전통을 깨버렸죠. 하지만, 주제가 대부분 유명한 공인으로 제한되어 있었습니다. 헬레니즘 시대에는 더욱 자연스러워진 형태가 등장하였고, 예술가들은, 어... 일상적인 그리스 생활을 묘사하려는 노력으로 더 넓은 범위의 주제를 포함시키기 시작했죠.

주제	**ancient Grk. sculpt. → 3 prd.**
분류 1	**Archaic:** stylistic represent - X accurate, pattern
분류 2	**Classical:** ↑ natural, mimic human ana., B/ pub. fig.
분류 3	**Hellenistic:** ↑ natural, wider range subj. → evrday life

Daily Check-up ··· p. 82

1

M: Is this where I apply for my transit card?

W: It sure is . . . May I see your student ID?

M: Uh . . . sure, here you go.

W: Um . . . We have a problem already. This is your ID from last semester. Do you have your current ID?

M: Well, the office is closed, so I can't pick it up till tomorrow. I really need my transit card today though.

W: I understand . . . but, we can only issue a transit pass to students with a valid ID card . . . That way we know for sure they are registered.

M: I guess I will come back tomorrow. Thanks anyway.

M: 이곳이 교통 카드를 신청하는 곳인가요?

W: 물론이죠... 학생증을 볼 수 있을까요?

M: 어... 물론입니다, 여기요.

W: 음... 벌써 문제가 있군요. 이것은 학생의 지난 학기 학생증이네요. 지금의 학생증을 가지고 있나요?

M: 음, 그 부서가 문을 닫아서, 내일까지는 그것을 찾을 수 없어요. 하지만 오늘 꼭 교통 카드가 필요하거든요.

W: 이해해요... 하지만, 우리는 유효한 학생증을 가진 학생들에게만 교통 카드를 발급해 줄 수 있어요... 그래야만 우리가 확실히 학생들이 등록이 되었는지 알 수 있거든요.

M: 내일 다시 와야 할 것 같군요. 어쨌든 고맙습니다.

학생의 용건/문제점	app. 4 transit card
교직원의 제안	ID - last sem. → valid ID
학생의 반응	긍정 - come 2morrow

2

M: Hi . . . I was wondering if you could help me.

W: Well . . . that depends. What's the problem?

M: Uh . . . I missed my history exam yesterday. I was hoping I could reschedule it.

W: I see. That isn't good . . . Why didn't you take it on the correct date?

M: Well . . . As you can see, I broke my foot. Actually, I slipped on some ice . . .

W: Well, you should bring me a note from your doctor. With a valid medical excuse, we can adjust your final grade to include only your coursework and midterm exam marks.

M: 안녕하세요... 혹시 저를 도와주실 수 있나요?

W: 음... 경우에 따라서겠지. 문제가 뭐니?

M: 어... 어제 역사 시험에 빠졌거든요. 그걸 재조정할 수 있기를 바라고 있었어요.

W: 그렇구나. 상황이 좋지 않은데... 왜 제날짜에 보지 않았니?

M: 음... 보시다시피, 발이 부러졌습니다. 사실은, 얼음 위에서 미끄러졌어요...

W: 음, 너는 의사로부터 진단서를 가져와야 해. 유효한 의학적 이유라면, 네 최종 성적이 수업 활동과 중간고사 점수만을 포함하도록 조정할 수 있단다.

학생의 용건/문제점	miss history exam, resched. ← broke foot
교수의 제안	note from doc.

3

For today, we'll talk about languages and alphabets. Now, not all languages have an alphabet. This may seem, well . . . strange, but it's true. In fact, most Native American tribes did not use a writing system to express their own languages until, uh . . . fairly recently. Instead, they had a strong oral tradition, using, for example, songs and stories to convey their histories. However, there have been several examples of alphabets being created in the recent past to accommodate these, um . . . languages. For instance, the Cherokee alphabet was invented in the early nineteenth century. It is a phonetic system, similar to the English alphabet, and it includes 86 vowel and consonant sound combinations.

오늘, 우리는 언어와 문자에 대해서 이야기해 볼 것입니다. 자, 모든 언어가 문자를 가지고 있지는 않죠. 이것은 아마도, 음... 이상해 보이지만, 사실입니다. 사실, 대부분의 북미 원주민 부족들은, 어... 꽤 최근까지 그들의 언어를 표현하기 위해서 문자 체계를 사용하지 않았죠. 대신에, 그들은 강한 구전을 가지고 있었는데, 예를 들면, 그들의 역사를 전달하는 노래와 이야기를 사용하는 것이었죠. 하지만, 가까운 과거에는 이러한, 음... 언어를 수용하기 위한 몇몇 문자의 견본들이 만들어져 왔습니다. 예를 들면, 체로키 문자는 19세기 초에 만들어졌죠. 그것은 영어 알파벳과 비슷한 음성 체계였고, 86개의 모음과 자음 소리의 조합을 포함합니다.

주제	lang. & alph.
	X all have alph.
예시	Native Ame.: X writing sys.
	→ oral tradition ex) songs & stories
	→ alph. created
	ex) Cherokee alph. early 19th cen. phonetic sys. = Eng.

4

OK . . . Snake bites are a serious danger for hikers and people who work outdoors. It's important that people understand the correct way to, uh . . . treat these injuries. Now, although the type of venom varies depending on the snake, there are a few, um . . . simple steps that should be taken immediately in each case. First, care should be taken to ensure that the victim is not in danger of being bitten again by other snakes in the area. Next, every effort should be made to immobilize the victim. Remember, the more movement, the, uh . . . greater the chance that the venom will spread throughout the body. Finally, transport should be arranged to the nearest hospital, preferably by way of ambulance.

자... 뱀에 물리는 것은 도보 여행자들과 야외에서 일하는 사람들에게 심각한 위험입니다. 사람들이, 어... 이런 상처를 치료하는 정확한 방법을 아는 것은 중요하죠. 자, 뱀에 따라서 독의 종류가 다르지만, 각 상황에서 즉시 취해져야 하는 몇 가지, 음... 간단한 절차들이 있습니다. 첫째, 피해자가 그 지역의 다른 뱀들에게 다시 물리는 위험에 빠지지 않도록 확실하게 하기 위해 주의해야 합니다. 다음으로, 그 피해자가 움직이지 못하게 하기 위해 모든 노력을 다해야 합니다. 기억하세요, 많이 움직일수록, 어... 그 독이 몸 전체에 퍼질

가능성도 커진다는 것을요. 마지막으로, 되도록이면 구급차에 의해, 가장 가까운 병원으로의 이동이 조처되어야 합니다.

주제	snake bite treat
순서 1	X bitten again
순서 2	immobilize
순서 3	transport → hospital, prf. ambulance

2nd Week 대화 공략하기

1일 Main Topic Questions

Daily Check-up ·· p. 90

01 B	02 C	03 B	04 B	05 A	06 C	07 C	08 B

01

M: Hi.

W: Hello. What can I do for you?

M: Um . . . I was wondering if ① **this is the right place to sell my books**.

W: Yes, ② **we buy used books**.

해석

M: 안녕하세요.

W: 안녕하세요. 무엇을 도와드릴까요?

M: 음... 여기가 제 책을 팔 수 있는 곳이 맞는지 궁금하네요.

W: 네, 우리는 중고책을 삽니다.

해설

남자가 여자에게 이곳이 자신의 책을 팔 수 있는 곳이 맞는지 묻는 것을 볼 때, 남자가 찾아온 목적이 자신이 사용하던 책을 팔기 위해서임을 알 수 있습니다.

02

W: Hi, uh . . . I'm interested in ① **studying abroad**.

M: OK . . . Can you tell me why you want to study abroad? Is this related to your major?

W: Actually, no. I'm majoring in economics, but what I'd really like to do is ② **get some exposure to a different language and culture**.

해석

W: 안녕하세요, 어... 제가 유학하는 것에 관심이 있어서요.

M: 알겠어요... 왜 유학하고 싶은지 말해줄 수 있나요? 학생의 전공과 관련이 있는 건가요?

W: 사실, 그렇지 않아요. 저는 경제학을 전공하고 있지만, 제가 정말 하고 싶은 것은 다른 언어와 문화를 직접 체험해 보는 것이에요.

해설

학생이 교수에게 유학에 관심이 있다고 말하며 그에 관한 이야기를 나누는 것을 볼 때, 학생이 유학가는 것에 대해 문의하기 위해 교수를 찾아간 것임을 알 수 있습니다.

03

M: Hi, there. ① **What can I do for you today**?

W: Well, the reason I'm here is . . . ② **I've lost my wallet, with my student ID card in it**. This is so annoying!

M: Hmm, well, this is a common problem. When did you lose it?

W: This morning. I was really hoping someone would turn it in.

해석

M: 안녕하세요. 오늘은 무엇을 도와드릴까요?

W: 음, 여기 온 이유는... 제가 지갑을 잃어버렸는데, 그 안에 학생증도 함께 있었어요. 이거 너무 짜증나요!

M: 흠, 이런, 흔히 있는 문제죠. 지갑을 언제 잃어버렸죠?

W: 오늘 아침에요. 누군가 그걸 돌려주었으면 하고 정말 바라고 있었어요.

Q 여자는 왜 남자와 이야기하는가?

    Ⓐ 신분증을 돌려달라고 요청하기 위해

    Ⓑ 지갑을 잃어버렸다고 신고하기 위해

    Ⓒ 발견한 물건을 돌려주기 위해

해설

여자가 자신이 온 이유는 지갑을 잃어버렸기 때문이라고 말하는 것을 볼 때, 지갑 분실 신고를 하기 위해 남자와 이야기하는 것임을 알 수 있습니다.

04

M: Hello, Ms. Pearson? ① **I'm here for our three o'clock appointment**.

W: Yes, hello, Joshua. Please come in. Make sure the door is shut behind you. Have a seat.

M: Um . . . I'm not sure why I'm here, but something tells me it's not to hear good news.

W: I'm afraid not. ② **I've asked you here today to discuss your grades this semester.** Our computer system tells us that your grade point average has fallen below 2.0.

해석

M: 안녕하세요, Pearson 교수님? 3시 약속 때문에 왔습니다.

W: 그래, 안녕, Joshua. 들어오거라. 문이 닫혔는지 확인하렴. 앉거라.

M: 음... 왜 저를 부르셨는지는 모르겠지만, 어쩐지 좋은 소식을 들을 것 같지는 않네요.

W: 좋은 소식은 아니란다. 오늘은 이번 학기 네 성적에 대해 논의하려고 널 여기로 불렀단다. 학교 전산 시스템에 따르면 네 평점이 2.0 아래로 내려갔다던데.

Q 교수는 왜 학생을 보자고 했는가?

    Ⓐ 학생에게 새로운 전산 시스템을 보여주기 위해

    Ⓑ 학생의 평점에 관해 이야기하기 위해

    Ⓒ 학생에게 몇 가지 좋은 소식을 전하기 위해

해설

학생이 용건을 가지고 교수를 찾아가는 일반적인 대화에서와 달리, 교수가 학생을 불러 만나고 있습니다. "I've asked you here today ~" 이하에서 교수가 학생을 보자고 한 목적이 학생의 평점에 관해 이야기하기 위해서임을 알 수 있습니다.

05

학생의 용건/문제점	term proj.
	concerned leaving something out
	X sure include other stuff

W: Excuse me, Professor . . . Do you have time to see me now?

M: Yes, of course! Why don't you take a seat here and tell me what's on your mind?

W: OK . . . well, uh, I have some concerns about my term project. I've done a lot of research, and came up with a lot of information that I think is really useful . . .

M: Sounds pretty good . . .

W: Yes, I'm pretty happy with how it's been going so far. But, uh, the problem is . . . I'm concerned that I'm leaving something out of my paper. I'm not even sure if I need to include the other stuff.

해석

W: 실례합니다, 교수님... 지금 잠깐 시간 있으신가요?

M: 그럼, 물론이지! 여기 앉아서 무슨 일인지 말해 보겠니?

W: 네... 음, 어, 학기말 과제에 대해 걱정거리가 좀 있어서요. 조사를 많이 했고, 정말 유용하다고 생각하는 정보는 많이 찾았어요...

M: 잘하고 있는 것 같은데...

W: 네, 지금까지 진행되고 있는 것은 매우 만족스러워요. 하지만, 어, 문제는... 제가 보고서에 뭔가 빠뜨린 것은 아닌지 걱정이 되어서요. 다른 것들을 넣어야 할 필요가 있는지도 잘 모르겠어요.

해설

학생이 교수에게 학기말 과제에 대해 걱정거리가 있다고 말한 뒤 보고서에 무언가 빠뜨린 것은 아닌지, 다른 것을 포함시켜야 하는지 잘 모르겠다고 하는 것을 볼 때, 학기말 과제에 대한 조언을 얻기 위해 교수를 찾아간 것임을 알 수 있습니다.

06

학생의 용건/문제점	interview
	1st internship
	tell what 2 expect

M: Thanks for seeing me on such short notice. I know this is a busy time in the semester for you . . . I really appreciate you making the time for me.

W: Oh, you're very welcome, I'm always glad to help out a student. So . . . what can I do for you?

M: Well, the thing is . . . I have an interview lined up, and now, since this is my first time doing any kind of internship, I was hoping you would tell me what to expect in terms of the work.

해석

M: 그렇게 급박하게 말씀드렸는데 만나주셔서 감사해요. 지금이 교수님께는 학기 중 바쁜 시기라는 것을 알고 있거든요... 시간을 내주셔서 정말 감사합니다.

W: 오, 천만에, 난 학생을 돕는 게 항상 기쁘단다. 그래... 무엇을 도와줄까?

M: 음, 문제는... 예정되어 있는 면접 하나가 있는데, 인턴십 같은 것을 해 보는 건 이번이 처음이라서, 교수님께서 제게 그 일과 관련해서 예상되는 것들을 말씀해주셨으면 했거든요.

해설

"Well, the thing is . . ." 이하에서 학생이 교수에게 인턴십 면접이 있는데 그 일과 관련해서 무엇을 준비해야 할지 이야기해주길 바란다고 하는 것을 볼 때, 인턴십에 대한 조언을 얻기 위해 교수를 찾아간 것임을 알 수 있습니다.

07

학생의 용건/문제점	reschedule pt.
	important event 4 father

M: Hello, Professor. Do you have a minute?

W: Sure, Eric. How are you?

M: I'm doing really well. I had a lot of fun preparing my presentation on irony in twentieth-century American literature. But, um, I'm supposed to give it on Friday, and I have a slight problem. I . . . uh . . . I need to . . . reschedule it.

W: I'm sorry, but the presentation times have already been assigned.

M: I know, but I have a really important event for my father on Friday. I just found out about it yesterday. If I don't go, my parents will be really disappointed.

해석

M: 안녕하세요, 교수님. 시간 있으신가요?

W: 물론이지, Eric. 어떻게 지내니?

M: 정말 잘 지내고 있어요. 20세기 미국 문학에서의 모순에 대한 발표를 준비하면서 정말 재미있었어요. 하지만, 음, 제가 금요일에 발표하기로 되어 있는데, 약간 문제가 있어요. 저... 어... 저는... 일정을 변경하고 싶어요.

W: 미안하지만, 발표 시간은 이미 다 배정되었단다.

M: 알아요, 하지만 금요일에 아버지를 위한 정말 중요한 행사가 있거든요. 그걸 어제야 알았어요. 제가 가지 않으면, 부모님께서 정말 실망하실 거예요.

Q 대화의 주된 주제는 무엇인가?

   Ⓐ 발표 주제를 변경하는 것

   Ⓑ 발표 시간을 배정하는 것

   Ⓒ 발표일을 변경하는 것

해설

학생이 아버지를 위한 행사가 있어 금요일에 예정된 발표를 할 수 없다고 말하는 것을 볼 때, 대화의 주제가 발표일을 변경하는 것임을 알 수 있습니다.

08

학생의 용건/문제점	*problem w/ 1 writer at newspp.*
	under pressure 2 prod. qual. paper

M: Hi, Professor Werner. Do you have a couple of minutes?

W: Of course, Taylor. Come in.

M: Thanks, Professor. Uh . . . I'm having a problem with one of my writers at the newspaper, and I'm hoping to get some, you know . . . some pointers from you. Being the editor and all, I'm under a lot of pressure to produce a quality university paper.

W: You haven't let us down, Taylor. It's a really good paper.

M: Thanks, Professor. The problem is . . . it hasn't always come out on time. I mean, students should be able to pick up a copy on Wednesday mornings, but sometimes the paper comes out in the evening, when most students have left the campus. It got delayed an entire day once.

해석

M: 안녕하세요, Werner 교수님. 잠깐 시간 있으신가요?

W: 물론이지, Taylor. 들어오렴.

M: 감사합니다, 교수님. 어... 신문사 기자 중 한 명과 문제가 있는데요, 교수님께, 그러니까... 조언을 듣길 바라고 있어요. 편집장이다

뭐다 해서, 훌륭한 대학 신문을 만들어내기 위해 많은 압박을 받고 있거든요.

W: 넌 우리를 실망시킨 적이 없단다, Taylor. 그건 정말 좋은 신문이야.

M: 감사합니다, 교수님. 문제는... 신문이 항상 제때 나오지는 않는다는 거예요. 제 말은, 학생들이 수요일 아침마다 한 부씩 가져갈 수 있어야 하는데, 가끔 신문이 저녁에 나오고, 그때는 학생들 대부분이 교정을 떠나거든요. 한 번은 꼬박 하루가 지연되기도 했어요.

Q 학생은 왜 교수를 찾아가는가?

   Ⓐ 편집장으로서의 책임에 대해 이야기하기 위해

   Ⓑ 한 기자로 인한 어려움을 논의하기 위해

   Ⓒ 신문 마감 기한을 변경하기 위해

해설

"I am having a problem with one of my writers ~" 이하에서 학생이 신문사 기자 중 한 명과 문제가 있어 교수의 조언을 구하고 있음을 알 수 있습니다.

Daily Test ·· p. 94

1 B	2 C	3 B	4 D

[1]   Listen to a conversation between a student and her professor.

P: Hi, Amy, how can I help you?

학생의 용건/문제점
연사가
연설을 취소하여
행사 계획에
차질이 생김

S: Hello, Professor . . . Q1 I was hoping we could talk about the annual psychology dinner next Monday. You know, the one sponsored by the student psychology club?

P: Sure, sure. Actually, I heard that you were in charge of organizing it. How's it going?

S: Q1 Well . . . that's the thing. We're planning a two-hour event, so I asked two professors from the psychology department to give speeches. But I just found out today that Dr. Green can't make it . . .

P: Oh no! What happened?

S: She said she had to attend an out-of-town conference. Anyway, I've only got, um, four days until the event and I'm not sure if I can find a substitute.

교수의 제안 1
행사 시간을
줄일 것

P: Well, you could always, uh, shorten the event to one hour.

S: Hmm, I suppose I could do that, but the students are really looking forward to the dinner because it's a big annual event. They will be disappointed if it only lasts for an hour, don't you think?

학생의 반응
부정 – 학생들이
실망하고 행사에
흥미를 잃을 것임

P: I can certainly see what you mean . . .

S: And, another thing is . . . well, I think that a lot of people are really just coming to hear Dr. Green speak. She's such a popular professor here, and, well, I'm worried that if she drops out . . .

P: You're worried that students might lose interest in the event?

S: Yeah, that's . . . that's pretty much it.

교수의 제안 2
다른 교수를
초대할 것

P: Have you thought about inviting someone else to take Dr. Green's place? Dr. Cooper has conducted research in the same field as Dr. Green, and he has recently published a book on the subject. If you'd like, I'd be happy to, uh, ask him if he'd be interested.

학생의 반응
긍정

S: Really, you'd do that? Thank you so much, professor!

해석

학생과 교수 사이의 대화를 들으시오.

P: 안녕, Amy, 어떻게 도와줄까?

S: 안녕하세요, 교수님... 다음 주 월요일에 있을 심리학과 연례 만찬에 대해서 이야기를 나누었으면 했는데요. 그러니까, 학생 심리학 동아리가 후원하는 그 행사에 대해서요?

P: 그래, 그래. 사실, 네가 그 행사 준비를 담당하고 있다고 들었어. 어떻게 되어가고 있니?

S: 음... 그게 문제예요. 저희는 두 시간짜리 행사를 계획하고 있어서, 심리학과 교수님 두 분께 연설을 부탁했어요. 하지만 Green 박사님이 연설하실 수 없다는 걸 오늘 알았어요...

P: 오 이런! 무슨 일이니?

S: 교수님께서는 시외에서 열리는 회의에 참석해야 한다고 하셨어요. 어쨌든, 저는, 음, 행사까지 4일밖에 남지 않았는데 대리인을 찾을 수 있을지 잘 모르겠어요.

P: 음, 너는 그럼, 어, 행사를 한 시간으로 줄일 수도 있을 텐데.

S: 흠, 저도 그럴 수 있다는 건 알지만, 이번 만찬이 큰 연례 행사이기 때문에 학생들이 정말로 기대하고 있어요. 한 시간밖에 진행하지 않는다면 학생들이 실망할 거예요, 그렇게 생각하지 않으세요?

P: 네가 무슨 말을 하는지 분명히 알겠구나...

S: 그리고, 또 다른 문제는... 음, 제 생각에는 많은 사람이 오직 Green 박사님의 연설을 들으러 올 것 같아요. 그분은 여기서 정말 인기 있는 교수님이고, 그리고, 음, 만약 그분께서 참석하지 않으신다면...

P: 학생들이 행사에 대한 흥미를 잃을까 봐 걱정인 거구나?

S: 네, 그게... 거의 그런 거예요.

P: Green 박사님을 대신할 다른 분을 초대하는 건 고려해 봤니? Cooper 박사님도 Green 박사님와 같은 분야에서 연구를 해왔고, 최근에 그 주제에 대해서 책을 출간했지. 네가 원한다면, 내가 기꺼이, 어, 그가 관심이 있는지 물어봐줄 수 있을 것 같구나.

S: 정말요, 그렇게 해주시겠어요? 정말 감사합니다, 교수님!

1 학생은 왜 교수를 찾아가는가?

Ⓐ 얼마 후 열릴 행사의 일정 변경에 대해 문의하기 위해

Ⓑ 최근 자신의 계획에 차질이 생긴 점을 논의하기 위해

Ⓒ 심리학과 연례 만찬에 그를 초대하기 위해

Ⓓ 다가오는 행사의 준비를 요청하기 위해

해설

학생은 "I was hoping ~" 이하에서 자신이 준비하고 있는 행사에 대해 이야기를 나누고 싶다고 한 뒤, 연설하기로 한 교수가 연설하지 못하게 되었다고 말합니다. 따라서 자신의 계획에 차질이 생긴 점을 논의하기 위해 교수를 찾아간 것임을 알 수 있습니다.

[2] Listen to a conversation between a student and a university employee at the registrar's office.

M: Hi, is this the registrar's office? I've got a problem I was hoping you could help me with.

W: You're in the right place. What can I do for you?

M: Q2 Well, I tried to sign up for Professor Daniel's Russian history course next semester. But . . . um, it's full. I'm really interested in the topic, though. I'm not really sure what to do now.

W: Let me take a quick look at the schedule for next semester. Hmm . . . Did you know that there is an online class as well? It hasn't filled up yet. There are still a few spots available.

M: I actually saw that . . . but I'm not sure. I've never taken an online class before. I'm a little worried that it won't be a good experience.

학생의 용건/문제점
등록하려던 강의가
다 참

교직원의 제안
온라인 강의에
등록할 것

학생의 반응
부정 – 들어본 적
없어서 걱정됨

온라인 강의의
장점
1. 강의료가
덜 비쌈

2. 강의를 여러 번
볼 수 있음

학생의 반응
긍정

W: Well, online classes have a couple of advantages over regular ones.

M: In what way?

W: The most obvious benefit is that they are less expensive. Online courses have lower tuition fees than ordinary ones.

M: I didn't know that . . . Why are they cheaper?

W: Well, the university doesn't have to provide a room for the class to use. This saves a lot of money on electricity and maintenance.

M: That makes sense . . . I guess being able to reuse the course materials each semester helps as well. I mean, the university just has to pay for one set of lectures to be recorded.

W: Exactly. And that brings me to the other benefit I wanted to mention . . . You can watch the lectures as many times as you want during the semester.

M: Um, I don't follow . . . Why is that a big advantage?

W: Look at it this way . . . I'm sure there are lots of details that you miss during a lecture, right?

M: True . . . Even when I'm careful about taking notes, I sometimes miss things.

W: That's not an issue with an online course. You can just view the lecture over and over again until you understand the material.

M: Hmm . . . So taking the online class may actually lead to a better grade . . .

W: Right. Can I think that you are interested in signing up for the online class, then?

M: Definitely. I'll do that today. Thank you so much for your advice.

W: I'm always happy to help.

해석

학적과에서 학생과 교직원 사이의 대화를 들으시오.

M: 안녕하세요, 여기가 학적과인가요? 도와주셨으면 하는 문제가 하나 있어요.

W: 옳은 장소로 오셨어요. 무엇을 도와드릴까요?

M: 음, 저는 다음 학기에 있을 Daniel 교수님의 러시아 역사 수업에 등록하려고 했어요. 그런데... 음, 그게 다 찼어요. 하지만, 저는 정말로 그 주제에 관심이 있거든요. 이제 어떻게 해야 할지 정말 모르겠어요.

W: 다음 학기 일정을 한 번 볼게요. 흠... 온라인 수업도 있다는 것을 알고 있었나요? 그건 아직 다 차지 않았어요. 여전히 비어 있는 자리가 몇 개 있는데요.

M: 사실 그걸 봤어요... 하지만 잘 모르겠어요. 저는 전에 온라인 수업을 들어본 적이 없거든요. 그것이 좋은 경험이 되지 않을까 봐 조금 걱정돼요.

W: 글쎄요, 온라인 수업은 일반 수업보다 몇 가지 유리한 점이 있어요.

M: 어떤 식으로요?

W: 가장 분명한 이점은 비용이 덜 든다는 거예요. 온라인 수업은 보통 수업보다 수업료가 낮아요.

M: 그건 몰랐어요... 왜 그것들이 더 저렴한가요?

W: 음, 학교가 수업에 사용할 공간을 제공할 필요가 없거든요. 이게 전기와 유지 면에서 많은 돈을 절약하게 해주죠.

M: 그거 말이 되네요... 매 학기 수업 자료를 재사용할 수 있는 것 또한 도움이 될 것 같네요. 제 말은, 학교는 일련의 강의를 녹화하는 것에만 돈을 지급하면 되니까요.

W: 정확해요. 그리고 그것은 제가 말하고 싶었던 또 다른 이점으로 이어지네요... 학기 중에 강의를 학생이 원하는 만큼 여러 번 볼 수 있어요.

M: 음, 이해가 안 돼요... 왜 그것이 큰 장점인가요?

W: 이렇게 생각해 보세요... 학생이 강의 중에 놓치는 세부 사항이 많을 거라고 확신해요, 그렇죠?

M: 맞아요... 심지어 필기하는 데 주의를 기울일 때조차, 가끔 무언가를 놓쳐요.

W: 그건 온라인 수업에서는 문제가 되지 않죠. 학생이 내용을 이해할 때까지 그저 반복해서 강의를 볼 수 있으니까요.

M: 흠... 그래서 온라인 수업을 듣는 것은 사실상 더 나은 성적으로 이어질 수도 있겠네요...

W: 맞아요. 그럼, 학생이 온라인 수업에 등록하는 데 관심이 있다고 생각해도 될까요?

M: 물론이죠. 오늘 등록할게요. 조언해주셔서 정말 감사해요.

W: 항상 기꺼이 도울게요.

2 학생은 왜 학적과를 찾아가는가?

Ⓐ 성적을 올리는 방법을 물어보기 위해

Ⓑ 수업료에 대한 정보를 얻기 위해

Ⓒ 수업에 등록하는 문제를 논의하기 위해

Ⓓ 온라인 수업에 등록하는 방법을 알아내기 위해

해설

"Well, I tried to ~" 이하에서 학생이 관심 있는 수업에 등록하고 싶지만 자리가 다 차서 듣지 못하게 되었다는 것을 볼 때, 수업에 등록하는 문제를 논의하기 위해 학적과를 찾아간 것임을 알 수 있습니다.

[3]   Listen to a conversation between a student and an academic counselor.

M: Hi, what can I do for you?

W: Hi, I'm Carol . . . the one who sent you the e-mail . . .

학생의 용건/문제점
세부 전공 변경
– 회계학에
흥미 없음

M: OK, let me see . . . Q3 In your email, you mentioned something about changing the concentration of your major.

W: That's right. Um, at the end of my freshman year, I declared economics as my major, with a specialization in accounting. But after the summer session . . . after taking Accounting Basics 102, I realized that I'm not as interested in it as I first thought I was.

M: I see. It's good that you're realizing that now, before you've taken too many classes. If you don't mind my asking, why exactly do you want to move away from accounting?

W: Well, I eventually want to get a master's degree in business, and I had read that having a background in accounting would really help me to that end. But what I didn't realize was . . . accounting isn't the only field that will get me into business school . . . not to mention, I really thought accounting would get interesting eventually, because it involves a lot of math, and I'm good at math. But it was boring . . . and boring classes don't go together with good grades, in my opinion . . .

M: I see. Well, what do you want to concentrate on instead, then?

W: Actually, I've been struggling with that question since I decided to change my focus. That's one of the reasons why I wanted to see you. Other students have been to see you, right? And they turned out OK?

M: Yes, I see students all the time, and I advise them on changing their majors or specialization . . . and later, they tell me they're very happy with their decision. So you're definitely in the right place. What classes are you most interested in?

W: Well, I was thinking about marketing . . . because, um, I want to pursue a career in the business field that is creative, and marketing would give me a chance to use my imagination . . . you know, thinking up proposals, brand images, that kind of things.

교직원의 제안
수강편람을 보고
학습 계획 짤 것

M: OK. Let's take a look at some of these brochures on courses being offered in marketing next semester, and try to develop a plan of study for you.

학생의 반응
긍정

W: Thank you . . .

해석

학생과 교과 상담원 사이의 대화를 들으시오.

M: 안녕하세요, 무엇을 도와드릴까요?

W: 안녕하세요, 제 이름은 Carol이고... 이메일 보냈던 사람이거든요...

M: 네, 한번 볼게요... 이메일에서, 세부 전공 변경에 대해 언급하셨네요.

W: 맞아요. 음, 저는 1학년 말에, 경제학을 전공으로 정하고, 회계학을 세부 전공으로 택했거든요. 그런데 여름 학기 후에... 회계 원리 102를 듣고, 제가 처음 생각했던 것만큼 그 분야에 관심이 있지 않다는 것을 깨달았어요.

M: 그렇군요. 수업을 많이 듣기 전에, 지금 깨달아서 다행이네요. 물어봐도 될지 모르겠지만, 회계학을 전공하지 않으려는 정확한 이유가 무엇인가요?

W: 음, 저는 궁극적으로 경영학 석사 학위를 받고 싶은데, 회계학 공부를 해두는 것이 그 목표에 도움이 될 거라는 글을 읽은 적이 있어요. 그런데 제가 깨닫지 못했던 것은... 회계학이 경영대학원에 진학하는 데 도움이 될 유일한 분야는 아니라는 거에요... 물론, 회계학이 나중에는 재미있어질 거라고 생각했어요, 왜냐하면 회계학에는 수학이 많이 적용되는데, 저는 수학을 잘 하거든요. 그렇지만 회계학은 지루했어요... 그리고 제 생각에, 지루한 수업에서는 좋은 성적을 받지 못하고요...

M: 알겠어요. 음, 그럼, 무슨 과목을 세부 전공으로 하고 싶으세요?

W: 사실, 제 세부 전공을 바꾸기로 결정했을 때부터 그것 때문에 많이 고심했어요. 그게 제가 이 곳을 찾아온 이유 중 하나고요. 다른 학생들도 방문하겠네요, 그렇죠? 다들 잘 되었나요?

M: 네, 저는 학생들을 자주 만나서, 전공이나 세부 전공 변경에 관해 조언해주곤 하죠... 그리고 나중에, 그 학생들은 그 때 내린 결정에 대해 매우 만족한다고 말하더군요. 그러니 학생도 이곳에 오길 잘한 거예요. 학생이 가장 흥미롭다고 느끼는 수업은 뭔가요?

W: 글쎄요, 마케팅이 어떨까 생각해 보았어요... 왜냐하면, 음, 저는 창조적인 비즈니스 분야에서 일하고 싶고, 마케팅을 하다 보면 상상력을 동원할 일이 많을 것 같아요... 있잖아요, 기획서나 브랜드 이미지 등을 생각해 내는, 그런 일 말이에요.

M: 좋아요. 다음 학기에 개설되는 마케팅 관련 수업들을 수강편람에서 살펴보고, 학습 계획을 짜도록 하죠.

W: 감사합니다...

3 학생은 왜 교과 상담원을 만날 것을 요청했는가?

Ⓐ 수업에 등록하기 위해

Ⓑ 세부 전공을 변경하기 위해

Ⓒ 전공을 정하기 위해

Ⓓ 여름 학기에 등록하기 위해

해설

이 대화에서는 교과 상담원이 학생의 목적을 대신 언급합니다. "In your email ~" 이하에서 학생이 세부 전공을 변경하기 위해 교과 상담원을 찾아간 것임을 알 수 있습니다.

[4] Listen to a conversation between a student and his professor.

S: Professor Parker? Are you busy?

P: Ah, William . . . I'm glad you stopped by. You missed the field trip to the Civil War museum last week. Did you forget about it?

학생의 용건/문제점
현장 학습에 빠진 것
만회하고 싶음

S: That's what I wanted to talk to you about. It's a little embarrassing. I overslept and missed the bus. Um, I was up late the night before studying for a test. Q4 I'm, uh, worried that skipping the field trip will affect my grade in the class. If so, I'd like to make up for it somehow.

P: It will cause you to lose marks. The field trip was mandatory. And I want everyone to give a brief presentation next week about what they learned during the field trip.

학생의 제안
주말에 박물관을
방문하겠음
S: Hmm . . . next week? Well, maybe I could visit the museum this weekend. Then I would be able to give a presentation with the rest of my classmates.

P: I don't think that will work.

교수의 반응
부정 - 전시회가
금요일에 끝남
S: Why not?

P: Well, there was a special exhibit of photographs from a private collection. It focused on the common soldiers. But the exhibit ends on Friday.

S: I see . . . If I can't view the exhibit, I won't be able to give a presentation.

P: Exactly.

S: Then what can I do?

교수의 제안
독립전쟁에 대한
보고서 작성할 것
P: I guess the best option would be to write a paper about the Civil War instead. Um, you could discuss the soldiers' perspectives of the war.

S: What do you mean?

P: What they thought about the war . . . how it affected them . . . things like that.

S: That sounds like a difficult topic to research. I mean, how can we know what they thought?

P: Well, there are a lot of documents from this period. Letters, memoirs . . . you get the idea. Our library has a large section on the Civil War. I'm sure you can find what you need there.

S: Um, writing an essay seems like more work than giving a short presentation.

P: That's true . . . but I don't think there is any other way to deal with this situation. And you don't have a valid excuse for missing the trip. It's not like you were sick or something.

학생의 반응
긍정
S: I understand. Uh, when should I submit the essay?

P: June 17. That should give you plenty of time.

해석

학생과 교수 사이의 대화를 들으시오.

S: Parker 교수님? 바쁘신가요?

P: 아, William... 네가 들러서 반갑구나. 지난주 남북전쟁 박물관 현장 학습에 빠졌더구나. 현장 학습에 대해 잊어버렸었니?

S: 그게 제가 교수님과 이야기하고 싶었던 거예요. 좀 난처한데요. 늦잠을 자서 버스를 놓쳤어요. 음, 저는 시험 공부를 하느라 그 전날 밤늦게까지 깨어있었었거든요. 저는, 어, 현장 학습에 빠진 것이 수업에서 제 성적에 영향을 미칠까 걱정스러워요. 만약 그렇다면, 저는 어떻게든 그것을 만회하고 싶어요.

P: 현장 학습에 빠진 것은 네가 점수를 잃도록 할 거야. 현장 학습은 의무적이었잖니. 그리고 현장 학습 동안 배운 것에 대해 다음 주에 모두가 짧게 발표했으면 하거든.

S: 흠... 다음 주요? 음, 아마도 저는 이번 주말에 그 박물관을 방문할 수 있을 거예요. 그러면 저는 나머지 반 친구들과 함께 발표할 수 있겠네요.

P: 그게 될 것 같지 않구나.

S: 왜 안 되나요?

P: 음, 개인 소장품으로 이루어진 특별 사진 전시회가 있었거든. 그건 일반 병사들에게 초점을 맞췄었지. 그런데 그 전시회는 금요일에 끝난단다.

S: 그렇군요... 제가 그 전시회를 볼 수 없다면, 발표를 할 수 없겠네요.

P: 그렇지.

S: 그럼 제가 뭘 할 수 있을까요?

P: 내가 생각하기에 가장 좋은 선택권은 남북전쟁에 대해 보고서를 대신 쓰는 것 같구나. 음, 전쟁에 나간 병사들의 관점에 대해 논의해볼 수 있겠지.

S: 무슨 말씀이세요?

P: 그들이 전쟁에 대해 어떻게 생각했는지... 전쟁이 그들에게 어떻게 영향을 미쳤는지... 그런 것들 말이야.

S: 그건 조사하기 어려운 주제처럼 들리네요. 제 말은, 그들이 무슨 생각을 했는지 어떻게 알 수 있죠?

P: 글쎄, 이 시기에 나온 많은 문서들이 있단다. 편지, 회고록... 이해가 될 거야. 우리 도서관에는 남북전쟁에 관한 것들이 있는 큰 구획이 있어. 나는 네가 거기서 필요한 것을 찾을 수 있을 거라고 확신한단다.

S: 음, 보고서를 쓰는 건 짧게 발표를 하는 것 이상의 일인 것 같네요.

P: 사실이야... 하지만 이 상황을 해결하기 위한 어떤 다른 방법이 있을 것 같지 않구나. 그리고 네게 현장 학습에 빠진 타당한 이유가 없잖니. 네가 아프거나 했던 것은 아니니까.

S: 알겠습니다. 어, 보고서를 언제 제출해야 하나요?

P: 6월 17일까지. 네게 넉넉한 시간일 거야.

4 대화의 주된 주제는 무엇인가?
  Ⓐ 학생의 발표 주제
  Ⓑ 박물관을 방문하려는 학생의 계획
  Ⓒ 학생이 반 현장 학습에 빠진 이유
  Ⓓ 학생이 잃은 점수를 만회할 수 있는 방법

해설
학생이 교수에게 현장 학습에 빠진 것을 만회하고 싶다고 하자, 교수는 보고서를 써서 제출할 것을 제안합니다. 따라서 학생이 잃은 점수를 만회할 수 있는 방법에 대해 이야기하고 있음을 알 수 있습니다.

2일 Detail Questions

Daily Check-up ·· p. 100

01 C	02 A	03 B	04 A	05 B, C	06 C	07 C	08 A

01

M: I was wondering if you would consider ① **writing a letter of recommendation for me**. I am planning to apply for several laboratory positions this summer.

W: Sure. I would be happy to. But maybe Dr. Grey ② **would be the one to ask**. I mean, ③ **you did a lot of research for him last semester**.

M: I know, but the problem is that ④ **he has gone on vacation**. I really need to apply for these jobs by the end of the week.

해석
M: 교수님께서 저를 위해 추천서를 써주실 수 있으신지 궁금합니다. 이번 여름에 몇몇 연구직에 지원할 계획이거든요.

W: 물론이지. 기꺼이 써주고 말고. 그런데 나보다는 Grey 박사님께 부탁드려야 할 것 같은데. 내 말은, 너는 지난 학기에 박사님을 위해 많은 연구를 했잖아.

M: 알아요, 하지만 문제는 박사님이 지금 휴가 중이시라는 거예요. 주말까지 꼭 그 연구직에 지원해야 하거든요.

해설
Grey 박사께 추천서를 받아야 하지 않느냐는 교수의 질문에 학생은 박사님이 휴가 중이시라(he has gone on vacation)고 말합니다.

02

M: Good morning! What can I do for you today?

W: I need to talk to someone about ① **my dormitory room for next semester**.

M: I think I should be able to help you.

W: Well, I was hoping that I could arrange it so that I ② **have the same roommate when next semester begins**. I really like her, and we get along well.

M: I'm sorry, but, you know, we ③ **don't actually have any control over which student is assigned** to a particular room. It's all ④ **done automatically by the computer system**.

해석

M: 좋은 아침이에요! 오늘은 무엇을 도와드릴까요?

W: 다음 학기 기숙사 방에 관해서 이야기를 해야 하는데요.

M: 제가 도와드릴 수 있을 것 같군요.

W: 음, 다음 학기가 시작할 때 같은 룸메이트와 지낼 수 있도록 예약할 수 있기를 바라고 있었어요. 전 그 애가 정말 좋고, 저희는 사이가 무척 좋거든요.

M: 미안해요, 하지만, 그러니까, 우리는 사실 어떤 학생이 어느 방에 배정되는지에 대한 권한이 없습니다. 모두 전산 시스템에 의해 자동으로 되거든요.

해설

교직원은 방 배정이 전산 시스템에 의해 자동으로 이루어져(It's all done automatically by the computer system) 학생의 요구를 들어줄 수 없다고 말합니다.

03

W: Hi . . . I was wondering if I could speak to the manager.

M: I'm the manager . . . Is there a problem?

W: Um . . . well, sort of. As you know, it's exam time now . . . so lots of students are studying quite late. The problem is . . . well, ① **the snack bar still closes at 11:00 p.m., so there is nowhere to get food late at night**. I was hoping ② **the hours could be extended** until . . . say, 1:00 a.m.

M: Well . . . there's not much I can do . . . you know, since ③ **most of the people who work here are students as well**, it wouldn't be fair to make them stay later.

해석

W: 안녕하세요... 관리자와 대화를 나눌 수 있는지 궁금합니다.

M: 제가 관리자인데... 무슨 문제라도 있나요?

W: 음... 저, 약간요. 아시다시피, 지금은 시험 기간이잖아요... 그래서 많은 학생이 꽤 늦게까지 공부하고 있고요. 문제는... 음, 간이 식당은 여전히 오후 11시에 문을 닫아서, 밤늦게 음식을 구할 곳이 아무 데도 없다는 거예요. 시간이... 한, 오전 1시까지 연장되었으면 해서요.

M: 음... 제가 할 수 있는 일이 없네요... 그러니까, 여기서 일하는 사람 대부분도 마찬가지로 학생이기 때문에, 그 학생들을 더 늦게까지 머무르게 하는 건 옳지 않을 것 같아요.

Q 사장은 왜 간이 식당 운영 시간을 연장하는 것을 꺼려하는가?

ⓐ 다른 학생들은 그 문제에 대해 신경 쓰지 않는다.

ⓑ 간이 식당 종업원들도 학생들이다.

ⓒ 시험 기간이 곧 끝날 것이다.

해설

학생이 간이 식당 운영 시간을 연장해달라고 하자 사장은 종업원들도 학생이라(most of the people who work here are students as well) 그럴 수 없다고 말합니다.

04

M: I wanted to check with you about ① **the project due next week**.

W: What did you want to know?

M: Well . . . I was ② **having trouble with my research**.

W: I see. Are you unable to find enough material related to your topic?

M: Actually, I think ③ **I found too much information**. I just don't know where to begin.

W: I know that feeling. What you need to do is sit down and ④ **make an outline**. You know . . . ⑤ **lay out the main points you want to cover**, and how you intend to support them. Figure out exactly what you want to discuss, and then look for sources that deal with those specific points.

해석

M: 다음 주 마감인 과제에 대해 교수님과 확인하고 싶은 게 있어요.

W: 무엇을 알고 싶니?

M: 음... 조사에 어려움을 겪고 있었거든요.

W: 그렇구나. 네 주제와 관련된 자료를 충분히 찾을 수가 없니?

M: 실은, 정보를 너무 많이 찾은 것 같아요. 어디서 시작해야 할지를 모르겠어요.

W: 그 기분 안다. 네가 해야 할 일은 앉아서 개요를 작성하는 거야. 그러니까... 네가 다루려는 요점들과, 네가 그것들을 어떻게 뒷받침 하려는지 정리해봐. 무엇을 논의하고 싶은지 정확히 파악한 다음, 그 특정 사항들을 다루는 자료들을 찾아보렴.

Q 교수는 무엇을 제안하는가?

   Ⓐ 학생은 개요를 작성해야 한다.

   Ⓑ 학생은 더 많은 조사를 해야 한다.

   Ⓒ 학생은 다른 주제를 선택해야 한다.

해설

교수는 학생의 문제점을 듣고 개요를 작성하라(make an outline)고 말한 뒤, 개요 작성 방법을 구체적으로 설명합니다.

05

학생의 용건/문제점	X able 2 attend freshman orientation
	∵ trip w/ family
교직원의 조언	1. tour school
	2. info., esp. reg.

M: Hi. How can I help you?

W: Well . . . I, uh . . . will be starting here this fall, but I don't think I, um . . . will be able to attend the freshman orientation.

M: Really? Why's that?

W: Um . . . I was actually planning to go on a trip with my family that week. Will that be a problem? I mean, is attendance, uh . . . mandatory?

M: Hmm . . . well, you don't have to go, but I think it would be helpful for you to take the tour of the school. It'll ensure that you know where everything is when you start your classes. The orientation also gives you a lot of important information . . . especially about, um . . . class registration.

해석

M: 안녕하세요. 어떻게 도와드릴까요?

W: 음... 제가, 어... 이번 가을부터 이 학교에 다니기 시작하는데, 제가, 음... 신입생 오리엔테이션에 참석하지 못할 것 같아서요.

M: 정말이요? 왜죠?

W: 음... 실은 제가 그 주에 가족과 함께 여행을 가려고 계획하고 있었거든요. 그게 문제가 될까요? 제 말은, 참석이, 어... 의무인가요?

M: 흠... 글쎄요, 꼭 가야 하는 건 아니지만, 학교를 둘러보는 건 학생에게 도움이 될 것 같은데요. 수업이 시작될 때 모든 것들이 어디에 있는지 확실히 알게 해줄 거예요. 오리엔테이션은 또 많은 중요한 정보를 주죠... 특히, 음... 수강 신청에 관해서요.

해설

교직원은 1. 학교를 둘러보는 것이 학생에게 도움을 주며(helpful for you to take the tour of the school) 2. 오리엔테이션은 학생에게 많은 정보를 줄 것(The orientation also gives you a lot of important information)이라고 말합니다.

06

학생의 용건/문제점	class full
교수의 조언	place name on waiting list

W: Hi. I was told I should speak to an, uh . . . academic advisor about my classes.

M: Sure . . . are you having difficulties selecting a course to take?

W: No, I know which ones I want . . . the problem is that, um . . . one of my classes is full.

M: Well, that happens . . . especially for the popular ones. What is your position on the waiting list?

W: Waiting list? How do I, uh . . . get on the waiting list?

M: Did you try to register online?

W: Yeah . . .

M: Well, when you saw that the class was full, you should have selected the option to place your name on the waiting list. That way, if enough of the other students decide to, uh . . . drop the class, you may be able to get in.

W: Really? That's great. I guess I should have checked more carefully. Thanks.

해석

W: 안녕하세요. 수업에 관해서, 어... 지도 교수님과 이야기를 해 보라고 해서요.

M: 네... 수업을 선택하는 데 어려움이 있나요?

W: 아뇨, 어떤 걸 원하는지는 아는데... 문제는, 음... 수업 중 하나가 정원이 다 찼다는 거예요.

M: 음, 그런 경우가 있죠... 특히 인기가 많은 수업들은요. 대기자 명단에서 위치가 어떻게 되죠?

W: 대기자 명단이요? 어떻게 제가, 어... 대기자 명단에 이름을 올리죠?

M: 온라인으로 등록했나요?

W: 네...

M: 음, 정원이 다 찬 것을 봤을 때, 대기자 명단에 이름을 올리는 것을 선택했어야 해요. 그렇게 해서, 충분한 수의 다른 학생들이, 어... 수업을 취소하기로 결정하면, 학생이 들어갈 수 있게 되는 거죠.

W: 정말요? 잘됐군요. 더 주의 깊게 확인해 봤어야 했네요. 감사합니다.

해설

교수는 학생에게 온라인 등록 시 정원이 다 찼을 경우, 대기자 명단에 이름을 올리는 것을 선택했어야 했다(you should have selected the option to place your name on the waiting list)고 말합니다.

07

학생의 용건/문제점	summer job
교수의 제안	friend – bank of France ← e-mail

W: I am trying to organize a, uh . . . summer job with a bank in France. I studied in Paris last year as part of an exchange program, and I, well . . . I really liked it. I was hoping you might have some advice for me.

M: Hmm . . . That's pretty ambitious, but . . . I'm afraid it would be difficult to get a position at a bank. I mean . . . I actually lived in France for a couple years myself . . . So I'm familiar with the situation there . . .

W: Sure . . . But as you know, I'm majoring in economics, and I have attended several, uh . . . seminars on European banking systems . . . so I think I'm qualified.

M: That's true . . . but most companies prefer someone with actual experience. I have a friend who works for the Bank of France . . . Why don't I e-mail him and see if he can help?

W: That would be great.

해석

W: 저는 어... 프랑스에 있는 은행에서 여름 일자리를 알아볼 계획이에요. 지난해 교환학생 프로그램의 일환으로 파리에서 공부했는데, 저는, 음... 정말 좋았거든요. 교수님께서 제게 조언을 좀 주셨으면 해서요.

M: 흠... 그거 정말 야심차구나, 하지만... 은행에서 일자리를 얻는 건 어려울 것 같아. 내 말은... 나도 사실 2년 동안 프랑스에서 살았거든... 그래서 내가 그곳 사정을 잘 알아...

W: 네, 하지만 아시다시피, 저는 경제학을 전공하고 있고, 어... 유럽 은행 시스템에 관한 세미나에도 여러 번 참석했어요... 그래서 제가 적격이라고 생각해요.

M: 맞는 말이야... 하지만 기업은 대부분 실질적인 경험이 있는 사람을 선호하거든. 내 친구 중에 프랑스 은행에서 일하는 친구가 있는데... 그 친구한테 이메일을 보내서 그가 도와줄 수 있는지 알아볼까?

W: 그러면 정말 좋겠어요.

Q 교수는 학생에게 무엇을 해주기로 하는가?
ⓐ 언어 교환 프로그램 등록을 도와주는 것
ⓑ 유럽 은행 시스템에 관한 세미나에 그녀를 데려가는 것
ⓒ 프랑스 은행에서 일하는 친구에게 연락하는 것

해설

교수는 학생에게 "why don't I ~" 이하에서 프랑스 은행에서 일하는 친구에게 이메일을 보내서 도와줄 수 있는지 알아봐 주겠다 (e-mail him and see if he can help)고 말합니다.

08

학생의 용건/문제점	poster taken down
문제 발생 이유	forgot auth. stamp

W: Excuse me . . . Could I speak to the person in charge of the bulletin boards?

M: Well, maybe I can help . . . Is there a problem?

W: Um . . . yeah. You see, I'm the president of the tennis club, and, well . . . we put up a lot of posters last week to announce our fundraiser and this morning, uh . . . I noticed that they had all been taken down. I can't understand why . . .

M: Did your posters indicate that they were posted by an official club? Only registered student associations are, uh . . . allowed to advertise on the campus bulletin boards.

W: I'm aware of that . . . We made that very clear on the posters. Here is one of our posters . . . It says we are a school club right on the top.

M: Wait a minute . . . I see the reason. You forgot to get an authorization stamp . . . This is also required to put up notices.

W: Really . . . I wish I had known this before . . . We spent a lot of time and money on the posters!

해석

W: 실례합니다... 게시판 담당자분과 이야기할 수 있을까요?

M: 음, 아마 제가 도와드릴 수 있을 것 같네요... 문제가 있나요?

W: 음... 네. 그러니까, 전 테니스 동아리 회장이에요, 그리고, 음... 지난주 모금 행사를 공지하려고 포스터를 많이 붙여놨어요, 어... 오늘 아침 보니 모두 떼어졌더군요. 왜인지 이해가 안 돼서요...

M: 포스터에 그 포스터들이 공식 동아리에 의해 붙여진 것이라는 것이 표시되어 있나요? 등록된 학생 동아리만이, 어... 학교 게시판에 공지하는 것이 허용되거든요.

W: 알고 있어요... 저희는 포스터에 그걸 아주 분명하게 표시해놨거든요. 여기 저희 포스터 하나가 있어요... 바로 맨 위에 우리가 학교 동아리라고 써 있어요.

M: 잠깐만요... 이유를 알겠어요. 허가 소인 받는 것을 잊었군요... 공지를 붙이려면 이것도 필요하거든요.

W: 정말요... 진작 이걸 알았다면 좋았을 텐데... 포스터에 많은 시간과 돈을 썼거든요!

Q 포스터들이 왜 게시판에서 떼어졌는가?

ⓐ 그것들은 허가 소인이 없었다.

ⓑ 그것들은 일주일 넘게 게시되어 있었다.

ⓒ 그것들은 공식적인 학교 행사에 관한 것이 아니었다.

해설

교직원은 학생이 허가 소인 받는 것을 잊은 것(You forgot to get an authorization stamp)이 포스터가 떼어진 이유라고 설명합니다.

Daily Test .... p. 104

| 1 C | 2 B | 3 D | 4 C | 5 C | 6 A |

[1-2]   Listen to a conversation between a student and her professor.

P: Hello, Rachel. I wasn't sure if you were going to come this afternoon . . . You were supposed to be here 10 minutes ago.

S: Sorry. I'm running a bit behind schedule today. The meeting with my study group lasted longer than I expected.

P: That's OK. Did you have a question about the midterm?

S: No, I think I'm ready for it. Q1 I actually wanted your help with a personal matter . . . It's about my part-time job.

학생의 용건/문제점
전공 관련 일
경험을 쌓고 싶음

P: You work at a restaurant near the university, right? I remember you mentioning your job in class.

S: Um, at a café, actually. But that's the problem. ᑫ¹ I want to get some experience related to my major . . . It's, uh, graphic design.

P: That makes sense . . . Graphic design is a competitive field. It's important to start gaining experience early.

S: ᑫ¹ I'm not sure where to begin, though.

교수의 제안 1
인턴십에 지원할 것

P: Well, have you considered applying for an internship? It's a great way to learn about the industry.

학생의 반응
부정 - 낮에 수업이 있고, 많은 인턴직은 보수가 없음

S: I thought about that . . . But I have classes during the day. I can only work in the evenings and on weekends. Most companies are looking for a full-time intern.

P: That's true.

S: Plus, a lot of intern positions are unpaid these days. Um, I rely on the money from my part-time job. I don't know . . . I'm not sure what other options I have. That's why I came to see you.

P: Don't give up so quickly. I think I have a solution to your problem.

S: I'd be willing to try anything at this point.

P: Um, the university alumni association publishes a magazine. It keeps former students informed about campus events.

S: Actually, I looked through an issue while I was waiting in the administration office. It, uh, wasn't very interesting.

교수의 제안 2
학교 동창회 잡지 - 학생 보조자에 지원할 것

P: Right . . . ᑫ² and that's why the association has decided to adjust the layout and add more images. They're also planning to launch an online version of the magazine.

S: It sounds like they are looking for professionals. Would I get in if I applied?

P: Well, from my understanding, they are hiring a couple of student assistants. It would only be a few hours each week. But it would be a chance for you to do work related to your chosen field. I'd even be willing to recommend you.

학생의 반응
긍정

S: It sounds perfect. Thank you so much.

해석

학생과 교수 사이의 대화를 들으시오.

P: 안녕, Rachel. 나는 네가 오늘 오후에 오지 않을 줄 알았단다... 여기에 10분 전에 오기로 했었잖니.

S: 죄송해요. 저는 오늘 일정에 약간 뒤처지고 있어요. 스터디 그룹과의 모임이 제가 생각했던 것보다 오래 걸렸거든요.

P: 괜찮아. 중간 고사에 대해 질문이 있었니?

S: 아뇨, 그건 준비가 된 것 같아요. 저는 사실 개인적인 문제에 대해 교수님의 도움을 받고 싶었어요... 그건 제 아르바이트에 관한 거예요.

P: 너는 학교 근처에 있는 식당에서 일하고 있잖아, 그렇지? 네가 수업 시간에 너의 일에 대해 말했던 것을 기억한단다.

S: 음, 사실, 카페에서 일해요. 그런데 그게 문제예요. 저는 제 전공과 관련된 경험을 좀 쌓고 싶거든요... 제 전공은, 어, 그래픽 디자인이에요.

P: 이해가 되는구나... 그래픽 디자인은 경쟁적인 분야잖니. 일찍 경험을 쌓기 시작하는 것이 중요하지.

S: 하지만, 어디서부터 시작해야 할지 모르겠어요.

P: 음, 인턴십에 지원하는 걸 고려해 봤니? 그 산업에 대해 배우기에 탁월한 방법이란다.

S: 그걸 생각해 봤지만... 저는 낮 동안에 수업이 있어요. 저녁과 주말에만 일할 수 있죠. 대부분의 회사는 전 시간 근무하는 인턴을 찾고 있고요.

P: 사실이야.

S: 게다가, 요즘 많은 인턴직은 보수를 받지 않아요. 음, 저는 아르바이트로 번 돈에 의존하고 있거든요. 모르겠어요... 제게 다른 어떤 선택권이 있는지 잘 모르겠네요. 그게 제가 교수님을 뵈러 온 이유예요.

P: 너무 빨리 포기하지 말거라. 내가 네 문제에 대한 해결책을 갖고 있는 것 같은데.

S: 이 시점에서 저는 무엇이든지 기꺼이 해 볼 거예요.

P: 음, 학교 동창회가 잡지를 출간한단다. 그건 이전의 학생들이 학교 행사들에 대해 계속해서 잘 알고 있게 해주지.

S: 사실, 행정실에서 기다리는 동안에 한 호를 훑어봤어요. 그건, 어, 별로 흥미롭지는 않던데요.

P: 맞아... 그리고 그게 바로 동창회가 지면 배치를 조정하고 더 많은 사진을 추가하기로 결정한 이유야. 그들은 또한 잡지의 온라인 버전을 출시하려는 계획을 세우고 있지.

S: 그들이 전문가를 찾고 있다는 것처럼 들리네요. 제가 지원하면 뽑힐 수 있을까요?

P: 음, 내가 알기로, 그들은 학생 보조자 몇 명을 고용하고 있어. 매주 몇 시간이면 될 거야. 하지만 그건 네가 선택한 분야와 관련된 일을 하는 기회가 될 수 있겠지. 내가 기꺼이 너를 추천해줄 수도 있단다.

S: 그거 좋겠네요. 정말 감사합니다.

1 학생은 왜 교수를 찾아가는가?

Ⓐ 전공을 바꾸는 것에 대해 문의하기 위해

Ⓑ 인턴십을 준비하는 것에 도움을 받기 위해

Ⓒ 직장에 대한 조언을 요청하기 위해

Ⓓ 추천서를 부탁하기 위해

해설

"I want to get some experience ~" 이하에서 학생이 전공과 관련된 경험을 쌓고 싶지만 어디서부터 시작해야 할지 모르겠다고 말하는 것을 볼 때, 직장에 대한 조언을 요청하기 위해 교수를 찾아간 것임을 알 수 있습니다.

2 교수는 동창회에 관해 무엇이라고 말하는가?

Ⓐ 그것은 학생들을 위한 웹사이트를 출시했다.

Ⓑ 그것은 출판물에 변화를 줄 것이다.

Ⓒ 그것은 이전의 학생들을 고용하기를 원한다.

Ⓓ 그것은 교내에 사무실을 열 계획이다.

해설

교수는 동창회가 잡지의 지면 배치를 조정하고 더 많은 사진을 추가하며, 온라인 버전을 출시하려는 계획을 세우고 있다고 말합니다. 따라서 동창회가 출판물에 변화를 줄 것임을 알 수 있습니다.

[3-4]   Listen to a conversation between a student and an officer.

학생의 용건/문제점
더 상급 수업
듣고 싶음

M: Excuse me, hi, um, I'm majoring in engineering and I need to fulfill my computer class requirement, but I'd like to take a more advanced course instead of the introductory level class.

W: Oh? Why? The introductory course meets the requirement for students not majoring in computer sciences.

이유
컴퓨터가 취미라
기초 수업
지루할 것임

M: Yeah, I know, it's just that I've done all sorts of odd jobs for companies needing computer work done . . . I mean, it's a hobby of mine, and I think I'd be rather bored if I took the basic class. And since I have to pay for it, well, I'd rather get my money's worth, you know?

W: I see. Well, the problem is that computer science majors are usually given priority when enrolling in the higher-level classes, because they tend to fill quickly and we'd like to ensure that those students meet their main course requirements. The introductory level classes are also all prerequisites for entering an intermediate course.

M: I know, but isn't there some way around it?

W: Hmm, I understand your situation. Sometimes it's possible to have the prerequisite

교직원의 제안
다음 주에
학과장 승인
받아올 것

waived, **Q3** but in order to do so, you must receive permission from the head of the department. In this case, you'll have to talk to Professor Wellstone. If you can convince him that you already know the material covered in the intro class, I'm sure he'll be willing to allow you access into another class. He's usually pretty good about stuff like that.

M: Okay, great. Can you tell me where to find him?

W: **Q4** He's actually not on campus today. He was called away on a family emergency. But he has left notice that he'll be back next week.

M: Oh, well, um, do you know where his office is?

W: Yes, it's down the hall, last door on the right.

학생의 반응
긍정

M: Okay, so I guess I'll go see him next week. But I hope it's not too late to register for the class I want when he gets back.

해석

학생과 교직원 사이의 대화를 들으시오.

M: 실례합니다, 안녕하세요, 음, 저는 공학을 전공하고 있는데 필수 컴퓨터 수업을 끝내야 해서요. 하지만 입문 단계 수업 대신 더 상급 수업을 듣고 싶어요.

W: 오? 왜죠? 컴퓨터 과학 전공이 아니라면 입문 수업만으로도 필수 과목을 채울 수 있는데 말이죠.

M: 네, 알아요, 다만 제가 컴퓨터 작업이 필요한 몇몇 회사에서 모든 종류의 다양한 일을 해 본 적이 있거든요... 제 말은, 컴퓨터가 제 취미여서, 기초 수업을 들으면 지겨울 것 같아서요. 그리고 제가 돈을 내기 때문에, 음, 그에 상응하는 것을 얻고 싶어요, 아시겠죠?

W: 알겠어요. 음, 문제는 높은 단계의 수업은 빨리 차는 경향이 있고 우리는 컴퓨터 과학 전공자들이 전공 필수 수업을 충족시키도록 해주어야 하기 때문에, 그들에게 우선권이 주어진다는 거예요. 중급 과목을 이수하기 위해서는 입문 단계 수업을 반드시 필수 과목으로 들어야 하기도 하구요.

M: 알지만, 방법이 없을까요?

W: 흠, 학생의 상황은 이해해요. 때때로 필수 과목이 면제되도록 하는 게 가능한데, 그렇게 하려면, 학과의 승인을 받아야 해요. 이 경우에는, Wellstone 교수님께 말씀드려야 하겠죠. 교수님께 학생이 입문 수업에서 다루는 내용을 이미 다 알고 있다는 것을 설득시킬 수만 있다면, 교수님께서는 분명히 다른 수업을 들어도 좋다고 하실 거예요. 그 교수님은 그런 면에서는 상당히 관대하시거든요.

M: 알겠어요, 좋아요. 어디 가면 교수님을 뵐 수 있을까요?

W: 사실 교수님은 오늘 학교에 안 계세요. 집에 급한 일이 있어서 부재중이시거든요. 하지만 다음 주에는 돌아올 거라고 메모를 남기셨어요.

M: 오, 그러면, 음, 교수님 연구실이 어디인지 아세요?

W: 네, 복도를 따라 가다가, 오른쪽 마지막 문이에요.

M: 좋아요, 다음 주에 교수님을 뵈러 가야겠어요. 하지만 제가 원하는 수업을 교수님이 돌아오셨을 때 신청하는 게 너무 늦은 것이 아니었으면 좋겠네요.

3 교직원은 학생에게 무엇을 하라고 제안하는가?

Ⓐ 그는 먼저 입문 프로그래밍 수업을 완료해야 한다.

Ⓑ 그는 실력을 입증하기 위해 반편성 시험을 봐야 한다.

Ⓒ 그는 학교 방침에 더 관대한 직원과 이야기해야 한다.

Ⓓ 그는 승인을 받기 위해 학과장을 만나야 한다.

해설

교직원은 "but in order to do so, you must ~" 이하에서 필수 과목을 면제받으려면 학과장의 승인을 받아야 한다고 말합니다.

4 학생은 왜 곧바로 교수를 만날 수 없는가?

Ⓐ 교수의 일정이 다음 주까지 약속으로 꽉 차있다.

Ⓑ 학생은 먼저 학적과 직원의 승인을 받아야 한다.

Ⓒ 교수가 학교에 없다.

Ⓓ 학생은 연구실을 찾을 수 없다.

해설

교수님을 어디서 뵐 수 있느냐는 학생의 질문에 교직원은 교수가 오늘 학교에 없다(he's actually not on campus today)고 말합니다.

[5-6] Listen to a conversation between a student and a university employee.

M: Good morning.

W: Hi. I had a question about the student lounge. My friend said that I should visit the building management office . . .

M: You came to the right place. What's your question?

W: Um, it's about when the lounge is available for students to use . . .

M: Well, it's open from 8:30 a.m. to midnight every day. This information is clearly posted by the entrance.

W: That's not why I came . . . Q5 I heard that the university is going to close the lounge during the summer semester. I'm really unhappy about this.

M: Yeah, we've received a few other complaints about the new rule. But there are very few students on campus in the summer, so it's just not worth it to keep it open.

W: It can't cost that much.

M: More than you'd think. Air-conditioning, lights . . . it's not cheap. And the university is trying to save money wherever it can these days.

W: But one of my classes involves a group project. We won't have anywhere to work together if the lounge is closed.

M: That's not actually true. There are other facilities on campus that you can use. For example, the library has rooms available for study groups. Why don't you try one of those?

W: I've considered the library, but there are a lot of rules. Um, you can't eat or drink, and you have to be quiet all the time. It's not a great atmosphere for a group of students to work together on a project.

M: I see your point. Hmm, let me think . . . Another option is the dormitories . . .

W: Like, hanging out in someone's room? They're too small for more than two or three people.

M: Actually, I meant the common areas of the dorms. They have big tables and free internet access, and you can talk as loudly as you want. It's the perfect spot to spend time with your classmates.

W: Q6 Sure . . . but people who are not residents of the dorm must leave at 8:00 p.m. Um, my group members will probably want to meet later in the evening. Most students have busy schedules.

M: I understand that neither option is perfect, but . . . well, you will just have to find a way to deal with the situation.

학생의 용건/문제점
여름 학기 동안
휴게실 폐쇄
– 조별 과제 할
곳 없음

교직원의 제안 1
도서관을
이용할 것

학생의 반응
부정 – 규칙이
너무 많음

교직원의 제안 2
기숙사 공용
공간을 이용할 것

학생의 반응
부정 – 늦게까지
이용 못 함

W: You're right. I'm sure I'll figure something out.

해석

학생과 교직원 사이의 대화를 들으시오.

M: 좋은 아침이에요.

W: 안녕하세요. 학생 휴게실에 대해 질문이 하나 있어서요. 제 친구가 건물 관리 사무실로 찾아가야 한다고 하더라고요...

M: 옳은 장소로 오셨어요. 질문이 뭔가요?

W: 음, 휴게실이 학생들에게 언제 이용 가능한지에 관한 거예요...

M: 음, 휴게실은 매일 아침 8시 30분부터 자정까지 열어요. 이 정보는 입구에 명확히 게시되어 있고요.

W: 제가 온 이유는 그게 아니에요... 학교가 여름 학기 동안 휴게실을 폐쇄할 거라고 들었어요. 저는 이게 정말로 불만스러워요.

M: 네, 저희는 이 새로운 규칙에 대한 몇몇 다른 불만을 접수했어요. 하지만 여름에는 교내에 학생들이 거의 없어서, 휴게실을 계속 열어둘 만한 가치가 없어요.

W: 그렇게 많은 비용이 들지는 않을 텐데요.

M: 학생이 생각하는 것보다 많이 들어요. 냉난방, 조명... 비용이 적게 들지 않죠. 그리고 요즘 대학은 할 수 있는 곳 어디에서나 돈을 절약하려고 노력하는 중이에요.

W: 하지만 제 수업 중 하나는 조별 과제를 포함하고 있어요. 휴게실이 폐쇄되면 함께 과제를 할 수 있는 곳이 없을 거예요.

M: 사실 그렇지 않아요. 교내에는 이용할 수 있는 다른 시설들이 있어요. 예를 들어, 도서관에는 조 모임에 이용 가능한 방이 몇 개 있어요. 그 중 하나를 이용해 보는 것이 어때요?

W: 도서관을 고려해봤지만, 규칙이 너무 많아요. 음, 먹거나 마실 수도 없고, 내내 조용히 해야 하죠. 거기는 조 학생들이 함께 과제를 하기에 별로 좋은 분위기가 아니에요.

M: 무슨 말인지 알겠어요. 흠, 생각 좀 해 볼게요... 다른 선택권은 기숙사예요...

W: 말하자면, 누군가의 방에서 시간을 보내는 거요? 기숙사는 두세 명 이상에게는 너무 좁아요.

M: 사실, 기숙사의 공용 공간을 말한 거예요. 거기에는 큰 탁자들과 무료 인터넷이 있고, 학생이 원하는 만큼 큰 소리로 말할 수 있잖아요. 반 친구들과 시간을 보내기에 완벽한 장소죠.

W: 그렇죠... 하지만 기숙사 거주자가 아닌 사람들은 저녁 8시에 떠나야만 해요. 음, 저희 조원들은 아마 저녁 늦게 만나길 원할 거예요. 대부분 학생들은 바쁜 일정이 있잖아요.

M: 두 선택권 중 어느 것도 완벽하지 않다는 걸 알아요, 하지만... 음, 학생은 이 상황에 대처할 방법을 찾아야만 해요.

W: 맞아요. 제가 뭔가를 알아낼 거라고 확신해요.

5 학생은 왜 교직원과 대화하는가?

ⓐ 학교 시설을 예약하기 위해

ⓑ 다른 기숙사로의 배정을 요청하기 위해

ⓒ 새로운 학교 정책에 대해 불평하기 위해

ⓓ 건물의 운용 시간을 알아내기 위해

해설

"I heard that the university is going to ~" 이하에서 학생이 새로운 학교 정책에 불평하기 위해 교직원과 대화하고 있음을 알 수 있습니다.

6 학생은 기숙사 공용 공간에 관해 무엇이라고 말하는가?

ⓐ 늦은 밤에는 방문객들이 허용되지 않는다.

ⓑ 분위기가 그다지 편하지 않다.

ⓒ 학생들은 그곳에서 조용히 말해야만 한다.

ⓓ 매일 밤 8시에 문을 닫는다.

해설

교직원이 기숙사 공용 공간을 이용할 것을 제안하자, 학생은 기숙사 거주자가 아닌 사람들은 저녁 8시에 떠나야만 한다고 말합니다.

Daily Check-up ·· p. 110

01 B	02 C	03 B	04 B	05 A	06 B	07 A	08 C

01

M: Um, can you tell me how much I could get for these books? ① **They're practically new**.

W: Well . . . I can see that you've kept your books in good condition, but ② **I'm afraid that won't really help you**. Our bookstore has a strict policy . . . ③ **We only pay 15% of the original price, even if the book is in good condition.**

M: ④ **Really . . . that's it? Biology textbooks are really expensive.**

Q Why does the student say this:
   M: Really . . . that's it?

해석

M: 음, 이 책들로 제가 돈을 얼마나 받을 수 있는지 말해주실 수 있나요? 거의 새 책이에요.

W: 음... 책을 잘 관리했다는 건 알겠지만, 큰 도움은 안 될 것 같군요. 우리 서점은 엄격한 방침을 가지고 있거든요... 우리는 책의 상태가 좋더라도, 원래 가격의 15퍼센트만 지급해요.

M: 정말요... 그게 다예요? 생물학 교과서들은 정말 비싼데요.

Q 학생은 왜 이렇게 말하는가: "정말요... 그게 다예요?"

해설

새 책이라도 원래 책값의 15퍼센트만 지불한다는 서점 직원의 말에 학생은 놀란 듯한 어조로 "정말요... 그게 다예요?"라고 말합니다. 이어서 학생이 생물학 교과서가 정말 비싸다고 말하는 것을 볼 때, 서점에서 제시한 가격이 너무 낮다고 말하고 있음을 알 수 있습니다.

02

W: Well, I think my paper is going OK. But, uh . . . I'm a little confused about ① **what information to include**. I have a lot of ideas I want to talk about, but it seems like maybe I am going into too much detail . . .

M: I see, and ② **I can understand your frustration**! Here's what I would suggest . . . ③ **Imagine that you have to explain your topic to someone with no background knowledge on the topic** . . . I mean someone who's an absolute beginner. How much information do you need to make your listener understand?

해석

W: 음, 보고서는 잘 진행되고 있는 것 같아요. 다만, 어... 어떤 정보를 포함시킬지에 대해 조금 혼란스러워요. 이야기하고 싶은 주제는 많은데, 구체적인 내용을 너무 많이 언급하게 될 것 같다는 생각이 들어서요...

M: 그렇구나, 너의 절망감을 이해할 수 있단다! 내 제안은 이거야... 네 주제를 배경지식이 없는 누군가에게 설명해야 한다고 상상해보렴... 그러니까 완전 초보자에게 말이야. 그 사람들을 이해시키려면 어느 정도의 정보가 필요할까?

해설

"그렇구나, 너의 절망감을 이해할 수 있단다!"라는 교수의 어조와 학생의 문제점을 해결하기 위해 제안을 해주는 대화 맥락을 살펴 볼 때, 교수는 학생이 겪고 있는 상황에 대해 동정적인 태도를 취하고 있음을 알 수 있습니다.

03

M: It costs $10 to get new photo ID. Do you want a new ID card?

W: I really need my ID, but . . . ① **money is so tight**. I just hope someone finds my old one and drops it off here soon. ② **It's my only option right now**.

M: Well, ③ **we can issue you a free temporary card that states you're a student here**. It's good for a week, but then ④ **you'll have to get a permanent ID if your card hasn't shown up here** . . .

W: OK . . . if you could issue me a temporary card, I would really appreciate it.

Q Why does the woman say this:

W: It's my only option right now.

해석

M: 사진이 부착된 새 학생증을 발급받는 비용은 10달러입니다. 새 학생증을 원하시나요?

W: 학생증이 정말 필요하긴 해요, 하지만... 돈이 너무 부족해서요. 그저 누군가가 이전 학생증을 찾아서 여기에 놓고 갔으면 좋겠어요. 그것이 지금 제 유일한 방도예요.

M: 음, 학생이 여기 재학생임을 나타내는 임시 학생증을 무료로 발급해드릴 수 있어요. 일주일 동안은 괜찮지만, 이후에도 학생증이 나타나지 않으면 정규 학생증을 발급받으셔야 합니다...

W: 알겠습니다... 임시 학생증을 발급해주시면, 정말 감사하겠어요.

Q 여자는 왜 이렇게 말하는가: "그것이 지금 제 유일한 방도예요."

해설

새 학생증을 원하냐는 남자의 질문에 여자는 돈이 부족하다며 누군가 이전 학생증을 찾아 가져다주길 바란다고 말합니다. 이러한 문맥을 볼 때, 여자는 경제적 어려움을 강조하기 위해 "그것이 지금 제 유일한 방도예요"라고 말한 것임을 알 수 있습니다.

04

M: I would really like to be accepted for this part-time internship.

W: I'm sure that ① **with your qualifications you'll have no problems**.

M: Really? Thank you. There's just one more thing. ② **If they ask me for a reference, will it be all right if I give them your name**?

W: Well . . . I've been very pleased with your efforts over the past semester. ③ **Let me know when you need a reference letter**.

M: I'll do that!

Q Why does the professor say this:

W: Let me know when you need a reference letter.

해석

M: 이번 시간제 인턴직에 꼭 받아들여졌으면 좋겠어요.

W: 네 자격이라면 문제없을 거라고 확신해.

M: 정말요? 감사합니다. 한 가지 더 말씀드릴 게 있어요. 만약 제게 추천서를 요구하면, 교수님 성함을 알려드려도 괜찮을까요?

W: 음... 지난 학기 동안의 네 노력이 마음에 들었어. 추천서가 필요하면 알려주렴.

M: 그렇게 할게요!

Q 교수는 왜 이렇게 말하는가: "추천서가 필요하면 알려주렴."

해설
교수는 추천서를 부탁해도 되는지 묻는 학생에게 "네 노력이 마음에 들었어"라고 말하며 추천서가 필요하면 알려달라고 합니다. 즉,
교수는 기꺼이 학생의 요구를 들어줄 것임을 알 수 있습니다.

05

W: Well, when a student's grades drop below a certain level, the computer system automatically
notifies our office and ① **prints a letter that is sent to the student's mailing address**.

M: My parents can't find out about this. ② **If they do, they'll be so disappointed in me**!

W: The letter's already on its way. ③ **Don't panic, though**. Um . . . Why don't I call your parents and
invite them here for a meeting? ④ **That will give you a chance to explain why your grades have
fallen**. I assume there's a good reason and that your performance will improve next semester.

Q Why does the woman say this:
   W: Don't panic, though.

해석
W: 음, 학생의 성적이 적정 수준 이하로 떨어지면, 전산 시스템이 자동적으로 학과 사무실에 통보하고 학생의 우편 주소로 발송되는
    서신을 출력합니다.

M: 제 부모님이 이걸 아시면 안 돼요. 만약 그렇게 된다면 저에게 무척 실망하실 거예요!

W: 서신은 이미 발송되었어요. 그래도, 당황하지 마세요. 음... 제가 학생의 부모님께 전화를 드려 이곳에서 만나자고 하면 어떨까요?
    그러면 학생의 성적이 왜 떨어졌는지 해명할 수 있을 테니까요. 제 생각에는 그럴만한 이유가 있었을 것 같고 다음 학기에는 성
    적이 향상될 것 같네요.

Q 여자는 왜 이렇게 말하는가: "그래도, 당황하지 마세요."
   Ⓐ 그녀는 문제에 대해 가능한 해결책을 가지고 있다.
   Ⓑ 그녀는 학생이 과잉반응하고 있다고 생각한다.
   Ⓒ 그녀는 학생이 듣고 있지 않다고 생각한다.

해설
학생이 성적표 발송에 대해 걱정하자, 여자는 "그래도, 당황하지 마세요"라고 말하며 학생에게 해결책을 제안합니다. 즉, 여자는 가
능한 해결책을 가지고 있다고 말한 것임을 알 수 있습니다.

06

M: You know, France is very popular with students who wish to study abroad. Well, I hope this won't
dampen your spirits, but ① **the country's popularity makes it highly competitive for foreign
students**. What were your grades like in your freshman year?

W: I had a 2.5 average for the year but my grade point average in French was an A.

M: ② **I'm afraid a 2.5 average won't cut it.** I don't want you to be disappointed, but ③ **that's not
good enough to get accepted by a university in France**.

W: Oh . . . that's too bad.

Q Why does the professor say this:
   M: I'm afraid a 2.5 average won't cut it.

해석
M: 알다시피, 프랑스는 유학을 가고자 하는 학생들에게 매우 인기가 많단다. 음, 네 기를 꺾자는 건 아니지만, 프랑스의 인기는 외국
    학생들의 경쟁을 매우 치열하게 만들지. 1학년 때 네 성적이 어땠니?

W: 1학년 전체 평점은 2.5점이었지만 프랑스어 과목의 평점은 A였어요.

M: 평점 2.5점으로는 부족할 것 같구나. 실망시키고 싶지는 않다만, 그 정도 성적으로 프랑스 대학에 입학하기에는 부족해.

W: 오... 너무 안타깝네요.

Q 교수는 왜 이렇게 말하는가: "평점 2.5점으로는 부족할 것 같구나."

    Ⓐ 학생이 더 공부해야 한다는 것을 암시하기 위해

    Ⓑ 학생의 성적이 너무 낮다는 것을 나타내기 위해

    Ⓒ 프랑스어 공부의 중요성을 설명하기 위해

해설

교수는 경쟁이 치열한 프랑스로 유학가고 싶어 하는 학생에게 학점을 묻고 "평점 2.5점으로는 부족할 것 같구나"라고 말합니다. 여기서 'not cut it'은 어떤 것에 필요한 자질 및 능력이 부족하다는 의미로, 교수는 프랑스에 유학 가기에는 학생의 성적이 너무 낮다고 말한 것임을 알 수 있습니다.

07

M: ① **Have you had any luck finding your dorm key**?

W: No . . . and I've searched everywhere. ② **I've pretty much given up**. My roommate keeps lending me her key whenever I go out.

M: You should probably get a new one. If you go to the Student Services office, ③ **they will issue you a replacement**.

W: Yeah . . . I suppose so. Maybe I will do that now.

Q Why does the woman say this:

    W: I've pretty much given up.

해석

M: 혹시 운 좋게 기숙사 열쇠를 찾았나요?

W: 아니요... 저는 모든 곳을 다 찾아보았어요. 거의 포기한 상태예요. 제가 외출할 때마다 항상 제 룸메이트가 열쇠를 빌려주죠.

M: 새 열쇠를 얻어야겠네요. 학생 행정 부서로 가면, 새 열쇠를 만들어줄 거예요.

W: 네... 그렇겠군요. 지금 가 봐야겠어요.

Q 여자는 왜 이렇게 말하는가: "거의 포기한 상태예요."

    Ⓐ 그녀는 열쇠를 찾을 수 없다는 것을 받아들였다.

    Ⓑ 그녀는 룸메이트가 열쇠를 빌려주지 않을까 봐 걱정하고 있다.

    Ⓒ 그녀는 한 번 더 열쇠를 찾아보려고 마음먹고 있다.

해설

열쇠를 찾았느냐는 남자의 말에 여자는 "거의 포기한 상태예요"라고 말합니다. 즉, 여자는 모든 곳을 다 찾아본 뒤 결국 열쇠를 찾을 수 없다는 것을 받아들였음을 알 수 있습니다.

08

W: ① **Do you need an extension or something**? You've had over a month to prepare this!

M: No, I've actually finished preparing the presentation already. I need to, um . . . reschedule for other reasons.

W: I'm sorry, but ② **the presentation times have already been decided**.

M: I know, but ③ **I have an exam for another class on that day**.

W: Okay, I guess I can ask the class tomorrow . . . but ④ **I don't think anybody will want to reschedule**.

W: 기한 연장 같은 것이 필요한 거니? 준비 기간이 한 달 넘게 있었는데!

M: 아닙니다, 사실 발표 준비는 이미 끝났어요. 저는, 음... 다른 이유로 일정을 변경해야 할 것 같아요.

W: 미안하지만, 발표 일정은 이미 정해졌어.

M: 저도 알지만, 그 날 다른 수업 시험을 봐야 하거든요.

W: 좋아, 내일 학생들에게 물어봐줄 수는 있을 것 같아... 하지만 아무도 일정 변경을 원치 않을 것 같구나.

Q 발표 일정을 변경하는 것에 대한 교수의 태도는 무엇인가?

ⓐ 그녀는 학생이 준비되지 않아서 화가 났다.

ⓑ 그녀는 너무 많은 시간이 소요될까 봐 걱정하고 있다.

ⓒ 그녀는 일정 변경이 가능할 것이라는 데 확신하지 못하고 있다.

해설

학생이 발표 일정을 변경해달라고 하자 교수가 학생들에게 물어는 보겠지만 아무도 일정 변경을 원치 않을 것 같다(but I don't think anybody will want to reschedule)고 말하는 것을 볼 때, 일정 변경에 대해 확신하지 못하고 있음을 알 수 있습니다.

Daily Test ··· p. 114

| 1 B | 2 B, D | 3 C | 4 D | 5 B | 6 D |

[1-3]   Listen to a conversation between a student and an officer.

M: Hi, can I help you?

학생의 용건/문제점 — W: Q1 Yes, I'd like to enroll in any of the morning swimming classes under Melanie Caputo. 수영 수업 등록   When are they offered?

M: Well, let's see. Are you a beginning, intermediate or advanced swimmer?

W: I'm intermediate.

M: OK, we have two classes. They both meet twice a week. One is on Mondays and Wednesdays from 7:30 to 8:30 a.m. The other is on, um, Tuesdays and Thursdays, also from 7:30 to 8:30 a.m.

W: Ah, great. I want to take the Monday/Wednesday class. Can you register me now?

M: Sure, no problem. Do you have your student ID and your grade for the beginner's class?

W: Yeah, here they are. I nearly failed the beginner's class.

M: Well, you passed it and that's the only requirement you need. So . . . the fee for this class is $168. Do you want to pay now or later?

W: What? I paid only $119 last semester.

지난 학기와 수업료가 다른 이유 1. 체육 강사 급여 인상 — M: True. But if you've been following what's been happening on campus, Q2 you would have known that the physical education teachers demanded higher salaries and their demands were granted, which means the students will have to pay higher fees.

W: The fees for my academic classes are high enough, and the swimming class is just a one-credit course!

M: Q3 You're not the only one complaining. But even if the entire student body complained, I wouldn't be able to do anything about it, now would I? I'm just the officer who enrolls the students who pay the fees.

W: But $49 more! You'd think $10 extra from every student who enrolls in a physical education class would have more than covered the salary increases of the physical education faculty.

2. 장비 구입,
체육관 짓고 있음

M: Well, I believe it's not just the salary increases. The university bought new equipment. Q2 And you must have noticed that they're building a new gymnasium.

W: Well . . . I guess you're right. I don't have the money on me now, so I'll, um, have to come back later this week.

M: Don't forget that the last day of enrollment is this Wednesday. After Wednesday, all slots will be offered on a first-come-first-served basis.

학생의 반응
내일 다시 오겠음

W: OK, I'll come by tomorrow then. Thanks for your help.

M: See you then.

해석

학생과 교직원 사이의 대화를 들으시오.

M: 안녕하세요, 도와드릴까요?

W: 네, Melanie Caputo 강사님의 수영 수업에 아침반으로 등록하고 싶은데요. 수업이 언제 있나요?

M: 음, 어디 봅시다. 수영 초보자세요, 아니면 중급자나 고급자세요?

W: 중급자예요.

M: 좋아요, 두 개의 반이 있는데요. 모두 일주일에 두 번 수업이에요. 하나는 월요일과 수요일 오전 7시 30분부터 8시 30분까지예요. 다른 하나는, 음, 화요일과 목요일에, 오전 7시 30분부터 8시 30분까지 같은 시간에 있어요.

W: 아, 잘됐네요. 전 월/수 수업을 듣고 싶어요. 지금 등록해주실 수 있나요?

M: 네, 문제없어요. 학생증과 초급반에서 받은 성적표를 가지고 있나요?

W: 네, 여기 있어요. 저는 초급반 수업에서 거의 떨어질 뻔 했어요.

M: 음, 학생은 통과했고, 그게 유일한 필요조건이죠. 그래서... 이 수업의 수업료는 168달러예요. 지금 내시겠어요 아니면 나중에 내시겠어요?

W: 네? 지난 학기에는 119달러만 냈는데요.

M: 맞아요. 하지만 학교에서 일어나온 일들을 이해해왔다면, 체육과 강사들이 급여 인상을 요구했고 그 요구가 승낙됐다는 것을 알 텐데요, 그건 학생들이 더 높은 수업료를 내게 됐다는 것을 의미하죠.

W: 학문 과목들의 수업료도 충분히 비싼데, 수영은 겨우 1학점 수업이잖아요!

M: 학생 혼자만 불평하는 건 아니에요. 하지만 학생들 전부가 불평한다고 해도, 제가 할 수 있는 일은 아무것도 없어요, 그렇지 않나요? 저는 학생들에게 수업료를 받고 등록시켜주는 직원일 뿐이거든요.

W: 하지만 49달러나 더라니요! 체육과 수업을 듣는 모든 학생이 10달러씩만 더 내도 체육 강사 급여의 인상분 이상일 것 같은데요.

M: 음, 아마 급여 인상 때문만은 아닐 거예요. 학교는 새로운 장비를 구입했거든요. 그리고 새로운 체육관을 짓고 있다는 것도 알고 있을 거예요.

W: 음... 일리가 있는 것 같아요. 지금은 돈이 없으니까, 음, 이번 주 중에 다시 와야겠네요.

M: 등록 마지막 날이 이번 주 수요일이라는 걸 잊지 마세요. 수요일이 지나면, 모든 빈 자리는 선착순으로 제공될 거예요.

W: 네, 그럼 내일 다시 올게요. 도와주셔서 감사해요.

M: 그럼 그때 봐요.

1 여자는 왜 남자와 이야기하는가?

Ⓐ 체육 수업에 등록하기 위해

Ⓑ 수영 수업에 등록하기 위해

Ⓒ 낮은 수영 성적에 대해 논의하기 위해

Ⓓ 수업료 인상에 항의하기 위해

해설

찾아온 목적을 묻는 교직원의 질문에 학생은 "I'd like to ~" 이하에서 수영 수업에 등록하고 싶다고 말합니다.

2 남자는 수영 수업료 인상에 대해 무엇이라고 설명하는가?

    Ⓐ 학교는 몇 년간 수업료를 인상하지 않았다.

    Ⓑ 학교는 체육과 강사들의 급여 인상 요구를 받아들였다.

    Ⓒ 학교는 더 좋은 수영장을 지으려고 계획 중이다.

    Ⓓ 학교는 새로운 체육관을 짓고 있다.

해설

교직원은 체육 강사들의 임금 인상 요구가 승인되어 수업료가 올랐고, 인상된 수업료에는 새 장비 구입 비용과 새 체육관을 짓는 비용 또한 포함되어 있다고 말합니다.

3 남자는 왜 이렇게 말하는가:

    M: You're not the only one complaining. But even if the entire student body complained, I wouldn't be able to do anything about it, now would I? I'm just the officer who enrolls the students who pay the fees.

    학생 혼자만 불평하는 건 아니에요. 하지만 학생들 전부가 불평한다고 해도, 제가 할 수 있는 일은 아무것도 없어요, 그렇지 않나요? 저는 학생들에게 수업료를 받고 등록시켜주는 직원일 뿐이거든요.

    Ⓐ 여자에게 학생들 모두가 그녀와 동의한다는 것을 확실히 말하기 위해

    Ⓑ 여자에게 수업 인상 반대 운동에 동참하라고 격려하기 위해

    Ⓒ 학생이 엉뚱한 사람에게 불평하고 있다는 것을 나타내기 위해

    Ⓓ 그가 여자의 불평에 관심 없다는 것을 나타내기 위해

해설

학생이 계속해서 수업료 인상에 대해 항의하자 교직원은 자신은 학생들을 등록시켜주는 직원일 뿐이라고 말하며, 학생이 엉뚱한 사람에게 불평하고 있다는 것을 나타내고 있습니다.

[4-6]   Listen to a conversation between a student and a faculty center assistant.

    M: Excuse me. Do you have a minute?

    W: Sure. What can I do for you?

    M: ^{Q4} I just came to tell you that I'm not able to have my lesson today. I've got a very bad cold and my throat is really sore . . . I don't want to risk making it worse by trying to sing today.

    W: Sorry to hear that you're not feeling well . . . and you're right. You don't want to strain your throat. It will only lengthen your recovery time. What would you like to do about today's lesson?

    M: ^{Q6} Well . . . I'd like to reschedule it if possible . . . There's only three weeks left to go 'til the voice competition and I still need a lot of help!

학생의 용건/문제점
목이 아파
노래 수업 못감
– 시간 변경

교직원의 제안 1
금요일 오후

    W: Right . . . the voice competition . . . Hmm . . . Well, you're in luck! We have an open slot this Friday afternoon. How about that?

학생의 반응
부정 – 그때까지
나을지 모르겠음

    M: Oh . . . well, the thing is, I'm not sure I will be well enough to sing by then. I need to make sure that my throat is fully recovered before I do anything that may damage it.

    W: I see . . . but if you wait too long then you may not have enough time to prepare for the competition.

    M: I know. That's why I . . . I'd like to come in next week for a makeup lesson, if possible.

교직원의 제안 2
다음 주 자리가
나면 알려 주겠음

학생의 반응
긍정 – 목요일에
전화하겠음

W: I'm really sorry, but I'm afraid not . . . ^{Q5} All the vocal coaches are already booked for next week. The only thing I can do is let you know if there are any cancellations.

M: OK, please call me if anything opens up. Oh . . . and about Friday's time slot . . . can I rest a few days and decide then if my throat is feeling well enough to come? How about I call you on Thursday to confirm?

W: Well, the department usually requires that lessons be scheduled at least 48 hours in advance, but I'll make an exception in this case, since you are sick and have the pressure of the competition coming up. I'll expect your call by Thursday morning. I'll keep that Friday slot open for you until then. In the meantime, drink plenty of water and make sure to turn on your humidifier!

해석

학생과 학부 사무실 조교 사이의 대화를 들으시오.

M: 실례합니다. 시간 있으신가요?

W: 물론이죠. 무엇을 도와드릴까요?

M: 오늘 수업을 못 받을 것 같다고 말씀드리러 왔어요. 심한 독감에 걸려 목이 정말 아파요... 오늘 노래를 불러서 목을 더 악화시키고 싶지는 않아서요.

W: 몸이 안 좋다니 안됐군요... 맞아요. 목에 무리를 주고 싶지는 않겠죠. 회복 시간이 더뎌지게 할 거예요. 오늘 수업은 어떻게 하고 싶으세요?

M: 글쎄요... 가능하다면 일정을 변경하고 싶어요... 노래 대회까지 3주밖에 남지 않았고 저는 아직 도움이 많이 필요하거든요!

W: 맞아요... 노래 대회가 있었죠... 흠... 이런, 운이 좋군요! 금요일 오후에 비는 자리가 있어요. 그때는 어때요?

M: 오... 저, 문제는, 제가 그때쯤 노래를 부를 수 있을 만큼 좋아질지 잘 모르겠어요. 목을 상하게 하기 전에 완전히 회복되었는지 확인해야 하니까요.

W: 알겠어요... 그런데 너무 오래 기다리면 대회를 준비할 시간이 충분하지 않을지도 몰라요.

M: 알아요. 그래서 저는... 가능하다면, 다음 주에 보충 수업을 받으러 오고 싶어요.

W: 정말 죄송합니다만, 힘들겠는데요... 다음 주에는 모든 강사들이 이미 예약되어 있거든요. 제가 할 수 있는 유일한 것은 누가 취소하면 알려주는 거예요.

M: 알겠습니다, 만약 어느 자리라도 나면 제게 연락주세요. 오... 그리고 금요일 시간대 말인데요... 며칠 쉬어 보고 올 수 있을 만큼 목이 나아지면 그때 결정해도 될까요? 제가 목요일에 확인 전화를 거는 것은 어떨까요?

W: 음, 학과에서는 보통 적어도 48시간 미리 수업 일정을 잡아야 한다고 하지만, 학생이 아프고 다가오는 대회로 부담도 클 테니까, 이번만은 예외로 할게요. 목요일 아침까지 전화하세요. 그때까지는 금요일 자리를 비워둘게요. 그동안, 충분한 물을 마시고 가습기도 꼭 켜두도록 해요!

4 남자의 문제는 무엇인가?

Ⓐ 그는 수업료를 낼 여유가 없다.

Ⓑ 그는 노래 대회에 참가할 수 없다.

Ⓒ 그는 노래 강사를 좋아하지 않는다.

Ⓓ 그는 아파서 수업을 받을 수 없다.

해설

조교가 찾아온 목적을 묻자 학생은 "I just came to tell you ~" 이하에서 독감에 걸려 당일 수업을 받을 수 없다고 말합니다.

5 남자는 왜 다음 주로 수업 일정을 잡을 수 없는가?

Ⓐ 그것은 학과 방침에 어긋나기 때문에

Ⓑ 다음 주에 일정이 꽉 차있기 때문에

Ⓒ 학생이 수업료를 내지 않았기 때문에

ⓓ 학생이 이전에 결석했기 때문에

해설
학생이 다음 주에 보충 수업을 받고 싶다고 하자, 교직원은 모든 강사들이 이미 예약되어 있다고 말합니다.

대화의 일부를 다시 듣고 질문에 답하시오.

M: Well . . . I'd like to reschedule it if possible . . . There's only three weeks left to go 'til the voice competition and I still need a lot of help!

글쎄요... 가능하다면 일정을 변경하고 싶어요... 노래 대회까지 3주밖에 남지 않았고 저는 아직 도움이 많이 필요하거든요!

W: Right . . . the voice competition . . . Hmm . . . Well, you're in luck! We have an open slot this Friday afternoon. How about that?

맞아요... 노래 대회가 있었죠... 흠... 이런, 운이 좋군요! 금요일 오후에 비는 자리가 있어요. 그때는 어때요?

6 여자는 이렇게 말함으로써 무엇을 암시하는가:

W: Right . . . the voice competition . . . Hmm . . .

ⓐ 그녀는 노래 대회에 대해 모르고 있었다.
ⓑ 그녀는 학생이 준비가 안 될까 봐 걱정하고 있다.
ⓒ 그녀 또한 대회에 참여하고 싶어 한다.
ⓓ 그녀는 노래 대회를 염두에 두지 않았다.

해설
학생이 노래 대회가 얼마 안 남았기 때문에 일정을 변경하고 싶다고 하자, 교직원은 "맞아요... 노래 대회가 있었죠..." 라고 말하며 자신이 그 생각을 미처 못했다는 것, 즉 노래 대회를 염두에 두지 않았다는 것을 나타냅니다.

4일 Connecting Contents Questions

Daily Check-up ··· p. 120

01		포함됨	포함 안 됨
이력서			√
추천서		√	
성적 증명서		√	
과외 활동 목록		√	

02 B   03 C

04		조언됨	조언 안 됨
모두의 의견을 모을 것		√	
정기적인 모임을 가질 것			√
구체적인 업무를 할당할 것		√	
조장을 선출할 것		√	

05		Suggested	Not suggested
Record his purchases		√	
Cut unneeded expenses		√	
Try to get a job			√
Ask his parents for money			√

01

M: Excuse me professor . . . I was hoping you could help me.

W: What's going on?

M: Well, I've been working on my application to law school, and I am ① **not quite sure what I should include**.

W: You should include ② **your transcript and a letter of reference**. These are the most important.

M: Yeah, I know. I'm just not sure what else should be in my application . . .

W: Well, I would definitely include ③ **a list of extracurricular activities**.

M: Like what?

W: Anything that makes you look good, even if it isn't directly related to law school. One student I knew drew attention to the fact that he had managed a video store. It showed that he was responsible and capable of supervising a team. I think it really helped him. It also looked good on his résumé later.

해석

M: 실례합니다 교수님... 저를 도와주실 수 있나 해서요.

W: 무슨 일이니?

M: 음, 저는 법학 대학원에 낼 지원서를 작성 중인데, 무엇을 포함해야 하는지 잘 몰라서요.

W: 성적 증명서와 추천서를 포함해야 해. 그것들이 가장 중요하거든.

M: 네, 알고 있어요. 단지 그 외에 지원서에 무엇이 들어가야 할지를 잘 모르겠어요...

W: 음, 나라면 과외 활동 목록을 꼭 포함할 것 같은데.

M: 예를 들면요?

W: 네 이미지를 재고할 수 있는 어떤 것이든지, 법학 대학원과 직접적으로 연관이 없는 활동이라도 말이야. 내가 아는 어떤 학생은 비디오 가게를 운영했다는 사실로 관심을 끌었지. 그것은 그 학생이 책임감 있고 팀을 감독할 수 있다는 것을 보여줬거든. 그것이 그 학생에게 정말 도움이 된 것 같아. 그리고 나중에 이력서에 써넣기에도 좋지.

해설

교수는 학생에게 "너는 이걸 포함해야 해(you should include)"라고 말하며 1. 성적 증명서(transcript)와 2. 추천서(a letter of reference)를 언급합니다. 그리고 이어서 "나라면 이걸 꼭 포함시킬 것 같은데(I would definitely include)"라고 말하며 3. 과외 활동 목록(a list of extracurricular activities)을 언급합니다.

02

W: I am a little worried about our exam next week. I missed the lecture on alpine climates.

M: Hmm . . . have you considered ① **asking one of your classmates for their notes on that lecture**?

W: Well, I was thinking about it, but ② **I don't really know anyone in the class that well**.

M: This could provide the perfect opportunity for you to get to know someone. ③ **There are a lot of advantages to cooperating with your classmates**, you know. ④ **When I was in graduate**

school, I worked closely with several members of my classes. We exchanged notes, studied together, and reviewed each other's papers. It really helped my overall grade.

W: 다음 주에 있는 시험이 좀 걱정돼요. 제가 고산성 기후에 대한 강의를 못 들었거든요.

M: 흠... 반 친구들 중 한 명에게 강의에 대한 필기를 빌려달라고 부탁해 보는 건 생각해 봤니?

W: 음, 생각해 봤지만, 수업 듣는 사람 중에 그만큼 잘 아는 사람이 없어서요.

M: 이번이 누군가와 친해질 수 있는 절호의 기회를 제공할 수 있겠구나. 그러니까, 반 친구들과 협력하게 되면 이점이 많지. 내가 대학원을 다닐 때, 강의를 듣는 몇몇 학생들과 가깝게 협력했지. 필기를 교환하고, 함께 공부하고, 서로의 보고서를 검토하기도 하면서 말이야. 그게 전반적인 성적에도 도움을 주었단다.

Q 교수는 왜 자신의 대학원 시절을 언급하는가?

ⓐ 학생이 중요한 강의에 빠지면 안 되는 이유를 설명하기 위해

ⓑ 다른 학생들과 협력하는 것의 중요성을 설명하기 위해

ⓒ 학생 때 성적이 높았던 이유를 설명해주기 위해

해설
수업 듣는 사람 중에 잘 아는 사람이 없다는 학생의 말에 교수는 반 친구들과 협력하면 이점이 많다고 말하며 그 예로 자신의 대학원 시절에 대한 구체적인 경험을 언급합니다.

03

W: Hi. Could you tell me ① **what I need to do to get access to the online journal service**?

M: Sure . . . I would be happy to help. Are you, um . . . currently a student?

W: Well . . . no. Is that a problem?

M: Hmm . . . actually, ② **to access the journals you have to be either a student or an employee of the university**. I'm really sorry.

W: Really? That won't help me at all. ③ **That policy doesn't seem very fair**.

M: Well . . . the university doesn't really have a choice. ④ **Current copyright laws make it impossible for us to allow the general public to access our online academic journals**. We have to limit access to students and employees, or the publishers would not allow us to include the materials in our collection.

해석
W: 안녕하세요. 온라인 학술지 서비스를 이용하려면 어떻게 해야 하는지 알려주실 수 있나요?

M: 물론이죠... 기꺼이 도와드리겠습니다. 현재, 음... 재학생이세요?

W: 음... 아닌데요. 그게 문제가 되요?

M: 흠... 사실, 학술지를 이용하려면 이 학교의 재학생이거나 직원이어야 하거든요. 정말 죄송합니다.

W: 정말요? 전혀 도움을 받을 수 없겠네요. 그 방침은 그리 타당하지 않은 것 같아요.

M: 음... 학교 측에서는 정말 선택의 여지가 없답니다. 현행 저작권법상 일반인에게 학교의 온라인 학술지를 이용하게 하지 못하도록 되어 있거든요. 이용 권한을 재학생과 직원에게 한정시켜야 해요. 그렇지 않으면 발행자 측에서 그 자료들을 저희 소장 목록에 포함하지 못하게 할 테니까요.

Q 남자는 왜 저작권법을 언급하는가?

ⓐ 학생이라는 것의 이점을 강조하기 위해

ⓑ 학술지들이 온라인을 통해서만 이용 가능한 이유를 설명하기 위해

ⓒ 도서관 방침의 이유를 설명해주기 위해

해설
재학생이나 직원이 아니면 온라인 학술지를 이용할 수 없다는 남자의 말에 여자가 불만을 표하자, 남자는 학교 측에서도 선택의 여

지가 없다고 말하며 그 이유로 저작권법을 언급합니다.

04

학생의 용건/문제점	proj. - progress X
교수의 조언	**1.** pick person 2 lead proj.
	2. brainstorm
	3. assign task

W: Excuse me Professor Hughes . . . I was, uh . . . having some problems with the project you assigned.

M: The essay or the group presentation?

W: It's the group presentation. We haven't seemed to have made any, um . . . progress.

M: I see . . . Are you the team leader?

W: Actually, we don't really have one.

M: You know . . . you should consider picking one person to lead the project. It'll make things go, uh . . . much smoother. And another thing . . . brainstorming . . . It is important that everyone feels comfortable with suggesting ideas.

W: OK . . . select a leader . . . and make sure everyone brainstorms together . . .

M: Once you have picked a few ideas that work, also make sure that everyone is assigned a specific task . . . This will ensure the project remains focused. It's important that all members know the exact tasks that they should be working on.

해석

W: 실례합니다 Hughes 교수님... 저는, 어... 교수님께서 내주신 과제를 하는 데 문제가 좀 있어서요.

M: 보고서를 말하는 거니, 조별 발표를 말하는 거니?

W: 조별 발표에 대한 거예요. 저희 조는 전혀, 음... 진전이 없는 것 같아서요.

M: 그렇구나... 네가 조장이니?

W: 사실, 저희 조에는 조장이 없어요.

M: 그렇다면... 과제를 이끌어나갈 사람을 뽑는 것을 고려해 보렴. 그러면 일이, 어... 훨씬 더 원활해질 거야. 그리고 또 한 가지는... 브레인스토밍인데... 모두가 편안하게 의견을 제시할 수 있어야 한다는 점이 중요하지.

W: 알겠습니다... 조장을 선출하고... 모두 함께 브레인스토밍을 하라...

M: 실행 가능한 몇 가지 의견을 선택했다면, 또한 모두가 구체적인 업무를 할당받아야 해... 그래야 과제에 계속 집중할 수 있거든. 모든 조원들이 자신이 해야 할 정확한 일을 안다는 것은 중요하단다.

해설

교수는 학생의 문제점에 대해 "이걸 고려해 보렴(you should consider)"이라고 말하며 1. 조장을 뽑(picking one person to lead the project)고 2. 브레인스토밍(brainstorming)을 하라고 조언합니다. 그리고 이어서 3. 각자가 특정한 업무를 할당받도록 하라(everyone is assigned a specific task)고 조언합니다.

05

학생의 용건/문제점	financ. problem - broke
교직원의 조언	**1.** record how much spend
	2. cut unnecessary expense

M: Um . . . I have had some financial problems lately . . . well, actually I've been, uh . . . broke most of the time. My parents send me money every month, but it's just not enough. So, I've been thinking about getting a job . . .

W: Hmm . . . personally, I think you should just focus on your studies. Especially since you, um . . . are only a freshman.

M: But, I never seem to have any money . . .

W: You should work on your budgeting skills. First, keep a record of how much you spend everyday . . . you know, in a notebook or something. Then, try to cut out unnecessary expenses, like coffee.

해석

M: 음... 저는 최근에 재정난을 좀 겪고 있어요... 음, 사실 저는, 어... 늘 돈이 없어요. 부모님께서 매달 돈을 보내주시는데, 충분하지가 않거든요. 그래서, 일자리를 구하는 것을 생각해 보았어요...

W: 흠... 개인적으로, 학생이 학업에만 집중해야 한다고 생각해요. 특히 학생은, 음... 겨우 신입생이니까요.

M: 하지만, 전 늘 돈이 없는 것 같은데요...

W: 예산을 짜는 능력을 키워 보세요. 우선, 매일 돈을 얼마나 쓰는지 기록해 보세요... 그러니까, 노트 같은 곳에요. 그리고 나서, 커피처럼 불필요한 지출을 줄여 보세요.

Q 대화에서, 재정 상담원은 학생에게 재정 관련 조언을 제공한다. 다음의 항목이 제안인지를 표시하시오.

	제안됨	제안 안 됨
구매 기록하기		
불필요한 지출 줄이기		
일자리 구하기		
부모님께 돈을 요청하기		

해설

재정난으로 일자리를 구하는 것을 생각하고 있다는 학생의 말에 재정 상담원은 예산을 짜는 능력을 키우라고 말하며 1. 돈을 얼마나 쓰는지 기록하(keep a record of how much you spend everyday)고 2. 불필요한 지출을 줄이라(cut out unnecessary expenses)고 조언합니다.

Daily Test .... p. 124

1 B   **2** C

3

	Suggested	Not Suggested
Search for a book on the Internet		√
Find out if another library has a book	√	
Buy a book from a nearby store	√	
Borrow a book from another student		√

4 B   **5** A, C   **6** B

[1-3]   Listen to a conversation between a student and her professor.

학생의 용건/문제점
퀴즈 연기 요청
- 도서관에
자료 없음

S: Good morning, Professor Lee. Um, can I talk to you for a minute?

P: Sure. It's Sally, right?

S: Yes. I'm in your Irish literature class. Q1 It's about this Friday's quiz.

P: I hope you're prepared. It's going to be challenging.

S: ^{Q1} That's what I came to see you about . . . Um, would you consider postponing the quiz?

P: Why? Are you going to be absent?

S: No, that's not it. I can't access the materials in the library that we need to study for the quiz.

P: The collection of traditional Irish poetry? I reserved two copies of the book for the class.

S: I know . . . but when I went to the library today, both were out. They won't be returned until the day of the quiz.

교수의 반응
부정 – 다른
학생들에게
공평하지 않음

P: That's why I reserved the books several weeks ago. To give everyone a chance to study the poems before the quiz . . .

S: I guess I shouldn't have waited so long.

P: Exactly. I can't change the date of the quiz because you didn't prepare for it. It wouldn't be fair to the other students.

S: I'm not sure what to do then. ^{Q2} I tried looking online for the poems, but I haven't had any luck.

P: I don't doubt it. These poems are not very well known. Um, that's because they were written by medieval poets . . . There isn't much interest in such old works of literature these days.

S: I see. Do you have any suggestions about what I should do now?

교수의 제안 1
근처 서점에서
책을 살 것

P: Um, ^{Q3} there are some academic bookstores near the university. You might be able to buy a copy of the book.

학생의 반응
부정 – 주문해야
하고 비쌈

S: I had the same idea . . . but none of them carry it. One offered to order it for me, but that would take too long. The book is also kind of expensive. I can't really afford it.

P: Hmm . . . ^{Q3} Then maybe you should see if the book is at another university library.

교수의 제안 2
다른 학교
도서관에 있는지
알아볼 것

S: How would that help me? I would need to be a student at that university to borrow the book, right?

P: Well, the library staff here will contact the other universities in the state for you. If one of them has the book, it will be delivered to our library. You can then check it out.

S: That sounds promising. How long does the process take?

P: Usually about two days. You should have the book by Wednesday. Assuming that a copy can be found, of course.

학생의 반응
긍정

S: Great. I'll go to the library now.

해석

학생과 교수 사이의 대화를 들으시오.

S: 좋은 아침이에요, Lee 교수님. 음, 잠시 말씀 좀 나눌 수 있을까요?

P: 물론이지. Sally 맞지?

S: 네. 교수님의 아일랜드 문학 수업을 듣고 있는데요. 이번 주 금요일 퀴즈에 관한 거예요.

P: 네가 준비되었기를 바란다. 그건 간단하지 않을 테니.

S: 그게 제가 교수님을 뵈러 온 이유예요... 음, 퀴즈를 미루는 것을 고려해주실 수 있나요?

P: 왜? 결석할 예정이니?

S: 아뇨, 그건 아닌데요. 퀴즈를 위해 공부해야 하는 자료를 도서관에서 이용할 수가 없어서요.

P: 아일랜드 전통 시 모음집 말이니? 학생들을 위해 두 권의 책을 예약해뒀는데.

S: 알아요... 그런데 오늘 도서관에 갔을 때, 두 권 모두 대출되고 없었어요. 퀴즈를 보는 날까지 반납되지 않을 거예요.

P: 그게 바로 내가 몇 주 전에 그 책들을 예약해둔 이유야. 퀴즈 전 모두에게 그 시들을 공부할 기회를 주기 위해서지...

S: 그렇게 오래 내버려두지 말았어야 했나 봐요.

P: 그렇지. 네가 준비되지 않았다고 해서 퀴즈 날짜를 변경할 수는 없단다. 그건 다른 학생들에게 공평하지 않을 테니까.

S: 그럼 어떻게 해야 할지 모르겠어요. 온라인에서 그 시들을 찾으려고 했지만, 잘 안 됐거든요.

P: 당연히 그랬을 거야. 이 시들은 그다지 잘 알려지지는 않았거든. 음, 그것들이 중세 시인들에 의해 쓰였으니까... 요즘은 그렇게 오래된 문학 작품들에 대한 흥미가 많지 않잖니.

S: 그렇군요. 제가 이제 뭘 해야 하는지에 대한 어떤 제안이라도 있으신가요?

P: 음, 학교 주변에 몇 개의 학술 서점이 있단다. 그 책을 한 권 살 수 있을지도 몰라.

S: 저도 같은 생각을 했어요... 그런데 서점들 중 어느 곳에서도 그것을 가지고 있지 않아요. 한 곳은 저를 위해 그 책을 주문해줄 것을 제안했지만, 그건 너무 오래 걸릴 거예요. 그 책은 또 꽤 비싸고요. 저는 정말로 그걸 살 여유가 되지 않아요.

P: 흠,,, 그렇다면 아마도 너는 그 책이 다른 학교 도서관에 있는지를 봐야겠구나.

S: 그게 제게 어떻게 도움이 될까요? 책을 빌리기 위해서는 그 학교의 학생이어야 할 텐데요, 그렇죠?

P: 음, 여기 도서관 직원이 너를 위해 주 내에 있는 다른 학교들에 연락해줄 거야. 만약 그들 중 하나가 그 책을 갖고 있다면, 우리 도서관으로 배달될 거란다. 그럼 너는 그걸 대출할 수 있겠지.

S: 가망이 있는 것처럼 들리네요. 그 과정이 얼마나 걸리나요?

P: 보통 약 이틀 정도. 수요일까지는 그 책을 받게 될 거야. 물론, 그 책이 구해진다는 걸 가정했을 때 말이지.

S: 좋아요. 지금 도서관에 가 볼게요.

1 학생은 왜 교수를 찾아가는가?

Ⓐ 시집의 제목을 알아내기 위해

Ⓑ 시험 일정 변경을 요청하기 위해

Ⓒ 발표 주제를 논의하기 위해

Ⓓ 퀴즈를 보는 날 결석한다는 것을 설명하기 위해

해설

학생이 "That's what I came to see you about . . ." 이하에서 퀴즈를 미루는 것을 고려해달라고 말하는 것을 볼 때, 시험 일정 변경을 요청하기 위해 교수를 찾아간 것임을 알 수 있습니다.

2 교수는 왜 중세 시인들을 언급하는가?

Ⓐ 시험에 나올 아일랜드 시의 종류를 명시하기 위해

Ⓑ 수업에서 논의할 시를 확인하기 위해

Ⓒ 자료들을 온라인에서 이용할 수 없는 이유를 설명하기 위해

Ⓓ 학생이 시험 공부를 하도록 장려하기 위해

해설

학생이 온라인에서 자료를 찾을 수 없었다고 하자, 교수는 그 시들이 오래되어 잘 알려지지 않았기 때문이라고 말하며 그것들이 중세 시인들에게 쓰였음을 언급합니다.

3 교수는 학생이 문제를 해결하기 위해 취할 수 있는 몇 가지 조치를 제안한다. 다음의 항목이 제안인지를 표시하시오.

	제안됨	제안 안 됨
인터넷에서 책 찾기		
다른 도서관이 책을 가지고 있는지 알아내기		
근처 서점에서 책 사기		
다른 학생에게 책 빌리기		

해설

퀴즈를 위해 공부해야 하는 자료를 이용할 수 없다는 학생의 말에 교수는 1. 학교 주변에 몇 개의 학술 서점이 있으므로 그곳에서 책을 사거나(there are some academic bookstores near the university. You might be able to buy a copy of the book) 2. 다른 학교 도서관에 그 책이 있는지를 알아보라(you should see if the book is at another university library)고 제안합니다.

[4-6] Listen to a conversation between a student and an employee at the university housing office.

M: Good morning. I have a situation that I need some assistance with . . .

W: I'll do my best. What exactly is the problem?

M: The deadline for paying the dorm deposit is this Thursday, right?

W: Yes. It's $500.

M: Q4 Um, I don't think I am going to have the money on time. Could I pay it Friday?

W: The university policy is very clear. If a payment hasn't been received by the deadline, the room will go to someone on the waiting list.

학생의 용건/문제점
기숙사 보증금을
제때 납부할 수
없음

M: Seriously? That's a really strict policy.

W: The university has no choice. There have been problems collecting the deposits from students in past years.

M: I see . . . That leaves me in a difficult situation though. I can't pay the university until I get my security deposit back from my current place. My landlord said he would give it to me on Friday.

W: That means you are in off-campus housing right now?

M: Right . . . My landlord needs to inspect my apartment for damage before he returns the deposit. He is coming on Friday morning.

직원의 제안 1
아파트 점검을
좀 더 일찍 할 것

W: Why don't you ask your landlord to check the apartment earlier? I'm sure that if you explained the situation, he would understand.

학생의 반응
부정 – 집주인이
목요일까지 바쁨

M: Actually, I tried that already. He said it wasn't possible. Q5 He is away on a business trip until Wednesday. And he has to meet with a resident of another building he owns on Thursday. Isn't there anything you can do? If I lose the dorm room, I will have no place to live next semester. It's too late to start looking for a new apartment.

W: Um, how much can you afford to pay?

M: Um, just over half. I have about $300 in my bank account.

직원의 제안 2
일부를 목요일에
내고 나머지는
금요일에 낼 것

W: OK . . . maybe we can bend the rules. You may be able to pay part on Thursday and the rest on Friday.

학생의 반응
긍정

M: Really? That would be great.

W: Don't get too excited yet. I need to get approval from my supervisor. Like I said, the university doesn't usually allow this . . . Come back tomorrow afternoon, and I will let you know.

M: Um, I was hoping to get this matter settled today. Why do I have to wait so long for an answer?

W: Q6 My supervisor is holding training workshops today and tomorrow morning. He will be too busy to deal with this situation.

M: I understand . . .

해석
기숙사 사무실에서 학생과 직원 사이의 대화를 들으시오.
M: 좋은 아침이에요. 도움이 좀 필요한 상황이 있는데요...

W: 최선을 다해 도와드릴게요. 문제가 정확히 뭔가요?

M: 기숙사 보증금 납부 기한이 이번 주 목요일이잖아요, 그렇죠?

W: 네. 기숙사 보증금은 500달러예요.

M: 음, 제가 제때 돈이 있을 것 같지 않아서요. 금요일에 납부해도 될까요?

W: 학교 정책은 매우 명확해요. 만약 기한까지 지급액을 받지 못하면, 방이 대기자 명단에 있는 누군가에게로 가게 될 거예요.

M: 정말요? 아주 엄격한 정책이네요.

W: 학교도 선택의 여지가 없어요. 지난 몇 년간 학생들에게 보증금을 받는 데 문제가 좀 있었거든요.

M: 그렇군요... 하지만 그건 지를 곤란한 상황에 처하게 하네요. 저는 현재 지내는 곳으로부터 임대 보증금을 돌려받을 때까지 학교에 납부할 수 없어요. 제 집주인이 저에게 그걸 금요일에 주겠다고 말했거든요.

W: 그건 학생이 지금은 교외 주택에서 지낸다는 말인가요?

M: 맞아요... 제 집주인은 보증금을 돌려주기 전에 손상이 있는지 아파트를 점검해야 해요. 그는 금요일 아침에 올 거예요.

W: 집주인에게 더 일찍 아파트를 점검해달라고 요청하는 게 어때요? 학생이 상황을 설명한다면, 그가 이해할 거라고 확신해요.

M: 사실, 이미 시도해 봤어요. 그는 그게 불가능하다고 말했고요. 그는 수요일까지 출장 중일 거예요. 그리고 목요일에는 그가 소유한 다른 건물의 거주자를 만나야 하고요. 뭐라도 해주실 수 있는 게 없을까요? 기숙사 방을 잃게 되면, 저는 다음 학기에 지낼 곳이 없을 거예요. 새 아파트를 구하기 시작하기에는 너무 늦었고요.

W: 음, 얼마나 낼 형편이 되나요?

M: 음, 절반 좀 넘게요. 제 계좌에 300달러 정도를 가지고 있거든요.

W: 좋아요... 아마도 우리는 규칙을 사정에 맞게 바꿀 수 있을 거예요. 어쩌면 일부를 목요일에 내고 나머지를 금요일에 내도 될 수도 있어요.

M: 정말요? 다행이네요.

W: 아직 너무 신나 하지는 마세요. 제 상관으로부터 승인을 받아야만 하거든요. 말했듯이, 학교는 보통 이런 걸 허용하지 않아요... 내일 오후에 다시 오세요, 그럼 알려드릴게요.

M: 음, 저는 이 문제가 오늘 해결되길 바라는데요. 답을 받기 위해 왜 그렇게 오래 기다려야만 하나요?

W: 제 상관이 오늘과 내일 오전에 교육 연수회를 개최하거든요. 이 상황을 해결하기에는 너무 바쁠 거예요.

M: 알겠어요...

대화의 일부를 다시 듣고 질문에 답하시오.

M: Um, I don't think I am going to have the money on time. Could I pay it Friday?
음, 제가 제때 돈이 있을 것 같지 않아서요. 금요일에 납부해도 될까요?

W: The university policy is very clear. If a payment hasn't been received by the deadline, the room will go to someone on the waiting list.
학교 정책은 매우 명확해요. 만약 기한까지 지급액을 받지 못하면, 방이 대기자 명단에 있는 누군가에게로 가게 될 거예요.

4 직원은 왜 이렇게 말하는가:

W: The university policy is very clear.

Ⓐ 규칙이 이해하기 쉬움을 강조하기 위해

Ⓑ 요청이 거부될 것임을 보여주기 위해

Ⓒ 학교 정책이 불공평하다는 것을 암시하기 위해

Ⓓ 그가 질문을 이해했는지 확인하기 위해

해설

기숙사 보증금을 금요일에 납부해도 되냐는 학생의 질문에 직원은 "학교 정책은 매우 명확해요"라고 말하며 지급액이 제때 납부되지 않으면 방이 다른 학생에게 갈 것이라고 설명합니다. 즉, 직원은 학생의 요청이 거부될 것을 나타내고 있음을 알 수 있습니다.

5 집주인은 왜 학생의 보증금을 금요일 전까지 돌려줄 수 없는가?

    Ⓐ 그는 업무로 도시를 떠나 있다.

    Ⓑ 그는 그의 건물 중 하나를 점검해야 한다.

    Ⓒ 그는 다른 세입자와 만나야 한다.

    Ⓓ 그는 그의 가족과 여행하는 중이다.

해설

학생은 그의 집주인이 수요일까지 출장 중(He is away on a business trip until Wednesday)이고 목요일에는 다른 건물의 거주자를 만나야 해(he has to meet with a resident of another building he owns on Thursday)서 금요일 전까지 보증금을 받을 수 없다고 말합니다.

6 직원은 왜 교육 연수회를 언급하는가?

    Ⓐ 규칙은 바뀔 수 없다는 것을 보여주기 위해

    Ⓑ 지연의 이유를 대기 위해

    Ⓒ 지급이 늦은 이유를 제공하기 위해

    Ⓓ 그녀가 바쁘다는 것을 입증하기 위해

해설

직원은 그녀의 상관이 교육 연수회를 개최하므로 이 상황을 해결하기에 너무 바쁠 것이라고 말하며, 학생의 문제 해결이 지연되는 이유를 설명합니다.

5일 | Inference Questions

Daily Check-up · p. 130

01 C	02 A	03 A	04 C	05 C	06 B	07 C	08 B

01

W: Why do you want to change your topic now? The topics were assigned several weeks ago.

M: Well, I originally was planning to, um . . . ① **do something on multinational companies**, but after talking to my uncle, I realized that he would be a, uh . . . ② **valuable source of information for the topic on publishing companies**. He has a lot of ③ **firsthand experience in this field**.

W: Hmm . . . Publishing companies . . . You're right. That could be a big help. I think you should, uh, take advantage of this.

M: Thanks!

해석

W: 왜 지금 주제를 바꾸려고 하는 거지? 그 주제는 몇 주 전에 내준 것인데.

M: 음, 처음에 저는, 음... 다국적 기업에 대한 내용을 다루려고 했는데, 삼촌과 이야기를 나눈 후, 삼촌이, 어... 출판사에 관한 주제에 대해 귀중한 정보 제공자가 될 수 있겠다는 것을 깨달았어요. 삼촌은 그 분야에서의 직접적인 경험이 많거든요.

W: 흠... 출판사라... 네 말이 맞아. 큰 도움이 되겠구나. 너는, 어, 그 기회를 이용하는 게 좋겠어.

M: 감사합니다!

자신의 삼촌이 출판업에 직접적인 경험(firsthand experience in this field)을 많이 갖고 있다는 학생의 말에서 그의 삼촌이 출판업에 관계된 직업을 가지고 있음을 추론할 수 있습니다.

02

W: You know what . . . your final essay this semester was excellent, so . . . I was wondering if you would, uh . . . consider ① **submitting it for the history department's annual publication**. Usually, several essays written by students are included.

M: Really? I'm not sure if it's, um . . . that good.

W: I think it is. Why don't you ② **take some time to make any revisions you feel are necessary**, and then ③ **bring it back to me to review on Monday**? That would give you the, uh . . . weekend.

M: I guess so . . . I'll see you then.

해석

W: 있잖니... 너의 이번 학기 기말 보고서가 무척 훌륭했거든, 그래서... 네가, 어... 그것을 역사학과 연감에 제출하는 것을 고려해 보면 어떨까 싶구나. 보통, 학생들이 쓴 여러 보고서가 포함된단다.

M: 정말요? 제 보고서가, 음... 그 정도로 좋은지는 잘 모르겠어요.

W: 내 생각에는 그렇단다. 시간을 들여 네가 필요하다고 생각하는 수정을 해서, 월요일에 내가 검토할 수 있도록 다시 가지고 오면 어떻겠니? 너는, 어... 주말에 시간이 있겠구나.

M: 그렇겠네요... 그럼 그때 뵙겠습니다.

해설

역사학과 연감에 제출하기 위해 보고서를 주말 동안 수정해서 월요일에 가져오라는 교수의 제안에 학생이 "그럼 그때 뵙겠습니다"라고 긍정적인 응답을 하는 것을 볼 때, 학생은 주말에 보고서를 수정할 것임을 추론할 수 있습니다.

03

W: Excuse me, Dr. Jenkins? Can I speak with you about the, uh, essay we're supposed to write about *The Defense* by Nabokov? ① **I'm having trouble getting through the book**, so, umm, ② **I don't know what to write about**.

M: ③ **That's actually been a complaint made by many students**. How did you feel about the book?

W: Feel? ④ **I've been too busy taking notes as I read**.

M: Be careful. You don't want the paper to just be a summary of what the book is about. Try this. Just ⑤ **read through the book first, and then write how you feel about it**.

해석

W: 실례해도 될까요, Jenkins 박사님? Nabokov의 작품 'The Defense'를 주제로, 어, 저희가 써야 할 보고서에 관해서 이야기를 할 수 있을까요? 저는 이 책을 다 끝내기가 힘들어요, 그래서, 음, 무엇에 대해 써야 할지도 모르겠습니다.

M: 사실 많은 학생들이 그런 불평을 제기했단다. 책에 대한 너의 생각은 어떠니?

W: 생각이요? 저는 책을 읽으면서 메모를 하느라 정신이 없었어요.

M: 주의하렴. 보고서가 단지 그 책에 대한 요약이 되기를 원하지는 않겠지. 이렇게 해봐. 우선 책을 끝까지 다 읽고, 느낀 점을 쓰는 거야.

Q 학생의 문제에 관해 추론할 수 있는 것은 무엇인가?

ⓐ 그것은 많은 학생들이 겪고 있는 것이다.

ⓑ 그것은 그녀가 수업에서 처음으로 겪은 것이다.

ⓒ 그것은 그녀가 수업 시간에 필기를 하지 않았기 때문이다.

해설

사실 많은 학생들이 그런 불평을 제기했다는 교수의 말에서 이 학생이 겪고 있는 문제를 다른 많은 학생들도 겪고 있음을 추론할 수 있습니다.

04

W: Professor Woodworth, I was wondering if you, uh . . . had a few minutes to look over my paper?

M: Sure, what seems to be the problem?

W: Well, ① **I just can't seem to get the information organized**. I feel like it doesn't explain what I am trying to say very well. ② **University writing is a lot different from what I learned in high school**.

M: Hmm . . . That's a common problem for inexperienced writers. Why don't you attend one of my workshops? ③ **They are designed to help new students who are having trouble writing at the, uh . . . university level**.

W: That's exactly what I need. I am sure I will see a few of my classmates there as well.

해석

W: Woodworth 교수님, 어... 잠시 제 보고서를 훑어볼 시간이 있으세요?

M: 물론이지, 문제가 뭐니?

W: 음, 도저히 정보 정리를 못 하겠어요. 이 정보가 제가 말하고자 하는 것을 그다지 잘 설명하지 못하는 것 같아요. 대학에서의 글쓰기는 고등학교에서 배웠던 것과는 매우 달라요.

M: 흠... 글을 써 본 경험이 없는 사람들이 흔히 갖고 있는 문제란다. 내 강습회에 참석해 보는 건 어떠니? 그 강습회는, 어... 대학 수준 글쓰기를 힘들어하는 신입생들을 위해 기획되었거든.

W: 그게 바로 제가 필요로 하는 거예요. 그곳에 가면 반 친구들도 몇몇 있겠네요.

Q 학생에 관해 추론할 수 있는 것은 무엇인가?

   Ⓐ 그녀는 반 친구들에게 인기가 많다.

   Ⓑ 그녀는 숙련된 작가이다.

   Ⓒ 그녀는 신입생이다.

해설

대학에서의 글쓰기가 고등학교에서 배웠던 것과 다르다는 학생의 말과, 신입생들을 위해 기획된 강습회에 참석하라는 교수의 조언에서 학생이 신입생이라는 것을 추론할 수 있습니다.

05

학생의 용건/문제점	X design biz card
	assignmt → X exception
	X interest → car ad.
교수의 제안	do biz card → import. course compo.

M: I would really prefer not to, uh . . . design a business card, Professor Evans.

W: Well, that is the assignment. I'm afraid I cannot make an exception only for you! Why don't you want to do it?

M: Uh . . . it just doesn't feel that related to the type of advertising I am interested in. I was hoping I could, uh . . . design a magazine cover instead.

W: Hmm . . . What kind of magazine?

M: I was thinking about a vintage car advertisement. I have several excellent photographs of cars. I helped my father, um . . . restore when I was young. Since then, fixing up classic cars has been kind of a passion of mine.

W: I see . . . I appreciate your enthusiasm, but I think you should just do the business card assignment. It is an important component of the course.

해석

M: 저는 정말로, 어... 명함 디자인을 하고 싶지 않습니다, Evans 교수님.

W: 음, 그건 과제란다. 너만 예외로 할 수는 없을 것 같구나! 왜 그걸 하고 싶지 않니?

M: 어... 제가 관심있는 광고 종류와는 그렇게 연관성이 없는 것 같아서요. 저는, 어... 대신에 잡지 표지를 디자인하고 싶었어요.

W: 흠... 어떤 잡지 말이니?

M: 빈티지 자동차 광고를 염두에 두고 있었어요. 멋진 자동차 사진이 몇 장 있거든요. 저는, 음... 어린 시절에 아버지가 차를 복원하는 것을 도와드렸어요. 그 후로, 클래식 자동차 수리에 푹 빠져 버렸어요.

W: 그렇구나... 네 열정은 높이 평가한다만, 일단 명함 과제는 해야 한다고 봐. 그건 이 수업에서 중요한 요소란다.

해설

과제이기 때문에 학생만 예외로 해줄 수 없고, 수업에서 중요한 요소라는 교수의 말에서 명함 디자인 과제는 수업을 듣는 모든 학생이 해야 하는 것임을 추론할 수 있습니다.

06

학생의 용건/문제점	Internet X work – research, paper due tomorrow
교직원의 제안	comp. lab available til midnight
학생의 반응	긍정

W: The Internet in our dorm hasn't worked all week. Do you know when it will be fixed?

M: Actually, I think it will take a few more days. All the, um . . . dorms will be without service.

W: What? How am I supposed to do my research? I have a big paper due tomorrow. I always do my research online.

M: Well, the computer lab is usually available for students to use in the evening. Once the last class has finished, you can use the computer lab until midnight.

W: Really? Hmm . . . That might work. Where is the computer lab?

M: Right next to the cafeteria. You can't miss it.

W: Thanks.

해석

W: 일주일 내내 저희 기숙사에 인터넷이 안 됩니다. 언제 수리되는지 아시나요?

M: 사실, 며칠이 더 걸릴 것 같습니다. 모든, 음... 기숙사에서 인터넷을 사용할 수 없을 거예요.

W: 뭐라고요? 그럼 저는 어떻게 조사를 하죠? 내일이 마감인 중요한 보고서가 있거든요. 저는 항상 인터넷으로 조사를 한단 말예요.

M: 음, 보통 저녁에 컴퓨터실이 학생들에게 개방되어 있어요. 마지막 수업이 끝나면, 자정까지 컴퓨터실을 이용할 수 있죠.

W: 정말요? 흠... 그러면 되겠네요. 컴퓨터실은 어디에 있나요?

M: 구내 식당 바로 옆에 있어요. 쉽게 찾으실 거예요.

W: 감사합니다.

해설

기숙사 인터넷이 안 된다고 걱정하는 학생에게 남자는 저녁에 개방되어 있는 컴퓨터실을 사용하라고 조언합니다. 이에 "그러면 되겠네요"라는 학생의 말에서 그녀가 컴퓨터실에서 조사를 할 것임을 추론할 수 있습니다.

07

학생의 용건/문제점	X regist 4 class
	owe $100 2 lib. – overdue book
	X afford that much
교직원의 제안	policy: pay b4 regist.
학생의 반응	pay half → regist.

M: I received this notification that I would be unable to, uh . . . register for classes. I was wondering what the reason was.

W: Let me check. Hmm . . . You seem to owe a large sum of money to the library. In fact, you have $100 in fines for overdue books!

M: Really? Well . . . I knew I had some late books, but not that many. Is it really impossible for me to register until I pay back the, uh . . . money to the library? I don't know if I can afford that much right now.

W: Well, the university policy is that students who owe more than $50 in fines must pay them before registering for the next semester.

M: I see . . . so if I could only pay half of my fine, I would, uh . . . be able to register?

W: Hmm . . . I guess that's right.

해석

M: 제가, 어... 수강 신청을 할 수 없을 거라는 통지를 받았는데요. 이유를 알고 싶습니다.

W: 확인해 보죠. 흠... 도서관에 내야 할 돈이 많은 것 같네요. 사실, 기한이 지난 책에 대한 연체료가 100달러입니다!

M: 정말요? 음... 늦게 반납한 책이 있기는 하지만, 그렇게 많을 줄은 몰랐어요. 제가, 어... 그 돈을 도서관에 내기 전까지는 정말 수강 신청을 할 수 없나요? 그렇게 많은 금액을 당장 낼 수 있을지 모르겠어요.

W: 음, 학교 규정상 50달러 이상의 연체료를 미납한 학생은 다음 학기 수강 신청을 하기 전까지 그 금액을 내야 해요.

M: 그렇군요... 그럼 연체료의 절반만 낸다면, 제가, 어... 수강 신청을 할 수 있나요?

W: 흠... 그런 것 같군요.

Q 남자가 연체료의 절반만 내고자 하는 이유에 관해 추론할 수 있는 것은 무엇인가?

ⓐ 그는 규정이 합리적이지 않다고 생각한다.

ⓑ 그는 자신이 연체한 책이 그렇게 많다고 생각하지 않는다.

ⓒ 그는 돈을 많이 가지고 있지 않다.

해설

100달러의 연체료를 내야 한다는 교직원의 말에 학생은 그만큼의 돈을 낼 수 있을지 모르겠다고 말합니다. 이어서 교직원이 50달러 이상의 연체료가 있는 학생은 그것을 내야만 수강 신청을 할 수 있다고 설명하자, 학생은 절반을 내도 되는지를 묻습니다. 이러한 문맥에서 학생이 당장 100달러나 되는 돈을 가지고 있지 않다는 것을 추론할 수 있습니다.

08

학생의 용건/문제점	keep book ↑ days, interesting
	a student borrow after u
	take while 2 read – reading every nite, still 3/4, X diffi.
교수의 제안	keep til wkend, give back Fri. afternoon
학생의 반응	긍정

M: Did you finish reading the book I lent you last week?

W: Well . . . that's, um . . . what I wanted to talk to you about. I was hoping I could, uh . . . keep it for a couple more days. It's really interesting.

M: Hmm . . . that may be a bit of a problem. Another student was unable to buy it as well, so I told her that she could, uh . . . borrow it after you. I realize that the book takes a while to read, but that's why I let you have it for so many days.

W: That's just it . . . I have been reading it every night, but I am still only, uh . . . three quarters of the way through it. It's not that difficult to read, but . . .

M: I'll tell you what. Keep it until the weekend. As long as you give it back to me Friday afternoon . . .

W: No problem . . . I will be sure to finish it by then.

해석

M: 지난주에 빌려준 책은 다 읽었니?

W: 저... 그게, 음... 교수님과 이야기하고 싶었던 거예요. 제가, 어... 며칠만 더 그 책을 갖고 있어도 될까 해서요. 정말 재미있는 책이더라고요.

M: 흠... 그건 좀 문제가 될 수 있어. 다른 학생도 그 책을 사지 못해서, 네가 그 책을 다 읽고 나면 그 학생에게, 어... 빌려주기로 했거든. 그 책을 읽는 데 시간이 꽤 걸린다는 건 알고 있지만, 그래서 네게 그렇게 오랫동안 빌려준 거란다.

W: 바로 그게 문제예요... 매일 밤 그 책을 읽고 있는데도, 아직, 어... 4분의 3정도 밖에 읽지 못했어요. 이해하기 어려운 책은 아니에요, 하지만...

M: 이렇게 하자. 주말 전까지 그 책을 가지고 있으렴. 금요일 오후까지 그 책을 돌려주는 한...

W: 문제없어요... 그때까지는 꼭 끝낼게요.

Q 책에 관해 추론할 수 있는 것은 무엇인가?

   Ⓐ 그것은 지루하다.

   Ⓑ 그것은 매우 길다.

   Ⓒ 그것은 어렵다.

해설

학생은 책을 읽는 데 너무 오래 걸려 교수님께 책을 며칠 더 빌려달라고 합니다. 매일 읽었는데도 4분의 3밖에 읽지 못했다는 학생의 말에서 책이 매우 길다는 것을 추론할 수 있습니다.

Daily Test ·· p. 134

1 B	2 C	3 B	4 A	5 D	6 A

[1-3] Listen to a conversation between a student and her professor.

S: Are you busy, Professor Murray?

P: Oh, hi, Janice. I have some time now . . .

학생의 용건/문제점
수업 내용에
관한 질문
- 집단지성

S: Q1 I wanted to ask about something you mentioned briefly in class today. Um, collective intelligence . . .

P: It's a fascinating topic. I've actually published a paper on it.

S: Well, I understand the basic concept. A group as a whole is more intelligent than each individual member.

P: Right. In many cases, several people working together can solve a problem or perform a task better than just one.

S: But groups usually take longer to get anything done. It seems more efficient for someone to work alone.

P: That may be true, but the combined knowledge of a group of people will outweigh that of a single person. This is a significant advantage.

S: Um, could you give me an example of collective intelligence? That might help me understand better.

교수의 설명
예) 집단 발표가
개인 발표보다
더 나은 경향이
있음

P: Sure. Um, I assume you've done a class presentation before?

S: Of course. I just gave one in another psychology class last week, in fact.

P: OK . . . Q2 Now, most students find this to be an incredibly difficult type of assignment to do on their own.

S: You're totally right. No matter how much effort I put in, I always seem to miss something. Take the one I recently did. I'm actually fairly knowledgeable about the topic . . . um, it was early childhood development. But I still feel like I could have gone into more detail. It was just too hard to gather and organize all the information on my own.

P: Right. And that is why group presentations tend to be better than those done by just one student. Everyone shares information, works together on tasks . . . you get the idea. The end result is a better presentation. A group can collectively perform this task better than an individual.

학생의 반응
더 배우고 싶음

S: That's really interesting. I wish we'd had more time to talk about this in class today. I'd like to learn more about collective intelligence.

교수의 제안
집단지성 관련
세미나 있음 -
다른 교수에게
문의할 것

P: Well, do you know Professor Collins? He also teaches in the department . . .

S: Yes. I took a class with him.

P: He's hosting a seminar on collective intelligence next weekend. You'd probably learn a lot.

S: Um, are undergraduate students allowed to participate?

학생의 반응
긍정

P: I assume so. Q3 Why don't you go ask him about it? He should be in his office now.

S: OK . . . I'll do that. Thank you.

해석
학생과 교수 사이의 대화를 들으시오.

S: 바쁘신가요, Murray 교수님?

P: 오, 안녕, Janice. 지금은 시간이 좀 있단다...

S: 오늘 교수님이 수업 시간에 간단히 언급하신 것에 대해 여쭤보고 싶었어요. 음, 집단지성이요...

P: 대단히 흥미로운 주제이지. 실제로 나는 그에 대한 논문도 출판했단다.

S: 음, 기본 개념은 이해가 돼요. 집단 전체가 각 개인 구성원보다 더 지적이라는 거요.

P: 맞아. 많은 경우에, 함께 일하는 여러 사람이 오직 한 명보다 더 잘 문제를 해결하거나 업무를 수행할 수 있지.

S: 하지만 집단이 뭐라도 해내려면 보통 더 오래 걸리잖아요. 누군가가 혼자 일하는 것이 더 효율적으로 보이는데요.

P: 그럴 수도 있지만, 사람들 집단의 결합된 지식은 한 사람의 지식을 능가할 거야. 이건 상당한 이점이지.

S: 음, 집단지성의 예를 들어주실 수 있나요? 그건 제가 더 잘 이해하는 데 도움이 될 것 같아요.

P: 그럼. 음, 네가 이전에 발표 수업을 한 적이 있을 거라고 생각하는데?

S: 물론이죠. 사실, 지난주에 다른 심리학 수업에서 하나 했어요.

P: 좋아... 자, 학생들 대부분은 이게 혼자서 하기에는 엄청나게 어려운 종류의 과제라고 생각해.

S: 정말 그래요. 제가 아무리 많은 노력을 들여도, 항상 무언가를 빠뜨린 것 같거든요. 제가 최근에 했던 걸 봐도. 저는 사실 그 주제에 대해 꽤 잘 알아요... 음, 그건 유아발달이었거든요. 하지만 저는 여전히 더 상세하게 설명할 수 있었을 것처럼 느껴져요. 혼자서 모든 정보를 모으고 정리하는 것은 그저 너무 어려웠어요.

P: 맞아. 그리고 그게 바로 조별 발표가 단지 학생 한 명의 발표보다 더 나은 경향이 있는 이유란다. 모두가 정보를 공유하고, 과제를 같이 하고... 무슨 말인지 알 거야. 마지막 결과는 더 좋은 발표란다. 하나의 집단은 개인보다 이 업무를 집합적으로 더 잘 수행할 수 있지.

S: 그거 아주 흥미롭네요. 저희가 오늘 수업 시간에 이것에 관해 이야기할 시간이 더 있었으면 좋았겠어요. 집단지성에 대해 더 배우고 싶거든요.

P: 음, Collins 교수를 아니? 그도 이 학과에서 가르치고 있는데...

S: 네, 그 교수님의 수업을 들었어요.

P: 그가 다음 주말에 집단지성에 관한 세미나를 개최한단다. 아마 많은 것을 배울 수 있을 거야.

S: 음, 대학생들이 참석하도록 허용되나요?

P: 그런 것 같은데. 그에게 가서 그것을 물어보지 그러니? 지금 연구실에 있을 거야.

S: 알겠습니다... 그렇게 할게요. 감사합니다.

1 학생은 왜 교수를 찾아가는가?

ⓐ 다가오는 조별 과제에 관한 정보를 얻기 위해
ⓑ 수업 시간에 소개된 개념을 논의하기 위해
ⓒ 최근에 출판된 논문의 제목을 알아내기 위해
ⓓ 수업 과제의 주제에 관해 이야기하기 위해

해설

"I wanted to ask about ~" 이하에서 학생이 오늘 수업 시간에 언급된 집단지성에 대해 여쭤볼 것이 있다고 하는 것을 볼 때, 수업 시간에 소개된 개념을 논의하기 위해 교수를 찾아간 것임을 알 수 있습니다.

대화의 일부를 다시 듣고 질문에 답하시오.

P: OK . . . Now, most students find this to be an incredibly difficult type of assignment to do on their own.

좋아... 자, 학생들 대부분은 이게 혼자서 하기에는 엄청나게 어려운 종류의 과제라고 생각해.

S: You're totally right. No matter how much effort I put in, I always seem to miss something.

정말 그래요. 제가 아무리 많은 노력을 들여도, 항상 무언가를 빠뜨린 것 같거든요.

2 이렇게 말함으로써 학생에 관해 추론할 수 있는 것은 무엇인가:

S: You're totally right.

ⓐ 그녀는 발표가 어렵다고 생각하지 않는다.
ⓑ 그녀는 발표가 필기 과제보다 더 쉽다고 생각한다.
ⓒ 그녀는 조별 발표를 선호한다.
ⓓ 그녀는 이전에 발표를 많이 해 보지 않았다.

해설

교수가 학생들이 혼자서 발표하는 것을 어려워한다고 말하자 "정말 그래요"라고 동의하는 학생의 말에서 학생이 개인 발표보다 조별 발표를 선호한다는 것을 추론할 수 있습니다.

3 학생은 다음에 무엇을 할 것인가?

Ⓐ 학과 사무실 방문하기
Ⓑ 다른 교수와 이야기하기
Ⓒ 세미나에 참석하기
Ⓓ 수업에 등록하는 것에 대해 알아보기

해설

교수는 집단지성에 관한 세미나에 대학생이 참석할 수 있는지에 대해 Collins 교수에게 직접 물어보라고 제안합니다. "그렇게 할게요"라는 학생의 말에서, 학생이 다른 교수와 이야기할 것임을 추론할 수 있습니다.

[4-6]   Listen to a conversation between a student and a professor.

M: Eva? Hey, Eva, come on in. I thought I saw someone at the door.

W: Hi, Professor Fields. I thought you might be busy, so I didn't want to knock.

M: I was just grading test papers, but these aren't due till Monday. So what did you want to see me about?

학생의 용건/문제점
여름에 일할 곳
결정해야 함

W: Well . . . I need help deciding what job to take for the summer. I've got a couple of prospects.

M: Q4 And I suppose they're both related to your major?

W: Yeah, I made sure to look for work relevant to my major.

M: OK, great! Tell me about them.

W: Um . . . The first one is an advertising position at L&C, Inc. They do ads for local businesses.

M: Yeah . . . I've heard of it.

W: And the other is, um . . . public relations assistant for Precision Electronics.

M: Well, I can see why you're having a hard time deciding.

광고 대행사
일의 단점
경험 없음

전자제품 회사
일의 장점
경험 있음

W: Right. Q5 But copywriting is something I don't really have experience doing. The interviewer for the ad agency said they liked my statement of purpose and wanted me to try out copywriting. But the only copywriting I've ever done was for Intermediate Professional Writing . . . it was a class I took last semester . . . As for the other job, I'd basically be helping out with . . . maintaining a database of media people, making phone calls and, um, providing general support. It'd be something I'm familiar with. I did the same thing last summer for a publishing company.

M: Q6 Right . . . Hillbrook Publishers . . . Well, I suppose you want me to tell you which job you should take . . . but I think you already know the answer . . . I mean, you've probably thought about it, right?

W: Well, yes . . . I thought Precision Electronics would look good on my résumé . . . you know, it's a top electronics manufacturer . . . Am I missing something?

교수의 제안
미래 결정에
도움이 되는
선택을 할 것

M: It's true you haven't really done much copywriting . . . but think about this . . . What do you want to do after you graduate? Sure, the Precision Electronics job would look good on your résumé but . . . is there something you could do now that'll help you make decisions about your future?

W: Yeah, you're right. I should be thinking of my long-term goals. I think I'll take the ad agency job. I'm actually intrigued by it, and I think it would be a lot more challenging than the assistant job. Thanks for helping me decide.

M: No problem! Drop by anytime!

해석

학생과 교수 사이의 대화를 들으시오.

M: Eva니? 안녕, Eva, 들어오렴. 문에서 누군가를 본 것 같았어.

W: 안녕하세요, Fields 교수님. 바쁘실 것 같아서, 노크하고 싶지 않았어요.

M: 그냥 시험지를 채점하고 있었는데, 월요일까지만 하면 돼. 그래서 무엇 때문에 나를 만나고 싶었니?

W: 음... 여름에 일할 곳을 정하는 데 도움이 필요해서요. 두 군데 후보가 있어요.

M: 그리고 둘 다 네 전공과 연관이 있겠지?

W: 네, 제 전공과 관련된 일자리만 찾았거든요.

M: 그래, 좋아! 그것들에 대해 이야기해 보렴.

W: 음... 첫 번째는 L&C라는 회사의 광고직이에요. 지역 사업체들을 위한 광고를 만들죠.

M: 그래... 들어본 적이 있단다.

W: 그리고 다른 곳은, 음... Precision Electronics 사의 홍보 보조직이에요.

M: 음, 네가 선택하기 어려워하는 이유를 알겠구나.

W: 맞아요. 그런데 제가 카피라이팅을 해 본 경험이 없어서요. 광고 대행사의 면접관은 제 계획서를 마음에 들어 했고 카피라이팅을 해 보라고 말했어요. 하지만 카피라이팅은 중급 전문 글쓰기 수업에서 해 본 게 전부예요... 지난 학기에 들었던 수업이죠... 다른 일의 경우, 기본적으로... 언론계 사람들의 정보를 관리하고, 전화하고, 음, 일반적인 사무 보조를 하게 돼요. 제게 익숙한 일이죠. 지난 여름에 한 출판사에서 그 일을 했었거든요.

M: 맞아... Hillbrook 출판사였지... 음, 너는 내가 어떤 일이 좋을지 말해주기를 바랄 테지만... 네가 이미 그 답을 알고 있는 것 같구나... 내 말은, 너도 생각해 봤을 거라는 뜻이야, 그렇지?

W: 음, 네... 제 이력서를 위해서는 Precision Electronics 사가 좋을 것 같았어요... 그러니까, 최고의 전자제품 제조사잖아요... 제가 무언가 간과하고 있나요?

M: 네가 카피라이팅을 많이 해 보지 않은 건 사실이지만... 생각해 보렴... 졸업 후에 하고 싶은 일이 뭐니? 물론, Precision Electronics 사에서 일하는 것이 이력서에는 좋겠지만... 네 미래를 결정하는 데 있어서 도움이 되도록 현재 네가 할 수 있는 일이 뭘까?

W: 네, 교수님 말씀이 옳아요. 장기적인 목표를 생각해야겠어요. 광고 대행사 일을 선택하는 것이 좋을 것 같아요. 사실 광고 대행사 일에 흥미가 있고, 보조직보다 훨씬 더 도전적일 것 같거든요. 결정하는 데 도움을 주셔서 감사합니다.

M: 문제없어! 언제든 들르렴!

4 대화에 따르면, 학생이 일할 후보 회사들의 공통점은 무엇인가?
Ⓐ 그것들은 학생의 전공과 연관이 있다.
Ⓑ 그것들은 말단의 일이다.
Ⓒ 그것들은 광고 경력을 필요로 한다.
Ⓓ 그것들은 장기직을 할 수 있는 기회이다.

해설

교수가 학생이 지원하려는 일자리 모두 전공과 연관이 있는지를 묻자 전공에 관련된 일자리만 찾았다(I made sure to look for work relevant to my major)는 학생의 대답에서 일자리 후보가 모두 학생의 전공과 연관이 있음을 추론할 수 있습니다.

5 학생에 관해 추론할 수 있는 것은 무엇인가?
Ⓐ 그녀는 더는 마케팅직에 관심이 없다.
Ⓑ 그녀는 광고 대행사에서 일하기 전에 카피라이팅을 공부하고 싶어 한다.
Ⓒ 그녀는 급여가 좋은 직장을 얻고 싶어 한다.

ⓓ 그녀는 카피라이팅 경력 부족을 염려하고 있다.

해설
"카피라이팅을 해 본 경험이 없다(copywriting is something I don't really have experience doing)"라는 학생의 말에서 그녀가 카피라이팅 경력 부족을 염려하고 있음을 추론할 수 있습니다.

6 교수는 왜 이렇게 말하는가:

M: Right . . . Hillbrook Publishers . . . Well, I suppose you want me to tell you which job you should take . . . but I think you already know the answer . . . I mean, you've probably thought about it, right?

맞아... Hillbrook 출판사였지... 음, 너는 내가 어떤 일이 좋을지 말해주기를 바랄 테지만... 네가 이미 그 답을 알고 있는 것 같구나... 내 말은, 너도 생각해 봤을 거라는 뜻이야, 그렇지?

ⓐ 그녀가 생각하는 바를 말하도록 학생을 격려하기 위해
ⓑ 그가 그녀의 선택을 받아들일 것임을 학생에게 보장하기 위해
ⓒ 그가 학생을 대신해 선택해주겠다는 뜻을 나타내기 위해
ⓓ 그녀의 선택권들을 더 신중히 고려해 보라고 학생을 설득하기 위해

해설
교수는 두 일자리를 두고 고민하는 학생에게 "네가 이미 그 답을 알고 있는 것 같구나", "너도 생각해 봤을 것이다"라고 말합니다. 즉, 교수 자신의 생각을 말해주기보다 학생이 생각하는 바를 말하도록 격려하고 있음을 알 수 있습니다.

Daily Check-up ·· p. 142

| 01 C | 02 C | 03 B | 04 A | 05 A | 06 C | 07 C | 08 B |

01

Thanks to movies, TV, and countless science-fiction books, we've all heard about colonizing or settling on Mars. While futuristic cities under huge glass domes on the surface of Mars might seem real only in Hollywood, there are, um, ① **some researchers who believe such a concept isn't so far-fetched**. OK, so today, let's talk about ② **why it might be possible for Mars to support life**.

해석

영화, TV, 그리고 수많은 공상 과학 소설들 덕분에, 우리는 모두 화성을 식민지화하거나 화성에 이주하는 것에 대해 들어 본 적이 있을 것입니다. 화성 표면에 있는 거대한 유리 돔 아래의 미래 도시들이 할리우드에서만 가능한 것처럼 보일지도 모르지만, 음, 그러한 생각이 그렇게 억지스럽지 않다고 믿는 연구원들이 있어요. 자, 그래서 오늘은, 왜 화성이 생명체를 생존하게 하는 것이 가능할지도 모르는지에 관해 이야기해 봅시다.

해설

"so today, let's talk about ~" 이하에서 강의의 주제가 화성에서 생명체의 생존이 가능할지도 모르는 이유에 관한 것임을 알 수 있습니다.

02

Let's pick up where we left off last class. Previously, ① **we talked about the origins of animal and plant life on oceanic islands**. Why don't we take a closer look at ② **the development of life on continental islands**? As you know, continental islands form when the ocean cuts through a peninsula.

해석

지난 수업에서 하다 만 이야기를 계속해 보죠. 이전에, 우리는 양도에 서식하는 동물과 식물의 기원에 관해 이야기했는데요. 육도에 있는 생물의 발달에 관해 더 자세히 살펴 볼까요? 여러분도 알고 있듯이, 육도는 바다가 반도를 가르고 지나갈 때 형성됩니다.

해설

"Why don't we take a closer look at ~" 이하에서 강의의 주제가 육도에 서식하는 생물의 발달에 관한 것임을 알 수 있습니다.

03

In today's class, ① **we'll be focusing on the different types of muscle tissue—namely, red muscles and white muscles**. Red muscle fibers contain large amounts of an oxygen-storing protein called myoglobin. ② **These muscles are resistant to fatigue** and are used primarily during activities that require endurance.

해석

오늘 수업에서는, 서로 다른 종류의 근육 조직, 다시 말해서, 적색 근육과 백색 근육에 초점을 맞추도록 하죠. 적색 근섬유는 미오글로빈이라고 불리는 산소 저장 단백질을 다량 함유하고 있습니다. 이 근육들은 피로에 내성이 있고 주로 지구력을 요하는 활동 중에 사용되죠.

Q 강의의 주된 주제는 무엇인가?

ⓐ 적색 근육의 다양한 특징
ⓑ 적색과 백색 근육의 차이점
ⓒ 근육의 성분

해설

"In today's class, we'll be focusing on ~" 이하에서 강의의 주제가 적색 근육과 백색 근육의 차이점임을 알 수 있습니다.

04

OK . . . Let's begin. Now . . . I am sure all of you are familiar with dams . . . I mean, they are pretty common. These can range from, uh . . . ① **small barriers used to regulate irrigation systems to massive construction projects** such as the Hoover dam. ② **This dam is used to, um . . . generate hydroelectric power, and this is what I want to talk about today**.

해석

좋아요... 시작합시다. 자... 나는 여러분 모두가 댐에 대해 잘 알고 있다고 확신합니다... 제 말은, 그것들은 꽤 흔하잖아요. 댐은, 어... 관개 시설을 조절하는 데 사용되는 작은 방벽부터 후버댐과 같이 거대한 건설 프로젝트에 이르기까지 다양합니다. 이 댐은, 음... 수력발전을 하기 위해 사용되는데, 이것이 바로 제가 오늘 이야기하고 싶은 것입니다.

Q 강의는 주로 무엇에 관한 것인가?

ⓐ 후버댐의 기능
ⓑ 후버댐의 건설
ⓒ 댐의 주요 유형

해설

마지막 문장 "this is what I want to talk about today" 앞에 있는 내용이 주제가 됩니다. 후버댐이 수력발전을 하기 위해 사용된다는 점에 관해 이야기하고 싶다고 했으므로, 강의가 후버댐의 기능에 관한 것임을 알 수 있습니다.

05

배경 지식	Arctic – inhosp. ∵ sumr. – short, wint. – long, brutal, vege. X
	B/ many inhabit
강의 주제	polar bear – many tech. to surv. cold

Well . . . I am sure many of you would agree that the region around the Arctic Ocean has a pretty, well . . . inhospitable environment. I mean, the summers are short, the winters are long and brutal, and there is very little vegetation. However, despite these conditions, many animals inhabit this region. Although some species, such as the reindeer, migrate during the colder months, others stay year-round. I want to look at one such species, the polar bear, which uses a variety of techniques to survive the cold. Well, let's look at these techniques a bit more closely.

해석

자... 저는 여러분 중 대다수가 북극해 주변 지역이 꽤, 음... 살기에 적합하지 않은 환경을 가지고 있다는 데 동의할 거라고 확신합니다. 제 말은, 여름은 짧고, 겨울은 길고 혹독하며, 식물이 거의 없으니까요. 하지만, 이러한 조건에도 불구하고, 많은 동물이 이 지역에 살고 있습니다. 순록과 같은 몇몇 종들은 더 추운 달에 이주를 하기도 하지만, 다른 동물들은 일년 내내 그곳에 머무릅니다. 저는 그러한 동물 중 하나인 북극곰을 살펴보고 싶은데요, 북극곰은 추위에서 살아남기 위해 다양한 기술을 이용합니다. 자, 이러한 기술들을 좀 더 자세히 살펴봅시다.

해설
"I want to look at ~" 이하에서 강의의 주제가 북극곰이 추위를 극복하기 위해 사용하는 다양한 방법에 관한 것임을 알 수 있습니다.

06

지난 강의	**arch. design & constr. method**
강의 주제	features of bioclimatic build.
	- climate & env. → temp. inside comfortable
	- X elec. or mech. device

Now . . . yesterday, we discussed several architecture designs and construction methods that are, well . . . a little bit different from traditional methods. Today, I want to focus on the features of bioclimatic buildings. These are structures that utilize climatic and environmental factors to, uh . . . ensure the temperature inside remains comfortable. Unlike traditional buildings, these do not rely on electrical or, um . . . mechanical devices . . . you know, like heaters or air conditioners, to heat and cool their interiors.

해석
자... 어제, 우리는, 음... 전통적인 방법과는 조금 다른 여러 건축 설계와 건축 방식을 논의했습니다. 오늘은, 생물기후학적인 건물의 특징에 초점을 맞추고 싶습니다. 이 건축물들은 내부 기온을 쾌적하게 유지하기 위해서, 어... 기후와 환경적인 요소들을 활용합니다. 전통적인 건물과는 달리, 이것들은 내부를 따뜻하게 하거나 시원하게 하기 위해... 그러니까, 난방기나 에어컨 같은 전기 또는, 음... 기계 장치에 의존하지 않습니다.

해설
"Today, I want to focus on ~" 이하에서 강의의 주제가 생물기후학적인 건물의 특징에 관한 것임을 알 수 있습니다.

07

지난 강의	**new plant from single parent**
강의 주제	repro. honeybee → pollination, how happen

OK . . . let's settle down. We have a lot of material to cover today. Yesterday, we talked about one way that flowering plants reproduce . . . which is . . . the formation of a new plant from a single parent plant. And for today, we're going to discuss another method of plant reproduction that requires the honeybee. It's called pollination, and we'll be focusing on how this happens.

해석
그래요... 시작해 봅시다. 오늘은 다룰 내용이 아주 많아요. 어제, 우리는 꽃이 피는 식물들이 번식하는 한 가지 방법인... 하나의 부모 식물로부터 새로운 식물이 형성되는 것에 관해 이야기했습니다. 그리고 오늘은, 꿀벌을 필요로 하는 또 다른 식물 번식 방법을 논의해 보겠습니다. 그것은 수분이라 불리는데, 우리는 이것이 어떻게 일어나는지에 초점을 맞출 것입니다.

Q 강의는 주로 무엇에 관한 것인가?

    Ⓐ 식물 번식의 중요성

    Ⓑ 꿀벌이 번식하는 방법

    Ⓒ 꽃의 수분 과정

해설

"And for today, we're going to discuss ~" 이하에서 강의의 주제가 수분이라고 불리는 꽃의 번식 과정에 관한 것임을 알 수 있습니다.

08

배경 지식	*camouflage – imp. def. mecha.*
	B/ larger species in coral reefs → hard ∵ coral color changes
	octop. overcome with spc. skin
강의 주제	*– how octop. use this abil.*

Now . . . camouflage is an important defensive mechanism for many species. This is particularly true for creatures that, um . . . inhabit the ocean. Being able to conceal oneself on the ocean bottom or in the water provides a significant advantage. However, for larger species that inhabit the coral reefs, this poses, well . . . a bit of a problem. Because the colors of coral reefs change dramatically from, uh . . . section to section, it's hard for large species to hide themselves. The octopus overcomes this obstacle by utilizing specialized skin cells that enable it to, uh . . . change its colors, much like the ancient Greek god Proteus, who was capable of changing his form when he needed to. Today, we're going to focus on how the octopus uses this remarkable ability.

해석

자... 위장은 많은 종에게 중요한 방어법입니다. 특히, 음... 해양에 서식하는 생물체들일 경우 더 그렇습니다. 바다 밑바닥이나 물 속에서 스스로를 숨길 수 있는 것은 상당한 이점을 제공합니다. 그렇지만, 산호초에 서식하는 큰 동물들에게는, 이것이, 음... 좀 문제가 되죠. 산호초의 색깔이, 어... 부분마다 극적으로 변화하기 때문에, 큰 종들은 스스로를 숨기기가 어렵습니다. 문어는 이러한 장애를, 어... 색을 변화시킬 수 있는 특수화된 피부 세포를 이용함으로써 극복하죠, 마치 필요할 때 자신의 형태를 바꿀 수 있었던, 고대 그리스 신인 프로테우스처럼요. 오늘, 우리는 문어가 어떻게 이 놀라운 능력을 이용하는지에 초점을 맞출 것입니다.

Q 강의의 주된 주제는 무엇인가?

    Ⓐ 고대 그리스의 신

    Ⓑ 문어의 위장

    Ⓒ 산호초의 종

해설

"Today, we're going to focus ~" 이하에서 강의의 주제가 문어가 위장 능력을 어떻게 이용하는지에 관한 것임을 알 수 있습니다.

Daily Test p. 146

1 C	2 D	3 B	4 D

[1]   Listen to part of a lecture in a biology class.

주제
새의 이동 준비
– 식습관 조절

Let's return to bird migration . . . As you know, many birds travel great distances each year. To make these journeys, they must, um, prepare. Q1 One way that birds get ready for migration is by eating different foods. Uh, let's look at a specific example of how a bird adjusts its diet . . .

예) 개똥지빠귀
이동 전
과일 섭취

The wood thrush is a species of bird that is common in the eastern United States. For most of the year, it mainly eats insects. However, this changes at the end of the summer. To prepare for its long flight to Central America, the thrush starts eating a large amount of fruit . . . um, such as wild berries. Why does the thrush do this? Well, fruit contains lots of sugar . . . and sugar is energy. By eating fruit, the thrush is, um . . . able to store energy in its body. As a result, it has the strength to fly long distances. This is important because the thrush doesn't have much time to look for food during its trip.

해석
생물학 강의의 일부를 들으시오.

새의 이동으로 돌아가 봅시다. 여러분도 알다시피, 많은 새들이 매년 엄청난 거리를 이동합니다. 이러한 여행을 하기 위해, 그들은, 음, 준비를 해야 하죠. 새들이 이동을 준비하는 방법 중 하나는 다른 먹이를 섭취하는 거예요. 어, 어떻게 새가 식습관을 조절하는지 특정 예시를 하나 살펴봅시다.

미국 개똥지빠귀는 미국 동부에서 흔한 새의 한 종류입니다. 한 해 대부분 동안, 그것은 주로 곤충을 먹죠. 하지만, 이는 여름이 끝나갈 무렵 바뀝니다. 중앙 아메리카로의 긴 비행을 준비하기 위해, 개똥지빠귀는 많은 양의 과일을 먹기 시작해요... 음, 산딸기 같은 거요. 개똥지빠귀는 왜 이렇게 할까요? 음, 과일은 많은 당분을 함유하고 있죠... 그리고 당분은 에너지원이에요. 과일을 먹음으로써, 개똥지빠귀는, 음... 에너지를 몸에 저장할 수 있어요. 결과적으로, 그것은 긴 거리를 비행할 힘을 갖는 거죠. 이는 개똥지빠귀가 여행 중에 먹이를 찾을 시간이 많이 없기 때문에 중요합니다.

1 강의의 주된 주제는 무엇인가?
    Ⓐ 새들에게 이동의 장점
    Ⓑ 철새에 의한 여행
    Ⓒ 식습관과 새의 이동 사이의 관련성
    Ⓓ 특정 새 종이 이동하는 이유

해설
교수는 새들이 이동을 준비하는 방법 중 하나가 다른 먹이를 섭취하는 것이라 말한 뒤, "Uh, let's look at ~" 이하에서 새가 식습관을 조절하는 예시를 살펴볼 것임을 나타내고 있습니다.

[2]   Listen to part of a lecture in an anthropology class.

주제
북미 원주민이
의도적으로 불을
지른 이유

Before we finish up today, I want to say a few words about the ecological impact of early Native Americans. There is a common misconception . . . Uh, people think that Europeans found an untouched wilderness when they arrived in North America. Q2 In fact, early Native Americans significantly altered the landscape by intentionally setting fires. Today we're going to look at a few reasons why this happened.

이유 1
사냥

The first reason is that setting large areas of land on fire made it easier for the Native Americans to hunt. A wildfire made animals like deer and elk run away. It would force them to gather in an area where there was no fire. As these areas were often enclosed areas such as river bends, hunters could then kill a large number of animals at once.

이유 2
토지 개간 ⎰ Fires were also set by farmers to clear sections of land very quickly. It was necessary to clear the land in order to plant crops such as corn and tobacco. In addition, the burnt vegetation added nutrients to the soil. Thus, the land became more fertile and resulted in larger harvests . . .

해석
인류학 강의의 일부를 들으시오.

오늘을 마무리하기 전에, 초기 북미 원주민들이 끼친 생태학적인 영향에 대해 몇 마디 하고 싶어요. 일반적인 오해가 하나 있습니다... 어, 사람들은 유럽인들이 북미에 도착했을 때 훼손되지 않은 황무지를 발견했다고 생각해요. 사실, 초기 북미 원주민들은 의도적으로 불을 지름으로써 지형을 상당히 바꾼 것인데 말이죠. 오늘 우리는 이것이 발생한 몇 가지 이유를 살펴볼 것입니다.

첫 번째 이유는 토지의 넓은 구역에 불을 지르는 것이 북미 원주민들이 사냥하는 것을 더 쉽게 만들었다는 점입니다. 들불은 사슴과 엘크 같은 동물들을 달아나게 만들었어요. 그건 동물들을 불이 없는 구역으로 모이게 했을 겁니다. 이러한 구역들은 흔히 강이 굽어지는 곳과 같이 에워싸인 구역들이었기 때문에, 사냥꾼들은 많은 동물을 한 번에 죽일 수 있었죠.

불은 또한 농부들에 의해 토지의 구역들을 매우 빠르게 개간하기 위해 질러졌습니다. 옥수수와 담배 같은 농작물을 심기 위해서는 토지를 개간할 필요가 있었어요. 게다가, 불에 탄 식물은 토양에 영양분을 더했죠. 이렇게 해서, 토지는 더욱 비옥해졌고 더 큰 수확량을 가져왔습니다...

2 강의의 주된 주제는 무엇인가?

Ⓐ 유럽 개척자들이 북미 원주민들에게 끼친 영향
Ⓑ 북미 원주민들에게 사용된 사냥 기법들
Ⓒ 산불이 북미 원주민 집단에 끼친 영향
Ⓓ 북미 원주민들이 토지의 구역들을 불태운 이유

해설
교수는 도입부에서 북미 원주민들이 의도적으로 불을 질렀다고 언급한 뒤, "Today we're going to ~" 이하에서 그 이유에 관해 이야기할 것임을 나타내고 있습니다.

[3] Listen to part of a lecture in an environmental science class.

주제
동물 개체군 규모
계산 방법 ⎰ Have you ever wondered how scientists determine that an animal species is endangered? I mean, it's impossible to track every individual, right? Q3 I'd like to take some time to look at how the population size of a species is calculated.

표본 추출법의
과정 ⎰ The most commonly used method is sampling. Biologists try to count the number of animals in a small area of a species' habitat. This is usually done with the mark-recapture technique. Um, the biologists set traps for the animals and count the number of captured animals. The animals are marked with tags and then released. The tags ensure they will not be recounted later by accident. The process goes on for several months in the same area. Biologists gather data and use it to estimate the total number of animals in the area.

표본 추출법의
한계 ⎰ However, sampling does not always provide precise results . . . This is because population densities vary greatly from region to region, and many animals are difficult to trap. In some cases, several species have even been mistakenly classified as endangered due to inaccurate samples.

해석
환경 과학 강의의 일부를 들으시오.

여러분은 과학자들이 어떻게 한 동물 종이 멸종 위기에 처했다고 결정하는지 궁금했던 적이 있나요? 제 말은, 모든 개체를 추적하는 것은 불가능하잖아요, 그렇죠? 종의 개체군 규모가 어떻게 계산되는지에 대해 살펴보는 시간을 좀 가져 보고 싶습니다.

가장 흔하게 사용되는 방법은 표본 추출법입니다. 생물학자들은 종 서식지의 소규모 지역에 있는 동물들의 숫자를 세는 것을 시도하죠. 이는 보통 표지방류 기술로 이루어집니다. 음, 생물학자들은 동물을 잡기 위한 덫을 놓고, 포획된 동물들의 수를 셉니다. 이 동물들은 꼬리표로 표시되고 나서 풀려나요. 그 꼬리표들은 그들이 나중에 실수로 다시 세어지지 않을 것을 보장하죠. 이 과정은 같은 지역에서 몇 달간 지속됩니다. 생물학자들은 자료를 모으고 그것을 그 지역에 있는 동물들의 총 수를 추산하는 데 사용합니다. 하지만, 표본 추출법이 항상 정확한 결과를 제공하는 것은 아닙니다... 이는 개체군 밀도가 지역마다 크게 다르기도 하고, 많은 동물들은 잡기가 어렵기 때문이죠. 어떤 경우에, 몇몇 종들은 심지어 부정확한 표본 때문에 멸종 위기에 처한 것으로 잘못 분류되기도 했습니다.

3 강의는 주로 무엇에 관한 것인가?
ⓐ 동물들을 포획하고 세는 기법
ⓑ 종의 개체군을 추산하는 방법
ⓒ 지역의 새로운 종을 식별하는 방법
ⓓ 멸종 위기에 처한 동물들을 보호하는 과정

해설
"I'd like to take some time to look at ~" 이하에서 강의가 종의 개체군 규모를 추산하는 방법에 관한 것임을 알 수 있습니다.

[4]   Listen to part of a lecture in an astronomy class.

주제
금성의 특징

P: OK . . . so we've discussed how planets, like Earth, formed through accretion . . . the slow build-up of small particles. Now, let's talk about Venus . . . Venus is known as Earth's "twin" because it's similar in mass and size . . . but, Q4 it has features that make it stand out from other terrestrial planets in our Solar System. First, Venus rotates in the opposite direction . . .

특징 1
반대 방향으로
자전

S: Excuse me . . . so, that means that on Venus . . . the Sun rises in the west, and, uh, sets in the east . . . right?

특징 2
자전 및 공전
속도가 느림

기원에 관한
이론

P: That's correct. And Venus rotates so slowly that one day on Venus is 243 Earth days long . . . so you'd have to wait a very long time to see a sunset there! In addition, Venus orbits around the Sun in 262 days, which makes a Venus year about the same length of time as a day on Venus. Now . . . accretion theory doesn't quite explain these characteristics of Venus. So, one scientist proposed that, well, Venus could've formed from a head-on collision between two planets with opposite rotations . . . that would explain why Venus is slow and spins backward! His theory isn't widely accepted yet . . . but it's gained a lot of interest.

해석
천문학 강의의 일부를 들으시오.
P: 자... 그래서 우리는, 지구와 같은 행성들이 부착 현상을 통해 어떻게 형성되는지 논의해왔어요... 작은 입자들이 서서히 쌓이는 거죠. 이제, 금성에 관해 이야기해 봅시다... 금성은 질량 및 크기가 지구와 비슷해서 지구의 '쌍둥이'로 알려져 있어요... 하지만, 금성은 태양계의 다른 지구형 행성들 중 두드러지는 특징을 가지고 있습니다. 우선, 금성은 반대 방향으로 자전하죠...
S: 잠시만요... 그럼, 금성에서는... 해가 서쪽에서 뜨고, 어, 동쪽으로 진다는 거네요... 맞나요?
P: 맞아요. 그리고 금성은 매우 느리게 자전해서 금성에서의 하루는 지구에서의 243일만큼이나 길어요... 그래서 여러

분이 금성에서 일몰을 보기 위해서는 매우 오랜 시간을 기다려야 할 거예요! 게다가, 금성은 태양의 궤도를 공전하는 데 262일이 걸립니다, 그래서 금성에서는 일 년이 거의 하루와 같은 시간인 거죠. 자... 부착 이론이 금성의 이런 특징들을 잘 설명해주지는 못해요. 그래서, 한 과학자는, 음, 서로 다른 방향으로 자전하는 두 행성의 정면 충돌로 금성이 형성되었을 수도 있다고 제시했어요... 이는 금성이 느릿하게 반대로 자전하는 이유를 설명할 수 있죠! 그의 이론은 아직 널리 받아들여지지는 않았어요... 하지만 많은 관심을 얻고 있죠.

4 강의의 주된 주제는 무엇인가?
  Ⓐ 부착 현상에 의한 지구형 행성의 형성
  Ⓑ 태양계가 형성된 방법에 대한 이론
  Ⓒ 지구와 금성의 유사점과 차이점
  Ⓓ 한 행성의 특징

해설
"it has features ~" 이하에서 강의의 주제가 금성의 두드러지는 특징에 관한 것임을 알 수 있습니다.

2일 Detail Questions

Daily Check-up ·· p. 152

01 B	02 A	03 C	04 A, D	05 C	06 C	07 C	08 C, D

01

Now, there was another reason Modigliani was less popular than other painters of his time. Modigliani did portraits almost exclusively. So what was wrong with portraits? Well, ① **it was a genre that wasn't exactly in favor in the early 1900s**. ② **Art traders considered the portrait unfashionable**.

해석
자, 모딜리아니가 동시대의 다른 화가들보다 인기가 없었던 또 다른 이유가 있습니다. 모딜리아니는 거의 오로지 초상화만 그렸습니다. 그렇다면 초상화의 무엇이 문제였을까요? 음, 그것은 엄밀하게 1900년대 초기에 인기 있던 장르는 아니었어요. 미술상들은 초상화가 한물갔다고 여겼죠.

해설
교수는 "So what was wrong with portraits?"라고 질문을 던진 후, 그것은 모딜리아니가 당시 인기가 없었던 장르인 초상화를 그렸기 때문이라고 말합니다.

02

Yesterday, we talked about how Greek and Roman plays are similar. ① **But today, I'd like to talk about how they are different**. The Romans and Greeks were talented, and they knew how to make the people laugh or cry. ② **But the Romans just copied everything the Greeks did**. People today think of the Romans as courageous people who were very loyal and just. However, on stage, ③ **they were not creative and they had no imagination**. Of course, this does not mean that the Romans never did anything creative in theater.

해석

어제, 우리는 그리스와 로마 연극이 어떻게 비슷한지에 관해 이야기했습니다. 하지만 오늘은, 그들이 어떻게 다른지 이야기하고 싶군요. 로마인들과 그리스인들은 재능이 있었고, 사람들을 어떻게 울고 웃게 만드는지 알고 있었습니다. 그러나 로마인들은 단지 그리스인들이 했던 모든 것을 모방했을 뿐입니다. 오늘날 사람들은 로마인들이 매우 충성스럽고 올바른 용기 있는 사람들이었다고 생각합니다. 그렇지만, 무대에서, 그들은 창조적이지 못하며 상상력이 없었죠. 물론, 이는 로마인들이 극장에서 그 어떤 창조적인 것도 하지 않았다는 것을 의미하지는 않습니다.

해설

교수는 로마인들이 그리스인들을 모방했다(the Romans just copied everything the Greeks did)고 말합니다.

03

Now when the blowpipe was invented around 30 BC, probably along the Eastern Mediterranean coast, it revolutionized glass production. It made ① **glassmaking faster, cheaper, and easier**. So, for the first time, ② **glass became available to the common people, which, in fact, caused resentment in the rich**, who avoided using glass cups ③ **because these cups were now available to everyone**. Glass was ④ **no longer a rarity**.

해석

취관이 기원전 30년경, 아마도 동쪽 지중해 해안에서 발명되었을 때, 그것은 유리 제조에 혁명을 일으켰습니다. 그것은 유리 제조술을 더 빠르고, 더 저렴하고, 더 쉽게 만들었죠. 그래서, 처음으로, 서민들도 유리를 사용할 수 있게 되었고, 이는 사실, 부자들의 분노를 불러일으켰습니다, 부자들은 이제 모든 사람이 유리컵을 사용할 수 있게 되자 그것의 사용을 꺼렸어요. 유리는 더는 진귀한 것이 아니게 된 것이죠.

Q 교수에 따르면, 부자들은 왜 유리컵 사용을 중단하였는가?

    Ⓐ 유리컵은 매우 깨지기 쉬웠다.

    Ⓑ 질이 점점 나빠졌다.

    Ⓒ 평범한 사람들이 그것들을 사용하기 시작했다.

해설

"glass became available ~" 이하에서 교수는 부자들이 유리컵 사용을 꺼리게 된 이유가 서민들도 유리컵을 사용할 수 있게 되었기 때문이라고 말합니다.

04

A Kouros is a sculpture that portrays a male youth. ① **It always included a faint smile to prevent the statues from looking dead**. But the smile disappeared in the later Kouroi, uh . . . that's the plural form, ② **because the Greeks wanted to focus on portraying the human form accurately**.

해석

Kouros는 젊은 청년을 묘사한 조각상입니다. 그것은 석상이 생기 없어 보이는 것을 피하기 위해 항상 희미한 미소를 머금고 있었죠. 그러나 그 미소는, 어... Kouros의 복수형인, 후기 Kouroi에서는 사라졌는데, 이는 그리스인들이 사람의 형태를 정확하게 묘사하는 데 초점을 맞추고자 했기 때문입니다.

Q 교수는 Kouroi의 미소에 관해 무엇이라고 말하는가?

    Ⓐ 그것은 그 석상에 생기를 불어넣기 위한 것이었다.

    Ⓑ 그것은 사람의 형태를 정확하게 나타내기 위해 사용되었다.

    Ⓒ 그것은 그 조각가의 특징이었다.

    Ⓓ 그것은 후기 Kouroi에서는 나타나지 않았다.

해설
교수는 석상의 미소가 1. 그것이 생기 없어 보이지 않도록 하(prevent the statues from looking dead)고, 2. 후기 Kouroi에서 사라졌다(the smile disappeared in the later Kouroi)고 말합니다.

05

> most com. - wire & chips → slow, lag, crash
>
>   - parallel computing
>
> optical computing - beam of light, fast

Most computers today use wire and chips. These components make computers operate very slowly. If you try to do two things at the same time on this type of computer, it will cause it to lag and sometimes even crash. This type of computing is called parallel computing. A recent technology known as optical computing uses a beam of light. Because light moves very fast, the computer does things very quickly.

해석
오늘날 대부분의 컴퓨터는 전선과 반도체 칩을 사용합니다. 이 부품들은 컴퓨터를 매우 느리게 작동하도록 만들죠. 만약 여러분이 이러한 종류의 컴퓨터에서 두 가지 일을 동시에 시도한다면, 그건 그 컴퓨터를 느려지게 하거나 때로는 아예 멈추게 할 겁니다. 이러한 종류의 연산을 병렬 연산이라고 부르죠. 광학 연산이라고 알려진 최근의 기술은 빛의 광선을 이용합니다. 빛이 매우 빠르게 움직이기 때문에, 컴퓨터는 일을 매우 빠르게 처리하죠.

해설
교수는 이 부품들이 컴퓨터를 매우 느리게 작동하도록 만든다(These components make computers operate very slowly)고 말합니다.

06

> colonial America - gold & silver coin
>
> British stopped G & S to US
>
> ∴ commodities - inconv. → paper $
>
> too much → worthless

The dollar, also known as the greenback, has a long and tumultuous history. In colonial America, early settlers used gold and silver coins. The British government stopped the importation of gold and silver to America, because they feared America would become an independent country. This made it difficult for the colonists to use gold and silver coins as currency. People in America began using commodities such as beef, rice, peas, and pork as money. But it was very inconvenient to pay with goods, so banks in America began making paper money. But the banks circulated too much paper money. This caused paper money to become virtually worthless.

해석
그린백이라고도 알려진 달러는, 오랜 격동의 역사를 가지고 있습니다. 식민지 미국에서, 초기 정착민들은 금화와 은화를 사용했어요. 영국 정부는 미국이 독립국이 되는 것을 두려워했기 때문에, 미국으로의 금과 은 수입을 중지시켰죠. 이는 식민지 개척자들이 금화와 은화를 통화로 사용하는 것을 어렵게 만들었습니다. 미국인들은 소고기, 쌀, 콩, 그리고 돼지고기 같은 상품들을 돈으로 사용하기 시작었습니다. 하지만 물건으로 값을 치르는 것은 매우 불편해서, 미국 은행들은 지폐를 만들기 시작했죠. 그런데 은행들은 너무 많은 지폐를 유통했습니다. 이는 실질적으로 지폐를 무가치하게 만들었고요.

07

earth-fill dam	dugout
– river valley, cost-effect. – lower cost/gal.	– fortification
– both behind dam & excavated portion	– only excav.
– larger surface → ↑evap. & poor qual.	

As a rule, earth-fill dams are built on river valleys. An earth-fill dam can provide a cost-effective method of storing larger volumes of water for livestock or irrigation. For such purposes, sometimes a dugout is used. This is simply a fortification of earth which is located underground. However, compared to a dugout, the construction costs for an earth-fill dam can be much lower for every gallon of water stored. The reason it is more cost-efficient is that an earth-fill dam can store water both behind the dam as well as in the excavated portion of the reservoir where the earth-fill was obtained for its construction. With dugouts, all the water is stored in the excavation itself. On the other hand, the drawback of dams has to do with the much larger surface area, which results in higher evaporation losses than dugouts and poorer water quality.

해석
대개, 흙 댐은 강 계곡에 지어집니다. 흙 댐은 가축이나 관개를 위해 많은 양의 물을 저장하는 데 비용 효율이 높은 방법을 제공해요. 이러한 목적으로, 때때로 방공호가 사용되기도 합니다. 이것은 단순히 지하에 위치한 방어 시설이죠. 그렇지만, 방공호와 비교해서, 저장되는 물의 갤런당 흙 댐의 건설 비용은 훨씬 낮을 수 있습니다. 비용 효율이 더 높은 이유는 흙 댐의 건설을 위해 구멍이 파여 흙이 얻어지는 저수지 부분뿐만 아니라 댐의 후방에도 물을 저장할 수 있기 때문입니다. 방공호에서는, 모든 물이 구덩이 자체에만 저장돼요. 반면에, 댐의 단점은 훨씬 더 큰 표면적에 있는데, 그것은 방공호보다 더 높은 증발 손실과 더 나쁜 수질을 야기합니다.

Q 흙 댐은 방공호보다 어떻게 더 비용 효율이 높은가?
  Ⓐ 흙 댐이 방공호보다 더 오래 유지된다.
  Ⓑ 흙 댐은 더 적은 건설을 필요로 한다.
  Ⓒ 흙 댐은 더 많은 물을 저장할 수 있다.

08

Glial cells - support neurons
1. X conduct elec., insulate neurons → ensure only signal intended
2. cleaner - remove unneeded material & dead neurons by absorb & digest

OK . . . like I said, glial cells have many functions. They do, however, play an important supporting role with regards to, um . . . neurons. What I mean is . . . they enable the neurons to function. As I am sure you know, one of the ways that neurons, um . . . communicate is through electrical signals. As glial cells do not conduct electricity, they are used to, uh . . . insulate individual neurons, which is important because it ensures that the neurons only receive the signals, well . . . the signals that are intended for them.

I should also point out that glial cells act as the, uh . . . cleaners of the nervous system . . . sort of like a cellular janitor. They actually regulate the areas between the neurons, ensuring that any, uh . . . unneeded materials are removed. In the same way, they eliminate neurons that have, um . . . died, usually by absorbing and digesting them.

해석
자... 제가 말했던 것처럼, 글리아 세포는 많은 기능을 가지고 있습니다. 하지만, 그들은, 음... 뉴런과 관련해서 중요한 보조 역할을 하죠. 제가 말하고자 하는 것은... 글리아 세포들이 뉴런을 기능하도록 한다는 것입니다. 여러분도 분명 알고 있겠지만, 뉴런이, 음... 전달을 하는 방법 중 하나는 전기 신호를 통해서입니다. 글리아 세포가 전기를 전도하지 않기 때문에, 그것들은, 어... 각 뉴런들을 절연하는 데 사용되고, 이것은 뉴런들이, 음... 오직 그들을 향한 신호만 받는 것을 보장해주기 때문에 아주 중요하죠.
저는 또한 글리아 세포가 신경조직의, 어... 청소부 역할을 한다는 것을 지적하고 싶어요... 일종의 세포 관리자 역할이죠. 그것들은 실제로 모든, 어... 불필요한 물질들이 제거되도록 하면서, 뉴런들 사이의 부위를 관장합니다. 같은 방법으로, 그것들은, 음... 죽은 뉴런들을 흡수하고 소화시킴으로써, 그것들을 제거해요.

Q 교수에 따르면, 글리아 세포가 어떻게 뉴런을 보조하는가?
　Ⓐ 그것들은 전기가 통하도록 한다.
　Ⓑ 그것들은 통신 신호를 받는다.
　Ⓒ 그것들은 신경조직을 깨끗이 한다.
　Ⓓ 그것들은 전기를 절연시킨다.

해설
교수는 "which is important"와 "point out" 등의 표현을 사용하여, 글리아 세포가 1. 전기를 전도하지 않(glial cells do not conduct electricity)고, 2. 신경조직의 청소부 역할을 한다(glial cells act as the cleaners of the nervous system)고 말합니다.

Daily Test ··· p. 156

1 D	2 B, D	3 A	4 D	5 A	6 B, C, E

[1-3]　　Listen to part of a talk on art. The professor is discussing self-portraits.

　　P: OK, um, let me start off by asking you what a self-portrait is. Anyone?
　　S: Is it like taking your own picture or painting yourself?
　　P: Yes, that sums up what a self-portrait is. You're both the artist and the subject. A self-portrait is autobiographical . . . It reveals something about you, the subject. And there might be something in the picture that makes a statement about your life. Now . . . Q1 what I want to talk about today is . . . a type of self-portrait that doesn't really seem to be a self-portrait. We'll look at the self-portraits of two very successful photographers and see how they measure up to the definition I gave you.

주제
자화상처럼
보이지 않는
자화상

All right . . . We have Cindy Sherman. Does the name ring a bell? Well, Cindy Sherman is considered by fellow photographer-artists and art critics to be a genius. A large part of her work consists of photographs of herself . . . She called them Untitled Film Stills . . . But . . . any person viewing these portraits would probably say with conviction that they aren't self-portraits. Q2 But every single picture shows a disguised Sherman. She used wigs, heavy make-up . . . prosthetics and props . . . as well as facial expressions . . . to portray cultural stereotypes. You've all seen these stereotypes. The busy housewife . . . the helpless victim of B-rated movies . . . the crying woman . . . the lonely divorcée . . . When you look at these photographs . . . you start wondering . . . do any of these shots depict Sherman's personality . . . or a facet of that personality . . . And you're never really sure if Sherman is in her photographs because, really, all you see is a woman playing a role. If it were just one picture, you wouldn't think twice about the woman portraying the character. But it's a series of pictures of the same person and that makes it intriguing.

신디 셔먼
자화상의 특징

Now let's look at another artist . . . one whose name I'm sure you'll recognize . . . Andy Warhol. The thing with Warhol's pictures . . . Q3 Well, Warhol didn't use make-up or prosthetics. His self-portraits were made over a span of several decades . . . and yet, the pictures show virtually the same expression. Look at these slides. Do you notice Warhol's blank stare in all the pictures? What was he trying to do? Well, Sherman portrayed stereotyped personas . . . but Warhol's self-portraits are like . . . a collection of masks, you know, the masks that people wear to hide themselves from other people. In a sense, Andy Warhol played a trick on the public . . . And it was quite a good trick because . . . people who looked at his self-portraits couldn't understand who Warhol was. So . . . Warhol and Sherman simply did the same thing . . . but in different ways.

앤디 워홀
자화상의 특징

해석

미술에 대한 강의의 일부를 들으시오. 교수는 자화상에 관해 논의하고 있습니다.

P: 자, 음, 자화상이 무엇인지에 대해 여러분에게 질문함으로써 시작할게요. 아는 사람 있나요?

S: 스스로를 사진으로 찍거나 그림으로 그리는 것 아닌가요?

P: 맞아요, 자화상이 무엇인지 그렇게 요약할 수 있겠군요. 학생이 예술가이면서 피사체도 되는 거예요. 자화상은 자전적이죠... 그것은 피사체가 되는, 본인에 대한 것을 드러내요. 그리고 그림에서 그 본인의 삶에 대해 무엇인가를 말해주기도 합니다. 이제... 오늘 이야기하고 싶은 것은... 전혀 자화상으로 보이지 않는 유형의 자화상이에요. 두 명의 매우 성공적인 사진 작가들을 살펴보고 그들이 어떻게 제가 말한 정의에 부합하는지 알아볼 거예요.

좋아요... 신디 셔먼이라는 사람이 있어요. 그 이름을 들으니 무슨 생각이 떠오르나요? 음, 신디 셔먼은 동료 사진 작가들과 예술 비평가들에게 천재로 여겨지고 있어요. 그녀의 작품 중 상당수가 그녀 자신의 사진이죠... 그녀는 그것들을 Untitled Film Stills라고 불렀어요... 그러나... 이 사진들을 보는 사람은 아마 그것들이 자화상이 아니라고 말할 거예요. 하지만 모든 사진이 변장한 셔먼을 모습을 나타내고 있어요. 그녀는 얼굴 표정 뿐만 아니라... 가발, 짙은 화장... 보철술과 소도구들을 활용하여... 문화적인 고정관념을 표현했습니다. 여러분 모두 이런 문화적인 고정관념를 본 적이 있을 거예요. 바쁜 주부들... 하급 영화에 등장하는 무력한 희생자들... 울고 있는 여자... 외로운 이혼녀... 이런 사진들을 보면... 여러분은... 그 사진들 중에서 셔먼의 자아... 또는 자아의 일면을 표현하는 사진이 있는지 의문이 들 거예요... 그리고 여러분이 보는 것은 어떤 역할을 연기하는 한 여성이기 때문에, 정말로, 여러분은 그녀의 사진 속에 있는 사람이 셔먼인지 확신하지 못할 거예요. 그게 하나의 사진이었다면, 그 캐릭터를 묘사하는 여자에 대해 두 번 생각하지는 않을 거예요. 그런데 그건 동일한 인물을 찍은 일련의 사진들이고 호기심을 자극하게 만들죠.

이제 다른 작가... 여러분이 알 만한 사람인... 앤디 워홀을 살펴보도록 해요. 워홀 사진의 특징은... 음, 워홀은 화장이나 보철술을 사용하지 않았어요. 그의 자화상들은 수십 년의 기간에 걸쳐 완성되었습니다... 하지만, 그 사진들은 거의 같은 감정을 표현하고 있어요. 이 슬라이드들을 보세요. 모든 사진에서 워홀의 멍한 응시가 보이나요? 그는 무엇을 하려고 한 걸까요? 음, 셔먼은 전형적인 인물을 표현한 반면... 워홀의 자화상은... 그러니까, 다른 사람들에게 자신을 숨기기 위해 사람들이 쓰는 각종 마스크 같아요. 어떤 의미에서, 앤디 워홀은 대중에게 속임수를 쓴 거죠... 그리고 그의 자화상을 본 사람들은 워홀이 누구인지 알 수 없었기 때문에... 그건 꽤 훌륭한 속임수였죠. 그래서... 워홀과 셔먼은 다른 방법으로... 그야말로 같은 것을 한 거죠.

1 교수는 주로 무엇에 관해 논의하는가?
   Ⓐ 자화상의 공통적인 특징
   Ⓑ 두 예술가의 초상화에 드러난 개인적인 정보
   Ⓒ 그림 안에서 한 개인의 성격을 묘사하는 방법
   Ⓓ 셔먼과 워홀 자화상의 독특함

   해설
   "what I want to talk ~" 이하에서 강의가 두 사진 작가의 자화상으로 보이지 않는 자화상에 관한 것임을 알 수 있습니다. 본문에서 교수는 크게 신디 셔먼과 앤디 워홀로 나누어 이들 자화상의 독특한 특징을 설명합니다.

2 강의에서, 교수는 신디 셔먼의 자화상의 어떤 특징을 설명하는가?
   Ⓐ 그것들은 셔먼의 개인적인 특징을 반영한다.
   Ⓑ 그것들은 다양한 소도구들과 변장술을 포함한다.
   Ⓒ 그것들은 동일한 표정을 띠고 있다.
   Ⓓ 그것들은 그녀의 문화에서 흔한 인물 형태를 묘사한다.

   해설
   교수는 신디 셔먼이 1. 여러 소도구와 변장술을 사용했고, 2. 그 시대의 여러 가지 전형적인 인물들로 문화적 고정관념(cultural stereotypes)을 표현했다고 말합니다.

3 교수에 따르면, 앤디 워홀의 자화상 작품집의 특징은 무엇인가?
   Ⓐ 그 사진들은 여러 해에 걸쳐 찍혔다.
   Ⓑ 피사체는 항상 마스크를 썼다.
   Ⓒ 그 사진들은 대중들에게 반감을 샀다.
   Ⓓ 피사체는 종종 화장을 했다.

   해설
   교수는 앤디 워홀의 자화상 작품집이 수십 년에 걸쳐 완성되었다(His self-portraits were made over a span of several decades)고 말합니다.

[4-6] Listen to part of a lecture on biology. The professor is discussing squirrels' defense strategies.

OK. Let's continue our discussion on ways that animals defend themselves from their predators. We'll start off with ground squirrels and their main predators–rattlesnakes.

주제 Q4 Now, squirrels have developed a few different strategies for protecting themselves and
다람쥐의 their young pups from rattlesnakes . . . And today, I'd like to tell you about a couple of the
방어 전략 clever tricks that, um, these squirrels use.

전략 1 All right, so . . . rattlesnakes have the, uh, the perfect body shape and movement for quietly
방울뱀 허물로 entering squirrels' underground burrows. As a result, it can be especially dangerous for
속이기 squirrels when they're sleeping at night. So what's a squirrel to do? Q5 Well, the adult
   squirrels go around and gather pieces of shed rattlesnake skin . . . you know, the old dead
   skin that snakes discard once in a while . . . and, um, they'll rub it on their fur. Then, they'll
   chew up some of the old snake skin and lick their pups' fur. This defense strategy can fool
   a rattlesnake in a couple of ways. First, it covers up any kind of squirrel smell. And second,

the rattlesnakes might think that there's another snake in the burrow already . . . so they'll move on to other prey. Smart, huh?

OK. Now . . . let's say a squirrel is face-to-face with a hungry rattlesnake. Researchers have found that a squirrel will pump very hot blood into its tail and start waving it around quickly. I should point out that when rattlesnakes hunt, they don't use their sense of sight . . . rather, they detect prey through their pit organ, which can sense the, um, infrared heat the prey gives off. Anyway . . . back to the squirrel. Q6 So, as the squirrel is waving its hot tail from side to side, the rattlesnake starts to think that the squirrel is, well, much bigger and stronger than it thought—therefore, not worth the hunting effort. This makes the rattlesnake give up and slither away. Aside from protecting itself, the squirrel's tail-waving behavior serves two other purposes. First, it acts to distract the rattlesnake from the squirrel's pups . . . and second, it alerts other squirrels that danger is nearby. So, squirrels' tail-waving is a pretty effective defense strategy.

전략 2
꼬리 흔들기

해석

생물학에 관한 강의의 일부를 들으시오. 교수는 다람쥐의 방어 전략에 관해 논의하고 있습니다.

좋아요. 동물이 포식 동물로부터 스스로 방어하는 방법에 대해 계속해서 논의해 봅시다. 얼룩다람쥐와 그들의 주요 포식자인 방울뱀에 대한 이야기로 시작할게요.

자, 다람쥐는 방울뱀으로부터 자신과 어린 새끼를 보호하기 위해 몇 가지 다양한 전략을 개발했어요... 그리고 오늘, 저는, 음, 이 다람쥐들이 사용하는 몇 가지 영리한 기법에 대해 이야기하고 싶어요.

좋아요, 그럼... 방울뱀은, 어, 다람쥐의 땅속 굴로 조용히 들어가는 데 완벽한 체형과 움직임을 가지고 있어요. 그 결과, 다람쥐는 밤에 자고 있을 때 특히 위험할 수 있죠. 그럼 다람쥐는 무엇을 해야 할까요? 음, 다 자란 다람쥐는 돌아다니며 방울뱀의 허물 조각을 모아요... 그러니까, 뱀이 이따금씩 탈피하는 오래된 죽은 피부요... 그리고, 음, 다람쥐는 그것을 털에 문질러요. 그러고 나서, 오래된 뱀의 허물을 씹어서 새끼의 털을 핥죠. 이 방어 전략은 몇 가지 방법으로 방울뱀을 속일 수 있어요. 먼저, 그것은 다람쥐의 어떤 냄새든지 가려줍니다. 그리고 두 번째로, 방울뱀은 굴 안에 이미 다른 뱀이 있다고 생각하고... 그래서 다른 먹이를 찾아 이동할 거예요. 영리해요, 그렇죠?

좋아요. 이제... 다람쥐가 굶주린 방울뱀과 대면했다고 가정해 봅시다. 연구원들은 다람쥐가 매우 뜨거운 피를 꼬리로 솟구치게 하고 그것을 빠르게 흔드는 것을 발견했어요. 방울뱀은 사냥을 할 때, 시각을 사용하지 않고... 그들의 피트 기관을 통해 먹이를 발견하는데, 이 기관은, 음, 먹이가 발산하는 적외선 열을 감지한다는 것을 지적해야겠군요. 어쨌든... 다람쥐 얘기로 돌아갑시다. 그래서, 다람쥐가 뜨거운 꼬리를 양쪽으로 흔들면, 방울뱀은 자신이 생각했던 것보다 다람쥐가, 음, 훨씬 더 크고 강하다고 생각하기 시작해요, 따라서, 사냥할 가치가 없다고 생각하는 거죠. 이는 방울뱀이 포기하고 스르르 달아나게 만듭니다. 스스로를 보호하는 것 외에도, 다람쥐가 꼬리를 흔드는 행동은 다른 두 가지 목적을 가지고 있어요. 첫째로, 그것은 방울뱀의 주의를 다람쥐의 새끼로부터 돌리는 역할을 해요... 그리고 두 번째로, 그것은 다른 다람쥐들에게 위험이 가까이에 있다는 것을 알리죠. 따라서, 다람쥐가 꼬리를 흔드는 것은 아주 효과적인 방어 전략이에요.

4 교수는 주로 무엇에 관해 이야기하는가?

Ⓐ 다람쥐가 어떻게 방울뱀과 소통하는 방법을 찾았는지
Ⓑ 다람쥐가 어떻게 항상 다른 다람쥐를 기꺼이 도와주는지
Ⓒ 방울뱀이 어떻게 다람쥐 먹이를 감지할 수 있는지
Ⓓ 다람쥐가 어떻게 방울뱀으로부터 스스로를 방어하는지

해설

"Now, squirrels have developed ~" 이하에서 강의가 다람쥐가 방울뱀으로부터 스스로를 방어하는 방법에 관한 것임을 알 수 있습니다.

5 교수는 오래된 방울뱀 허물에 대해 무엇이라고 말하는가?

Ⓐ 그것은 방울뱀을 속이기 위해 다람쥐에 의해 사용된다.
Ⓑ 그것은 다람쥐의 주의를 돌리기 위해 방울뱀에 의해 탈피된다.
Ⓒ 그것은 뱀이 너무 빨리 자랄 때 탈피된다.
Ⓓ 그것은 굴에 깔기 위해 다람쥐에 의해 사용된다.

해설
교수는 다람쥐가 방울뱀의 허물을 사용하여 냄새를 가리고, 굴 안에 이미 다른 뱀이 있다고 생각하게 만든다고 말합니다. 따라서 다람쥐가 방울뱀을 속이기 위해 허물을 사용한다는 것을 알 수 있습니다.

6 강의에서 언급된 다람쥐가 꼬리를 흔드는 세 가지 이유는 무엇인가?
Ⓐ 그것은 방울뱀에게 다람쥐가 공격할 준비가 되었다는 신호를 보낸다.
Ⓑ 그것은 포식 동물이 가까이에 있다는 것을 다른 다람쥐에게 경고한다.
Ⓒ 그것은 방울뱀이 다람쥐의 새끼를 공격하는 것으로부터 주의를 돌린다.
Ⓓ 그것은 날씨가 너무 더울 때 다람쥐를 시원하게 해준다.
Ⓔ 그것은 다람쥐가 실제보다 더 커 보이게 만든다.

해설
교수는 다람쥐가 꼬리를 흔드는 행동이 1. 방울뱀이 다람쥐가 실제보다 훨씬 더 크다고 생각하게 만들고, 2. 방울뱀의 주의를 새끼로부터 돌리며, 3. 다른 다람쥐들에게 방울뱀이 가까이 있다는 것을 알려준다고 말합니다.

3일 Function & Attitude Questions

Daily Check-up ·· p. 162

01 B	02 A	03 A	04 B	05 C	06 B	07 C	08 B

01

So . . . the early orchestra had as its main instrument the viol . . . ① **Does that sound like a word you know**? Viol? Well, it should ② **because the viol was the predecessor of . . . of the stringed instruments** that make up today's orchestra . . . uh, the violin, the viola, the cello . . .

Q Why does the professor say this:
   P: Does that sound like a word you know?

해석
그래서... 초기 오케스트라는 비올을 중심 악기로 사용했어요... 여러분이 아는 단어처럼 들리나요? 비올? 음, 비올이 오늘날의 오케스트라를 이루는... 어, 바이올린, 비올라, 첼로 같은... 현악기의 전신이었기 때문에 그럴 거예요...
Q 교수는 왜 이렇게 말하는가: "여러분이 아는 단어처럼 들리나요?"

해설
교수는 "Does that sound like a word you know?"라고 말하며 그 단어가 친숙하게 들리는 이유에 대해 설명합니다. 즉, 앞으로 설명하려는 대상에 대한 학생들의 흥미를 끌고자 말했음을 알 수 있습니다.

02

S: Professor, uh . . . sorry for interrupting, but doesn't methane from decomposed garbage smell bad?

P: ① **Good question. Well, this process I was going to tell you about** has shown success in removing impurities and odor from methane. ② **You know, earlier methods had their weaknesses**.

Q Why does the professor say this:
　　P: Good question.

해석
S: 교수님, 어... 방해해서 죄송한데요, 부패한 쓰레기에서 나오는 메탄은 냄새가 지독하지 않나요?
P: 좋은 질문이에요. 자, 제가 이야기하려고 했던 이 과정은 메탄으로부터 불순물과 악취를 제거하는 데 성공했어요. 그러니까, 이전의 방법은 약점이 있었던 거죠.
Q 교수는 왜 이렇게 말하는가: "좋은 질문이에요."

해설
교수는 "Good question"이라고 말한 뒤 학생의 대답이 바로 자신이 이야기하려고 했던 것이라고 말합니다. 즉, 학생이 중요한 부분을 잘 파악하고 있다는 것을 나타내고 있음을 알 수 있습니다.

03

P: We spent last class doing a quick overview of the major types of, uh . . . early European poetry. ① **Today, I would like to discuss a couple of these more, uh . . . extensively**. OK . . . Now who can tell me the major stylistic difference between chanson and romantic poetry? Anybody? ② **You don't have to provide a detailed answer**.

S: Uh . . . chanson was more formulaic?

Q What does the professor mean when he says this:
　　P: You don't have to provide a detailed answer.

해석
P: 우리는 지난 수업에서, 어... 초기 유럽의 시가의 주요 유형에 대해서 대략적으로 살펴보았습니다. 오늘은, 이들 중 몇 개를 더, 어... 광범위하게 논의하고 싶어요. 자... 이제 누가 샹송과 낭만시의 주요한 문체상의 차이점을 말할 수 있나요? 누구 없나요? 상세하게 답할 필요는 없어요.
S: 어... 샹송이 더 상투적이었나요?
Q 교수는 이렇게 말함으로써 무엇을 의미하는가: "상세하게 답할 필요는 없어요."

해설
교수는 질문을 한 뒤에 상세하게 답할 필요는 없다고 이야기합니다. 즉, 학생들이 부담을 느끼지 않고 누구라도 답변을 할 수 있게 장려하고 있음을 알 수 있습니다.

04

Other communities have a "pay-as-you-throw" system. Uh . . . ① **I don't really see this as an ideal way to reduce garbage**. I mean, there are things you have to consider like . . . what if you have a big family? ② **Will you have to pay more just because you have more children and produce more garbage**?

해석
다른 지역 사회는 '쓰레기 종량제' 시스템을 가지고 있습니다. 어... 저는 이것이 쓰레기를 줄이는 최선의 방법이라고 보지는 않습니다. 제 말은, 고려해 봐야 할 부분이 있다는 것이죠... 만약 여러분이 대가족을 이루고 있다면 어떻게 되겠어요? 단지 여러분이 아이가 더 많아서 더 많은 쓰레기가 나오기 때문에 돈을 더 내야 할까요?

해설
교수가 이것이 최선의 방법은 아니라(I don't really see this as an ideal way)고 말하는 것을 볼 때, 쓰레기 종량제 시스템에 결점이 있다고 생각한다는 것을 알 수 있습니다.

05

But it is a fact that people laugh thirty times more often when they're with a group than when they're alone. ① **Uh, take note, I'm not saying that we learn to respond with laughter when we're with a group**. ② **It's more of an instinctive behavior programmed into our genes**. So let's see if we can understand this type of behavior a bit better.

Q Why does the professor say this:
   P: Uh, take note, I'm not saying that we learn to respond with laughter when we're with a group.

해석
그러나 사람들이 혼자 있을 때보다 여럿이 있을 때 30배나 더 자주 웃는다는 것은 사실입니다. 어, 주의하세요. 나는 우리가 여럿이 있을 때 웃음에 반응하는 것을 학습한다고 말하는 것이 아닙니다. 그것은 오히려 우리의 유전자 안에 프로그램된 본능적인 행동이죠. 그럼 우리가 이런 종류의 행동에 대해서 더 잘 이해할 수 있는지 살펴봅시다.

Q 교수는 왜 이렇게 말하는가: "어, 주의하세요, 나는 우리가 여럿이 있을 때 웃음에 반응하는 것을 학습한다고 말하는 것이 아닙니다."
   ⓐ 그녀가 이전에 말한 오류를 바로잡기 위해
   ⓑ 어려운 개념의 의미를 설명하기 위해
   ⓒ 학생들이 잘못된 가정을 하지 않도록 주의를 주기 위해

해설
교수는 "~라고 말하는 것이 아니다(I'm not saying ~)"라고 하며, "그것은 오히려 ~이다(it's more of ~)"라고 말합니다. 즉, 학생들이 잘못된 가정을 하지 않도록 주의를 주고 있음을 알 수 있습니다.

06

① **Not only do pesticides kill the insects that are considered pests, they also kill their predators**. As a result, populations of other harmful insects that were also the prey of the predator may increase. In addition, if a pesticide is used again and again, the insects may develop the strength to endure the effects of the pesticide . . . and if they develop the strength, this would make the pesticide ineffective. However, ② **it is almost impossible to stop the use of pesticides in developing countries**. So, the focus should be on ensuring that their negative effects are reduced.

해석
살충제는 해충이라고 여겨지는 곤충을 죽일 뿐 아니라, 그들의 천적도 죽입니다. 결과적으로, 그 천적의 먹이였던 다른 해로운 곤충들의 숫자는 늘어나겠죠. 게다가, 만약 살충제가 계속해서 사용된다면, 곤충들은 살충제의 효과에 대한 저항력을 기를 것입니다... 그리고 만약 그런 저항력이 생긴다면, 이것은 그 살충제를 효과 없게 만들 거예요. 그렇지만, 개발 도상국에서 살충제의 사용을 중지하는 것은 거의 불가능합니다. 그래서, 그것들의 부정적인 효과를 줄이는 데 초점이 맞추어져야 할 것입니다.

Q 교수의 살충제에 대한 태도는 무엇인가?
   ⓐ 그것들은 유용하지만, 효과적이지 않다.

ⓑ 그것들은 해롭지만, 필요하다.
ⓒ 그것들은 효과적이지만, 충분히 이용되지 않는다.

해설
교수는 살충제의 부작용에 대해 설명하면서, 그것을 쓰지 못하게 하는 것은 불가능하기 때문에 부작용을 줄여야 한다고 말합니다.
즉, 살충제가 해롭지만 필요하다는 태도를 취하고 있음을 알 수 있습니다.

07

The wetlands used to filter water and keep it clean . . . but the Everglades, a wetland in Florida, is now polluted because of factories and agriculture. ① **Plant and animal species have begun to disappear and others are in danger of becoming extinct**. Even more wetland species are being driven from the area as development of the land continues. Well, ② **what does this say about human activity in Florida? It's really unfortunate**.

Q Why does the professor say this:
   P: Well, what does this say about human activity in Florida? It's really unfortunate.

해석
습지는 물을 걸러서 깨끗하게 유지시켜 주곤 했습니다... 하지만 플로리다의 습지인 에버글레이드 습지는, 이제 공장과 농경으로 인해 오염됐어요. 식물과 동물 종들은 사라지기 시작하고 몇몇은 멸종 위기에 처해 있습니다. 심지어 습지의 더 많은 종들이 그 지역의 개발이 계속됨에 따라 쫓겨나고 있죠. 자, 이것이 플로리다에서의 인간 활동에 대해 무엇을 말하나요? 그것은 정말로 불행한 결과를 가져오는 것이죠.

Q 교수는 왜 이렇게 말하는가: "자, 이것이 플로리다에서의 인간 활동에 대해 무엇을 말하나요? 그것은 정말로 불행한 결과를 가져오는 것이죠."
   ⓐ 학생들의 주제에 대한 이해를 알아보기 위해서
   ⓑ 그가 플로리다에서 즐기지 못했다는 것을 보여주기 위해서
   ⓒ 플로리다에서 인간의 활동이 끼치는 영향에 대해 유감을 표시하기 위해서

해설
교수는 인간의 활동이 자연환경을 파괴하고 있다고 설명한 뒤, "It's really unforfunate"이라고 말합니다. 즉, 플로리다에서 인간의 활동이 끼치는 영향에 대해 유감을 표시하고 있음을 알 수 있습니다.

08

By the way, has anyone here been to an opera? No one? Well, even if none of you have ever seen an opera, I'm pretty sure ① **you know that the music and lyrics are the main things** . . . because ② **the characters don't speak . . . they sing**! ③ **You all know this, right**?

Q What does the professor mean when she says this:
   P: You all know this, right?

해석
어쨌거나, 오페라에 가 본 사람 있나요? 아무도 없어요? 음, 여러분 중에 오페라를 본 사람이 아무도 없다 하더라도, 음악과 가사가 중심이라는 것은 알고 있다고 확신합니다... 왜냐하면 등장인물들은 말을 하는 것이 아니라... 노래를 하니까요! 여러분 모두 이것을 알고 있죠, 그렇죠?

Q 교수는 이렇게 말함으로써 무엇을 의미하는가: "여러분 모두 이것을 알고 있죠, 그렇죠?"
   ⓐ 그녀는 학생들이 읽기 과제를 했다고 생각한다.
   ⓑ 그녀는 학생들이 오페라에 관해 알고 있는 내용을 확인하고 싶어 한다.
   ⓒ 그녀는 오페라에 관해 많은 정보를 줄 생각이 아니다.

해설

교수는 학생들이 오페라에 대해 알고 있을만한 사실을 언급하면서 "You all know this, right?"라고 질문합니다. 즉, 학생들이 오페라에 관해 알고 있는 내용을 확인하고 싶어함을 알 수 있습니다.

Daily Test ·· p. 166

1 B	2 B	3 A	4 C	5 B	6 A, D

[1-3]   Listen to part of a talk in a history class. The professor is discussing Mount Rushmore.

주제
러시모어 산
국립 기념비

Okay . . . um, so the last time we met, we talked about how the Statue of Liberty was made. ^{Q1} Today, we're going to focus on the construction of the Mount Rushmore National Memorial . . . or as it is more commonly known, Mount Rushmore.

기념비가
만들어진 동기

^{Q2} So . . . how did Mount Rushmore begin? Well, have you ever heard of Doane Robinson? I thought so. Well, Doane Robinson was a little-known historian . . . Uh, he was actually the official state historian for South Dakota. Robinson came up with the idea of making the memorial . . . but he originally planned it to feature heroes of the American West. He thought the carvings would lure tourists to South Dakota. But when he presented his idea to Gutzon Borglum–you know, the sculptor–Borglum said the project should be a national monument that reflected American ideals, rather than just a regional one. So they chose George Washington because he represented the struggle for independence . . . Thomas Jefferson for his idea of government by the people . . . um, Abraham Lincoln for his efforts to promote equality, and Theodore Roosevelt for his role in increasing the prominence of the United States in world affairs.

러시모어 산이
선택된 이유

Now Borglum was thinking of a huge sculpture, so he didn't see the original location, which was a set of spires known as the Needles, as being suitable, and plus the rock was too brittle. He chose Mount Rushmore because the peak wasn't as thin or fragile as the Needles, and because it was tall . . . about 5,700 feet above sea level . . . This type of granite also had a consistency that made it easier to sculpt . . . and the mountain was almost always exposed to the sun during much of the day, which made it possible to get a lot done each day.

기념비가
만들어진 과정

So Borglum hired 400 miners. These men worked on and off from 1927 to 1941. As the start of the project coincided with the beginning of the Great Depression, it was difficult to find the money needed to pay for the workers and their equipment. ^{Q3} So, they actually only worked a total of six and a half years, because . . . um, there wasn't enough funding to keep the work going. So . . . the men were laid off frequently. But . . . they kept coming back to the mountain whenever work started again. Like Borglum, they got caught up in the challenge of producing a national treasure, and it filled them with pride.

해석

역사학 강의의 일부를 들으시오. 교수는 러시모어 산에 관해 논의하고 있습니다.

좋아요... 음, 지난 시간에 만났을 때 우리는 자유의 여신상이 어떻게 만들어졌는지에 대해 이야기했어요. 오늘은, 러시모어 산 국립 기념비... 또는 보통 더 잘 알려진 것처럼, 러시모어 산의 축조에 초점을 맞춰 볼 거예요.

그러면... 러시모어 산은 어떻게 시작되었을까요? 음, 돈 로빈슨에 대해 들어본 적 있나요? 그럴 줄 알았어요. 음, 돈 로빈슨은 잘 알려지지 않은 역사가였거든요... 어, 그는 사실 사우스다코타 주의 공식 역사가였죠. 로빈슨은 기념비를 만들어야겠다고 생각했어요... 하지만 그는 원래 미국 서부 영웅들을 주인공으로 삼으려고 계획했어요. 그는 그 조각들이 관광객들을 사우스다코타로 끌어들일 거라 생각했죠. 그러나 그가 자신의 생각을, 그러니까, 조각가 거즌 보글럼에게 전하자 보글럼은 그 사업이 단지 지역의 이상적인 인물이 아닌, 미국의 이상적인 인물들을 나타내는 국가적 기념물이 되어야 한다고 말했어요. 그래서 그들은 자유를 위한 투쟁을 나타내는 조지 워싱턴과... 국민에 의한 정부라는 개념을 주창한 토머스 제퍼슨... 음, 평등을 증진하기 위해 노력했던 에이브러햄 링컨, 그리고 세계 정세 속에서 미국의 명성을 높인 역할을 한 테오도르 루즈벨트를 선택했어요.

이제 보글럼은 큰 조각상을 생각하고 있었기 때문에, 원래의 예정지, 즉 니들스라고 알려진 뾰족한 꼭대기들이 적합하지 않다고 여겼고, 게다가 그 암석은 너무 약했어요. 러시모어 산의 정상은 니들스처럼 가늘거나 약하지 않았고, 해발 고도도 약 5,700피트로 높았기 때문에... 그는 이 산을 선택했어요... 또한 이 산의 화강암은 조각을 더 용이하게 하는 경도를 가지고 있었고... 낮 대부분 동안 햇빛에 거의 항상 노출되어 있어, 하루에 많은 작업을 할 수 있었죠.

그리해서 보글럼은 400명의 광부를 고용했어요. 이 광부들은 1927년부터 1941년까지 불규칙적으로 일했죠. 사업의 시작이 대공황의 시작과 동시에 일어나면서, 일꾼들과 장비에 필요한 돈을 구하기가 어려웠어요. 그래서, 사실상 그들은 총 6년 반밖에 일하지 않았어요, 왜냐하면... 음, 작업을 계속할 만큼의 충분한 자금이 없었기 때문이죠. 그래서... 일꾼들은 자주 일시 해고되었어요. 그러나... 그들은 작업이 다시 시작될 때마다 러시모어 산으로 계속 돌아왔어요. 보글럼처럼, 일꾼들은 국보를 만든다는 도전에 고취되었고, 그것은 그들을 자부심으로 가득 차게 했거든요.

1 교수는 주로 무엇에 관해 논의하는가?
Ⓐ 로빈슨이 러시모어 산을 축조하는 데 한 역할
Ⓑ 러시모어 산 기념비의 축조
Ⓒ 러시모어 산 기념비에 담겨 있는 상징적 의미
Ⓓ 미국에서의 거대 조각의 인기

해설
도입부의 "Today, we're going to focus on ~" 이하에서 강의가 러시모어 산 기념비의 축조에 관한 것임을 알 수 있습니다. 본문에서 교수는 그 기념비를 만들게 된 동기와 과정을 설명합니다.

강의의 일부를 다시 듣고 질문에 답하시오.
P: So . . . how did Mount Rushmore begin? Well, have you ever heard of Doane Robinson? I thought so. Well, Doane Robinson was a little-known historian . . .
그러면... 러시모어 산은 어떻게 시작되었을까요? 음, 돈 로빈슨에 대해 들어본 적 있나요? 그럴 줄 알았어요. 음, 돈 로빈슨은 잘 알려지지 않은 역사가였거든요...

2 교수는 이렇게 말함으로써 무엇을 의미하는가:
P: I thought so.
Ⓐ 그녀는 러시모어 산에 대해 학생들에게 가르칠 것이 많다고 생각한다.
Ⓑ 그녀는 학생들이 돈 로빈슨이 누군지 알고 있을 거라고 생각하지 않았다.
Ⓒ 그녀는 돈 로빈슨에 대해 얘기할 필요가 없다고 생각한다.
Ⓓ 그녀는 학생들이 사우스다코타에 익숙할 거라고 기대하지 않았다.

해설
교수는 학생들이 질문에 대답하지 못하자 돈 로빈슨은 잘 알려지지 않았다고 이야기합니다. 즉, 학생들이 돈 로빈슨이 누군지 알고 있을 거라고 생각하지 않았음을 알 수 있습니다.

3 광부들은 왜 지속적으로 일을 할 수 없었는가?
Ⓐ 사업 자금이 충분하지 않았다.
Ⓑ 장비가 항상 작동한 것이 아니었다.

Ⓒ 임무가 너무 어려웠다.

Ⓓ 그들은 그 사업을 자랑스러워하지 않았다.

해설

교수는 대공황 때문에 사업 자금이 충분하지 않아서 광부들이 불규칙적으로 일했다고 말합니다.

[4-6] Listen to part of a lecture in a literature class.

주제
콜리어 –
셰익스피어
관련 문서 위조

P: As you know, there were a number of Shakespearean forgeries in the 18th century. Um, the ones created by William Henry Ireland are probably the most famous. Q4 This afternoon we're going to look at a later example . . . a document connected to Shakespeare. It was discovered by the English scholar John Payne Collier in 1852.

Before we get going, I need to make clear that Collier didn't try to create an original play by Shakespeare like Ireland did. Instead, he made some corrections to *the Second Folio*. Uh, this is a collection of plays by Shakespeare that was published in 1632. Collier added handwritten notes that changed punctuation, stage directions, and even entire lines. He then claimed that these corrections had been made by a 17th-century expert on Shakespeare . . . Yes?

S1: Um, why would he do this? I mean, you said that he didn't forge Shakespeare's work . . . Why did he pretend that these changes were made by someone else?

콜리어가
희곡 모음집의
주석을 위조한
이유

P: Well, first of all, Collier seemed to genuinely believe that *the Second Folio* included errors. But this was just his opinion . . . other scholars disagreed. Attributing the changes to an expert who lived around the time of Shakespeare gave them authority. Collier could claim that the publisher of *the Second Folio* had made mistakes, and these notes corrected them.

Q5 In 1853, Collier published a collection of Shakespeare's plays that had been revised based on these notes. And this led to a lot of excitement. The edits he made seemed plausible, and, well . . . It was a new version of Shakespeare's works. Of course scholars were fascinated by it. But fairly quickly, Collier's forgery was exposed. Can you guess how this happened?

S2: Um, maybe it had something to do with the notes themselves? It'd be hard to make them look like they were over 200 years old . . .

위조가
밝혀진 계기

P: Right . . . You see, Collier didn't own the copy of *the Second Folio* that he made the corrections in. And the owner decided to let experts at the British Museum analyze it. Q6 Using a microscope, they were able to see that Collier had originally written the notes in pencil. He then erased them and rewrote them in ink. These earlier notes included modern letter forms. In addition, the ink that Collier used to write the notes was different from what people used during the 17th century. These findings proved conclusively that Collier had written the corrections himself.

해석

문학 강의의 일부를 들으시오.

P: 여러분도 알다시피, 18세기에는 셰익스피어의 많은 위조품들이 있었어요. 음, 윌리엄 헨리 아일랜드에 의해 만들어진 것들이 아마 가장 유명할 거예요. 오늘 오후에는 아일랜드 이후의 예를 살펴볼 것입니다... 셰익스피어와 관련된 한 문서 말이죠. 그것은 1852년에 영국의 학자인 존 페인 콜리어에 의해 알려졌습니다.

시작하기 전에, 콜리어는 아일랜드가 그랬던 것처럼 셰익스피어의 희곡 원본을 만들려고 한 것은 아니라는 점을 분명히 해야겠군요. 대신에, 그는 'Second Folio'에 몇 가지 수정을 했어요. 어, 이건 1632년에 출판된 셰익스피어의 희곡 모음집이에요. 콜리어는 구두점, 지문, 그리고 심지어 대사 전체를 고친 자필 주석을 추가했어요. 그러고 나서 그는 이것이 17세기의 한 셰익스피어 전문가에 의해 고쳐졌다고 주장했습니다... 네?

S1: 음, 그가 왜 이런 행동을 한 거죠? 제 말은, 교수님은 그가 셰익스피어의 작품을 위조하지는 않았다고 말씀하셨잖아요... 그는 왜 이것이 다른 누군가에 의해 고쳐졌다고 주장한 거죠?

P: 글쎄요, 우선, 콜리어는 'Second Folio'가 오류를 포함하고 있다고 진심으로 생각했던 것 같아요. 하지만 이건 그저 그의 의견이었죠... 다른 학자들은 동의하지 않았거든요. 이 수정사항들이 셰익스피어 시대 즈음에 살았던 전문가의 것이라고 하는 것은 설득력을 줬어요. 콜리어는 'Second Folio'의 출판업자가 실수를 했고, 이러한 주석들이 그 실수를 고친 거라고 주장할 수 있었던 거죠.
1853년에, 콜리어는 이 주석에 근거하여 개정된 셰익스피어의 희곡 모음집을 출판했어요. 그리고 이는 엄청난 흥분으로 이어졌죠. 그가 수정한 것들은 그럴듯해 보였거든요, 그리고, 음... 그건 셰익스피어 작품의 개정판이었습니다. 당연히 학자들은 그것에 사로잡혔죠. 하지만 상당히 빨리, 콜리어의 위조가 드러났습니다. 어떻게 이 일이 발생했는지 추측할 수 있나요?

S2: 음, 아마 주석 그 자체와 뭔가 관련이 있었나요? 그것들이 200년 이상 오래된 것이라고 보이게 만드는 건 어려웠을 것 같아요...

P: 맞아요... 보세요, 콜리어는 그가 고친 'Second Folio' 원고를 가지고 있지 않았습니다. 그리고 그 원고의 소유자는 대영 박물관의 전문가들에게 그것을 분석하게 하기로 결정했죠. 현미경을 사용해서, 그들은 콜리어가 원래 그 주석들을 연필로 썼다는 것을 확인할 수 있었어요. 그러고 나서 그는 그것들을 지우고 잉크로 다시 쓴 거죠. 먼저 쓰여진 주석들은 현대식 서체를 포함했습니다. 게다가, 콜리어가 주석을 쓰기 위해 사용했던 잉크는 사람들이 17세기 동안 사용했던 것과는 달랐어요. 이러한 발견들은 콜리어가 그 수정사항들을 직접 쓴 것임을 결정적으로 입증했죠.

4 강의의 주된 주제는 무엇인가?
Ⓐ 셰익스피어의 유명한 모방자
Ⓑ 18세기 희곡의 발견
Ⓒ 셰익스피어와 관련된 사기
Ⓓ 유명한 문학 작품에서 발견된 오류

해설
"This afternoon we're going to ~" 이하에서 강의가 셰익스피어와 관련된 한 문서의 위조에 관한 것임을 알 수 있습니다. 본문에서 교수는 콜리어가 셰익스피어 희곡 모음집의 주석을 위조한 이유와 그것이 밝혀지게 된 계기를 설명합니다.

강의의 일부를 다시 듣고 질문에 답하시오.
P: In 1853, Collier published a collection of Shakespeare's plays that had been revised based on these notes. And this led to a lot of excitement. The edits he made seemed plausible, and, well . . . It was a new version of Shakespeare's works. Of course scholars were fascinated by it.
1853년에, 콜리어는 이 주석에 근거하여 개정된 셰익스피어의 희곡 모음집을 출판했어요. 그리고 이는 엄청난 흥분으로 이어졌죠. 그가 수정한 것들은 그럴듯해 보였거든요, 그리고, 음... 그건 셰익스피어 작품의 개정판이었습니다. 당연히 학자들은 그것에 사로잡혔죠.

5 교수는 왜 이렇게 말하는가:
P: It was a new version of Shakespeare's works.
Ⓐ 콜리어의 판에 수정이 필요했다는 것을 암시하기 위해
Ⓑ 콜리어의 책에 대한 엄청난 관심을 설명하기 위해
Ⓒ 콜리어의 수정사항이 타당해 보이지 않았다는 것을 보여주기 위해
Ⓓ 학자들이 콜리어의 작품에 의문을 가졌다는 것을 강조하기 위해

해설

교수는 콜리어의 희곡 모음집이 셰익스피어 작품의 개정판이었기 때문에 학자들이 그것에 사로잡혔다고 말합니다. 즉, 콜리어의 책에 대한 엄청난 관심을 설명하고 있음을 알 수 있습니다.

6 콜리어의 위조는 어떻게 발견되었는가?

Ⓐ 그는 적절한 종류의 잉크를 사용하지 않았다.

Ⓑ 그는 모든 수정사항을 연필로 썼다.

Ⓒ 그는 17세기의 단어 철자를 사용하였다.

Ⓓ 그는 적절하지 않은 시대의 서체를 포함하였다.

해설

교수는 1. 콜리어가 연필로 썼던 주석에 현대식 서체가 포함되어 있었고, 2. 17세기에 사람들이 사용했던 것과 다른 잉크를 썼다는 것이 밝혀져 위조 사실이 입증되었다고 말합니다.

4일 Connecting Contents Questions

Daily Check-up ·· p. 172

01	A	02	C

03

producer	bacteria
	grass
consumer	animal
	fungus

04 A

05

	Simple Reaction	Choice Reaction	Recognition Reaction
A response must correctly match the stimulus.		√	
A response is not required for all the stimuli.			√
A response to a single stimulus is measured.	√		

06 B

07

	Yes	No
Dry environment	√	
Low levels of acidity	√	
Many microorganisms		√
Near-freezing temperatures	√	
Proximity to Siberia		√

01

P: OK . . . Let's talk about garbage—as a power source!

S: You mean . . . someone's actually thinking about somehow getting energy out of garbage?

P: That's exactly what I mean. ① **Garbage is an inexpensive, viable, and renewable source of energy** . . . because ② **most garbage emits methane**. Now, methane is colorless and odorless . . . but don't be fooled; ③ **methane is a greenhouse gas that is, um . . . twenty times more powerful** than carbon dioxide, according to the Environmental Protection Agency.

해석

P: 자... 에너지원으로써의 폐기물에 대해서 이야기해 봅시다!

S: 교수님 말씀은... 누군가 실제로 폐기물에서 어떻게든 에너지를 얻는 것을 궁리하고 있다는 건가요?

P: 바로 그것이 제가 말하고 있는 것입니다. 폐기물은 저렴하고, 실용적이고, 재생 가능한 에너지원입니다... 왜냐하면 대부분의 폐기물은 메탄을 방출하기 때문이죠. 자, 메탄은 무색, 무취이지만... 속지 마세요. 환경보호청에 따르면, 메탄은, 음... 이산화탄소보다 20배나 강력한 온실가스입니다.

해설

교수는 메탄의 성질을 수치와 함께 제공하며 이에 대한 근거로 환경보호청(Environmental Protection Agency)을 언급합니다.

02

S: You know, I can't figure out why people would laugh unless somebody cracks a joke or tells a funny story.

P: OK, uh . . . the incongruity theory . . . Um, you might as well take this down. This theory says that when ① **logic and familiarity are replaced by an unexpected outcome or things that don't, uh . . . normally go together** . . . well, we tend to laugh. Uh, let me see, we know what underwear's for, right? Well, ② **how would we react if we saw someone wearing underwear on his head**? Yeah?

해석

S: 그러니까, 저는 왜 사람들이 누군가가 농담을 하거나 재미있는 이야기를 하지 않더라도 웃는지 잘 모르겠어요.

P: 좋아요, 어... 불일치 이론... 음, 역시 적어 놓는 것이 좋을 거예요. 이 이론은 논리와 익숙함이 기대하지 않았던 결과나 통상적으로, 어... 어울리지 않는 것들에 의해 대체된다면... 음, 우리는 웃는 경향이 있다는 것입니다. 어, 글쎄요, 우리는 속옷이 무엇을 위한 것인지 알고 있죠, 그렇죠? 자, 만약 우리가 속옷을 머리에 쓰고 있는 사람을 본다면 어떻게 반응할까요? 네?

해설

교수는 불일치 이론(incongruity theory)의 정의를 말한 뒤 이해를 돕기 위해 머리에 속옷을 쓴 사람의 예시를 제시합니다.

03

OK . . . so, ① **most biologists divide all living organisms into two classifications**: uh . . . autotrophs and heterotrophs. An autotroph is any creature that is capable of photosynthesis or some other chemical process, and that is able to, um . . . ② **produce organic substances from, uh, inorganic materials**, such as compounds found in the soil. Examples of this include most plant and, uh . . . bacteria species. Heterotrophs, such as animals and fungi, are unable to do this, and instead must, well . . . ③ **consume the autotrophs for sustenance**.

해석

좋아요... 자, 대부분의 생물학자들은 살아있는 유기체들을 두 가지 범주로 나눕니다. 어... 독립 영양 생물과 종속 영양 생물로 말이죠. 독립 영양 생물은 광합성이나 다른 화학 작용을 할 수 있는 생물들이고, 음... 땅에서 발견되는 화합물과 같은 무기물로부터, 어, 유기물을 생산할 수 있는 것들이죠. 이런 예는 대부분의 식물과, 어... 박테리아 종을 포함합니다. 동물들과 균류 같은 종속 영양 생물은 이런 작용을 할 수가 없어서, 대신에, 음... 자양물로 독립 영양 생물들을 섭취해야 합니다.

교수는 독립 영양 생물과 종속 영양 식물의 두 가지 부류에 대해 설명합니다. 1. 독립 영양 생물(producer)에는 식물과 박테리아, 2. 종속 영양 식물(consumer)에는 동물과 균류가 포함됩니다.

04

> what happens light + humidity?
>
> - dust + ↑ moisture → reflect light in diff. way → white
>
> - tower 15 miles away → X see or X sharp

Now . . . let me ask you something else . . . What happens to the light when there's rain, that is . . . when there's a great amount of, uh . . . humidity or fog? Well, with water vapor particles in the air, the dust carries more moisture. And because of this, it reflects light in a different way. The air looks almost white in color. The horizon even appears to be a milky sort of white. In fact, the air becomes so, um . . . thick you can't even see a tower fifteen miles away, or if you could see it, there wouldn't be any sharpness of detail. So . . . large, moisture-laden dust produces a sort of, uh . . . atmospheric veil and turns everything hazy or white.

해석
자... 다른 것을 물어볼까요... 비가 올 때, 즉... 습기가 많거나, 어... 짙은 안개가 있을 때 빛에는 어떤 일이 생기나요? 자, 공기 안의 수증기 입자에 의해, 먼지는 더 많은 습기를 가지게 됩니다. 그리고 이것 때문에, 그것은 빛을 다양한 방향으로 반사하죠. 공기는 거의 하얗게 보입니다. 수평선은 심지어 우유같은 흰 색을 띠게 되고요. 사실, 공기는, 음... 15마일 떨어져 있는 탑조차 보이지 않을 만큼 굉장히 탁해집니다, 또는 그것을 볼 수 있더라도, 상세한 부분까지 선명하지는 않을 거예요. 그래서... 많은 습기를 머금은 먼지는, 어... 대기의 장막 같은 것을 만들어서 모든 것을 흐릿하거나 하얗게 만들어 버립니다.

Q 교수는 왜 탑을 언급하는가?
  Ⓐ 습기찬 먼지로부터 반사되는 빛의 흐릿함을 강조하기 위해
  Ⓑ 사람들이 비오는 날에 더욱 조심해야 하는 이유를 설명하기 위해
  Ⓒ 반사된 빛이 우유빛을 띄는 이유를 설명하기 위해

해설
교수는 습기찬 먼지 때문에 빛이 흐릿해져 시야가 방해 받는 현상에 대해 설명하며 공기가 탁해 탑이 보이지 않는 경우를 언급합니다. 즉, 탑은 이러한 현상을 강조하기 위해 등장했음을 알 수 있습니다.

05

> measure reaction time
>
> 1) simple - 1 form of stmls., ex) ring a bell
>
> 2) choice - correct resp. to a spec. stmls., ex) press labelled button
>
> 3) recognition - var. stmls. w/ requiring res. or X
>
> subject rec. and res. predetermined stmls.

Well . . . Let's get started. Today I wanted to look at some of the, uh . . . methods used by psychologists to measure reaction times in humans . . . you know, how quickly a person will respond to sensory information. Now, there are three basic methods used by researchers.

The first of these is called the Simple Reaction Experiment. It measures the time required to respond to one form of stimulus. For example, the test subject may have to ring a bell whenever an image is shown. A more, um . . . complicated method is known as the Choice Reaction Experiment. This requires that the test subject select the correct response to a specific stimulus, like maybe having to press a button labelled with a letter that, uh . . . corresponds to a letter shown on a computer screen. The final method is the Recognition Reaction Experiment. This involves the presentation of a variety of stimulus to a test subject, with some requiring a response, and some not. The test subject must, uh . . . recognize and respond to a predetermined type of stimulus. OK . . . Let's look at some of the available data from these experiments . . .

해석
자... 시작해 봅시다. 오늘은, 어... 사람의 반응 시간... 그러니까, 사람이 감각적인 정보에 얼마나 빨리 반응하는지 측정하는 심리학자들이 사용하는 방법을 살펴보겠습니다. 자, 연구원들에 의해 사용되는 세 가지 기본적인 방법이 있어요.
첫 번째는 단순 반응 실험이라고 불립니다. 그것은 한 가지 형태의 자극에 반응하기 위해 요구되는 시간을 측정합니다. 예를 들면, 실험 대상자는 하나의 사진이 보일 때마다 벨을 울려야 합니다. 더욱, 음... 복잡한 방법은 선택 반응 실험이라고 알려져 있습니다. 이것은 실험 대상자가 특정한 자극에 대해 적절한 반응을 선택할 것을 요구합니다, 마치 컴퓨터 화면에 뜬 글자에, 어... 상응하는 글자가 붙여진 버튼을 누르는 것처럼요. 마지막 방법은 인지 반응 실험입니다. 이것은 실험 대상자에게, 반응해야 할 자극과, 하지 말아야 할 자극을 제시하는 것과 관련이 있습니다. 실험 대상자는, 어... 미리 정해진 종류의 자극을 인식하고 반응해야 합니다. 자... 이런 실험들로부터 얻은 유효한 데이터를 살펴 봅시다...

Q 강의에서, 교수는 세 가지 심리학적 실험을 설명한다. 각각의 설명에 맞는 칸을 클릭하시오.

	단순 반응	선택 반응	인지 반응
반응이 자극과 올바르게 일치되어야 한다.			
모든 자극에 반응을 보여야 하는 것은 아니다.			
한 가지 자극에 대한 반응이 측정된다.			

해설
교수는 반응 속도 측정의 세 가지 방법을 언급합니다. 1. 단순 반응은 한 가지 자극에 반응하는 시간을 측정하고, 2. 선택 반응은 자극과 반응이 올바르게 일치되어야 한다는 조건이 있으며, 3. 인지 반응은 일부 자극에만 반응하도록 하는 조건이 있습니다.

06

O waste prog. – aim: O waste

– ↓waste ← suitable sys. & env.-con.

– buying↓, durable/repaired, recycle

– Netherlands – tax according to garbage produced

Now . . . um, there's a program called the Zero Waste Program. The aim is . . . well, what it says . . . zero waste. The principle behind this program is that we can actually generate much less waste than we're currently producing, with, with a suitable system and an environmentally conscious mode of thinking. Is this viable? Well, you can make lifestyle changes such as buying less, choosing products that are durable or that can be repaired easily . . . buying stuff in containers that can be recycled . . . See? Um . . . the Netherlands took the idea one step further. The government taxes households and institutions according to how much garbage they produce. The more stuff you throw away, the more money you pay.

해석

자... 음, 무폐기물 프로그램이라고 불리는 것이 있습니다. 그 목표는... 음, 그 이름이 말하는 것처럼... 폐기물을 없애는 것이죠. 이 프로그램 기저의 원리는, 적절한 시스템과 환경을 생각하는 사고방식이 있다면, 사실상 우리가 현재 만들어내고 있는 것보다 더 적은 폐기물을 발생시킬 수 있다는 것이죠. 이것이 실현 가능할까요? 자, 여러분들은 더 적게 사고, 튼튼하거나 쉽게 고칠 수 있는 물건을 사고... 재활용이 가능한 용기에 담겨진 물건을 사는 것과 같은 식으로 생활 방식을 변화시킬 수 있습니다... 알겠요? 음... 네덜란드는 한 단계 더 나아간 아이디어를 택했습니다. 네덜란드 정부는 그들이 얼마나 많은 쓰레기를 배출했느냐에 따라 가정과 기관들에 세금을 부여합니다. 더 많이 버릴수록, 더 많은 돈을 내야 하는 것이죠.

Q 교수는 왜 네덜란드를 언급하는가?

ⓐ 무폐기물 프로그램이 어떤 환경에서도 현실화될 수 있다는 것을 보여주기 위해

ⓑ 무폐기물 프로그램을 실행하기 위해 한 국가에서 이용하는 전략을 설명하기 위해

ⓒ 무폐기물 프로그램이 다른 국가에서 실행되어야 한다고 강조하기 위해

해설

교수는 무폐기물 프로그램(Zero Waste Program)을 실행한 한 가지 전략을 설명하기 위해 네덜란드를 언급합니다.

07

```
3 cond. preservation DNA

1) ↓temp. → ↓microorgani.

2) ↓moisture

3) ↓acidity
```

There are three conditions that result in the preservation of DNA. First, a low temperature is required–which is why Siberia is a perfect place to find preserved DNA, such as that of the, um . . . long-extinct woolly mammoth. The freezing temperatures allow mammoth corpses to be encased in permafrost . . . um, the permanently frozen topsoil found mainly in the Arctic region. In such conditions, it's hard for microorganisms, such as bacteria, to form and, uh . . . erode the DNA. The second condition that must be met is that the location should have a limited amount of moisture . . . the problem with DNA is that it's extremely fragile . . . it tends to degrade in water. That's why a dehydrated, or, uh . . . moisture-free environment is so important. The final consideration is the acidity level of the surrounding soil, as low-acidity levels are important in determining whether DNA will survive long enough to be unearthed. In the case of the Siberian mammoth, its flesh stayed perfectly sealed for millennia, just waiting to be discovered!

해석

DNA를 보존하게 해주는 세 가지 조건이 있습니다. 첫째로, 낮은 온도가 요구됩니다. 이것은 왜 시베리아가 오래 전에 멸종된, 음... 털 많은 매머드와 같은 동물의, 보존된 DNA가 발견되기에 완벽한 장소인지를 말해줘요. 몹시 추운 기온은 매머드의 시체가 영구 동토층... 음, 주로 북극권에서 발견되는 영구적으로 얼어붙은 표토에 쌓여 있게 해줍니다. 그런 환경에서는, 박테리아와 같은 미생물들이, 발생하기 힘들어서, 어... DNA를 파괴하기가 힘들게 됩니다. 두 번째 만족시켜야 할 조건은 그 지역에 많지 않은 양의 습기가 있어야 한다는 점입니다... DNA의 문제는 그것이 극도로 약해서... 물속에서 분해되기 쉬운 경향이 있다는 것입니다. 그것이 바로 건조하거나, 또는, 어... 습기가 없는 환경이 매우 중요한 이유입니다. 마지막 고려 사항은 주위 토양의 산성도인데, 낮은 산성도는 DNA가 발굴될 수 있도록 오래 살아남을 수 있는지를 결정하는 데 중요하기 때문이죠. 시베리아 매머드의 경우에는, 발견되기를 기다리면서, 그 살갗이 몇 천 년 동안 완벽하게 보존되어 있었죠!

Q 강의에서, 교수는 DNA가 보존되기 위해 필요한 조건들을 설명한다. 다음의 항목이 조건인지를 표시하시오.

	예	아니오
긴조한 환경		
낮은 산성도		
많은 미생물		
빙점에 가까운 온도		
시베리아에 인접한 위치		

해설
교수는 DNA를 보존하게 해주는 세 가지 조건으로 1. 낮은 온도(freezing temperatures), 2. 건조하거나 습기가 없는 환경(a dehyerated or moisture-free environment), 3. 낮은 산성도(low-acitity levels)를 제시합니다.

Daily Test ···································· p. 176

1 D	2 D

3

Step 1	A
Step 2	C
Step 3	B

4 C 5 C 6 B

[1-3]   Listen to part of a talk in a physics class.

주제
걸을 때와
뛸 때에 비 맞는
정도의 차이

P: As I was running around in the rain today . . . it occurred to me that I could give a lecture on some physics principles that can be illustrated by rainfall.
Q1 So . . . consider this question. Do you get wetter in the rain if you run or if you walk? Pretty simple question, huh? Do you get less rain on your body when you run because you're spending less time in the rain? Or are you hit with the same amount of rainfall regardless of whether you run or walk?

레드릭 이론의
소개 및 문제점

S: Walking gathers more rain. If you walk really slowly, you would accumulate more raindrops. On the other hand, if you move at a faster speed, you would be under the rain for a shorter period of time, so you'll get hit by fewer raindrops.

P: Well, there's at least one person who agrees with you. According to Dan Ledrick, the vice president of the Seattle Marathon Association, you'll get less wet if you run because you spend less time in the rain. So, by extrapolation, I guess you can remain nearly dry in the rain by sprinting like an Olympic athlete.
The Ledrick theory would seem to easily be proven true if raindrops only landed on the top of your head and shoulders. But you expose considerably more surface area of your body to falling raindrops. Think of the extra area of your face, chest and the front of your legs. It's a little more complicated, isn't it?

주제 관련 실험

Luckily for you, we won't be doing any experiments on this idea. Instead, I've taken the liberty to dig up a study concerning this question. The study was conducted by the National Climatic Data Center in Asheville, North Carolina. Q3 Two researchers wore identical, moisture-absorbing cotton sweat suits in the rain. They were about the same height and body build. One walked at 3 miles per hour. The other ran the same distance at about 9 miles per hour. Q2 Then they weighed the sweat suits to find out which one had absorbed more water. The sweat suit of the researcher who ran weighed approximately forty percent less than the sweat suit of the researcher who walked. So, these results indicate that it is better to run.

해석

물리학 강의의 일부를 들으시오.

P: 오늘 빗속을 뛰어다니면서... 비를 통해 설명할 수 있는 물리 법칙 몇 가지에 대해 강의할 수 있겠다는 생각이 들었어요.

자... 이 질문을 생각해 보세요. 빗속에서 뛰는 것이 더 많이 젖을까요 아니면 걷는 것이 더 많이 젖을까요? 꽤나 단순한 질문이에요, 그렇죠? 뛰면 빗속에서 보내는 시간이 더 적으므로 비를 덜 맞을까요? 아니면 뛰거나 걷는 것과 상관없이 같은 양의 비를 맞을까요?

S: 걸을 때 비를 더 맞아요. 정말 느리게 걷는다면, 더 많은 빗방울이 쌓일 거예요. 반면에, 더 빠른 속도로 움직인다면, 더 짧은 시간 동안 빗속에 있을 것이고, 따라서 비에 덜 젖을 거예요.

P: 음, 학생에 동의하는 사람이 적어도 한 명은 있어요. 시애틀 마라톤 협회의 부회장인 댄 레드릭에 의하면, 뛰는 것이 덜 젖는데 그 이유는 빗속에서 더 적은 시간을 보내기 때문이라고 합니다. 그러므로, 추정에 의하면, 올림픽 운동선수처럼 전력 질주한다면 빗속에서도 거의 젖지 않을 수 있다는 거죠.

만약 빗방울이 당신의 머리와 어깨에만 떨어진다면 레드릭의 이론이 사실임은 쉽게 증명될 수 있을 것처럼 보이죠. 그러나 여러분은 떨어지는 빗방울에 상당히 더 많은 신체 부위를 노출합니다. 얼굴, 가슴과 다리 앞쪽의 추가적인 면적을 생각해 보세요. 조금 더 복잡해요, 그렇죠?

다행히도, 우리는 이 개념에 대한 실험은 하지 않을 겁니다. 대신에, 제가 이 질문에 관한 연구 자료를 조사해 봤어요. 이 연구는 노스캐롤라이나 주의 애시빌에 있는 국립기후정보국에서 시행되었습니다. 두 명의 연구원이 빗속에서 수분을 흡수하는, 동일한 면 운동복을 입었어요. 그들은 신장과 체형이 거의 같았죠. 한 명은 시속 3마일의 속도로 걸었어요. 다른 한 명은 같은 거리를 약 시속 9마일의 속도로 뛰었답니다. 그리고 나서 그들은 둘 중 누가 더 많은 물을 흡수했는지 알아내려고 두 운동복의 무게를 쟀어요. 달리기를 한 연구원이 입었던 운동복은 걸었던 연구원이 입었던 운동복보다 대략 40퍼센트 정도 무게가 덜 나갔답니다. 따라서, 이 결과는 달리는 것이 더 낫다는 것을 알려주죠.

1 강의의 주된 주제는 무엇인가?

Ⓒ 비에 노출되는 것에 대한 레드릭의 이론이 발전한 방법

Ⓓ 국립기후정보국에서의 새로운 연구

Ⓔ 다양한 옷감들의 물 흡수율

Ⓕ 뛸 때와 걸을 때에 비에 노출되는 정도의 차이

해설

"So . . . consider this question ~" 이하에서 강의의 주제가 빗속에서 뛸 때와 걸을 때 비에 젖는 정도의 차이에 관한 것임을 알 수 있습니다.

2 강의의 따르면, 면 운동복은 어떤 목적으로 사용되었는가?

Ⓒ 빗속에서 연구원들을 따뜻하게 유지시켜 주었다.

Ⓓ 각 실험 대상자에게 떨어진 빗방울 수를 기록했다.

Ⓔ 물 흡수율의 표준으로 사용되었다.

Ⓕ 흡수된 물의 양을 표시했다.

해설

연구원들이 면 운동복을 입고 실험한 후 운동복의 무게를 재서 어떤 것이 더 많은 양의 물을 흡수했는지 알아냈다는 내용을 볼 때, 면 운동복은 흡수한 물의 양을 표시하는 데 사용되었다는 것을 알 수 있습니다.

3 강의에서, 교수는 실험의 단계를 순서대로 설명한다. 아래의 단계들을 올바른 순서대로 나열하시오.

Step 1	
Step 2	
Step 3	

Ⓐ 비슷한 체형의 두 실험 대상자는 운동복을 입었다.
Ⓑ 운동복의 물 흡수량을 확인했다.
Ⓒ 한 실험 대상자는 걷고, 다른 한 명은 뛰었다.

해설

교수는 Step 1. 두 명의 연구원이 운동복을 입고(Two researchers wore identical, moisture-absorbing cotton sweat suits ~ They were about the same height and body build.) → Step 2. 한 연구원은 느리게 걷고, 한 연구원은 빠르게 뛰며(One walked at 3 miles per hour. The other ran the same distance at about 9 miles per hour.) → Step 3. 운동복의 무게를 재서 어떠한 것이 더 많은 물을 흡수했는지 확인하는(Then they weighed the sweat suits to find out which one had absorbed more water.) 순서로 실험의 단계를 설명합니다.

[4-6] Listen to part of a lecture from an archaeology class.

주제
흑요석을 사용한
도구 제작

P: Let's return to our discussion of toolmaking by early humans. As I mentioned previously, stone was used most often to make tools because it was readily available. ^{Q4} But some people had access to a better material . . . obsidian. For the rest of the class, I want to talk about the use of obsidian to produce tools.

Before I get going, I should probably explain why obsidian is so special. Um, can anyone tell me where obsidian comes from?

S1: Volcanoes, right? The textbook refers to it as volcanic glass . . .

흑요석의 특징

P: Right. Obsidian is lava from a volcano that has cooled rapidly. So it is found in regions that have a lot of volcanic activity . . . Um, areas of the Pacific Northwest in the United States, for example. Now, because obsidian is a type of glass, it is very hard and brittle. And these qualities make it highly suitable for creating pointed or edged tools. You see, if we strike obsidian at a particular angle, small, hard flakes will break off. ^{Q5} These flakes have razor edges. Imagine a piece of sharpened steel. It's extremely sharp, right? Well, a newly formed obsidian edge is even sharper than that. Obviously, someone who works with obsidian should be very careful so they don't cut themselves.

흑요석 도구의
장점

Anyway, about 30,000 years ago, humans acquired the necessary skills to produce small fragments of obsidian . . . Um, this technology was first developed in northern China and gradually spread to other places. These obsidian flakes were around 10 millimeters wide and 15 to 45 millimeters long. Some of them were used to create simple tools such as sewing needles. Others were used to make composite tools . . . Yes?

S2: Um, what do you mean by composite tools? I'm not familiar with that term . . .

P: Good question. A composite tool is one that has multiple parts joined together . . . and these are usually made of different materials. Um, an arrow is a composite tool . . . It has feathers, a stick made of wood, and an arrowhead at the end. And flakes of obsidian made excellent arrowheads. They also served as knife blades, swords . . . um, anything that needed to be sharp. And the tools made from obsidian were superior to others in prehistoric times. Take a knife, for example . . . A regular stone knife was heavy and bulky, so it was difficult to use. Q6 But cutting tools made of obsidian pieces were much more convenient to use. You just had to place them in a piece of bone. They were lightweight and the pieces could be easily replaced if they got damaged. In contrast, you would have to throw away a damaged stone knife and make a new one to replace it.

해석

고고학 강의의 일부를 들으시오.

P: 초기 인류의 도구 제작에 대한 논의로 돌아가 봅시다. 제가 전에 언급했듯이, 돌은 손쉽게 구할 수 있었기 때문에 도구를 제작하는 데 가장 흔히 사용되었어요. 하지만 어떤 사람들은 더 나은 재료에 접근할 수 있었는데요... 바로 흑요석입니다. 남은 수업 시간 동안, 저는 도구를 제작하기 위한 흑요석의 사용에 관해 이야기하고 싶습니다.

시작하기 전에, 아마도 흑요석이 왜 그렇게 특별한지 설명해야 할 것 같네요. 음, 누가 흑요석이 어디에서 만들어지는지 말해볼 수 있나요?

S1: 화산이요, 맞죠? 교과서는 그것을 화산 유리라고 부르거든요...

P: 맞아요. 흑요석은 화산에서 나와 급속히 냉각된 용암이에요. 그래서 그것은 화산 활동이 많은 지역에서 발견됩니다... 음, 예를 들어, 미국의 태평양 북서 지역이요. 자, 흑요석은 유리의 한 종류이기 때문에, 매우 딱딱하고 깨지기 쉬워요. 그리고 이러한 특성들은 그것이 뾰족하거나 날이 있는 도구들을 제작하는 데 매우 적합하도록 만들죠. 보세요, 우리가 흑요석을 특정한 각도에서 치면, 작고, 딱딱한 파편들이 떨어져 나올 것입니다. 이러한 파편들은 날카로운 날을 가지고 있어요. 날카롭게 깎인 강철을 상상해 보세요. 그것은 매우 날카로울 거예요, 그렇죠? 음, 갓 만들어진 흑요석의 날은 심지어 그보다 훨씬 더 날카롭습니다. 명백히, 흑요석으로 작업하는 사람들은 베이지 않도록 매우 조심해야겠죠.

어쨌든, 약 3만 년 전에, 인류는 작은 흑요석 조각을 제작하는 데 필요한 기술을 습득했습니다... 음, 이 기술은 중국 북부에서 처음 개발되어 점차 다른 곳들로 퍼져 나갔습니다. 이러한 흑요석 파편들은 폭이 약 10mm 정도에 길이는 15~45mm였죠. 그것들 중 일부는 바느질용 바늘 같은 간단한 도구를 만드는 데 사용됐어요. 다른 것들은 복합 도구를 만드는 데 사용되었습니다... 네?

S2: 음, 복합 도구가 무슨 뜻이죠? 그 용어가 익숙하지 않아서...

P: 좋은 질문이네요. 복합 도구는 다양한 부분들이 함께 합쳐진 것이에요... 그리고 이 부분들은 보통 서로 다른 재료들로 만들어져요. 음, 화살은 하나의 복합 도구입니다... 그것은 깃털, 나무로 만들어진 막대, 그리고 끝에 화살촉을 가지고 있어요. 그리고 흑요석 파편들은 훌륭한 화살촉이 되었습니다. 그것들은 또한 칼날과 검으로도 쓰였죠... 음, 날카로워야 하는 그 어느 것으로든요. 그리고 흑요석으로 제작된 도구들은 선사시대의 다른 도구들보다 우수했어요. 칼을 예로 들자면... 일반 돌칼은 무겁고 부피가 커서, 사용하기 어려웠어요. 하지만 흑요석 조각으로 제작된 절단 도구들은 훨씬 더 사용하기 편리했습니다. 단지 흑요석 조각들을 뼛조각에 끼우기만 하면 됐죠. 그것들은 가벼웠고, 조각들이 손상되면 쉽게 교체될 수 있었어요. 반대로, 손상된 돌칼은 버리고 그것을 대체할 새로운 돌칼을 만들어야만 했죠.

4 강의는 주로 무엇에 관한 것인가?
ⓐ 돌과 흑요석으로 제작된 도구의 비교
ⓑ 초기 인류에 의해 사용된 다양한 도구 종류
ⓒ 원시 도구를 제작하기 위한 흑요석의 사용
ⓓ 최초의 복합 도구를 제작하기 위한 기술

해설
도입부의 "I want to talk about ~" 이하에서 강의가 원시 도구를 제작하기 위한 흑요석의 사용에 관한 것임을 알 수 있습니다.

5 강의에서 교수는 왜 강철을 언급하는가?
ⓐ 흑요석이 위험할 수 있다는 것을 설명하기 위해

Ⓑ 도구 제작에서의 현대적 발전을 제시하기 위해

Ⓒ 흑요석의 특징을 강조하기 위해

Ⓓ 흑요석이 매우 단단하다는 것을 보여주기 위해

해설

교수는 날카롭게 깎인 강철의 날보다 흑요석의 날이 더 날카롭다고 말하며, 재료의 특징을 강조하기 위해 강철을 언급합니다.

6 교수는 흑요석 파편으로 제작된 칼에 관해 무엇이라고 말하는가?

Ⓐ 그것은 무겁고 매우 날카로웠다.

Ⓑ 그것은 가볍고 수리하기가 쉬웠다.

Ⓒ 그것은 뼈 파편으로 교체되었다.

Ⓓ 그것은 자주 손상되었다.

해설

교수는 "But cutting tools made of obsidian pieces were ~" 이하에서 흑요석으로 제작된 칼은 가벼웠고, 조각들이 손상되면 쉽게 교체될 수 있었다고 말합니다.

5일 Inference Questions

Daily Check-up ·· ρ. 182

01 A	02 A	03 A	04 A	05 C	06 B	07 B	08 C

01

Okay, the first tragedies were ① **songs and dances performed at festivals** to honor the Greek god Dionysus. What is unusual is that, ② **contrary to their name**, these performances were actually celebrations with ③ **plenty of singing, drinking, and dancing**. As time passed, though, the pieces became ④ **more serious in nature**.

해석

자, 초기 비극들은 그리스 신 디오니소스를 기리기 위한 축제에서 행해진 노래와 춤이었습니다. 특이한 것은, 비극이라는 이름과 반대로, 이런 공연들은 사실 수많은 음주가무의 축전이었다는 것입니다. 시간이 지남에 따라, 그 작품들은 사실상 더 진지해졌죠.

해설

초기 비극에서 특이한 점은 그 이름과는 달리 음주가무로 이루어진 것이라는 부분에서, 초기의 비극은 흥겨운 부분이 많았다는 것을 추론할 수 있습니다.

02

P: Well . . . beavers were plentiful in America before the Europeans came and started killing them. Anyone know what happened with the Europeans?

S: Um . . . beaver pelts became the material of choice for top hats in Europe. ① **So when the**

Europeans came to America, they nearly wiped out the beaver population.

P: Right. Does anyone know the numbers . . . ? During the peak of the fur trade era, 200,000 pelts were being shipped to Europe every year. And with the beavers gone, what were the effects? Um . . . ② **the dams and beaver ponds disappeared, of course, and the wetlands were drained as a result**.

해석

P: 유럽인들이 도착해서 비버를 죽이기 시작하기 전까지 미국에는 비버가 아주 많았습니다. 유럽인들로 인해 무슨 일이 벌어졌는지 아는 사람 있나요?

S: 음... 비버의 모피는 유럽에서 최고의 모자를 만드는 재료가 되었습니다. 그래서 유럽인들이 미국에 도착했을 때, 그들은 거의 비버의 씨를 말려버렸죠.

P: 맞아요. 그 숫자를 아는 사람 있나요...? 모피 무역이 최전성기였던 시기에, 이십만 개의 모피들이 매년 유럽으로 수송되었습니다. 그리고 비버들이 사라져 가면서, 어떤 영향을 미쳤을까요? 음... 댐과 비버 연못은 사라지고 결과적으로, 당연히, 습지들이 말라버렸죠.

해설

비버가 사라졌기 때문에 습지가 말라버렸다는 교수의 설명에서, 비버가 습지를 유지하는 데 중요하다는 것을 추론할 수 있습니다.

03

Well, despite the differences between Earth and Mars now, there are actually clear similarities between ① **the atmosphere of present-day Mars** and ② **that of the Earth billions of years ago**. You see, at a certain point, very tiny bacteria developed on Earth. They were able to survive by using sunlight. They eventually created enough oxygen to support animal life. ③ **Some scientists believe that human intervention could help this happen on Mars**.

해석

자, 현재 지구와 화성의 차이에도 불구하고, 실제로 현재 화성의 대기와 몇십 억 년 전의 지구의 대기에는 명백한 공통점들이 있습니다. 그러니까, 어떤 특정 시기에, 아주 작은 박테리아가 지구에서 발달했습니다. 그것들은 햇빛을 이용해서 살아남을 수 있었죠. 그것들은 마침내 동물이 살아갈 수 있는 충분한 산소를 만들어냈습니다. 어떤 과학자들은 인간의 개입이 화성에서 이러한 과정이 일어나도록 도울 수도 있다고 믿고 있습니다.

Q 교수는 화성의 미래에 관해 무엇을 암시하는가?
   ⓐ 언젠가 지구와 비슷해질 수도 있다.
   ⓑ 지금보다 훨씬 더 차가워질 것이다.
   ⓒ 지구보다 더 많은 박테리아의 서식지가 될 수도 있다.

해설

지구가 현재와 같은 상태로 바뀐 과정이 인간의 개입으로 화성에서도 일어날 수 있다고 하는 것을 볼 때, 교수는 미래에 화성이 지구와 비슷해질 수 있다는 것을 암시합니다.

04

I'll start off by defining what a brown dwarf is. Basically, a brown dwarf is a failed star. It's larger than a planet, but ① **it is unable to convert hydrogen into helium through nuclear fusion**. The difference between a successful star and a brown dwarf is that ② **true stars are heavy enough so that the inner part of the star can be squeezed into a small space**. This squeezing continues until ③ **the increasing temperature and pressure makes the hydrogen fusion reaction begin**. But a brown dwarf has ④ **only a relatively short period of hydrogen burning before it starts to cool and fade**.

갈색 왜성이 무엇인지 정의하면서 시작하겠습니다. 기본적으로, 갈색 왜성은 실패한 항성입니다. 그것은 행성보다는 크지만, 핵융합을 통해 수소를 헬륨으로 바꾸지는 못합니다. 성공한 항성과 갈색 왜성의 차이는 진짜 항성들이 내부가 작은 공간으로 압착될 수 있을 만큼 충분히 무겁다는 것입니다. 이 압축은 증가하는 온도와 압력이 수소 융합 반응을 시작하게 할 때까지 계속됩니다. 그러나 갈색 왜성은 그것이 식어서 사라지기 전 수소 연소 기간이 비교적 짧을 뿐입니다.

Q 교수에 따르면, 갈색 왜성이 항성이 되지 못하는 이유는 무엇인가?

   Ⓐ 그것들은 충분한 질량을 가지고 있지 않다.

   Ⓑ 그것들은 불충분한 수소를 가지고 있다.

   Ⓒ 그것들은 너무 차다.

해설

교수는 진짜 항성들은 충분히 무겁다는 점에서 갈색 왜성과 다르다고 설명합니다. 수소를 헬륨으로 바꿀 만큼의 온도와 압력이 있어야만 항성으로 변할 수 있다는 점을 볼 때, 갈색 왜성은 충분한 질량을 가지고 있지 않아서 항성이 되지 못한다는 것을 알 수 있습니다.

05

- work city, live suburbs, cars 2 work → env. dangerous

- ↑time during rush hrs.

Urban villages - popular, everything close, car X needed

Most Americans work in the heart of the city and live in the suburbs, usually using cars to get to work. As a result, environmental pollution is at a dangerous level in big cities like Atlanta. Research shows that it takes nearly 35 minutes longer for drivers to travel the same distance during rush hours. That is why "urban villages" have become so popular these days in cities with heavy traffic. In an urban village, the office, house, and shopping center are all within walking distance so a car is not needed.

해석

대부분의 미국인들은 도시 중심부에서 일하고 교외 지역에서 거주하며, 차를 이용해 일터로 갑니다. 결과적으로, 애틀랜타와 같은 대도시의 환경오염은 위험한 수준입니다. 조사에 따르면 출퇴근 시간에는 같은 거리를 이동해도 약 35분이 더 걸린다고 합니다. 그것이 요즘 교통이 혼잡한 도시에서 '도시형 마을'의 인기가 많아진 이유입니다. 도시형 마을에는, 사무실, 집, 그리고 쇼핑센터가 걸어서 갈 수 있는 거리에 있어서 차가 필요하지 않거든요.

해설

교수는 출퇴근을 위한 승용차 이용이 환경오염의 주범인데, 도시형 마을에서는 차가 필요 없다고 말합니다. 따라서 도시형 마을이 많아지면 환경오염을 줄일 수 있음을 추론할 수 있습니다.

06

if X dust → sky black, unbearable sunlight/shadows

    → kill all plants → death of all other lives

dust ↑ atmos. → prevent sun, reflect all waveleng.

X dust → X color

As a matter of fact, if there were no dust, the sky would appear completely black, and we would have either glaring, unbearable sunlight or intensely dark shadows. And obviously, intense sunlight or dark shadows would kill all the plants, resulting in the eventual death of all other life-forms. It's dust that makes the sunlight soft and beautiful, and this light is beneficial for living organisms. How does it do this? Well, dust thickens the atmosphere and prevents the glare of the sun from coming through. And dust reflects the light in all its wavelengths! So . . . without dust in the atmosphere, the beautiful colors of nature . . . the blueness of the sky, the yellowish glow on the horizon, the colors of sunset, and the marvelous hues you see on mountaintops . . . well, these would not be possible.

해석

사실상, 먼지가 없다면, 하늘은 완전히 검은색으로 보이고, 우리는 너무 밝아서 견딜 수 없는 햇빛 또는 엄청나게 캄캄한 어둠 속에 있게 될 것입니다. 그리고 명백히, 강한 햇빛이나 짙은 어둠은 모든 식물을 죽일 것이고, 결과적으로는 다른 모든 생명체의 죽음을 야기할 것입니다. 햇빛을 부드럽고 아름답게 만드는 것은 먼지이고, 빛은 살아있는 유기체에게 유익하죠. 먼지는 어떻게 이런 작용을 하는 것일까요? 자, 먼지는 대기를 두껍게 해서 강한 햇빛이 통과하지 못하게 합니다. 그리고 먼지는 그 빛을 모든 파장으로 반사시키죠! 그래서... 대기 안의 먼지 없이는, 자연의 아름다운 색상... 하늘의 푸르름, 지평선 위 노란빛의 타오름, 저녁노을의 빛깔, 그리고 여러분이 산 정상에서 보는 놀라운 색조... 음, 이런 것들이 불가능할 것입니다.

해설

먼지가 없다면 강한 햇빛과 짙은 어둠으로 인해 모든 생명체가 죽을 것이라는 설명에서 먼지는 생명체가 살아가기 위해 필요하다는 것을 추론할 수 있습니다.

07

```
neutrino - tiny, fundam. but diffic. to detect

Why? - oth. particles elec. charged

        → stronger, distract scientists
```

Today, I will be talking about a particle that has been described as "almost nothing." This tiny particle is known as the neutrino. A neutrino is one of the fundamental particles that make up the universe. Neutrinos are very difficult to detect even though trillions of neutrinos are said to be passing through Earth at any time. Why are neutrinos so hard to detect? That is because there are trillions of other particles aside from neutrinos, but these other particles are electrically charged, which make them appear much stronger on the sensors. So scientists sometimes get distracted by the electrically charged particles passing by.

해석

오늘, 저는 '거의 무(無)와 같은 존재'로 묘사되어 왔던 미립자에 대해서 이야기할 것입니다. 이 작은 미립자는 중성 미자로 알려져 있습니다. 중성 미자는 우주를 구성하는 기초적인 미립자들 중 하나죠. 수 조의 중성 미자들이 늘 지구를 통과하고 있다고 여겨짐에도 불구하고 이를 탐지해내기란 매우 어렵습니다. 중성 미자들을 탐지하기가 왜 그렇게 어려운 것일까요? 이는 중성 미자를 제외하고도 수 조의 다른 미립자들이 있고, 그것들은 전하를 띠고 있어서, 센서에 훨씬 강하게 나타나기 때문입니다. 그래서 과학자들은 때때로 스쳐 지나가는 전하를 띤 미립자들에 의해서 혼란스러워지죠.

Q 교수는 중성 미자에 관해 무엇을 암시하는가?

   Ⓐ 그것들은 미립자의 가장 작은 형태이다.
   Ⓑ 그것들은 전하를 띠지 않는다.
   Ⓒ 그것들은 지구에 나타나지 않는다.

해설

교수는 중성 미자를 탐지하기 어려운 이유가 전하를 띤 다른 미립자들 때문이라고 말합니다. 따라서 중성 미자는 전하를 띠지 않는다는 것을 추론할 수 있습니다.

> features - influenced by early sculpt.; long shapes,
>
> twisted nose, rounded mouth, almond eyes
>
> - X see expression B/ lines of face → emotion

OK . . . I have two portraits here. One is of the art dealer Paul Guillaume and the other is of a young man in his 20s. And here we have a sculpture from Modigliani's early days in France. Do you see the influence his sculpture had on his paintings? The elongated forms, the longish, twisted nose, the rounded mouth, the almond-shaped eyes . . . The features made his portraits look really distinct. But . . . it's the eyes that grab your attention. Look at the portraits again—the young man with his attractive, intense blue eyes and Paul Guillaume with one dark eye and one light-colored eye. Because one eye is black and one eye is white, you cannot see very much expression in the eyes. Instead, Modigliani made the lines of the face and figure very clear and dramatic. It is these lines that made an onlooker see emotion in the painting. The emotion was not in the eyes. Who else could do portraits like these?

해석
자... 여기 두 개의 초상화가 있습니다. 하나는 미술상 폴 기욤의 것이고 다른 하나는 20대의 청년의 것이죠. 그리고 여기 모딜리아니의 프랑스에서의 초기 조각상이 있습니다. 여러분들은 그의 조각상이 그의 그림에 끼친 영향을 알겠나요? 가늘고 길쭉한 형태들, 길고 구부러진 코, 둥근 입, 아몬드 모양의 눈... 그 특징들은 그의 초상화가 정말 독특하게 보이게 합니다. 그러나... 여러분의 이목을 끄는 것은 눈입니다. 초상화들을 다시 한 번 보세요. 매력적이고 진한 푸른 눈의 청년과, 한 쪽의 검은 눈과 한 쪽의 밝은 눈을 한 폴 기욤을요. 한 쪽 눈은 검고 한 쪽 눈은 하얗기 때문에, 여러분은 그 눈에서 그다지 많은 감정을 읽을 수 없을 것입니다. 대신에, 모딜리아니는 얼굴과 형상의 윤곽을 아주 뚜렷하고 인상적으로 만들었습니다. 관찰자가 그림 안에서 감정을 인식할 수 있게 만드는 것은 이러한 윤곽이지요. 감정은 눈 안에 있지 않습니다. 그 외에 누가 이런 식의 초상화를 그릴 수 있을까요?

Q 초상화들에 관해 추론할 수 있는 것은 무엇인가?
  Ⓐ 그것들은 대상의 정확한 묘사였다.
  Ⓑ 그것들은 초기 조각상들의 복제품이었다.
  Ⓒ 그것들은 독창적이었으며 평범하지 않았다.

해설
단락 전체에서 모딜리아니의 초상화의 독특한 특징을 말하고 있으며, "Who else could do portraits like these?"라는 마지막 문장에서 모딜리아니가 그린 초상화들이 독창적이며 평범하지 않다는 것을 추론할 수 있습니다.

Daily Test p. 186

1 B	2 B	3 D	4 A

5		Yes	No
	Stimulates weight gain		√
	Helps produce sufficient growth hormone	√	
	Revitalizes the aspects of the body	√	
	Elevates blood pressure		√

6 D			

Listen to part of a lecture on photography. The professor is discussing photos in the twentieth century.

주제
20세기 사진 작가
에드워드 웨스턴과
안셀 애덤스

Q1 So . . . let's begin our discussion of twentieth-century photography. Uh . . . We'll be examining Edward Weston and Ansel Adams . . . two twentieth-century photographers who had very different perspectives. Uh . . . Weston was concerned primarily with . . . visual effects of the image, while Adams used his photographs to achieve practical goals.

You know, when the railway became popular in the nineteenth century, people started traveling more often. Edward Weston was no different. He used this as a way to photograph the American landscape. He started out as a pictorialist after graduating from the Illinois College of Photography. Uh . . . Just by way of review, pictorialism is a style of photography that includes many techniques that makes a photograph look like art . . . you know, like an impressionistic painting or an etching.

웨스턴의
사진술

Anyhow, to make a long story short, Weston went through a transition period in 1922. He was taking photographs of the ARMCO Steelworks in Ohio . . . and he saw the images he took as "straight" images. They were unpretentious and true to reality. So, he determined that the camera should be used to record life . . . and with that, he renounced pictorialism in favor of straight photography. Now, in straight photography, the photographer renders a scene as realistically as possible.

Q2 So what made Weston's pictures stand out? You know, much of what he photographed wound up looking like something other than what it really was. You'd expect a tree to look like a tree, right? But with Weston, well . . . uh, the roots of a cypress tree, for example . . . looked more like the flames of a fire, although Weston had not manipulated the picture.

애덤스의
사진술

Now, let's talk about Ansel Adams. Uh . . . some of you might not know who he is, but I'm sure you've seen his works. Now, uh . . . some of Adams's most exceptional works are the black-and-white photographs of California's Yosemite Valley. Q3 What I want to stress here is that Adams didn't create his photographs just for artistic purposes. Adams hoped that his photographs of Yosemite would play a role in conserving the wilderness. And, well, they did. He published his first book of landscape photographs in 1938. The book was titled *Sierra Nevada: The John Muir Trail*. He sent that book to President Roosevelt. Well, Roosevelt designated the Kings Canyon area a national park in 1940. As Adams produced a larger and larger body of work out of his landscape photographs, his advocacy for the parks solidified. As Adams said, he took the pictures because he was there, he loved the mountains and he wanted to capture them.

해석

사진술에 관한 강의의 일부분을 들으시오. 교수는 20세기의 사진들에 관해 논의하고 있습니다.

자... 20세기의 사진술에 대한 논의를 시작해 봅시다. 어... 매우 다른 관점을 가졌던 두 명의 20세기 사진 작가 에드워드 웨스턴과 안셀 애덤스에 대해 알아볼 거예요... 어... 웨스턴이 주로... 사진의 시각적인 효과에 관심을 가진 반면에, 애덤스는 실용적인 목적에 초점을 맞췄어요.

그러니까, 19세기에 철도가 널리 보급됐을 때, 사람들은 더 자주 여행하기 시작했어요. 에드워드 웨스턴도 다르지 않았죠. 그는 철도로 여행하며 미국의 풍경 사진을 찍었어요. 그는 일리노이 사진 대학을 졸업하고 영상 중심주의자로 활동을 시작했습니다. 어... 잠깐 복습을 하자면, 영상 중심주의란... 그러니까, 사진이 인상주의 그림이나 동판화 같은 미술품처럼 보이게 만드는 사진 기법을 말해요.

어쨌든, 짧게 말해서, 웨스턴은 1922년에 과도기를 겪었어요. 그는 오하이오 주의 ARMCO 제강소의 사진을 찍고 있었고... 자신이 찍은 것을 '순수한' 사진으로 보았어요. 그 사진들은 꾸밈이 없었고 현실을 정확히 반영한 것이었죠. 그래

3rd Week Hackers TOEFL Listening Basic

서, 그는 카메라가 삶을 기록하기 위해 사용되어야 한다고 결심했고... 그러고는, 영상 중심주의를 버리고 순수 사진을 찍기로 했어요. 이제, 순수 사진에서, 사진 작가는 장면을 가능한 실재적으로 표현합니다.

그럼 무엇 때문에 웨스턴의 사진이 두드러지게 되었을까요? 그러니까, 그가 찍은 많은 사진이 결국에는 실제의 모습과 다른 무언가로 보여요. 여러분은 나무가 나무로 보이길 기대하잖아요, 그렇죠? 그렇지만 웨스턴의 사진에서는, 음... 어, 그가 사진을 조작하지 않았음에도 불구하고, 예를 들면... 삼나무의 뿌리가 불꽃처럼 보여요.

이제, 안셀 애덤스에 대해 이야기해 보죠. 어... 여러분 중 그가 누구인지 모르는 사람도 있겠지만, 아마 그의 작품은 본 적이 있을 거예요. 이제, 어... 애덤스의 가장 뛰어난 작품 중에는 캘리포니아 요세미티 계곡을 찍은 흑백사진이 있어요. 제가 여기서 강조하고 싶은 것은 애덤스가 사진을 단지 예술적인 목적만으로 찍지는 않았다는 점입니다. 애덤스는 요세미티를 찍은 사진이 야생을 보존하는 데 기여하기를 바랐어요. 그리고, 음, 그 사진들은 그런 역할을 했습니다. 그는 1938년에 첫 번째 풍경 사진첩을 냈어요. 사진첩의 제목은 'Sierra Nevada: The John Muir Trail'이었죠. 그는 그 책을 루스벨트 대통령에게 보냈어요. 음, 루스벨트 대통령은 1940년에 킹스캐니언 지역을 국립공원으로 지정했어요. 애덤스가 보다 더 많은 풍경 사진을 찍게 되면서, 공원을 보존해야겠다는 그의 지지는 굳어졌습니다. 애덤스가 말한 것처럼, 그는 그가 그곳에 있었고, 그 산을 사랑했으며 그것을 사진에 담고 싶었기 때문에 사진을 찍은 것이죠.

1 강의는 주로 무엇에 관한 것인가?
Ⓐ 20세기 사진술의 특징
Ⓑ 두 현대 사진 작가들의 관점
Ⓒ 웨스턴 사진의 독특한 면
Ⓓ 안셀 애덤스에게 있어서 환경 문제의 중요성

해설
도입부의 "we'll be examining ~" 이하에서 강의가 서로 다른 관점을 가진 20세기 사진 작가 에드워드 웨스턴과 안셀 애덤스에 관한 것임을 알 수 있습니다.

강의의 일부를 다시 듣고 질문에 답하시오.

P: So what made Weston's pictures stand out? You know, much of what he photographed wound up looking like something other than what it really was. You'd expect a tree to look like a tree, right?

그럼 무엇 때문에 웨스턴의 사진이 두드러지게 되었을까요? 그러니까, 그가 찍은 많은 사진이 결국에는 실제의 모습과 다른 무언가로 보여요. 여러분은 나무가 나무로 보이길 기대하잖아요, 그렇죠?

2 교수는 이렇게 말함으로써 무엇을 의미하는가:

P: You'd expect a tree to look like a tree, right?
Ⓐ 그녀는 웨스턴의 사진에 있는 나무가 나무처럼 보이는지 알지 못한다.
Ⓑ 그녀는 그녀가 주장하는 것을 예를 들어 설명하고 싶어한다.
Ⓒ 그녀는 학생들이 웨스턴의 사진에 감탄하지 않을 것이라고 생각한다.
Ⓓ 그녀는 학생들이 웨스턴의 사진을 본 적이 없다고 생각한다.

해설
교수는 웨스턴이 찍은 사진이 실제와는 다르게 보인다고 말하며, 이해를 돕기 위해 나무처럼 보이지 않는 나무를 예로 들어 설명합니다.

3 안셀 애덤스의 사진에 관해 추론할 수 있는 것은 무엇인가?
Ⓐ 그것들은 산의 색깔을 포착할 수 있었다.
Ⓑ 그것들은 웨스턴의 사진만큼 시각적으로 매력적이지는 않았다.
Ⓒ 그것들은 다양한 정치계 인사들에 의해 찬탄받았다.
Ⓓ 그것들은 자연 보호 운동에 기여했다.

해설

교수는 "What I want to stress ~" 이하에서 애덤스의 사진이 예술적인 목적 이외에 다른 목적도 있었다는 사실을 강조합니다. 그리고 이어서 루스벨트 대통령이 애덤스의 사진을 본 후 킹스캐니언 지역을 국립공원으로 지정했다는 내용에서, 그의 사진이 자연 보호 운동에 기여했음을 추론할 수 있습니다.

[4-6]   Listen to part of a talk on physiology. The professor is discussing the functions of sleep.

OK . . . Settle down, people. Um . . . I guess many of you probably stay up late to study for exams or do homework, right? Uh-huh . . . So some of you might not be getting enough sleep. Well . . . this may be good for your grades, but . . . um, it's not good for your health. This is actually true for all animals—sleep is . . . uh, an important and necessary activity . . . In fact, the urge to sleep is so powerful that even the risk from predators will not prevent

주제 ┌ many animals from sleeping. Q4 Now . . . Let's look at some of the ways that sleep directly
수면의 이점 └ benefits the body.

┌ First of all, sleep has a significant physical effect, and it is a period of healing and growth
│ for humans, it, uh . . . rejuvenates the body's immune, nervous,
│ muscular, and skeletal systems. In addition, sleeping has been shown to restore the
│ neurons of the brain and contributes to the production of certain proteins necessary by
이점 1 │ the brain and, um . . . growth hormones. I guess you could say that sleep . . . well, allows
신체적 효과 │ the body to recover from the exertions of the day, while at the same time, it prepares the
│ body for the next period of wakefulness. You know . . . insufficient sleep is actually quite
│ dangerous . . . It can cause high blood pressure and affect insulin resistance . . . which, in
└ turn, encourages weight gain.

┌ Another thing . . . Well, you know the expression, "I'll sleep on it"? People say that all the
│ time when they've got a big decision to make, and they, uh . . . they need time to think.
│ But there's more truth to this expression than you might think. Periods of sleep provide
이점 2 │ the brain with an opportunity to, um . . . process and, well . . . consolidate information.
정신적 효과 │ For example, if you are learning to play the guitar and are having trouble with a particular
│ musical piece that you were just taught, you may find that after a good night's sleep, you
└ are able to play the piece much better! How do scientists explain this?

┌ Well . . . It has to do with REM—rapid eye movement—that stage of sleep when people
│ dream. Q6 During REM sleep, areas of the brain associated with declarative and procedural
REM 수면이 │ memories are stimulated. Declarative memory stores facts and experiences like textbook
기억에 미치는 │ knowledge, while procedural memory is concerned with, well . . . "how to" knowledge. So,
영향 │ uh . . . basically, if the body is able to achieve REM sleep in sufficient quantities, then the
└ brain will actually function at its full capacity.

해석

생리학에 관한 강의의 일부를 들으시오. 교수는 잠의 기능에 관해 논의하고 있습니다.

자... 시작해 봅시다, 여러분. 음... 나는 여러분 중 많은 사람이 시험 공부나 숙제를 하느라 늦게까지 깨어있을 거라고 생각합니다, 그렇죠? 네... 그래서 여러분 중 몇몇은 아마 충분히 자지 못할 거예요. 음... 이것은 여러분들의 성적을 위해서는 좋을지 몰라요, 하지만... 음, 여러분의 건강을 위해서는 좋지 못해요. 이는 사실상 모든 동물에게 해당되는 사실입니다, 잠은... 어, 중요하고 필수적인 활동이죠... 실제로, 잠을 자고 싶어하는 충동은 매우 강렬해서 천적으로부터 오는 위험조차도 동물들이 잠드는 것을 막지 못합니다. 이제... 잠이 직접적으로 몸에 좋은 영향을 끼치는 방법에 대해 살펴봅시다.

첫째로, 잠은 중요한 신체적 효과를 가지고 있고, 그것은 많은 생물에게 치료와 성장의 기간 같은 것입니다. 사람들에게 있어서, 잠은, 어... 신체의 면역, 신경, 근육, 그리고 골격 체계를 회복시켜 줍니다. 게다가, 잠은 뇌의 뉴런들을 회복시키고 뇌가 필요로 하는 단백질과, 음... 성장 호르몬의 생성에 도움을 준다는 사실이 증명된 바 있습니다. 잠은... 음, 신체를 하루의 격렬한 활동으로부터 회복시키는 동시에, 깨어 있는 시간을 대비해 몸을 준비시킨다고 할 수 있습니다. 그러니까... 불충분한 수면은 사실 꽤 위험하죠... 그것은 고혈압을 유도하고 인슐린 저항에 영향을 줘서... 결과적으로, 체중 증가를 조장합니다.

또한... 음, 여러분은, '하룻밤 자며 생각해 보겠습니다'라는 표현을 알고 있죠? 사람들은 중대한 결정을 하거나, 어... 생각할 시간이 필요할 때 그런 말을 하죠. 그러나 여러분들이 생각하는 것 이상의 사실이 이 표현에 담겨 있습니다. 잠을 자는 시간은 뇌에게 정보를, 음... 처리하고, 음... 통합할 기회를 줍니다. 예를 들어, 여러분이 기타 연주를 배우고 있고 지금 막 배운 특정한 곡조를 연주하는데 어려움을 겪고 있다면, 아마 잠을 푹 잔 후 그 곡조를 훨씬 더 잘 연주할 수 있다는 것을 깨달을 것입니다! 과학자들은 이것을 어떻게 설명할까요?

음... 그것은 REM, 즉 수면의 단계 중 꿈을 꾸는 단계에서 일어나는 급격한 눈의 움직임과 관계가 있습니다. REM 수면 동안, 선언형 기억장치와 절차형 기억장치에 관련된 뇌의 영역이 자극을 받습니다. 선언형 기억장치는 교과서에서 얻는 지식 같은 사실 및 경험을 저장하는 반면, 절차형 기억장치는, 음... '어떻게 할 것인가'라는 지식과 관련이 있습니다. 그래서, 어... 기본적으로, 만약 신체가 충분한 양의 REM 수면을 취한다면, 사실상 뇌는 가장 효과적으로 기능할 것입니다.

4 교수는 주로 무엇에 관해 논의하는가?

Ⓐ 몸과 마음에 있어서 수면의 이점
Ⓑ 수면이 인지 기능을 향상하는 방법
Ⓒ 수면이 기억을 자극하는 방법
Ⓓ 불충분한 수면의 신체적 영향

해설
도입부의 "Let's look at ~" 이하에서 강의의 주제가 수면이 몸에 주는 이로움에 관한 것임을 알 수 있습니다. 본문에서 교수는 이를 크게 신체적인 부분과 정신적인 부분으로 나누어 설명합니다.

5 강의에서, 교수는 충분한 수면의 신체적 효과에 대해 묘사한다. 다음의 항목이 효과인지를 표시하시오.

	예	아니오
체중 증가를 촉진한다.		
충분한 성장 호르몬을 생성하는 것을 돕는다.		
몸 상태를 회복시킨다.		
혈압을 높인다.		

해설
교수는 수면의 신체적 효과를 크게 치료(healing)와 성장(growth) 두 가지로 나누어 설명합니다. 성장의 측면에서 수면은 성장 호르몬의 생성을 돕습니다. 체중 증가와 고혈압은 불면의 결과입니다.

6 REM에 관해 추론할 수 있는 것은 무엇인가?

Ⓐ 수면의 유일한 단계이다.
Ⓑ 꿈을 꾸지 않아도 발생할 수 있다.
Ⓒ 수면의 가장 긴 단계이다.
Ⓓ 정보를 기억하기 위해서 필요하다.

해설
REM 수면 동안에는 뇌에서 기억에 관련된 영역이 자극받는다는 내용을 통해, REM 수면이 정보를 기억하기 위해 필요하다는 것을 추론할 수 있습니다.

1일 Progressive Test 1

p.190

1 A Main Topic
2 A, C, E Detail
3 C Detail
4 D Function & Attitude
5 C Inference
6 C Main Topic
7 B Detail
8 D Inference
9 C Detail
10 D Inference
11 Connecting Contents - List

	Yes	No
Rotations are more frequent than originally believed.	✓	
Magnetic field exists but is faint.	✓	
Geological activity is sporadic.		✓
Temperature ranges are extreme.	✓	
Density is similar to the Earth's moon.		✓

12 B Main Topic
13 B Connecting Contents - Purpose
14 D Detail
15 A Inference
16 A Function & Attitude
17 A Detail

[1-5] Listen to a conversation between a student and a professor.

P: Good afternoon, Martin . . . what brings you here?

S: Hello, Professor . . . I was wondering . . . do you have a minute to answer some questions?

P: Well, I'm on my way to a departmental meeting, but I can see you for a minute. Have a seat.

S: Thank you. Well, ever since I attended your seminar presentation on whale conservation last month, I've been really interested in marine biology. And I was, uh, really fascinated when you mentioned last class that you run a research program on jellyfish.

P: Yes, that's right. I'm so glad that you're interested. Now what did you want to ask me?

학생의 용건/문제점
동물 생체 발광의
원인에 대한 질문

S: Um, well, in the lecture you mentioned that some jellyfish give off light . . . ^{Q1} So, I wanted to ask you some general questions about bioluminescence. Like . . . why do some animals emit light while others don't?

교수의 설명
1. 포식자로부터
자기 방어

P: Hmm . . . well, there are many reasons. ^{Q2} The jellyfish I study use light mostly to defend themselves from predators. When a predator comes near, they emit a flash of light . . . this startles the predator and makes it stop for a moment, giving the jellyfish time to escape.

S: That's so neat.

2. 먹이 유혹

P: Isn't it? In addition, ^{Q2} some animals use bioluminescence to attract prey. The deep sea angler fish is a great example. It has a glowing organ that hangs off its head, like a fishing rod . . . When curious prey come close to investigate . . . the angler fish ends up with a nice meal.

S: Wow, that's really interesting . . .

P: And fireflies . . . they're not marine animals, ^{Q2} but they use bioluminescence to communicate. The males and females flash light at each other before mating. And different kinds of fireflies use different codes, or flash patterns, so they can recognize their own kind.

S: That's pretty amazing. ^{Q3/Q4} So . . . I was actually thinking of writing about how jellyfish use bioluminescence for my term paper. Do you think it'd be OK?

P: ^{Q5} Are you sure about that? This is my field of expertise, after all. But . . . well, yeah, why not? I'm always happy when students are interested in the lecture material. I need to get going now, but if you have trouble finding research papers, just e-mail me. I have plenty you can borrow.

S: Great! Thank you.

해석

학생과 교수 사이의 대화를 들으시오.

P: 좋은 아침이구나, Martin... 무슨 일로 왔니?

S: 안녕하세요, 교수님... 저는... 몇 가지 질문에 대답해주실 시간이 있으신가요?

P: 음, 학부 회의에 가던 길이었는데, 잠시 동안은 괜찮을 것 같구나. 앉으렴.

S: 감사합니다. 음, 지난달에 고래 보호에 관한 교수님의 세미나 발표에 참석한 이후로, 저는 해양 생물학에 정말 관심을 갖게 되었어요. 그리고 저는, 어, 지난 시간에 교수님께서 해파리에 관한 연구 프로그램을 운영한다고 언급하셨을 때 정말 매료되었고요.

P: 그래, 맞아. 관심이 있다니 정말 기쁘구나. 자 나에게 무엇을 물어보고 싶었니?

S: 음, 저, 수업 시간에 교수님께서 일부 해파리는 빛을 낸다고 언급하셨죠... 그래서, 생체 발광에 대한 몇 가지 일반적인 질문을 드리고 싶었어요. 예를 들어... 다른 동물은 그렇지 않은데 왜 일부 동물은 빛을 발산하나요?

P: 흠... 자, 여러 가지 이유가 있지. 내가 연구하는 해파리는 대개 포식자로부터 자기를 방어하기 위해서 빛을 사용한단다. 포식자가 가까이 오면, 해파리는 번쩍이는 불빛을 발산해... 이는 포식자를 깜짝 놀라게 해서 잠시 동안 멈추게 만드는데, 해파리가 도망칠 시간을 벌어주게 되는 거야.

S: 정말 훌륭하네요.

P: 그렇지 않니? 그 밖에도, 일부 동물은 먹이를 유혹하기 위해 생체 발광을 사용하지. 심해 아귀가 훌륭한 예란다. 이 물고기는 머리에 빛을 내는 기관을 가지고 있어, 낚싯대처럼 말이야... 호기심이 많은 먹이가 살피러 가까이 오면... 아귀는 근사한 식사를 하게 되는 거야.

S: 와, 정말 흥미로워요...

P: 그리고 반딧불이는... 해양 생물은 아니지만, 의사소통을 하기 위해 생체 발광을 사용해. 수컷과 암컷은 짝짓기를 하기 전에 서로에게 빛을 번쩍이지. 그리고 다른 종류의 반딧불이들은 서로 다른 부호, 혹은 빛의 양식을 사용하기 때문에, 자신과 같은 종류를 알아볼 수 있어.

S: 정말 놀랍네요. 그래서... 사실 제가 학기말 과제로 해파리가 생체 발광을 어떻게 이용하는지에 대해 쓰는 것을 생각하고 있었거든요. 괜찮을까요?

P: 괜찮겠니? 어쨌든, 이건 내 전문 지식 분야란다. 하지만... 그래, 좋아, 안 될 게 뭐 있겠니? 학생들이 강의 자료에 관심을 가지면 난 항상 행복하거든. 이제 가 봐야겠구나, 하지만 연구 논문을 찾기 힘들면, 나에게 이메일을 주렴. 네가 빌릴 수 있는 논문을 많이 가지고 있단다.

S: 좋아요! 감사합니다.

1 학생은 왜 교수를 찾아가는가?

Ⓐ 동물의 생체 발광에 대해 질문하기 위해

Ⓑ 해파리 연구 프로그램에 자원하는 것에 대해 물어보기 위해

Ⓒ 학기말 과제의 마감 기한 연장을 요청하기 위해

Ⓓ 고래 보호 단체에 대한 정보를 얻기 위해

해설

"So, I wanted to ask you ~" 이하에서 학생이 동물의 생체 발광에 대해 질문하기 위해 교수를 찾아간 것임을 알 수 있습니다.

2 동물이 생체 발광을 사용하는 것에 관해 교수가 제시한 몇 가지 이유는 무엇인가?

Ⓐ 잠재적 포식자의 주의를 돌리기 위해

Ⓑ 심해에서 잘 볼 수 있도록 돕기 위해

Ⓒ 서로 상호작용하기 위해

Ⓓ 잠재적 포식자를 해치기 위해

Ⓔ 잠재적 먹이를 유혹하기 위해

해설

교수는 동물이 생체 발광을 사용하는 이유로 세 가지 예시를 들어 1. 해파리의 경우 도망갈 시간을 벌기 위해 빛을 발산해서 포식자를 깜짝 놀라게 하고, 2. 심해 아귀는 먹이를 유혹하기 위해 사용하며, 3. 반딧불이는 의사소통을 하기 위해 사용한다고 설명합니다.

3 학생은 왜 동물의 생체 발광에 관한 주제에 관심이 있는가?

Ⓐ 그는 반딧불이가 빛을 사용하는 방법에 대해 더 배우고 싶어 한다.

Ⓑ 그는 해양 생물학과와 관련된 모든 주제에 매료되었다.

Ⓒ 그는 학기말 과제로 이 주제를 쓰려고 생각 중이다.

Ⓓ 그는 학부 세미나에서 이 주제를 발표하고 싶어 한다.

해설

학생은 대화의 마지막 부분에서 학기말 과제로 해파리의 생체 발광에 대해 쓰는 것을 생각 중이라고 말합니다.

대화의 일부를 다시 듣고 질문에 답하시오.

S: That's pretty amazing. So . . . I was actually thinking of writing about how jellyfish use bioluminescence for my term paper. Do you think it'd be OK?

정말 놀랍네요. 그래서... 사실 제가 학기말 과제로 해파리가 생체 발광을 어떻게 이용하는지에 대해 쓰는 것을 생각하고 있었거든요. 괜찮을까요?

P: Are you sure about that? This is my field of expertise, after all.

괜찮겠니? 어쨌든, 이건 내 전문 지식 분야란다.

4 교수는 이렇게 말함으로써 무엇을 의미하는가:

P: Are you sure about that? This is my field of expertise, after all.

Ⓐ 그녀는 그가 이 주제에 대해 학기말 과제를 하는 것을 단념시키려고 하고 있다.

Ⓑ 그녀는 이 보고서에 더 낮은 점수를 주려고 생각 중이다.

Ⓒ 그녀는 그가 잘해낼 수 있을지 궁금해하고 있다.

Ⓓ 그녀는 좋은 성적을 받을 정도로 그녀를 만족시키는 것이 어려울 수 있음을 암시하고 있다.

해설

학생이 학기말 과제로 해파리의 생체 발광에 대해 쓰겠다고 말하자 교수는 그 주제가 본인의 전문 지식 분야라고 답변합니다. 즉, 학생이 그 주제로 학기말 과제를 할 경우, 그 분야에 대한 전문적인 지식을 가지고 있는 교수를 만족시키는 것이 어려울 수 있음을 암시합니다.

5 교수에 관해 무엇을 추론할 수 있는가?

Ⓐ 그녀는 수업에 그렇게 관심 있는 학생을 이전에 본 적이 없다.

Ⓑ 그녀는 보통 학부 업무로 너무 바빠서 학생들을 도와줄 수 없다.

ⓒ 그녀는 학생이 그녀 역시 관심 있는 주제를 선택한 것이 기쁘면서도 놀랍다.
ⓓ 그녀는 아마 학생이 고래 보호 단체에서 일자리를 얻는 것을 도와줄 수 있다.

해설
"Are you sure about that?", "I'm always happy ~"라는 교수의 말에서, 학생의 주제 선택에 대해 놀라면서도 기쁘하고 있음을 추론할 수 있습니다.

[6-11] Listen to part of a lecture in an astronomy class.

주제 ┌ Q6 Today, I'd like to talk about a planet that moves faster than any other planet in our Solar
수성 └ System—Mercury. Well, most teachers tend to skim over Mercury because we don't have
a whole lot of information about Mercury. Q7 Earth's telescopes are useless for examining
Mercury because the planet is very near the Sun. Through the lens of a telescope, it looks
even nearer. It disappears in the brightness of the Sun.

Now, the Mariner 10, a space probe, visited Mercury three times and took around 2,700
pictures. These images have given us the most information we have yet about the planet.

특징 1 ┌ So what do we know now? Q11 Well, in the early 1880s, Giovanni Schiaparelli determined
잦은 자전 │ that Mercury rotates once each time it orbits the Sun. Then in 1965, scientists calculated
│ that Mercury rotated every fifty-nine days. That's a ratio of three to two, not one to one.
│ The Mariner 10, however, determined that the rotation is actually 58.646 days. So . . . the
└ probe confirmed existing knowledge or made it more accurate.

특징 2 ┌ Q8 Another thing the probe learned is that Mercury has a magnetic field about one hundred
약한 자기장 │ times weaker than the Earth's. But for a planet to have a magnetic field, it has to have
│ a core that's partially molten, that is, liquid metal or liquid rock. Scientists believed that
│ Mercury's core was once liquid iron, but assumed it had become solid all these billions of
└ years. Q11 However, the Mariner 10 did detect a magnetic field, albeit a weak one.

특징 3 ┌ Now, a planet with a magnetic field should exhibit some geological activity—earthquakes,
용암류의 흔적 │ plate movements, volcanic eruptions—but Mercury has none of this activity. Perhaps there
│ might have been volcanoes billions of years ago . . . Q10 The Mariner 10's flybys showed
│ that Mercury does have hardened lava flows. So the probe unearthed new information, but
└ it did raise other questions as well.

┌ Q9 The pictures also show that Mercury is pockmarked with craters and very large basins like
│ our moon. Both have thin atmospheres, and this makes them easy targets for meteorites
│ and other debris. Q11 They also have temperature extremes . . . Mercury goes down to
수성과 달의 │ minus 170°C at night and 350°C during the day, and the Moon's temperature ranges from
특징 비교 │ minus 100 to 340. The only big difference is density. The Moon's lower density suggests
│ that it's mostly igneous rock from lava flows, but Mercury's higher density means that it
└ has an iron core.

해석
천문학 강의의 일부를 들으시오.

오늘은, 우리 태양계에서 가장 빠르게 움직이는 행성인 수성에 대해 이야기하고 싶습니다. 음, 대부분의 교사들은 수성에 대한 정보가 그리 많지 않기 때문에 대충 지나가는 경향이 있어요. 수성은 태양에 아주 가까이 있기 때문에 그것을 관찰하는 데 지구의 망원경은 소용이 없죠. 망원경 렌즈를 통해서는, 수성이 태양에 더더욱 가까워 보이거든요. 태양의 빛에 가려서 없어져 버리죠.
자, 우주 탐사기 마리너 10호는 수성에 세 번 갔다 왔고 약 2,700장의 사진을 찍었어요. 이 사진들은 우리가 이 행성에 대해 지금까지 아는 정보의 대부분을 주었습니다.

그럼 지금 우리는 무엇을 알고 있나요? 음, 1880년대 초기에, 조반니 스키아파렐리는 수성이 태양을 한 번 공전할 때마다 한 번 자전한다고 결론지었습니다. 그 후 1965년에, 과학자들은 수성이 59일마다 자전하는 것을 계산해냈어요. 이는 1:1 비율이 아니라, 3:2 비율이죠. 그러나, 마리너 10호는 실제로 자전이 58.846일에 한 번씩 이루어진다는 것을 밝혀냈습니다. 그래서... 이 우주 탐사기는 기존의 지식을 뒷받침했고 혹은 더 정확하게 만들었죠.

이 탐사기가 밝혀낸 또 다른 사실은 수성이 지구의 자기장보다 약 100배 약한 자기장을 갖고 있다는 것입니다. 하지만 어떠한 행성이 자기장을 가지려면, 그 행성의 핵은 부분적으로 용해되어 있어야 해요. 즉, 액화된 금속이나 액화된 암석이어야 하는 것이죠. 과학자들은 수성의 핵이 한때 액화된 철이었지만, 수십억 년에 걸쳐 고체로 변했다고 추측했어요. 하지만, 마리너 10호는 자기장을 탐지했죠, 약하기는 하지만요.

자, 자기장이 있는 행성에는 지진, 판 이동, 화산 폭발 같은 지질 활동이 나타나야 하지만 수성에는 이러한 활동이 전혀 없어요. 어쩌면 수십억 년 전에 화산이 있었을 수도 있죠... 마리너 10호는 저공 비행을 통해 수성에 굳어진 용암류가 있다는 것을 보여줬어요. 그리하여 그 탐사기는 새로운 정보를 밝혀냈지만, 다른 의문점들을 제기하기도 했습니다. 또한 사진들은 수성이 지구의 달처럼 분화구와 아주 큰 분지들로 자국이 나 있다는 것을 보여줘요. 둘 다 얇은 대기가 있고, 이것은 그들이 운석과 다른 파편으로부터 충격받기 쉽게 만들죠. 그들은 또한 극한의 온도를 가져요... 수성은 밤에 섭씨 영하 170도까지 내려가고 낮에는 섭씨 350도까지 올라가며, 달의 온도도 영하 100도에서 340도까지의 범위에 있어요. 둘의 유일한 큰 차이점은 밀도입니다. 달의 낮은 밀도는 그것이 대부분 용암류에서 발생된 화성암으로 구성되어 있음을 의미하지만, 수성의 높은 밀도는 수성의 핵이 철로 이루어져 있음을 의미하죠.

6 강의는 주로 무엇에 관한 것인가?

ⓐ 달과 수성의 공통점
ⓑ 수성을 연구하는 것의 어려움
ⓒ 수성의 물리적 특징
ⓓ 지구와 수성의 구성 요소 차이

해설
도입부 첫 문장 "Today, I'd like to talk about ~" 이하에서 강의가 수성에 관한 것임을 알 수 있습니다. 본문에서 교수는 수성의 물리적 특징에 대해 설명합니다.

7 교수에 따르면, 초기에 수성에 대한 정보가 부족했던 이유는 무엇인가?

ⓐ 수성은 지구로부터 멀리 떨어져 있다.
ⓑ 수성은 태양과 너무 가까이 있어 제대로 관찰할 수 없다.
ⓒ 수성은 다른 행성보다 덜 흥미롭다.
ⓓ 수성은 너무 빨리 움직여서 관찰할 수 없다.

해설
교수는 수성에 대한 정보가 많지 않다고 말하며, 망원경으로 수성을 관찰하는 것이 소용없는 이유가 태양과 너무 가까이 있어서 그 빛에 가려지기 때문이라고 설명합니다.

8 수성에 관해 추론할 수 있는 것은 무엇인가?

ⓐ 지구의 달과 완전히 똑같아 보인다.
ⓑ 그것의 자기장은 파편을 끌어당긴다.
ⓒ 그것의 분화구는 지질 활동으로 생긴 것이다.
ⓓ 그것은 부분적으로 액체인 핵을 가지고 있을 수 있다.

해설
우주 탐사기는 수성에 자기장이 있다는 것을 밝혀냈고, 행성이 자기장을 가지려면 핵이 부분적으로 액화되어 있어야 한다는 내용에서, 수성이 부분적으로 액체인 핵을 가지고 있을 것임을 추론할 수 있습니다.

9. 교수는 수성과 달의 분화구에 관해 무엇이라고 말하는가?

    Ⓐ 그것들은 현재 사화산들에서 나온 용암류로 생긴 것이다.

    Ⓑ 그것들은 외관상 꽤 다르다.

    Ⓒ 그것들은 보호하는 가스가 거의 없는 것에 기인한다.

    Ⓓ 그것들은 두 천체 표면의 절반만을 차지한다.

해설

교수는 수성이 달처럼 분화구와 큰 분지들로 자국이 나 있다고 말하면서, 이는 달과 수성 모두 얇은 대기를 가지고 있어서 운석과 다른 파편으로부터 충격받기 쉽기 때문이라고 설명합니다.

강의의 일부를 다시 듣고 질문에 답하시오.

P: The Mariner 10's flybys showed that Mercury does have hardened lava flows. So the probe unearthed new information, but it did raise other questions as well.

마리너 10호는 저공 비행을 통해 수성에 굳어진 용암류가 있다는 것을 보여줬어요. 그리하여 그 탐사기는 새로운 정보를 밝혀냈지만, 다른 의문점들을 제기하기도 했습니다.

10 교수는 이렇게 말함으로써 무엇을 암시하는가:

P: So the probe unearthed new information, but it did raise other questions as well.

    Ⓐ 인공 위성은 정보를 얻는 데 훌륭한 일을 해냈다.

    Ⓑ 마리너 10호는 관찰 도구로 부적합했다.

    Ⓒ 과학자들은 마리너 10호가 더 많은 사진을 찍도록 허용했어야 했다.

    Ⓓ 더 많은 연구가 행해져야 한다.

해설

교수는 우주 탐사기가 새로운 정보를 밝혀냈지만 다른 의문점들을 제기하기도 했다는 말을 통해, 더 많은 연구가 행해져야 한다는 것을 암시합니다.

11 강의에서, 교수는 수성의 특징들을 설명한다. 다음의 항목이 수성의 특징인지를 표시하시오.

	예	아니오
자전이 기존에 생각했던 것보다 더 자주 일어난다.		
자기장이 존재하지만 약하다.		
지질 활동이 때때로 일어난다.		
기온 차가 심하다.		
밀도가 지구의 달과 비슷하다.		

해설

교수는 1. 수성이 59일마다 자전하는 것으로 생각되었으나 사실 58.646일에 한 번씩 자전한다는 것이 밝혀졌고, 2. 수성에 약한 자기장이 존재한다는 것이 알려졌으며, 3. 그곳의 기온 차가 심하다고 말합니다.

[12-17] Listen to part of a talk on music. The professor is talking about the jazz violinist Regina Carter.

Um . . . we'll continue our discussion on jazz musicians today. I want to point out first that uh . . . people who listen to classical music tend to regard jazz music as being . . . well,

주제
재즈
바이올리니스트
레지나 카터

somewhat inferior. Q12 Now . . . I'd like you to remember this as we discuss a jazz violinist who started out as a classical musician. Her name is Regina Carter. Q16 Uh . . . some of you might have thought it strange when I said jazz violinist. We all know that the violin is an instrument generally used in classical music . . . while jazz music is, uh . . . associated more with the saxophone, the trumpet, and the piano. Now, Q13 Regina Carter's goal was to be a classical musician . . . and she studied this form of music using the Suzuki Method, which stresses, uh . . . listening and mimicking music rather than reading it. One day when she was 14, she watched Stephane Grappelli, a pioneering jazz violinist, perform. His performance had a real impact on Carter. She then discovered the work of Jean-Luc Ponty, another jazz violinist, and that sealed her decision to focus on jazz, although she, uh . . . continued to play classical music as well.

So Carter enrolled at Oakland University in Michigan, where she learned jazz composition and improvisation. Q14 Her teacher at the time said that . . . if she kept listening to other jazz violinists—and there weren't very many—she would wind up sounding like them. She'd just be an imitation of Jean-Luc Ponty or Stephane Grappelli. He told her to listen to the horn players—that's right, the saxophone and trumpet players. Well, this proved to be really good advice. Listening to the horns helped free Regina Carter to be more improvisational and original. She, um . . . rearranged the horn pieces she listened to for her violin. And another thing about Carter is, she sometimes plays the violin like a percussion instrument, you know, rapping the bow on the strings to produce a sound people don't usually hear when they listen to the instrument. This is what gave Carter a name. She is such an exceptional musician . . . so much so, that she was given an honor that only a few musicians have received.

Has anyone here heard of Paganini? Niccolò Paganini, Italy's most famous composer and violin virtuoso, played a violin known as the Cannone Guarnerius, or the Cannon. It's a 250-year-old instrument, and it's called the Cannon because it makes a low, deep booming sound, uh . . . much like a cannon does. And it's insured for 40 million dollars. Well . . . to make a long story short, Q15 the Cannon is traditionally played only by world-class, classical violinists. However, Regina Carter was invited to play the instrument. It was the first time in history that a jazz violinist was asked to play the Cannon. When a lot of people protested, Q17 Carter pointed out that Paganini was as improvisational as most jazz musicians. Anyway, Carter played so well that she was actually asked to make a recording using the instrument.

레지나 카터의 어린 시절

대학 시절이 레지나 카터에 끼친 영향

레지나 카터의 Cannon 연주

4th Week

Hackers TOEFL Listening Basic

해석

음악 강의의 일부를 들으시오. 교수는 재즈 바이올리니스트 레지나 카터에 관해 이야기하고 있습니다.

음... 오늘은 재즈 음악가들에 대한 논의를 이어가겠어요. 어... 우선 클래식 음악을 듣는 사람들이 재즈가... 음, 약간 열등하다고 여기는 경향이 있다는 점을 지적하고 싶어요. 자... 이 점을 염두에 두고 원래 클래식 음악가로 시작한 재즈 바이올리니스트에 대해 논의해 보도록 해요. 그녀의 이름은 레지나 카터입니다.

어... 제가 재즈 바이올리니스트라고 말했을 때 여러분 중 몇몇은 이상하다고 생각했을 거예요. 우리는 모두 바이올린이 보통 클래식 음악에서 사용되고... 반면 재즈 음악은, 어... 색소폰, 트럼펫, 피아노와 더 연관이 있다고 알고 있죠. 자, 레지나 카터의 목표는 클래식 음악가가 되는 것이었고... 그녀는 스즈키 방식으로 클래식 음악을 배웠는데, 이는, 어... 악보를 읽기보다는 음악을 듣고 흉내 내는 것을 강조한 방식이었어요. 14살의 어느 날, 그녀는 재즈 바이올리니스트의 선구자였던 스테판 그라펠리가 연주하는 것을 봤어요. 그의 연주는 카터에게 큰 영향을 끼쳤죠. 그 후 그녀는 또 다른 재즈 바이올리니스트인 장 뤽 폰티의 작품을 알게 되었고, 그것을 계기로 재즈 공부에 집중하기로 결심을 굳혔어요, 비록 그녀가, 어... 클래식 음악을 계속 공부하긴 했지만 말입니다.

그래서 그녀는 미시간 주의 오클랜드 대학에 입학했고, 그곳에서 재즈 작곡과 즉흥 연주를 배웠어요. 당시 그녀의 교수는... 그녀가 수적으로 매우 적은 다른 재즈 바이올리니스트들의 음악을 계속 듣는다면, 그들처럼 연주하는 것에 그칠 것이라고 말했어요. 그녀가 단지 장 뤽 폰티 또는 스테판 그라펠리의 모조품이 되리라는 거였죠. 그는 그녀에게, 호른 연주가들, 맞아요, 색소폰이나 트럼펫 연주가들의 음악을 들으라고 했어요. 음, 그것은 정말 훌륭한 조언이었죠. 호른 연주가들의 연주는 레지나 카터를 자유롭게 하여 보다 즉흥적이고 독창적이 되도록 도왔거든요. 그녀는, 음... 그녀가 들은 호른 연주들을 바이올린 연주로 재편성했어요. 그리고 카터의 또 다른 면모를 보자면, 그녀는 가끔 바이올린을 타악기처럼 연주했어요, 그러니까, 활로 현을 툭툭 두드려서 사람들이 보통 바이올린 연주를 들을 때에는 듣지 못하는 소리를 내면서요. 그 덕분에 카터는 유명해졌습니다. 그녀는 아주 뛰어난 음악가였어요.... 소수의 음악가만이 얻은 명예를 얻을 정도로요.

여기 파가니니에 대해 들어 본 사람 있나요? 이탈리아의 유명한 작곡가이자 바이올린의 대가인 니콜로 파가니니는 Cannone Guarnerius, 또는 Cannon이라고 알려져 있는 바이올린을 연주했어요. 그건 250년 된 악기인데, 어... 대포처럼 낮고 깊게 울리는 소리를 내기 때문에 Cannon이라고 불려요. 그리고 4천만 달러짜리 보험에 들어 있죠. 음... 이야기를 간추리자면, 세계적 수준의 클래식 바이올리니스트만이 Cannon으로 연주했어요. 그런데, 레지나 카터가 그 악기로 연주하도록 초빙된 거예요. 역사상 재즈 바이올리니스트가 Cannon으로 연주하도록 요청받은 것은 처음이었죠. 많은 사람들이 이에 항의하자, 카터는 파가니니도 대부분의 재즈 음악가처럼 즉흥 연주가였다는 점을 지적했어요. 아무튼, 카터는 정말 좋은 연주를 했고 Cannon으로 연주한 음반을 내도록 요청받았죠.

12 교수는 주로 무엇에 관해 논의하는가?
  Ⓐ 클래식 음악보다 재즈 음악이 우월한 점
  Ⓑ 클래식 음악을 배운 재즈 바이올리니스트의 성공
  Ⓒ 레지나 카터의 조기 음악 교육
  Ⓓ Cannon을 사용한 레지나 카터의 연주

해설
도입부의 "I'd like you to remember ~" 이하에서 강의가 클래식 음악가로 시작한 재즈 바이올리니스트에 관한 것임을 알 수 있습니다. 본문에서 교수는 이 바이올리니스트가 성공에 이르기까지의 과정을 설명합니다.

13 교수는 왜 스즈키 방식을 언급하는가?
  Ⓐ 카터가 왜 클래식 음악에 흥미를 가지게 되었는지를 설명하기 위해
  Ⓑ 카터의 조기 음악 교육에 관해 상세하게 설명해주기 위해
  Ⓒ 많은 재즈 음악가들의 공통적인 경험을 논의하기 위해
  Ⓓ 음악을 조기에 접하는 것의 중요성을 강조하기 위해

해설
스즈키 방식은 카터의 어린 시절 음악 교육에 관한 부분에 등장합니다. 즉, 교수는 카터의 조기 음악 교육에 관해 상세하게 설명해주기 위해 이를 언급했음을 알 수 있습니다.

14 레지나 카터의 대학 음악 교수는 그녀에게 무슨 조언을 했는가?
  Ⓐ 그녀는 작곡에 초점을 맞춰야 한다.
  Ⓑ 그녀는 재즈 바이올리니스트들의 음악을 들어야 한다.
  Ⓒ 그녀는 호른 연주자들을 모방해야 한다.
  Ⓓ 그녀는 독자적인 스타일을 개발해야 한다.

해설
대학 시절, 카터의 교수가 다른 재즈 바이올리니스트의 음악만 듣다 보면 그들을 흉내 내게 된다고 하며 호른 연주가의 음악을 들으라고 충고했다는 것을 볼 때, 이는 그녀가 독자적인 연주 스타일을 개발해야 한다는 조언이었음을 알 수 있습니다.

15 Cannon을 연주하는 것에 관해 추론할 수 있는 것은 무엇인가?
  Ⓐ 그것은 영광으로 여겨진다.
  Ⓑ 그것은 클래식 음악가들에게 쉽다.
  Ⓒ 그것은 꽤 흔하게 발생한다.

ⓓ 그것은 크기가 커서 어렵다.

해설
Cannon은 매우 귀한 바이올린이고 세계적 수준의 음악가들만이 연주할 수 있었다는 내용에서, 그것을 연주하는 것이 영광으로 여겨졌음을 추론할 수 있습니다.

강의의 일부를 다시 듣고 질문에 답하시오.
P: Uh . . . some of you might have thought it strange when I said jazz violinist. We all know that the violin is an instrument generally used in classical music . . . while jazz music is, uh . . . associated more with the saxophone, the trumpet, and the piano.

어... 제가 재즈 바이올리니스트라고 말했을 때 여러분 중 몇몇은 이상하다고 생각했을 거예요. 우리는 모두 바이올린이 보통 클래식 음악에서 사용되고... 반면 재즈 음악은, 어... 색소폰, 트럼펫, 피아노와 더 연관이 있다고 알고 있죠.

16 교수는 이렇게 말함으로써 무엇을 의미하는가:
P: Uh . . . some of you might have thought it strange when I said jazz violinist.
Ⓐ 그녀는 학생들이 바이올린을 연주하는 재즈 음악가를 잘 모른다고 생각한다.
Ⓑ 그녀는 클래식 음악가들 사이에서의 바이올린의 인기를 강조하고 싶어 한다.
Ⓒ 그녀는 많은 학생들이 재즈 음악보다 클래식 음악을 선호한다고 생각한다.
Ⓓ 그녀는 학생들이 재즈 바이올리니스트들의 중요성을 이해하기 원한다.

해설
교수는 이어서 바이올린이 보통 재즈가 아닌 클래식 음악에 사용된다고 이야기합니다. 즉, 그녀는 학생들이 재즈 바이올리니스트에 대해 잘 모른다고 생각하는 것을 알 수 있습니다.

17 레지나 카터와 니콜로 파가니니의 음악 스타일에서 비슷한 점은 무엇인가?
Ⓐ 그것들은 즉흥 연주로 연출된다.
Ⓑ 그것들은 호른 연주가들의 연구에 기반을 둔다.
Ⓒ 그것들은 역사적인 음악가들의 영향을 받았다.
Ⓓ 그것들은 북을 치는 것과 유사하다.

해설
카터는 파가니니가 재즈 음악가들처럼 즉흥 연주가였음을 지적합니다. 즉, 그들의 음악 스타일은 즉흥 연주로 연출됨에 있어서 비슷함을 알 수 있습니다.

2일 Progressive Test 2

1 D Main Topic	2 A Detail	3 B, C Detail
4 A Function & Attitude	5 B Function & Attitude	6 B Main Topic
7 C Function & Attitude	8 C, D Detail	9 B Detail
10 C Function & Attitude	11 D Inference	12 B Main Topic
13 B Detail	14 A, D Detail	15 A Detail
16 C Connecting Contents - Organization		17 D Function & Attitude

[1-5] Listen to a conversation between a librarian and a student.

M: Hi.

W: Oh, hi. Can I help you with something?

M: Um, I transferred to this university a few days ago . . . Q2 I'm majoring in history, and I've been assigned a research report on ancient Rome. What part of the library can I do research in?

W: Oh, okay. That would be the Greek and Roman history section. Go down two flights of stairs to the third floor. The entire east wing of the floor is filled with Greek and Roman history books.

M: Q4 Okay . . . that should be easy to find. Thanks very much. Uh . . . how long do I get to keep the books that I borrow?

W: Um, two weeks, generally. I'm not trying to bore you now . . . but, Q1 since you're new here, I think I should say something about library policy.

M: No, no, I don't mind. Q3 I guess I ought to know what the rules are, seeing that I'll be spending a lot of my time here.

W: Well, I think you'll need to know just a couple of things straight off. You've got a student ID card, don't you?

M: Yes, I got that when I registered for my classes.

W: Good. Since you'll be spending most of your time in the history section where there are a lot of reference materials, you might want to take a few minutes to familiarize yourself with what books can be borrowed, and, uh . . . which ones can't be taken out at all. It may seem a bit rigid, but the policy works for everybody, especially the students.

M: Okay . . . The library at my old university was pretty strict about taking books out too.

W: Lots of the books in the history section will be old books or reference works. Q5 And some of these books aren't in very good condition, so, uh, no one's allowed to even look at them unless they get their instructor's signature or they can prove they need it for research . . . you know . . . real research.

M: That sounds reasonable. Um, I have one other question.

W: Go ahead.

M: Is there Internet access available?

W: Oh, yes, we have wireless service throughout the entire building.

M: Oh, good. Q3 Then I can use my laptop here. Well, thanks for your help.

W: Yup. See you around.

해석

사서와 학생 사이의 대화를 들으시오.

M: 안녕하세요.

W: 오, 안녕하세요. 무엇을 도와드릴까요?

M: 음, 저는 며칠 전에 이 학교로 편입했거든요... 저는 역사를 전공하고 있고, 고대 로마에 대한 연구 보고서 과제를 받았는데요. 도서관의 어느 곳에서 조사할 수 있을까요?

W: 오, 알겠어요. 그리스와 로마 역사 구역일 거예요. 계단을 두 층 내려가서 3층으로 가세요. 그 층의 동쪽 건물 전체가 그리스와 로마의 역사 책들로 채워져 있어요.

M: 좋아요... 찾기 쉽겠어요. 정말 감사합니다. 어... 빌린 책을 얼마 동안 가지고 있을 수 있죠?

W: 음, 보통, 2주요. 학생을 지루하게 하려는 건 아닌데... 하지만, 여기 새로 오셨으니까, 도서관 수칙에 관해 말씀드려야 할 것 같네요.

Margin annotations (left):

학생의 용건/문제점
도서관 사용 문의

사서의 제안
도서관 수칙
알려주겠음

1. 학생증
소지 필요

2. 일부 도서는
대출 불가

3. 역사 관련 책
→ 교수 서명
있거나
연구를 위해서만
열람 가능

4. 인터넷 사용
가능

M: 아뇨, 아뇨, 괜찮아요. 도서관 규칙을 알아야 할 것 같아요, 여기서 많은 시간을 보낼 것 같으니까요.

W: 음, 당장은 몇 가지 수칙만 숙지해야겠네요. 학생증 가지고 있을 거예요, 그렇죠?

M: 네, 수강 신청할 때 받았어요.

W: 좋아요. 학생이 대부분의 시간을 많은 참고 도서 자료가 있는 역사 구역에서 보낼 테니까, 대출 가능한 도서와, 그리고, 어... 대출할 수 없는 도서가 어떤 건지 잠시 시간을 내서 익혀두는 게 좋겠어요. 엄격하게 보일 수도 있지만, 그 수칙은 모든 사람, 특히 학생들에게 적용되는 거예요.

M: 네... 이전 대학의 도서관도 책을 대출하는 것에 꽤 까다로웠어요.

W: 역사 구역의 많은 책이 오래된 책이거나 참고서일 거예요. 그리고 그 책들 중 일부는 상태가 별로 좋지 않은데, 그래서, 어, 이런 책들은 교수님의 서명을 받지 않거나, 연구를 위해 필요하다는 것을 증명하지 않으면 아무도 열람할 수 없어요... 그러니까... 진짜 연구요.

M: 합리적인 것 같네요. 음, 질문이 또 하나 있어요.

W: 하세요.

M: 인터넷 사용이 가능한가요?

W: 오, 네, 도서관 건물 전체에 무선 인터넷 서비스를 갖추고 있어요.

M: 오, 좋네요. 그렇다면 제 노트북 컴퓨터를 여기서 사용할 수 있겠어요. 음, 도와주셔서 감사합니다.

W: 네. 또 봐요.

1 대화는 주로 무엇에 관한 것인가?
  ⒜ 남자가 도서관에서 하고 싶어 하는 연구
  ⒝ 도서관에서 역사 구역의 위치 찾기
  ⒞ 다른 대학들의 도서관 수칙
  ⒟ 도서관 이용 방법

  해설
  "Since you're new here, ~" 이하에서 사서가 편입한 학생을 도와주기 위해 도서관 이용 방법을 가르쳐줄 것임을 알 수 있습니다.

2 남자는 무엇을 찾고 있는가?
  ⒜ 고대 로마 역사를 조사할 장소
  ⒝ 대학의 사학과 사무실
  ⒞ 그의 노트북 컴퓨터를 인터넷에 연결할 수 있는 장소
  ⒟ 도서관의 대여 수칙을 설명하는 책자

  해설
  "I'm majoring in history ~" 이하에서 학생이 고대 로마 역사에 대한 연구 보고서 과제를 위해 자료를 조사할 수 있는 장소를 찾고 있음을 알 수 있습니다.

3 학생은 도서관 이용에 관해 무엇을 언급하는가?
  ⒜ 그는 학생증을 가지고 있지 않다.
  ⒝ 그는 도서관에서 많은 시간을 보낼 것이다.
  ⒞ 그는 도서관에서 개인 장비를 사용하고 싶어 한다.
  ⒟ 그는 그가 도서관에서 길을 잘 잃어버릴 것이라고 생각한다.

  해설
  학생은 도서관에서 많은 시간을 보낼 것(I'll be spending a lot of my time here)이고, 도서관에서 인터넷 사용이 가능하니 자신의 노트북 컴퓨터를 사용할 수 있겠다(Then I can use my laptop here)고 말합니다.

대화의 일부를 다시 듣고 질문에 답하시오.

M: Okay . . . that should be easy to find. Thanks very much. Uh . . . how long do I get to keep the books that I borrow?

좋아요... 찾기 쉽겠어요. 정말 감사합니다. 어... 빌린 책을 얼마 동안 가지고 있을 수 있죠?

W: Um, two weeks, generally. I'm not trying to bore you now . . . but, since you're new here, I think I should say something about library policy.

음, 보통, 2주요. 학생을 지루하게 하려는 건 아닌데... 하지만, 여기 새로 오셨으니까, 도서관 수칙에 관해 말씀드려야 할 것 같네요.

4 사서는 왜 이렇게 말하는가:

W: I'm not trying to bore you now . . .

ⓐ 도서관 수칙에 대해 이야기해주는 것이 일반적이라는 것을 나타내기 위해

ⓑ 2주는 긴 시간이라는 것을 알리기 위해

ⓒ 도서관 수칙을 언급해도 되는지 학생의 동의를 얻기 위해

ⓓ 도서관 수칙이 흥미롭다는 것을 학생에게 확신시키기 위해

해설

사서는 편입한 학생에게 도서관 수칙을 설명해주려고 합니다. 즉, 그녀는 이러한 경우에 이야기해주는 것이 일반적이라는 것을 나타내고 있습니다.

대화의 일부를 다시 듣고 질문에 답하시오.

W: Lots of the books in the history section will be old books or reference works. And some of these books aren't in very good condition, so, uh, no one's allowed to even look at them unless they get their instructor's signature or they can prove they need it for research . . . you know . . . real research.

역사 구역의 많은 책이 오래된 책이거나 참고서일 거예요. 그리고 그 책들 중 일부는 상태가 별로 좋지 않은데, 그래서, 어, 이런 책들은 교수님의 서명을 받지 않거나, 연구를 위해 필요하다는 것을 증명하지 않으면 아무도 열람할 수 없어요... 그러니까... 진짜 연구요.

5 사서는 이렇게 말함으로써 무엇을 의미하는가:

W: . . . you know . . . real research.

ⓐ 그녀는 도서관에 오는 많은 학생들이 실제 연구를 하는 것은 아니라고 생각한다.

ⓑ 그녀는 학생이 그녀가 말하는 연구의 종류를 이해한다고 생각한다.

ⓒ 그녀는 도서관에서 연구를 하는 것이 쉽지 않다고 생각한다.

ⓓ 그녀는 학생들이 조사하는 기회를 통해 이득을 얻는다고 생각한다.

해설

사서는 연구를 위한 경우에만 그 책들을 열람할 수 있다고 설명하며, 그것이 어떤 종류의 연구인지는 학생이 이해할 것이라는 어조로 말합니다.

[6-11] Listen to part of a lecture in an economics class.

주제 / 셔먼법 — Q6 Today, we'll talk about the Sherman Act, a law created in 1890 by Senator John Sherman after quite a number of monopolies and trusts were formed.

독점과 담합의 정의 — So . . . What's a monopoly? It's a situation where there's only one supplier or seller of a product or service. And a trust is a group of independent companies that control the production and distribution of a product. How? Let's say X Company asks people to invest in the company by purchasing its shares. Then, X Company asks other similar companies to band together to form a trust. ^{Q7} The trust removes the competition by reducing the prices of the companies' products. The competing companies can't afford to sell their products at the same low price, so customers buy from the trust. And the result is a . . . monopoly. Pretty crafty, don't you think?

스탠더드 오일의 독점과 담합의 예

Well, a lot of companies during the Industrial Revolution were fighting for a major share of the market. Let's look at Standard Oil Trust. It was formed in 1882, and by the late nineteenth century, it controlled more than ninety percent of the oil refining and marketing facilities in the US. ^{Q8} The Trust sold oil and gas at less than market value. Some of its customers were gas stations. And the trust forced gas stations to buy unwanted products. If they didn't buy these new products, they weren't allowed to purchase the gas they needed.

상원 의원 존 셔먼의 셔먼법 제정

All these unfair business practices led Senator John Sherman from Ohio to write up a bill to protect small businesses. Several states already had anti-trust laws, but these laws had no power to control businesses. ^{Q9} The problem was that the laws were limited to trade or business between companies and individuals in the same state, but these monopolies operated outside of the boundaries of the state. The Sherman Act was the first Federal Act to prohibit monopolies.

셔먼법의 결과 및 영향

^{Q10} However, in the decade after the Sherman Act was passed, it wasn't really applied. I'm not saying the law wasn't applied . . . It's just that it was difficult to apply it. The Act didn't clearly define terms like "conspiracy," "monopoly," and "trust". So, basically, if you can't prove that a business is a monopoly, then you've already lost your case. ^{Q11} After changes were made to the Act, the Court found Standard Oil in violation of the Sherman Act in 1911. Standard Oil was ordered to dismantle thirty-three of its most important partners and to distribute the stock to its own shareholders. The Act was successfully applied 71 years later against the American Telephone and Telegraph monopoly, and again in 1998 when the Microsoft Corporation was penalized for monopolistic practices.

4th Week | Hackers TOEFL Listening Basic

해석

경제학 강의의 일부를 들으시오.

오늘, 우리는 셔먼법에 대해 이야기할 건데, 이것은 꽤 많은 독점과 담합이 형성된 후 존 셔먼 상원 의원에 의해 1890년에 만들어진 법입니다.

자... 독점이란 무엇일까요? 그건 재화나 서비스의 공급자 혹은 판매자가 하나밖에 없는 경우를 말합니다. 그리고 담합은 상품의 생산과 배포를 통제하는 독자적인 기업들의 무리를 말하죠. 어떻게요? X 회사가 사람들에게 주식을 구매함으로써 그 회사에 투자할 것을 요구했다고 가정해 봅시다. 그 후, X 회사는 다른 비슷한 회사들에게 함께 결합하여 담합을 형성하자고 해요. 그 담합은 회사들의 상품 가격을 낮춰 경쟁을 제거합니다. 경쟁사들은 똑같이 낮은 가격에 상품을 팔 수 없기 때문에, 고객들은 그 담합으로부터 구매하겠죠. 그리고 그 결과는... 독점입니다. 꽤 교묘해요, 그렇게 생각하지 않나요?

음, 산업혁명 동안 많은 회사들이 시장을 선점하려고 경쟁했습니다. 스탠더드 오일 담합에 대해 살펴보죠. 이 담합은 1882년에 형성되었고, 19세기 말이 되자, 미국 석유 정제와 판매 설비의 90퍼센트 이상을 지배했습니다. 이 담합은 기름과 가스를 시장 가격보다 더 낮은 가격에 팔았어요. 고객 중 일부는 주유소죠. 그리고 담합은 주유소들이 원하지 않는 상품들을 사도록 강요했어요. 그들이 이 새로운 상품을 사지 않으면, 필요한 기름도 살 수 없도록 했죠.

이러한 모든 불공정한 사업 관행은 오하이오 주의 존 셔먼 상원 의원이 작은 회사들을 보호하기 위한 법안을 작성하도록 만들었습니다. 몇몇 주에는 이미 독점 금지법이 있었지만, 이러한 법들은 기업들을 통제할 힘이 없었어요. 문제는 이 법들이 같은 주의 회사들과 개인들 사이에서 일어나는 무역이나 사업에 국한되어 있었는데, 독점들은 주의 경계 밖에서 행해졌다는 것이에요. 셔먼법은 독점을 금지하는 최초의 연방법이었습니다.

그러나, 셔먼법이 통과된 후 10년간, 이 법은 제대로 적용되지 못했어요. 법이 적용되지 않았다는 말이 아니라... 적용하기 힘들었다는 거예요. 그 법은 '공동 모의', '독점', 그리고 '담합' 같은 용어들을 분명하게 정의하지 않았거든요. 그래서, 기본적으로, 한 기업이 독점이라는 것을 증명하지 못하면, 그럼 이미 소송에서 패한 것이나 다름없었죠. 그 법이 개정된 후, 1911년에 법원은 스탠더드 오일의 셔먼법 위반을 판결했습니다. 스탠더드 오일은 33개의 가장 중요한 제휴사들을 해산하고 주주들에게 주식을 분배하라는 지시를 받았죠. 이 법은 71년 후 미국전신전화회사 독점에 성공적으로 적용되었고, 1998년에 마이크로소프트 사를 독점적인 관행으로 처벌하며 다시 적용되었습니다.

6 강의의 주된 주제는 무엇인가?

ⓐ 담합과 독점에 대한 주 법의 무익함

ⓑ 셔먼법의 제정을 가져온 것

ⓒ 스탠더드 오일을 경쟁으로부터 분리한 사업 관행

ⓓ 20세기 초 셔먼법의 위반

해설

도입부의 "Today, we'll talk about the Sherman Act ~" 이하에서 강의의 주제가 셔먼법에 관한 것임을 알 수 있습니다. 본문에서 교수는 무엇이 이 법의 제정을 가져왔는지에 대해 설명합니다.

강의의 일부를 다시 듣고 질문에 답하시오.

P: The trust removes the competition by reducing the prices of the companies' products. The competing companies can't afford to sell their products at the same low price, so customers buy from the trust. And the result is a . . . monopoly. Pretty crafty, don't you think?

그 담합은 회사들의 상품 가격을 낮춰 경쟁을 제거합니다. 경쟁사들은 똑같이 낮은 가격에 상품을 팔 수 없기 때문에, 고객들은 그 담합으로부터 구매하겠죠. 그리고 그 결과는... 독점입니다. 꽤 교묘해요, 그렇게 생각하지 않나요?

7 교수는 이렇게 말함으로써 무엇을 의미하는가:

P: Pretty crafty, don't you think?

ⓐ 그는 학생들이 담합에 대해 아마 잘 알 거라고 생각한다.

ⓑ 그는 학생들이 그의 의견에 동의할 거라고 기대하지 않는다.

ⓒ 그는 학생들이 담합이 기만적이라는 것에 동의할 거라고 생각한다.

ⓓ 그는 학생들이 담합에 대한 그들만의 견해를 형성하기 원한다.

해설

교수는 담합이 상품 가격을 낮춰 경쟁을 제거하고 고객이 그들의 상품만 구매하도록 만드는 방법을 설명하면서, 담합이 기만적이라는 자신의 생각에 학생들이 동의할 것이라 생각하고 있습니다.

8 강의에 따르면, 스탠더드 오일 회사가 경쟁을 제거한 두 가지 방법은 무엇인가?

ⓐ 그것은 그들에게 유리하게 법안을 통과하도록 정부를 설득했다.

ⓑ 그것은 경쟁사들보다 더 좋은 품질의 제품을 팔았다.

ⓒ 그것은 기름을 실제 가격보다 더 낮게 팔았다.

ⓓ 그것은 고객들이 원하지 않는 것을 사도록 만들었다.

해설

교수는 스탠더드 오일이 시장 선점을 위해 1. 기름과 가스를 시장 가격보다 더 낮은 가격에 팔았고, 2. 고객 중 일부인 주유소들이 그 담합의 새로운 상품을 사지 않으면 필요한 기름도 살 수 없도록 하여 원하지 않는 것을 사게 만들었다고 설명합니다.

9 교수는 주의 독점 금지법에 관해 무엇이라고 말하는가?

ⓐ 그것들은 독점을 다루지 않았다.

ⓑ 그것들은 관할권에 의해 제한되었다.

ⓒ 그것들은 서로 모순되었다.

ⓓ 그것들은 독점에 대해 부분적인 권력만 가지고 있었다.

해설

교수는 몇몇 주에 독점 금지법이 있었지만, 이 법은 같은 주 안에 국한되어 있었던 반면 독점들은 주 경계 밖에서 행해졌기 때문에 법이 제한적이었다고 말합니다.

강의의 일부를 다시 듣고 질문에 답하시오.

P: However, in the decade after the Sherman Act was passed, it wasn't really applied. I'm not saying the law wasn't applied . . . It's just that it was difficult to apply it.

그러나, 셔먼법이 통과된 후 10년간, 이 법은 제대로 적용되지 못했어요. 법이 적용되지 않았다는 말이 아니라... 적용하기 힘들었다는 거예요.

10 교수는 왜 이렇게 말하는가:

P: I'm not saying the law wasn't applied . . . It's just that it was difficult to apply it.

ⓐ 그가 법의 적용에 대해 잘 모른다는 것을 나타내기 위해

ⓑ 셔먼법에 대한 실망을 표현하기 위해

ⓒ 그가 방금 말한 것을 명확하게 하기 위해

ⓓ 그 법에 대해 잘 알려지지 않은 사실을 설명하기 위해

해설

교수는 셔먼법이 제대로 적용되지 못했다고 말한 후, 적용되지 않았다는 것이 아니라 적용하기 힘들었다고 덧붙입니다. 따라서 이는 방금 말한 것을 명확하게 하기 위한 것임을 알 수 있습니다.

11 셔먼법에 관해 추론할 수 있는 것은 무엇인가?

ⓐ 그것은 미국 정부가 통과시킨 가장 강력한 경제법이었다.

ⓑ 그것은 작은 기업들이 시장 지배권을 가질 수 있도록 했다.

ⓒ 그것은 주주들을 아주 부유한 사람들로 만들었다.

ⓓ 그것은 결국 미국에서 독점을 분리하는 결과를 낳았다.

해설

교수는 셔먼법이 개정된 후 스탠더드 오일, 미국전신전화회사, 마이크로소프트 사의 독점적인 관행을 처벌하는 데 적용되었다고 말합니다. 즉, 이 법이 미국에서 독점을 분리하는 결과를 낳았다는 것을 추론할 수 있습니다.

[12-17] Listen to part of a lecture on astronomy.

주제
화성
회오리바람

Q17 OK . . . we should get started. I am sure many of you have seen dust devils before. You know what I mean . . . those, uh . . . swirls of wind that look kind of like small tornadoes. They are rotating currents of air that carry debris into the air . . . Actually, sometimes you will see them in the city carrying, uh . . . well, garbage . . . These are called trash devils. OK . . . I guess I should first explain how these are formed. Q13 Dust devils result when extremely hot air on the surface of the planet, um . . . ascends through the cooler air above it. If conditions are just right, the air will begin to, uh . . . rotate, resulting in the creation of a funnel. On Earth, these may range from a few meters in height to over a thousand meters. While this may seem impressive, Q12 the dust devils that, uh . . . form on the planet Mars are often over 10 times as large. These are what I want to talk about today.

거대한 크기와
힘의 요인Now . . . the dust devils on Mars develop in the, um . . . same manner as they do on Earth. However, they are much more dramatic. There are a number of factors that contribute to their, um . . . vast size and power.

1. 약한 중력Q14 First . . . the gravity on the planet Mars is much weaker than that on Earth. As a result, the Martian dust devils do not have to expend as much of their, um . . . energy to lift the sand and other debris. Now . . . this is important, because on Earth, the weight of the sand is actually a factor that, uh . . . limits the size of the dust devil.

2. 장애물 없음Q14 Another aspect of Mars that facilitates the growth of such massive dust devils is the lack of natural obstacles. OK . . . there are mountains and other geological structures, but there are no trees, buildings, or, uh . . . bodies of water. So, the Martian dust devils are able to develop and grow for a longer period of time than their, uh . . . counterparts on Earth. In fact, pictures of the surface of Mars have revealed long tracks that are, uh . . . actually the marks left by these phenomena.

특징
강한 정전기 발생One interesting feature of the Martian dust devils is the amount of static electricity they can produce. Q15 As there is no, um . . . moisture in the air, the friction between the grains of sand generates huge amounts of, uh . . . electricity. Of course, the humidity of the Earth's atmosphere makes this less of an issue here. However, the charges that result from the dust devils on Mars are so powerful they, well . . . they actually pose a threat to the space probes sent by NASA.

해석

천문학 강의의 일부를 들으시오.

자... 시작해 봅시다. 여러분 중 다수가 회오리바람을 본 경험이 있을 것 같은데요. 여러분도 알듯이... 어... 작은 토네이도처럼 보이는 바람의 소용돌이 말이에요. 회오리바람은 공기 중으로 부스러기를 실어나르며 회전하는 기류예요... 사실, 가끔 도시에서, 어... 음, 쓰레기를 나르는 회오리바람을 볼 수 있을 텐데... 이것들은 쓰레기 회오리바람으로 불리죠. 음... 우선 회오리바람이 어떻게 형성되는지 설명해야 할 것 같군요. 회오리바람은 행성 표면의 극도로 뜨거운 공기가, 음... 상층에 있는 시원한 공기를 통과하며 상승할 때 발생해요. 조건이 적합하다면, 그 공기는, 어... 회전하여, 소용돌이를 형성할 것입니다. 지구에서, 이 회오리바람은 수 미터에서 천 미터 이상의 높이를 가진 것에 이르기까지 다양해요. 이것도 놀랍지만, 어... 화성에서 형성되는 회오리바람은 대개 지구에서보다 10배 이상 더 거대해요. 오늘 이야기하고자 하는 것은 바로 이것입니다.

자... 화성에서의 회오리바람도, 음... 지구에서와 같은 방식으로 발생해요. 하지만, 화성의 회오리바람은 훨씬 더 극적이죠. 화성 회오리바람의, 음... 거대한 크기와 힘의 원인이 되는 요소가 많거든요.

첫째로... 화성의 중력은 지구의 중력보다 훨씬 더 약해요. 그 결과, 화성의 회오리바람은, 음... 모래나 다른 파편들을 들어 올리는 데 에너지가 덜 필요하죠. 자... 이게 중요한데요, 왜냐하면 지구에서는, 모래의 무게가, 어... 회오리바람의 크기에 제약을 주거든요.

거대 회오리바람의 발달을 촉진하는 화성의 또 다른 특징은 자연적 장애물이 없다는 점이에요. 자... 산이나 다른 지질 구조들이 있긴 하지만, 나무, 건물, 또는, 어... 수역 같은 것이 없어요. 그래서, 화성의 회오리바람은, 어... 지구의 것보다 더 오랜 시간 동안 발달하고 커질 수 있어요. 사실, 이런 현상들에 의해 남겨진 표시들인, 어... 긴 자취가 화성 표면 사진들을 통해 모습을 드러냈죠.

화성 회오리바람의 흥미로운 점은 그들이 발생시킬 수 있는 정전기의 양입니다. 음... 대기 중에 습기가 없기 때문에, 모래 입자들의 마찰은 많은 양의, 어... 전기를 만들어내요. 물론, 지구 대기의 습기는 정전기가 지구에서 덜 문제 되게 하죠. 그러나, 화성의 회오리바람이 만드는 전하는 정말 막강해서, 음... NASA에서 보낸 우주 탐사선에 실제로 위협을 가할 정도예요.

12 교수는 주로 무엇에 관해 논의하는가?

ⓐ 회오리바람이 형성되는 방법

ⓑ 화성 회오리바람의 특징
ⓒ 회오리바람의 수많은 다양성
ⓓ 회오리바람을 구분짓는 특징

해설
"These are what I want ~" 이하에서 강의가 화성의 거대한 회오리바람에 관한 것임을 알 수 있습니다. 본문에서
교수는 화성 회오리바람의 특징을 지구의 회오리바람과 비교해서 설명합니다.

13 교수에 따르면, 회오리바람의 생성을 야기하는 것은 무엇인가?
ⓐ 전기가 기류를 회전하게 만든다.
ⓑ 가열된 공기가 찬 공기의 구역을 지나 상승한다.
ⓒ 행성의 표면이 재빨리 식는다.
ⓓ 공기의 온도가 급격하게 변한다.

해설
교수는 행성 표면의 뜨거운 공기가 상층의 시원한 공기를 통과해 상승할 때 회오리바람이 생성된다고 설명합니다.

14 교수에 따르면, 화성 회오리바람은 왜 그렇게 거대한가?
ⓐ 화성의 낮은 중력
ⓑ 화성 표면의 열
ⓒ 대기 중의 정전기
ⓓ 자연적 장애물의 부재

해설
교수는 1. 화성의 중력이 약하(the gravity on the planet Mars is much weaker)고 2. 자연적 장애물이 없는 것
(the lack of natural obstacles)이 화성의 회오리바람이 거대한 이유라고 설명합니다.

15 교수에 따르면, 무엇이 지구의 회오리바람에 정전기가 생성되는 것을 방지하는가?
ⓐ 지구 대기의 습기
ⓑ 모래 입자 간 마찰 부족
ⓒ 기류가 이동하는 속도
ⓓ 환경의 습기 부족

해설
교수는 대기의 습기가 지구에서 회오리바람에 의해 정전기가 생성되는 것을 방지한다고 말합니다.

16 교수는 어떻게 화성의 거대한 회오리바람을 설명하는가?
ⓐ 어떻게 장애물들이 회오리바람의 발달을 돕는지 보여줌으로써
ⓑ 화성 회오리바람의 전기에 관한 특성을 설명함으로써
ⓒ 화성과 지구의 특성을 대조함으로써
ⓓ 왜 지구의 회오리바람이 더 긴 시간 유지되는지 설명함으로써

해설
강의는 교수가 거대한 화성 회오리바람과 여러 제약으로 커지지 못하는 지구 회오리바람을 대조하여 설명하는 구조
로 되어 있습니다.

강의의 일부를 다시 듣고 질문에 답하세요.
P: OK . . . we should get started. I am sure many of you have seen dust devils before. You
know what I mean . . . those, uh . . . swirls of wind that look kind of like small tornadoes.

자... 시작해 봅시다. 여러분 중 다수가 회오리바람을 본 경험이 있을 것 같은데요. 여러분도 알듯이... 어... 작은 토네이도처럼 보이는 바람의 소용돌이 말이에요.

17 교수는 왜 이렇게 말하는가:

P: You know what I mean . . .

Ⓐ 그녀는 그녀가 그 정보를 명확하게 표현했다고 생각한다.
Ⓑ 그녀는 학생들의 지식 정도를 확인하고 싶어한다.
Ⓒ 그녀는 잘 알려지지 않은 주제를 논의하고 있다고 생각한다.
Ⓓ 그녀는 학생들이 그 대상을 잘 알고 있다고 생각한다.

해설
앞에서 교수는 학생들이 회오리바람을 본 경험이 있을 거라고 말합니다. 따라서 교수는 학생들이 회오리바람을 잘 알고 있다고 생각함을 알 수 있습니다.

3일 Progressive Test 3

p.202

1 A Main Topic   2 D Detail   3 D Function & Attitude
4 B Function & Attitude   5 A Inference   6 B Main Topic
7 A Detail
8 Connecting Contents - Ordering

Step 1	A
Step 2	C
Step 3	B

9 A Connecting Contents - Purpose   10 C Function & Attitude   11 D Detail
12 B Main Topic   13 C Detail   14 B Function & Attitude
15 A Connecting Contents - Purpose   16 C Inference   17 C Detail

[1-5] Listen to a conversation between a professor and a student.

학생의 용건/문제점
추가 시험 요청

S: Professor, do you have a minute? Q1 Can I speak to you about the test I missed yesterday?
P: Sure.
S: I'd like to request a makeup test.

교수의 제안
진단서
제출할 것

P: Well, the only way I can grant you a makeup is if you submit a valid physician's note to the department. University policy dictates . . . a test can only be missed for medical reasons.

학생의 반응
부정 – 아팠던 것
아니라서
진단서 없음

S: I understand, but I can't give you a doctor's note because I wasn't sick . . . Q2 my grandmother is in the hospital . . . She wanted me to go see her yesterday. She's old and sick . . . I couldn't say no.
P: I'm sorry to hear that. Is she doing any better?
S: Thank you for asking . . . I really hope that she is. I'm really sorry about missing the test . . . Would it be possible to make an exception for me?

P: **Q3** Well, to be honest . . . I have made exceptions in the past, in special circumstances . . . but the policy is in place to be fair to all the students who take the test. **Why should I give you a makeup?**

S: Uh, well . . . I guess, first of all, I really was with my grandmother yesterday. I can prove I was at the hospital . . . **Q4** I could give you a note from my grandmother's physician, stating that she was in critical condition and I was with her all day.

P: Yes, a note like that would definitely help your case. **Anything else?**

S: **Q5** Um, well . . . if you consider my academic record in your course, you'll see that I've never missed a test or assignment . . . Also, my grades are pretty good in this class, and I wouldn't want to do anything to jeopardize that . . .

P: I see. I will review your academic record in my course. If your marks are good, and it seems you've been working hard in my class, I will consider letting you take a makeup test. Come back on Friday morning and I will inform you of my decision. If I approve, you must produce a genuine doctor's note stating you were at the hospital. It has to have a signature and a phone number where the doctor can be reached.

S: I see. Thank you, Professor!

추가 시험 보게 해줘야 할 이유
1. 병원에 있었음

2. 학업 성실, 성적 좋음

교수의 제안
성적표 검토 후 결정/의사의 증빙서류 가져 올 것

해석

교수와 학생 사이의 대화를 들으시오.

S: 교수님, 잠깐 시간 있으신가요? 제가 어제 놓친 시험에 대해 이야기할 수 있을까요?

P: 물론이지.

S: 추가 시험을 요청하고 싶어요.

P: 글쎄, 네가 유효한 의사 진단서를 학과에 제출해야만 추가 시험을 허락할 수 있단다. 학교 규정은... 건강상의 이유로만 시험을 놓치는 것이 허용된다고 지시하거든.

S: 알아요, 하지만 제가 아팠던 것이 아니기 때문에 의사 선생님의 진단서를 드릴 수가 없어요... 할머니께서 병원에 계신데... 어제 제가 병원에 찾아가 뵙기를 원하셨거든요. 할머니께서 연세가 많고 편찮으셔서... 차마 안 된다고 말하지 못했습니다.

P: 그건 유감이구나. 할머니는 좀 나아지셨니?

S: 물어봐주셔서 감사해요... 할머니가 나아지셨으면 정말 좋겠어요. 시험을 놓친 것은 정말로 죄송합니다... 저를 예외로 해주시면 안될까요?

P: 음, 솔직히 말하자면... 과거에 예외를 둔 적이 있어, 특별한 상황에서 말이지... 그렇지만 규정은 시험을 보는 모든 학생에게 공평하게 적용되어야 한단다. 네게만 추가 시험을 보게 해줘야 하는 이유가 있니?

S: 어, 음... 저는, 우선, 어제 분명히 할머니와 함께 있었어요. 제가 병원에 있었다는 것은 증명할 수 있어요... 의사 선생님으로부터 할머니의 병이 위중한 상태였다는 것과 제가 온종일 할머니와 함께 있었다는 것을 명시한 증빙서류를 받아서 드릴 수 있어요.

P: 그래, 그런 증빙서류가 네 경우에 확실히 도움이 될 거야. 다른 이유는?

S: 음, 저... 교수님 수업에서의 제 학업 기록을 검토해 보시면, 제가 시험이나 과제를 한 번도 놓친 적이 없다는 것을 아실 거예요... 또, 이 수업 성적도 매우 좋아서, 그것을 위태롭게 할 일은 그 무엇도 하고 싶지 않고요...

P: 그래. 내 수업에서의 네 성적표를 검토해 보마. 성적도 좋고, 내 수업을 열심히 들었다고 판단되면, 추가 시험을 고려해 보도록 할게. 금요일 아침에 오면 내 결정을 알려주마. 내가 추가 시험을 승인하면, 네가 병원에 있었다는 것을 명시한 실제 의사의 증빙서류를 제출해야 해. 그 증빙서류에는 서명과 의사에게 연락이 닿을 수 있는 전화번호가 있어야 하고.

S: 알겠습니다. 감사합니다, 교수님!

1 학생은 왜 교수와 이야기하고 싶어 하는가?
Ⓐ 그녀가 추가 시험을 보고 싶어 하는 이유를 설명하기 위해
Ⓑ 그녀의 최근 시험 성적에 대해 논의하기 위해

ⓒ 그녀가 다음 수업에 결석할 것임을 교수에게 알리기 위해
ⓓ 곧 제출 마감인 과제에 대해 질문하기 위해

해설
"I'd like to request ~" 이하에서 학생이 추가 시험을 요청하며 그 이유를 설명하고 있음을 알 수 있습니다.

2 학생이 그녀의 결석 사유로 제시하는 것은 무엇인가?
ⓐ 그녀가 사고를 당했다.
ⓑ 그녀는 기말 고사 공부를 하는 중이었다.
ⓒ 그녀는 치료를 위해 병원에 있었다.
ⓓ 그녀는 아픈 친척을 방문하는 중이었다.

해설
학생은 병원에 계신 할머니를 찾아뵈어야 해서 수업에 결석했다고 말합니다.

대화의 일부를 다시 듣고 질문에 답하시오.

S: I'm really sorry about missing the test . . . Would it be possible to make an exception for me?
시험을 놓친 것은 정말로 죄송합니다... 저를 예외로 해주시면 안될까요?

P: Well, to be honest . . . I have made exceptions in the past, in special circumstances . . . but the policy is in place to be fair to all the students who take the test.
음, 솔직히 말하자면... 과거에 예외를 둔 적이 있어, 특별한 상황에서 말이지... 그렇지만 규정은 시험을 보는 모든 학생에게 공평하게 적용되어야 한단다.

3 교수는 왜 이렇게 말하는가:

P: Well, to be honest . . . I have made exceptions in the past, in special circumstances . . . but the policy is in place to be fair to all the students who take the test.
ⓐ 학생에게 학교 규정을 알려주기 위해
ⓑ 학생이 추가 시험에서 높은 점수를 받지 못할 것을 암시하기 위해
ⓒ 난이도가 원래 시험과 다를 것임을 예고하기 위해
ⓓ 그가 학생에게 추가 시험을 허락하지 못할 수도 있음을 암시하기 위해

해설
교수는 자신을 예외로 해달라는 학생의 말에 규정은 모든 학생에게 공평해야 한다고 말합니다. 즉, 재시험을 허락하지 못할 수도 있음을 암시합니다.

대화의 일부를 다시 듣고 질문에 답하시오.

S: I could give you a note from my grandmother's physician, stating that she was in critical condition and I was with her all day.
의사 선생님으로부터 할머니의 병이 위중한 상태였다는 것과 제가 온종일 할머니와 함께 있었다는 것을 명시한 증빙서류를 받아서 드릴 수 있어요.

P: Yes, a note like that would definitely help your case.
그래, 그런 증빙서류가 네 경우에 확실히 도움이 될 거야.

4 교수는 이렇게 말함으로써 무엇을 의미하는가:

P: Yes, a note like that would definitely help your case.
ⓐ 교수는 학생의 이유를 의심한다.
ⓑ 교수는 학생의 의견을 받아들일 수 있음을 넌지시 알리고 있다.

ⓒ 교수는 학생에게 추가 시험을 허락할 의향이 있다.

ⓓ 교수는 필기하는 것이 학생의 성적을 향상시킬 것이라고 생각한다.

해설

교수는 증빙서류가 확실히 도움이 될 것이라고 말합니다. 즉, 학생의 의견을 받아들일 수 있음을 넌지시 알리고 있습니다.

5 학생은 이렇게 말함으로써 무엇을 암시하는가:

S: Um, well . . . if you consider my academic record in your course, you'll see that I've never missed a test or assignment . . . Also, my grades are pretty good in this class, and I wouldn't want to do anything to jeopardize that . . .

음, 저... 교수님 수업에서의 제 학업 기록을 검토해 보시면, 제가 시험이나 과제를 한 번도 놓친 적이 없다는 것을 아실 거예요... 또, 이 수업 성적도 매우 좋아서, 그것을 위태롭게 할 일은 그 무엇도 하고 싶지 않고요...

ⓐ 그녀는 결석이 성적에 영향을 미치지 않기를 바란다.

ⓑ 그녀는 좋은 성적의 학생들이 특별 대우를 받을만하다고 생각한다.

ⓒ 그녀는 지금까지의 학업 성취도를 자랑스러워 한다.

ⓓ 그녀는 한 번도 시험에서 부정행위를 한 적이 없음을 암시하고 있다.

해설

학생은 좋은 수업 태도와 성적을 유지해왔기 때문에 결석이 그것에 영향을 미치지 않기를 바라고 있습니다.

[6-11] Listen to part of a lecture on geology. The professor is discussing erosion along coastlines.

OK. Um . . . I'd like you to imagine that you've won the lottery and you are going to construct your dream house. Q7 Now, you can build it anywhere you would like. Where would that be? I bet most of you would choose the beach . . . Am I right? Well, that's probably one of the worst places to build a house because the coastline is constantly changing . . . Erosion is destroying beachfront property. Q6 So that's what we're going to talk about today . . . What's causing coastal erosion.

주제
해안 침식
작용의 주요 원인
– 연안 표류

Um . . . it's natural for the coastline to, you know, to change. As you've certainly seen on the news, sometimes storms and hurricanes wipe out a beach entirely. The main cause of beach erosion, however . . . is a process resulting from the continual motion of the waves that is known as, um . . . longshore drift. You see . . . longshore drift wears down areas of the coastline that stick out, and sort of fills in the recessed parts. Q10/Q11 It's a natural process that has been occurring . . . uh, virtually forever. Um, OK . . . this is how it works. As I am sure you have noticed if you have spent any time at the beach . . . Q8 the waves almost always approach the shore at an angle, right? As the waves hit the shore, they move the sand up the beach along the same angle. However, as the water recedes, it pulls the sand back in a straight line towards the ocean. So . . . the result is . . . sand is continually being, uh . . . transported along the beach.

연안 표류의
과정

This process erodes the beach, but it also leads to the creation of new beach areas. Basically, the sediment being moved by the process is never lost . . . It just gets, well . . . relocated. The problem is . . . it is often moved from areas that people would rather it stay. I mean . . . think about people who've spent a lot of money on beachfront property. They certainly aren't investing all that money with the expectation that the beach is going to disappear someday. All the same, erosion is a very real threat for those living along the coast. That's why people have come up with all kinds of methods to prevent or reverse erosion.

연안 표류의
영향

Q9 However . . . most of the methods people have settled on, like building protective seawalls, just make it worse. **Q11** The bottom line is . . . erosion is a process that human beings just cannot stop. **And environmentalists believe there is a very simple thing we can do: Don't build structures near the coastline.**

해석

지질학 강의의 일부를 들으시오. 교수는 해안 침식에 대해 논의하고 있습니다.

좋아요. 음... 여러분이 복권에 당첨되어서 꿈꾸던 집을 짓는다고 상상해 보세요. 자, 여러분이 원하는 곳이라면 어디에든 집을 지을 수 있어요. 어디에 지을 건가요? 장담하건대 여러분 중 대부분이 해변을 선택할 거예요... 맞나요? 음, 해안선이 끊임없이 변하기 때문에 그곳은 아마도 집을 짓기에는 최악의 장소 중 하나일 거예요... 침식 작용은 해변에 있는 소유지를 파괴하고 있어요. 자, 이것이 바로 우리가 오늘 이야기하려는 거예요... 무엇이 해안 침식 작용을 일으키는가에 대한 거죠.

음... 해안선이 변하는 건, 그러니까, 자연적인 현상입니다. 여러분이 뉴스에서 분명히 본 것처럼, 때로 폭풍이나 허리케인이 해변을 완전히 쓸어버리죠. 하지만, 해안 침식 작용의 주요 원인은... 음... 연안 표류라고 알려진 파도의 지속적인 움직임으로 인한 과정입니다. 그러니까... 연안 표류는 돌출된 해안선 부분을 깎아내고, 움푹 들어간 곳을 메우죠. 이것은 지금껏 계속해서 일어난 자연적인 과정입니다... 어, 사실상 영원히 일어나는 거죠. 음, 좋아요... 그 원리는 이렇습니다. 여러분이 해변에서 시간을 보낸 적이 있다면 분명 알아챘겠지만... 파도는 거의 항상 해안에 비스듬히 접근합니다, 그렇죠? 파도가 해안에 닿으면, 똑같은 각도로 모래를 해변 위로 이동시켜요. 그러나, 파도가 멀어지면, 모래를 다시 바다를 향해 직선으로 끌어당기죠. 그래서... 결과적으로... 모래가 계속해서, 어... 해변을 따라 운반되는 겁니다. 이 과정은 해변을 침식시키기도 하지만, 또한 새로운 해변 지역이 생성되게 하죠. 기본적으로, 이 과정에 의해 운반되는 퇴적물은 절대 소실되지 않습니다... 단지, 음... 이동하는 겁니다. 문제는... 사람들이 그대로이길 바라는 지역에서 자주 퇴적물이 쓸려나간다는 거죠. 그러니까... 해변가 소유지에 많은 돈을 쓴 사람들을 한 번 생각해 보세요. 분명 그들은 해변이 언젠가 사라질 거라고 예상하면서 그 모든 돈을 투자하지는 않겠죠. 그럼에도, 침식 작용은 해안가에 사는 사람들에게 매우 실질적인 위협입니다. 그게 바로 사람들이 침식 작용을 방지하거나 뒤바꾸기 위해 온갖 방법을 생각해온 이유죠.

하지만... 보호용 방파제를 짓는 등과 같이, 사람들이 결정한 방법 중 대부분은, 이를 더 악화시킬 뿐입니다. 핵심은... 침식 작용은 인간이 막을 수 없는 현상이라는 겁니다. 그래서 환경보호론자들은 우리가 할 수 있는 아주 간단한 것이 있다고 생각하죠. 해안선 근처에는 건축물을 짓지 말라는 것입니다.

6 강의는 주로 무엇에 관한 것인가?
Ⓐ 해변에 가장 적합한 건축물
Ⓑ 해안 침식 작용의 근본 원인
Ⓒ 주택 건축에 가장 적합한 장소
Ⓓ 해변 침식 작용을 막는 다양한 방법

해설

도입부의 "that's what we're going to talk about today ~" 이하에서 강의가 해안 침식 작용의 근본 원인에 관한 것임을 알 수 있습니다.

7 교수는 해변에 관해 무엇이라고 말하는가?
Ⓐ 그것들은 개인 주택을 짓는 데 인기 있는 장소이다.
Ⓑ 그것들은 도시 개발에 적합한 지역이다.
Ⓒ 그것들은 해류의 영향을 받지 않는다.
Ⓓ 그것들은 오랜 시간이 지나도 잘 변할 것 같지 않다.

해설

교수는 "I bet most of you ~" 이하에서 학생 대부분이 집을 짓는 장소로 해변을 선택할 것이라고 말합니다. 즉, 해변이 개인 주택을 짓는 데 인기 있는 장소라는 것을 알 수 있습니다.

8 교수는 연안 표류 과정과 관계된 현상을 단계별로 설명한다. 아래의 단계들을 올바른 순서대로 나열하시오.

Step 1	
Step 2	
Step 3	

Ⓐ 파도가 해안 쪽으로 비스듬히 접근한다.
Ⓑ 모래가 바다를 향해 직선으로 끌어당겨진다.
Ⓒ 파도가 다시 바다로 멀어진다.

해설
교수는 연안 표류가 1. 파도가 해안에 비스듬히 접근하고(the waves ~ approach the shore at an angle) → 2. 파도가 멀어지며(the water recedes) → 3. 모래를 바다를 향해 직선으로 끌어당기는(it pulls the sand back in a straight line towards the ocean) 순서로 일어난다고 설명합니다.

9 교수는 왜 보호용 방파제를 언급하는가?

Ⓐ 침식 작용을 멈추기 위한 비효과적인 방법의 예를 제공하기 위해
Ⓑ 어떻게 구조물이 해변의 침식 작용을 막을 수 있는지 설명하기 위해
Ⓒ 해변에 집을 짓는 것이 적절한 경우를 설명하기 위해
Ⓓ 해안선을 보호하는 것의 중요함을 강조하기 위해

해설
교수는 침식 작용을 막기 위해 사람들이 사용하는 방법이 이를 더 악화시킬 뿐이라고 말하면서 그 예로 보호용 방파제를 언급합니다.

강의의 일부를 다시 듣고 질문에 답하시오.

P: It's a natural process that has been occurring . . . uh, virtually forever. Um, OK . . . this is how it works. As I am sure you have noticed if you have spent any time at the beach . . . the waves almost always approach the shore at an angle, right?
이것은 지금껏 계속해서 일어난 자연적인 과정입니다... 어, 사실상 영원히 일어나는 거죠. 음, 좋아요... 그 원리는 이렇습니다. 여러분이 해변에서 시간을 보낸 적이 있다면 분명 알아챘겠지만... 파도는 거의 항상 해안에 비스듬히 접근합니다, 그렇죠?

10 교수는 왜 이렇게 말하는가:

P: Um, OK . . . this is how it works.

Ⓐ 그 과정이 이해하기 어렵다는 것을 암시하기 위해
Ⓑ 그 과정의 지속되는 성질을 강조하기 위해
Ⓒ 그녀가 이제 그 과정을 설명할 것임을 나타내기 위해
Ⓓ 그 현상에 대해 언급했던 것을 정정하기 위해

해설
교수는 다시 들려주는 문장 이후에 연안 표류 과정에 대한 설명을 시작하므로, 그녀가 이제 이 과정을 설명할 것임을 나타내고 있습니다.

11 교수는 해안선의 변화에 관해 무엇이라고 말하는가?

Ⓐ 그것들은 발생하는 데 수천 년의 시간이 필요하다.
Ⓑ 그것들은 심각한 기상 악화의 영향을 받지 않는다.
Ⓒ 그것들은 풍속의 변화 때문에 발생한다.
Ⓓ 그것들은 정상적이고 지속적인 자연 현상이다.

[12-17] Listen to part of a lecture in an art history class.

주제
영향력 있는
프랑스 화가 코로

P: ᴼ¹² We are now going to turn to Jean-Baptiste-Camille Corot, a French painter who had a significant impact on the development of landscape painting. Uh, unlike many masters of his day, Corot did not demonstrate any artistic talent or interest in art at a young age. However, he became a very productive artist as an adult. From 1822 until his death in 1874, he produced hundreds of paintings.

코로의 전기 이력
사실적인 그림

Uh, many experts divide Corot's career into two periods, early and late. ᴼ¹³ Throughout most of his early career, Corot was known for his extremely realistic landscapes. He used precise, fine brushwork. This allowed him to accurately recreate what he observed in nature. There is a rumor that Corot was told by his first instructor to carefully portray everything he could see. This lesson must have gotten his attention. To demonstrate, let me put one of his paintings from this period up on this screen. ᴼ¹⁴ It's titled *Fontainebleau: Oak Trees at Bas-Bréau* . . . What do you notice about it?

S1: Well, it's really, um, clear and detailed. I mean, the trees, the rocks . . . Everything is well defined.

P: Right . . . And this attention to detail was what Corot was originally known for. ᴼ¹⁵ Eventually, he started working with other artists who had similar painting styles. They established the Barbizon School. This movement became well-known and respected in the art world . . . and this caused Corot's fame to grow. It also led to his own artistic growth and the development of a more impressionistic style.

코로의 후기 이력
인상주의 양식의
발전

S2: ᴼ¹⁶ Um, do you mean that Corot was one of the fathers of Impressionism? If so, I'm kind of surprised that his name does not seem as famous as Monet or Van Gogh and all of the others.

P: Well, that's just it. He was never really an impressionist painter. Um, it's just that his painting became slightly less traditional and more expressive. You see, he began to experiment with new styles and methods later in his career. The sharp details of his earlier works softened into dream-like images painted with heavy brushstrokes. It's almost as if Corot was looking through half-closed eyes and then painting the slightly out-of-focus world he saw.

So at most, he was more like a forerunner of the impressionists. In fact, he continued to use browns and blacks, which were colors that impressionists ignored. ᴼ¹⁷ He did not approve of the bright, and what he called shocking, colors of the impressionists. Despite the differences, his work was revered by many impressionists, and they incorporated some of his style in their own art. Moreover, Corot was known for sometimes painting outside in the open air. This became central to the impressionists, who sought to capture a landscape's true essence in natural light.

그 시대의 많은 유명 화가들과 달리, 코로는 어린 나이에 어떤 예술적인 재능이나 미술에 대한 흥미도 보이지 않았습니다. 그러나, 성인이 되고 나서는 매우 다작의 화가가 되었죠. 1822년부터 1874년 그의 죽음에 이르기까지, 그는 수백 개의 그림을 그렸습니다.

어, 많은 전문가들은 코로의 이력을 전기와 후기, 두 시기로 나눕니다. 대부분의 전기 이력 동안, 코로는 극도로 사실주의적인 풍경화로 유명했습니다. 그는 정확하고 섬세한 화법을 사용했어요. 이는 그가 자연에서 관찰한 것을 정확하게 재창조할 수 있도록 해주었습니다. 코로가 그의 첫 번째 스승에게 볼 수 있는 모든 것을 꼼꼼하게 묘사하라는 말을 들었다는 소문이 있어요. 이 가르침이 그의 관심을 끌었음에 틀림없습니다. 이를 설명하기 위해, 이 시기 그의 그림들 중 하나를 화면에 띄우도록 하죠. 제목은 '퐁텐블로: Bas-Bréau의 참나무'입니다... 이 그림에서 무엇이 눈에 띄나요?

S1: 글쎄요, 그건 정말, 음, 선명하고 상세하네요. 제 말은, 나무들, 바위들... 모든 게 윤곽이 뚜렷해요.

P: 맞아요... 그리고 코로는 본래 이러한 세부사항에 대한 주목으로 유명했죠. 마침내, 그는 비슷한 그림 기법을 가진 다른 화가들과 함께 작업하기 시작했습니다. 그들은 바르비종파를 설립했어요. 이 운동은 미술계에서 잘 알려지고 존경받게 되었죠... 그리고 코로의 명성을 높이게 했습니다. 그것은 또한 그의 예술적 성장과 더욱 인상주의적인 양식의 발전으로 이어졌습니다.

S2: 음, 코로가 인상주의의 아버지들 중 한 명이었다는 의미인가요? 만약 그렇다면, 저는 그의 이름이 모네나 반 고흐, 그리고 다른 모든 사람들만큼 유명하지 않아 보인다는 것이 좀 놀라운데요.

P: 음, 바로 그거예요. 그는 결코 진정한 인상주의 화가는 아니었거든요. 음, 단지 그의 그림이 약간 덜 전통적이면서 좀 더 표현력이 있어졌다는 것이죠. 그러니까, 그는 그의 후기 이력에서 새로운 양식과 방법들을 실험하기 시작했습니다. 그의 전기 작품들의 예리한 세부사항들은 무거운 붓놀림으로 그려진 몽환적인 그림들로 은은해졌습니다. 그것은 거의 마치 코로가 반쯤 감긴 눈을 통해 보고 나서, 그가 본 초점에서 약간 벗어난 세상을 그리는 것 같았어요. 그러니 기껏해야, 그는 오히려 인상주의자들의 선구자에 가까웠죠. 사실, 그는 계속해서 갈색과 검은색을 사용했는데, 이는 인상주의자들이 무시했던 색깔이었어요. 그는 밝은, 그가 망측하다고 표현한 인상주의자들의 색깔은 인정하지 않았습니다. 이러한 차이점에도 불구하고, 그의 작품은 많은 인상주의자들에 의해 존경받았고, 그들은 코로의 양식 일부를 그들의 그림에 포함했습니다. 게다가, 코로는 때때로 집 밖의 야외에서 그림을 그리는 것으로 알려졌어요. 이는 자연광에서의 풍경의 본질을 담아내려고 했던 인상주의자들에게 중심적인 것이 되었죠.

12 강의의 주된 주제는 무엇인가?

Ⓐ 프랑스에서의 현대 미술의 발전
Ⓑ 영향력 있는 한 프랑스 풍경 화가
Ⓒ 인상주의가 코로에게 끼친 영향
Ⓓ 풍경화의 새로운 장르

해설
도입부 첫 문장 "We are now going to turn to ~" 이하에서 강의의 주제가 풍경화의 발전에 상당한 영향을 끼친 한 프랑스 화가에 관한 것임을 알 수 있습니다.

13 코로의 대부분의 전기 이력 동안 무엇이 그를 화가로서 특징지었는가?

Ⓐ 그는 스승들의 화법을 모방했다.
Ⓑ 그는 매우 다양한 예술적 양식들을 실험했다.
Ⓒ 그는 자연의 정확한 묘사를 그리고자 했다.
Ⓓ 그는 프랑스 도시의 유명한 건물들을 묘사했다.

해설
교수는 코로가 대부분의 전기 이력 동안 극도로 사실주의적인 풍경화를 그렸으며, 이를 통해 자연에서 관찰한 것을 정확하게 재창조할 수 있었다고 말합니다.

강의의 일부를 다시 듣고 질문에 답하시오.

P: It's titled *Fontainebleau: Oak Trees at Bas-Bréau* . . . What do you notice about it?
제목은 '퐁텐블로: Bas-Bréau의 참나무'입니다... 이 그림에서 무엇이 눈에 띄나요?

S1: Well, it's really, um, clear and detailed. I mean, the trees, the rocks . . . Everything is well defined.

글쎄요, 그건 정말, 음, 선명하고 상세하네요. 제 말은, 나무들, 바위들... 모든 게 윤곽이 뚜렷해요.

14 학생은 왜 이렇게 말하는가:

S1: I mean, the trees, the rocks . . .

Ⓐ 그림의 독특한 특징들을 강조하기 위해

Ⓑ 그녀의 앞선 진술을 부연 설명하기 위해

Ⓒ 그녀가 그림을 유심히 보고 있다는 것을 보여주기 위해

Ⓓ 그림에서 눈에 띄는 물체들을 알려주기 위해

해설

학생은 그림이 선명하고 상세하다는 앞선 진술에 대해 구체적으로 설명하기 위해 나무와 바위를 언급합니다.

15 교수는 왜 바르비종파를 언급하는가?

Ⓐ 코로의 높아지는 명성에 대한 이유를 제시하기 위해

Ⓑ 코로와 인상주의의 관계를 보여주기 위해

Ⓒ 다른 화가들에 대한 코로의 존경을 설명하기 위해

Ⓓ 코로가 미술을 처음으로 공부한 장소를 밝히기 위해

해설

교수는 코로와 다른 화가들이 함께 설립한 바르비종파가 미술계에서 잘 알려지고 존경 받게 되어 코로의 명성을 높아지게 했다고 설명합니다. 즉, 코로의 높아지는 명성에 대한 이유를 제시하기 위해 바르비종파를 언급합니다.

16 교수는 인상주의자들에 관해 무엇을 암시하는가?

Ⓐ 그들은 열등한 화법을 가지고 있었다.

Ⓑ 그들은 코로의 작품에 영향을 받지 않았다.

Ⓒ 그들은 전통적인 방식으로 그리지 않았다.

Ⓓ 그들은 많은 색다른 화법을 사용했다.

해설

교수는 코로의 인상주의적인 양식의 발전에 대해 그림이 덜 전통적이게 되었다고 말하며, 인상주의자들이 전통적인 방식으로 그리지 않았음을 암시합니다.

17 교수에 따르면, 무엇이 코로의 후기 미술품을 인상주의자들의 미술품과 구별했는가?

Ⓐ 그는 그의 그림 중 어느 것도 야외에서 그리지 않았다.

Ⓑ 그는 인상주의자들이 도외시했던 망측한 색깔을 사용했다.

Ⓒ 그는 밝은 색조의 사용을 선호하지 않았다.

Ⓓ 그는 더 무거운 붓놀림을 사용하는 경향이 있었다.

해설

교수는 코로가 인상주의자들의 밝은 색깔을 인정하지 않았다는 것이 그들과 구별되는 점이었다고 말합니다.

p.208

1 B Main Topic	2 C Detail	3 D Detail
4 A Function & Attitude	5 D Function & Attitude	6 A Main Topic
7 D Connecting Contents - Purpose	8 C Inference	9 A, D Detail
10 B Inference	11 B Function & Attitude	12 C Main Topic
13 B Detail	14 B, D Detail	15 B Function & Attitude
16 D Inference	17 B Detail	

[1-5]   Listen to a conversation between a student and an assistant.

W: Hello, sorry for the long wait. What can I help you with?

M: That's OK. It's the beginning of the year . . . we should all be used to long waits by now! Uh, I was wondering . . . is it too late to register for these classes? I haven't paid my tuition yet, but I can today.

W: Well, let's have a look at your choices. Um . . . well . . . there's good news and bad news. The good news is . . . even though the session's already started, as you know . . . from the looks of it, these classes are not full yet, so you can still register.

M: Great! What do I need to do, and what's the bad news?

W: Q1 Well, the thing is . . . students who register at this point have to pay a late fee of $100, because tuition was supposed to be paid in full last week.

M: Oh, really? I didn't know about the late fee . . . I know this is my responsibility . . . Q2/Q4 I would have registered and paid my tuition on time, but I was waiting for my student loan check . . . It arrived late this semester!

W: Hmm . . . there seems to be a pattern here.

M: What do you mean?

W: Well, you're not the first student who's come in and wanted to pay their tuition late because they had to wait for their first monthly student loan check to come in.

M: Well, what did you say to them?

W: Q3 Well, you have to go to the Financial Aid Office and ask them to send our office a formal note explaining what happened. **Once we receive the note, we can register you and take your tuition payment. And you won't have to pay the late fee.**

M: Q5 OK, well . . . I guess I'll go. It's just that . . . the wait there will be really long too. I'm not looking forward to standing in another line.

W: Wait, not so fast . . . I'll call the Financial Aid Office and tell them you'll be coming over and why. Then they can take care of you as soon as you get there.

M: I'd really appreciate that! Thank you!

W: Not a problem . . . now, there's a map of the campus just outside this building, if you need it.

M: OK, I'll take a look at it right now. Thanks again!

해석
학생과 조교 사이의 대화를 들으시오.

학생의 용건/문제점
뒤늦은 등록금 납부
- 연체료 내야 함

조교의 제안
학자금 대출과에
문서 요청할 것

학생의 반응
긍정

W: 안녕하세요, 오래 기다리게 해서 죄송해요. 무엇을 도와드릴까요?

M: 괜찮아요. 학기 초니까요... 지금은 오래 기다리는 것에 익숙해져야죠! 어, 궁금한 것이 있는데... 이 수업들을 등록하기에 너무 늦었나요? 등록금을 아직 내지 않았는데, 오늘은 낼 수 있거든요.

W: 음, 학생이 선택한 것들을 볼까요. 음... 어... 좋은 소식과 나쁜 소식이 있네요. 좋은 소식은... 학기가 이미 시작되었지만, 아시다시피... 보아하니, 이 수업들은 아직 정원이 다 차지 않아서, 여전히 등록할 수 있어요.

M: 좋아요! 제가 무엇을 하면 되나요, 그리고 나쁜 소식은 무엇이죠?

W: 음, 문제는... 이 시점에 등록하는 학생들은 연체료 100달러를 내야 해요, 왜냐하면 등록금은 지난주에 전부 냈어야 했거든요.

M: 오, 정말요? 연체료에 대해서는 몰랐어요... 제 책임인 것은 알고 있습니다... 제때 등록하고 등록금을 낼 수도 있었는데, 학자금 대출금을 기다리고 있었어요... 이번 학기에는 늦게 나왔거든요!

W: 흠... 여기에 패턴이 있는 것 같네요.

M: 무슨 말씀이시죠?

W: 음, 학자금 대출금의 첫 달 분이 들어오기를 기다리느라 등록금을 늦게 낸 건 학생이 처음이 아니거든요.

M: 음, 그 학생들에게 뭐라고 말씀하셨나요?

W: 음, 학자금 대출과로 가서 무슨 일이 있었는지 설명하는 공식 문서를 저희 사무실로 보내달라고 요청해야 해요. 그 문서를 받으면, 저희측에서 등록 절차를 처리하고 등록금을 받을 수 있어요. 그리고 학생은 연체료를 내지 않아도 되고요.

M: 그렇군요, 음... 그럼 가봐야겠어요. 단지... 거기서도 오래 기다려야 할 것 같아요. 또 줄을 서서 기다리고 싶지는 않네요.

W: 잠깐만요, 너무 서두르지 마세요... 제가 학자금 대출과로 전화해서 학생이 그곳으로 갈 거라고 이야기하고 그 이유도 말해둘게요. 그러면 거기 도착하자마자 그들이 학생의 용무를 처리해줄 거예요.

M: 그렇게 해주신다면 정말 감사하죠! 감사합니다!

W: 별말씀을요... 자, 만약 필요하다면, 이 건물 밖에 바로 캠퍼스 지도가 있어요.

M: 네, 지금 확인해 볼게요. 다시 한 번 감사합니다!

1 학생의 문제는 무엇인가?
Ⓐ 그는 등록금을 낼 여유가 없다.
Ⓑ 그는 등록하기 위해 연체료를 내야 한다.
Ⓒ 그는 학자금 대출과에 가야 한다.
Ⓓ 그는 학자금 대출금을 갚아야 한다.

해설
"Well, the thing is ~" 이하에서 학생이 수업에 등록하기 위해서는 연체료를 내야 한다는 것을 알 수 있습니다.

2 학생은 왜 아직 등록금을 내지 않았는가?
Ⓐ 그는 줄을 서서 기다리고 싶지 않았다.
Ⓑ 그는 어느 수업을 들을지 확신하지 못했다.
Ⓒ 그는 학자금 대출금을 받지 못했다.
Ⓓ 그는 학자금 대출과를 찾을 수 없었다.

해설
학생은 학자금 대출금이 늦게 나와(It arrived late this semester)서 등록금을 제때 내지 못했다고 말합니다.

3 조교는 학생에게 무엇을 하라고 제안하는가?
Ⓐ 곧장 학자금 대출 행정실에 연락할 것
Ⓑ 앞으로는 반드시 등록금을 제때 납부할 것
Ⓒ 처음 고른 것 외에 다른 수업을 등록할 것
Ⓓ 학자금 대출과에 공식 문서를 요청할 것

해설
조교는 학생에게 연체료를 내지 않기 위해 학자금 대출과에 가서 무슨 일이 있었는지 설명하는 공식 문서를 보내달라고 요청할 것을 제안합니다.

대화의 일부를 다시 듣고 질문에 답하시오.

M: I would have registered and paid my tuition on time, but I was waiting for my student loan check . . . It arrived late this semester!
제때 등록하고 등록금을 낼 수도 있었는데, 학자금 대출금을 기다리고 있었어요... 이번 학기에는 늦게 나왔거든요!

W: Hmm . . . there seems to be a pattern here.
흠... 여기에 패턴이 있는 것 같네요.

M: What do you mean?
무슨 말씀이시죠?

W: Well, you're not the first student who's come in and wanted to pay their tuition late because they had to wait for their first monthly student loan check to come in.
음, 학자금 대출금의 첫 달 분이 들어오기를 기다리느라 등록금을 늦게 낸 학생이 처음이 아니거든요.

4 조교는 이렇게 말함으로써 무엇을 의미하는가:

W: Hmm . . . there seems to be a pattern here.

Ⓐ 그녀는 비슷한 문제를 가진 다른 학생들을 본 적이 있다.
Ⓑ 그녀는 학생이 불평하는 것의 본질을 이해한다.
Ⓒ 그녀는 학자금 대출과로 가는 가장 좋은 길을 알고 있다.
Ⓓ 그녀는 납부 과정에 필요한 모든 정보를 가지고 있다.

해설
학생이 등록금을 늦게 낸 이유를 말하자 조교는 여기에 패턴이 있는 것 같다고 말하며 등록금을 늦게 낸 학생이 처음이 아니라고 합니다. 즉, 비슷한 문제를 가진 다른 학생들을 본 적이 있다는 의미임을 알 수 있습니다.

대화의 일부를 다시 듣고 질문에 답하시오.

M: OK, well . . . I guess I'll go. It's just that . . . the wait there will be really long too. I'm not looking forward to standing in another line.
그렇군요, 음... 그럼 가봐야겠어요. 단지... 거기서도 오래 기다려야 할 것 같아요. 또 줄을 서서 기다리고 싶지는 않네요.

W: Wait, not so fast . . . I'll call the Financial Aid Office and tell them you'll be coming over and why. Then they can take care of you as soon as you get there.
잠깐만요, 너무 서두르지 마세요... 제가 학자금 대출과로 전화해서 학생이 그곳으로 갈 거라고 이야기하고 그 이유도 말해둘게요. 그러면 거기 도착하자마자 그들이 학생의 용무를 처리해줄 거예요.

5 조교는 왜 이렇게 말하는가:

W: Wait, not so fast . . .

Ⓐ 신중히 진행하라고 학생에게 주의를 주기 위해
Ⓑ 학생을 기다리고 있을 것임을 알리기 위해
Ⓒ 그녀가 최대한 빨리 일하고 있음을 강조하기 위해
Ⓓ 그녀에게 대안이 있다는 것을 암시하기 위해

해설
학생이 줄을 서서 기다릴 것을 걱정하자 조교는 "너무 서두르지 마세요(not so fast)"라고 말하며 다른 해결책을 알려줍니다.

Listen to part of a talk on literature. The professor is discussing Edgar Allen Poe's *The Raven*.

주제
19세기 시의 인기
– 에드거 앨런 포의
'갈까마귀'

Q6 We'll be discussing nineteenth century poetry today . . . uh, one poet in particular whose work I'll talk about a bit later. Q7 Um . . . you know how widespread pop music is today? Believe it or not, poetry in the nineteenth century was just as common. How so? Well, poetry back then was a very wide-reaching mode of expression, much like pop music is today. Q10 It was also an important way to entertain, record history and culture, and make social or political statements. And much of this poetry was found in newspapers — on the front page, no less! That's because new printing machines made printing cheaper. Also . . . cities grew bigger . . . and bigger cities meant more people who were educated and interested in reading good literature.

Q6 Now . . . the, uh, the poem I want to consider is *The Raven*. Everyone here has at least heard of this poem by Edgar Allen Poe, I'd imagine. It was first published in the *New York Evening Mirror* in January 1845 . . . It's about this raven that flies through the window of a room where a man is sitting in despair, mourning for his dead lover. The poem uses a lot of symbolism . . . so it's entirely possible that the raven doesn't really exist. And the distraught man . . . he's the one who narrates the poem . . . well, he could be someone sinking deeper and deeper into insanity. Q11 The narrator . . . he seems to typify the sort of person who experiences the death of someone and never recovers from it . . . gradually losing his mind. Well, if you were to ask me.

**'갈까마귀'의
내용**

**'갈까마귀'가
인기 있었던
이유**

Interestingly, *The Raven* appeals to people from all walks of life — from the uneducated to the intellectual. Q8/Q9 With the educated, it was the fact that Poe's poems, in particular, *The Raven*, could be interpreted in so many ways. The dark-feathered bird itself invites different explanations as to its meaning. Some say it symbolizes death while others say it represents the man's memories. Q9 And as for the common folk, well, what they seemed to enjoy about the poem is that it has an unmistakable rhythm, almost like a pop song you can't stop singing. And, of course, certain readers like *The Raven* for how dark it is. Poe was truly a master at portraying haunting imagery, and the poem does a perfect job of capturing the man's somber mood.

해석
문학 강의의 일부를 들으시오. 교수는 에드거 앨런 포의 '갈까마귀'를 논의하고 있습니다.

우리는 오늘 19세기의 시에 관해 논의할 거예요... 어, 특히 잠시 후에 이야기할 작품을 쓴 한 시인에 대해서요. 음... 여러분은 오늘날 대중음악이 얼마나 널리 퍼져 있는지 알죠? 믿기 힘들겠지만, 19세기에 시는 그만큼 흔했어요. 어떻게 그랬을까요? 자, 그 당시의 시는 매우 널리 퍼진 표현 방식이었죠, 오늘날의 대중음악처럼요. 시는 또한 즐거움을 주고, 역사와 문화를 기록하며, 사회적이거나 정치적인 의견을 표출하는 중요한 수단이었어요. 그리고 많은 시들이 신문에 실렸죠, 다른 곳이 아닌, 1면에요! 그건 새로운 인쇄기로 인해 인쇄가 더 저렴해졌기 때문이었어요. 또한... 도시들이 점점 커졌고... 도시가 커졌다는 것은 더 많은 사람이 교육을 받고 훌륭한 문학 작품을 읽는 데 관심을 두게 되었다는 걸 의미했죠. 자... 어, 제가 고찰하고 싶은 시는 '갈까마귀'입니다. 제가 생각하기에, 여기 있는 여러분 모두가 에드거 앨런 포의 이 시에 대해 적어도 들어는 봤을 거예요. 이 시는 1845년 1월 'New York Evening Mirror'지에 처음으로 실렸어요... 한 남자가 죽은 애인을 애도하며, 절망에 빠진 채 앉아 있는 방의 창문을 통해 날아 들어온 갈까마귀에 대한 내용이죠. 이 시는 많은 상징적 표현을 사용하고 있습니다... 그래서 그 갈까마귀가 실제로는 존재하지 않는다는 것도 전적으로 가능한 얘기죠. 그리고 마음이 심란한 남자... 그 남자가 바로 시를 이야기하는 화자예요... 음, 그는 광기로 점점 깊게 빠져드는 사람일 수도 있습니다. 화자인... 그는 누군가의 죽음을 경험하고 그것으로부터 결코 회복되지 못하는 사람의 전형적인 모습인 듯합니다... 점차 미쳐가면서요. 뭐, 제가 생각하기에는 말이죠.

흥미롭게도, '갈까마귀'는 교육받지 못한 사람들부터 지식인에 이르기까지 사회 각계 각층에 있는 사람들에게 인기가 있습니다. 교육받은 사람들에게는 포의 시들, 특히, '갈까마귀'는, 매우 다양하게 해석될 수 있었어요. 그 검은 깃털로 뒤덮인 새 자체의 의미에 대해서도 다양한 해석이 있으니까요. 어떤 사람들은 그것이 죽음을 상징한다고 하는 반면, 다른 사람들은 그것이 그 남자의 추억을 나타낸다고 말해요. 그리고 서민들의 경우, 음, 그들이 그 시에 대해 좋아했던 것으로 보이는 부분은 명백한 운율이 있다는 점이죠, 끊임없이 흥얼거리게 되는 대중가요처럼 말이에요. 그리고, 물론, 어떤 독자들은 '갈까마귀'의 오싹한 분위기 때문에 그 시를 좋아합니다. 포는 잊혀지지 않는 이미지를 묘사하는 데 있어 진정한 대가였고, 그 시는 남자의 우울한 분위기를 완벽하게 포착해냈죠.

6 강의의 주된 주제는 무엇인가?
   Ⓐ 에드거 앨런 포의 '갈까마귀'의 인기
   Ⓑ 미국 19세기 시의 역사
   ⓒ 유명한 시 '갈까마귀'의 해석
   Ⓓ 도처의 사람들이 '갈까마귀'를 분석하려는 이유

   해설
   교수는 도입부에서 19세기에 시가 얼마나 인기 있었는지를 설명하며 에드거 앨런 포의 '갈까마귀'를 지목한 후, 본문에서 그 시가 인기 있었던 이유를 설명합니다.

7 교수는 왜 대중음악을 언급하는가?
   Ⓐ 음악과 시에서 사용된 표현들을 비교하기 위해
   Ⓑ 시를 쓰는 것이 더 어렵다는 점을 강조하기 위해
   ⓒ 포의 작품이 영향을 미친 예술 형식을 묘사하기 위해
   Ⓓ 당시 시의 대중성을 설명하기 위해

   해설
   교수는 오늘날의 대중음악을 언급하며, 19세기에 시도 그만큼 흔했다(poetry in the nineteenth century was just as common)고 말합니다. 즉, 당시 시의 대중성을 설명하기 위해 대중음악을 언급한 것임을 알 수 있습니다.

8 '갈까마귀'에 관해 추론할 수 있는 것은 무엇인가?
   Ⓐ 에드거 앨런 포는 그것을 쓸 때 혼란에 빠져있었다.
   Ⓑ 그것은 낙심한 사람들의 마음을 끈다.
   ⓒ 시의 의도된 의미는 알려지지 않았다.
   Ⓓ 오직 교육받은 사람들만 감상할 수 있다.

   해설
   교수가 '갈까마귀'의 해석에 대해 명확한 답이 아닌 개인적인 의견을 제시하고, 그 시가 다양하게 해석될 수 있다고 말하는 것을 볼 때, 시의 의도된 의미가 알려지지 않았음을 추론할 수 있습니다.

9 '갈까마귀'의 광범위한 인기의 두 가지 중요한 이유는 무엇인가?
   Ⓐ 그것은 매력적인 운율을 가지고 있다.
   Ⓑ 그것은 포의 다른 작품들보다 더 어둡다.
   ⓒ 그것은 매우 지적이다.
   Ⓓ 그것의 상징은 분석을 고무시킨다.

   해설
   교수는 1. '갈까마귀'가 다양하게 해석될 수 있어서 교육받은 사람들에게 인기 있었고, 2. 서민들은 그것의 명백한 운율을 좋아했다고 말합니다.

강의의 일부를 다시 듣고 질문에 답하시오.

P: It was also an important way to entertain, record history and culture, and make social or political statements. And much of this poetry was found in newspapers—on the front page, no less!

시는 또한 즐거움을 주고, 역사와 문화를 기록하며, 사회적이거나 정치적인 의견을 표출하는 중요한 수단이었어요. 그리고 많은 시들이 신문에 실렸죠, 다른 곳이 아닌, 1면에요!

10 교수는 이렇게 말함으로써 무엇을 암시하는가:

P: . . . on the front page, no less!

Ⓐ 시는 1면에 실려서는 안 된다.
Ⓑ 시는 일반적으로 1면에 실리지 않는다.
Ⓒ 더 많은 시가 1면에 실려야 한다.
Ⓓ 시는 신문에 실릴 만큼 중요하지 않다.

해설
교수는 당시에 시가 신문 1면에 실릴 정도로 인기 있었다는 점을 강조합니다. 즉, 시는 일반적으로 1면에 실리지 않는다는 것을 암시하고 있습니다.

강의의 일부를 다시 듣고 질문에 답하시오.

P: The narrator . . . he seems to typify the sort of person who experiences the death of someone and never recovers from it . . . gradually losing his mind. Well, if you were to ask me.

화자인... 그는 누군가의 죽음을 경험하고 그것으로부터 결코 회복되지 못하는 사람의 전형적인 모습인 듯합니다... 점차 미쳐가면서요. 뭐, 제가 생각하기에는 말이죠.

11 교수는 왜 이렇게 말하는가:

P: Well, if you were to ask me.

Ⓐ 학생들이 그에게 동의하는지 아닌지 확인하기 위해
Ⓑ 그의 견해가 사실이 아닌 의견임을 표현하기 위해
Ⓒ 학생들이 스스로 시를 해석하도록 장려하기 위해
Ⓓ 학생들에게 해명을 구할 기회를 주기 위해

해설
앞뒤 문맥에서 교수는 이 시가 많은 상징적 표현을 사용하고 있으며(The poem uses a lot of symbolism), 매우 다양하게 해석될 수 있다(could be interpreted in so many ways)고 말합니다. 따라서 교수는 시에 대한 그의 견해가 사실이 아닌 하나의 의견이라는 것을 표현하려 했음을 알 수 있습니다.

[12-17] Listen to part of a lecture in a biology class.

주제
잠자리의 번식

P: Q12 Let's continue with our discussion of dragonflies. By now you should all be familiar with the physical characteristics of this type of insect. I want to turn now to their reproduction.

잠자리 번식의 특징

Q13 An adult dragonfly has a very short lifespan. It varies from species to species, but most live for only a few months after reaching maturity. So, an adult dragonfly has one main concern . . . to find a mate and reproduce before it dies. Male dragonflies are particularly aggressive in this regard. When they aren't hunting for food, they're buzzing around looking for a mate. Q14 The problem is that dragonflies of different species often live in the same area. So males must use their excellent eyesight to find a female of the same species . . . Um, they look at size, color, and even flight patterns to do this.

Once a male spots a suitable female, he will mate with her. Afterwards, he will guard her until she lays her eggs . . . Um, he will try to fight off any other males that approach. ^{Q15} Why do you think he does this?

S1: To protect her from harm? The reading you assigned yesterday mentioned that when dragonflies mate, the female is sometimes injured.

P: I can see why you'd think that, but, uh . . . Maybe someone else wants to try. Anyone? No? OK, he isn't actually protecting the female dragonfly. He is guarding his future offspring. You see, the female's eggs are fertilized by the last male to, um, mate with her. So if a second male reaches her, he will likely become the father of her offspring . . . not the first male. Anyway, shortly after mating, the female will lay her eggs.

Now, dragonflies must lay their eggs in freshwater. Some insert them into the plants that grow in ponds or lakes, while others just let them fall directly into the water. The timing of this event depends on the climate. ^{Q16} Dragonflies in tropical regions can lay eggs all year round. They need easy access to freshwater. So, they migrate great distances to follow the seasonal rains that create freshwater ponds. In fact, these dragonflies make the longest journeys of all migratory animals. And those that live in areas with cold winters usually lay their eggs in the late spring. Um, do you have a question?

S2: Yes. Why is freshwater so important? I mean, um, other insects aren't like that.

P: ^{Q17} Well, the immature dragonfly that hatches from the egg is very different from an adult. It is actually an aquatic organism . . . It has gills to breathe underwater. If the eggs were laid on land, the young dragonflies would die immediately. Instead, they remain in the ponds and lakes until they eventually transform into an adult with wings.

잠자리의 번식 장소 및 시기

4th Week　Hackers **TOEFL** Listening Basic

해석

생물학 강의의 일부를 들으시오.

P: 잠자리에 관한 논의를 계속해 봅시다. 이제 여러분 모두는 이러한 곤충 종류의 신체적인 특성에 익숙할 거예요. 이제 그들의 번식으로 넘어가 보죠.

다 자란 잠자리는 매우 짧은 수명을 가지고 있어요. 종마다 다르지만, 대부분은 다 자란 상태에 이른 후 고작 몇 달밖에 살지 못합니다. 그래서, 다 자란 잠자리에게는 한 가지 주된 관심사가 있어요... 죽기 전에 짝을 찾아 번식하는 것이죠. 수컷 잠자리들은 이러한 점에서 특히 적극적입니다. 그들은 먹이를 사냥하고 있을 때가 아니라면, 짝을 찾아 부산하게 돌아다니고 있죠. 문제는 서로 다른 종의 잠자리들이 종종 같은 지역에서 산다는 것입니다. 그래서 수컷들은 같은 종의 암컷을 찾기 위해 그들의 뛰어난 시력을 사용해야 합니다... 음, 그들은 이를 위해 크기, 색깔, 그리고 심지어 날아다니는 방식까지 살펴봐요.

일단 수컷이 적당한 암컷을 발견하면, 그 암컷과 짝짓기할 거예요. 그 후에, 수컷은 암컷이 알을 낳을 때까지 보호할 겁니다... 음, 그 수컷은 접근하는 다른 모든 수컷들과 싸워 물리치려고 할 거예요. 수컷이 왜 이렇게 행동한다고 생각하나요?

S1: 암컷을 위험으로부터 보호하기 위해서인가요? 교수님께서 어제 주신 읽기 자료에는 잠자리가 짝짓기할 때, 암컷이 가끔 다친다고 언급되어 있거든요.

P: 왜 그렇게 생각했는지는 알겠어요, 하지만, 어... 다른 사람이 말해 보고 싶을 수도 있겠네요. 누구 있나요? 없어요? 좋아요, 사실 수컷은 암컷 잠자리를 보호하고 있는 게 아니에요. 수컷은 미래의 새끼들을 보호하고 있는 거죠. 그러니까, 암컷의 알은 암컷이, 음, 마지막으로 짝짓기한 수컷에 의해 수정됩니다. 그러니까 만약 두 번째 수컷이 암컷에게 이르면, 그 수컷이 새끼들의 아비가 될 가능성이 높은 거죠... 첫 번째 수컷이 아니고요. 어쨌든, 짝짓기한 직후

에, 암컷은 알을 낳을 겁니다.

자, 잠자리는 민물에서 알을 낳아야만 해요. 일부는 연못이나 호수에서 자라는 식물에 알을 집어넣지만, 다른 잠자리들은 그냥 알이 물속으로 곧장 떨어지게 합니다. 이 일의 시기는 기후에 달려 있어요. 열대 지방의 잠자리들은 일 년 내내 알을 낳을 수 있습니다. 그들에게는 민물에 용이한 접근이 필요해요. 그래서, 그들은 민물 연못을 형성하는 장맛비를 따라 엄청난 거리를 이동합니다. 실제로, 이 잠자리들은 모든 이주 동물들 중에서 가장 긴 여행을 하죠. 그리고 추운 겨울이 있는 지역에 사는 잠자리들은 보통 늦은 봄에 알을 낳습니다. 음, 질문 있나요?

S2: 네. 민물이 왜 그렇게 중요한가요? 제 말은, 음, 다른 곤충들은 그렇지 않잖아요.

P: 음, 알에서 부화한 어린 잠자리는 다 자란 잠자리와 매우 달라요. 그건 사실 수중 생물이죠... 그것은 물속에서 숨쉬기 위한 아가미를 가지고 있어요. 만약 알이 땅 위에 낳아진다면, 어린 잠자리들은 바로 죽을 거예요. 대신에, 그들은 마침내 날개가 달린 다 자란 잠자리로 변할 때까지 연못과 호수에 머무르죠.

12 강의는 주로 무엇에 관한 것인가?

ⓐ 몇몇 곤충들이 계절에 따라 이동하는 이유
ⓑ 잠자리 수명 주기의 단계
ⓒ 곤충의 한 종이 번식하는 방법
ⓓ 잠자리의 육체적 특성

해설

도입부의 "Let's continue with ~" 이하에서 강의가 잠자리의 번식 방법에 관한 것임을 알 수 있습니다.

13 교수는 다 자란 잠자리에 관해 무엇이라고 말하는가?

ⓐ 그것은 좀처럼 적당한 짝을 찾지 못한다.
ⓑ 그것은 오랫동안 살지 않는다.
ⓒ 그것은 다른 잠자리를 사냥한다.
ⓓ 그것은 짝짓기한 후 먹이를 먹지 않는다.

해설

교수는 다 자란 잠자리가 매우 짧은 수명을 가지고 있고, 대부분 몇 달밖에 살지 못한다고 말합니다.

14 수컷 잠자리는 어떻게 같은 종의 암컷을 알아보는가?

ⓐ 암컷의 공격적인 행동에 의해
ⓑ 암컷의 겉모습에 의해
ⓒ 암컷의 독특한 윙윙거리는 소리에 의해
ⓓ 암컷의 변별적인 움직임에 의해

해설

교수는 수컷 잠자리가 같은 종의 암컷을 찾기 위해 크기, 색깔, 날아다니는 방식을 살펴본다고 설명합니다. 즉, 암컷의 1. 겉모습과 2. 독특한 움직임을 통해 알아본다는 것을 알 수 있습니다.

강의의 일부를 다시 듣고 질문에 답하시오.

P: Why do you think he does this?
수컷이 왜 이렇게 행동한다고 생각하나요?

S1: To protect her from harm? The reading you assigned yesterday mentioned that when dragonflies mate, the female is sometimes injured.
암컷을 위험으로부터 보호하기 위해서인가요? 교수님께서 어제 주신 읽기 자료에 잠자리가 짝짓기할 때, 암컷이 가끔 다친다고 언급되어 있거든요.

P: I can see why you'd think that, but, uh . . . Maybe someone else wants to try. Anyone?
왜 그렇게 생각했는지는 알겠어요, 하지만, 어... 다른 사람이 말해 보고 싶을 수도 있겠네요. 누구 있나요?

15 교수는 왜 이렇게 말하는가:

P: Maybe someone else wants to try.

Ⓐ 주어진 읽기 자료가 부정확하다는 것을 보여주기 위해

Ⓑ 학생의 대답이 틀렸다는 것을 나타내기 위해

Ⓒ 학생이 논의에 참여하는 것을 막기 위해

Ⓓ 학생이 질문을 잘못 이해했다는 것을 보여주기 위해

해설

학생의 대답을 듣고 교수는 다른 사람에게도 기회를 준 뒤, 이어서 학생의 말과는 반대되는 내용을 설명합니다. 즉, 학생의 대답이 틀렸다는 것을 간접적으로 나타내고 있음을 알 수 있습니다.

16 교수는 열대 지방의 잠자리에 관해 무엇을 암시하는가?

Ⓐ 그들은 한 해에 특정한 시기에만 번식할 수 있다.

Ⓑ 그들은 봄마다 같은 장소로 돌아간다.

Ⓒ 그들은 다른 잠자리보다 알을 덜 자주 낳는다.

Ⓓ 그들은 한 장소에 머무르지 않는다.

해설

교수는 열대 지방의 잠자리들이 민물 연못을 형성하는 장맛비를 따라 엄청난 거리를 이동한다고 말합니다. 즉, 열대 지방의 잠자리들이 한 장소에 머무르지 않는다는 것을 암시하고 있습니다.

17 잠자리는 왜 알을 연못이나 호수에 두어야 하는가?

Ⓐ 어린 잠자리는 날개가 자랄 때까지 움직일 수 없다.

Ⓑ 잠자리는 삶을 수서곤충으로서 시작한다.

Ⓒ 잠자리는 알이 젖지 않으면 부화할 수 없다.

Ⓓ 다 자라지 못한 잠자리는 육지 생물에 의해 위험에 처한다.

해설

교수는 알에서 부화한 어린 잠자리는 물속에서 숨쉬기 위한 아가미를 가지고 있는 수중 생물이기 때문에 알이 땅 위에 낳아지면 죽을 것이라고 말합니다.

5일 Progressive Test 5

p.214

1 D Main Topic	2 B, D Detail	3 C Detail
4 B Function & Attitude	5 C Inference	6 C Main Topic
7 D Detail	8 C Detail	9 C Connecting Contents - Purpose
10 D Inference	11 A Function & Attitude	12 A Main Topic
13 D Detail	14 C Connecting Contents - Purpose	15 D Function & Attitude
16 B Inference	17 A Inference	

[1-5] Listen to a conversation between a student and his professor.

학생의 용건/문제점
진보 교육법의
경험적 학습에
대한 질문

S: Hi, Professor Sanders. **Q1** I had a question about my essay topic.

P: Hello, David. Uh, it was, um, related to progressive teaching, right?

S: Yes . . . It's a topic that I find interesting. I hope to be a teacher after graduation.

P: **Q2** Well, I'm a firm supporter of this education method. It's a great way to teach children to be independent. Plus, kids are usually better able to remember what they have learned when they are taught with this method.

S: **Q1** And you said that the progressive teaching method focuses on learning by doing? Um, something called experiential learning?

P: Right . . . Children learn best through firsthand experience. They don't need detailed instructions.

S: But that doesn't seem very effective. I mean, I wouldn't have learned how to tie my shoes if my parents had just told me to figure it out on my own.

교수의 설명
경험적 학습의 단계
– 예) 아이에게
자전거 타는 법을
가르치는 과정

P: Of course not. But that's not how experiential learning works. **Q3** During all stages of the process, someone provides the child with guidance.

S: Um, stages?

P: There are several stages of experiential learning.

S: Now I feel more confused than before.

P: Let's see if an example helps. Imagine you are teaching a child to ride a bike. **Q4** First, you should just let the kid give it a try . . . gain some experience, in other words. And what do you think would happen?

S: Uh, the child would likely fail . . .

P: No surprise there, right? Now, this is when you move on to the next step. Ask the child to reflect on the experience. Try to determine what went wrong. Then, you help plan a way to avoid that problem. And, of course, allow time to experiment with possible solutions. Once he or she has a good plan, go back to the first stage. Let the child put it into action.

학생의 반응
긍정

S: I get it. The child keeps going through this process until he or she gets it right.

P: Exactly. And the child will probably learn to ride the bike a lot sooner than if you used another teaching style.

S: I see now. This was really helpful.

교수의 제안
관련 책
추천해줄 것

P: If you'd like, I can recommend a couple of books on the topic that might help you with your essay.

S: Sure. **Q5** I've got a class in a few minutes, but I'm going to the library afterwards. I can check them out then.

P: OK . . . Let me write down the titles for you.

해석

학생과 교수 사이의 대화를 들으시오.

S: 안녕하세요, Sanders 교수님. 제 보고서 주제에 관해 질문이 있어요.

P: 안녕, David. 어, 그게, 음, 진보 교육과 관련이 있는 거였어, 그렇지?

S: 네... 그게 제가 흥미롭다고 생각하는 주제거든요. 저는 졸업 후에 교사가 되고 싶어요.

P: 음, 나는 이 교육법의 확고한 지지자란다. 그건 아이들이 자립적이 되도록 가르치는 훌륭한 방법이거든. 게다가, 아이들은 보통 이 방법으로 배웠을 때, 배운 것을 더 잘 기억할 수 있지.

S: 그리고 교수님은 진보 교육법이 행동에 의한 학습에 초점을 맞춘다고 하셨죠? 음, 경험적 학습이라고 불리는 거였나요?
P: 맞아... 아이들은 직접적인 경험을 통해 가장 잘 배운단다. 상세한 설명이 필요치 않지.
S: 하지만 그건 별로 효과적인 것 같지 않아요. 제 말은, 만약 저의 부모님이 저에게 혼자서 알아내라고 했더라면, 저는 신발 끈 매는 방법을 배우지 못했을 거예요.
P: 물론 못했겠지. 하지만 그건 경험적 학습이 작동하는 방식이 아니야. 과정의 모든 단계 동안, 누군가가 그 아이에게 안내를 제공하지.
S: 음, 단계요?
P: 경험적 학습에는 몇 개의 단계가 있어.
S: 이제 전보다 더 혼란스럽네요.
P: 예시가 도움이 되나 보자꾸나. 네가 아이에게 자전거 타는 법을 가르치고 있다고 상상해 보렴. 우선, 너는 아이가 한 번 시도해 보도록 해야 해... 다시 말해서, 경험을 좀 얻게 하는 거지. 그러면 어떤 일이 일어날 것 같니?
S: 어, 아이가 실패할 것 같은데요...
P: 놀랄 일도 아니야, 그렇지? 자, 이제 네가 다음 단계로 넘어가야 할 때야. 아이에게 그 경험을 되돌아보라고 요청하렴. 무엇이 잘못됐는지 알아내 보라고. 그런 다음, 네가 그 문제를 피하는 방법을 계획하도록 도와주는 거야. 그리고, 물론, 가능성 있는 해결책들을 실험해 보도록 허락해줘야지. 일단 그 아이에게 좋은 계획이 생기면, 첫 번째 단계로 돌아가렴. 아이가 그것을 행동으로 옮기도록 해주는 거야.
S: 이해가 돼요. 그 아이는 올바르게 이해할 때까지 계속해서 이 과정을 거치는 거군요.
P: 정확해. 그리고 아이는 아마 네가 다른 교육 방식을 사용할 때보다 자전거 타는 방법을 훨씬 더 빨리 배울 거란다.
S: 이제 알겠네요. 정말 도움이 됐어요.
P: 네가 원한다면, 이 주제에 관해 네 보고서에 도움이 될 수도 있는 책 몇 권을 추천해줄 수도 있어.
S: 좋아요. 몇 분 안에 수업이 있지만, 그 후에 도서관에 갈 거예요. 그때 그 책들을 대출할 수 있겠네요.
P: 그래... 제목들을 적어줄게.

1 화자들은 주로 무엇을 논의하고 있는가?
   ⒜ 두 교육 체계의 비교
   ⒝ 졸업 후 학생의 계획
   ⒞ 직접적인 교수 경험의 가치
   ⒟ 한 교육법과 관련된 개념

해설
"And you said that ~" 이하에서 화자들이 진보 교육법이 초점을 맞추는 경험적 학습의 개념에 관해 논의하고 있음을 알 수 있습니다.

2 교수는 왜 진보 교육을 지지하는가?
   ⒜ 그것은 강한 학생-교사 관계를 형성한다.
   ⒝ 그것은 아이들이 자립심을 기르도록 장려한다.
   ⒞ 그것은 교육자들이 수업 중에 새로운 방법들을 실험하게 해준다.
   ⒟ 그것은 아이들이 새로운 정보를 기억하도록 돕는다.

해설
교수는 진보 교육이 아이들을 자립적이 되도록 가르치고, 아이들은 이 방법으로 배운 것을 더 잘 기억할 수 있다고 말합니다.

3 교수는 경험적 학습에 대해 무엇이라고 말하는가?
   ⒜ 그것이 항상 가장 효과적인 접근은 아니다.
   ⒝ 그것은 학생들을 위한 상세한 지시를 포함한다.
   ⒞ 그것은 다양한 단계를 수반하는 과정이다.
   ⒟ 그것은 다른 교육법보다 더 많은 노력을 요구한다.

해설
교수는 경험적 학습에 몇 개의 단계가 있다(There are several stages of experiential learning)고 말합니다. 따라서 경험적 학습이 다양한 단계를 수반하는 과정임을 알 수 있습니다.

대화의 일부를 다시 듣고 질문에 답하시오.

P: First, you should just let the kid give it a try . . . gain some experience, in other words. And what do you think would happen?
우선, 너는 아이가 한번 시도해 보도록 해야 해... 다시 말해서, 경험을 좀 얻게 하는 거지. 그러면 어떤 일이 일어날 것 같니?

S: Uh, the child would likely fail . . .
어, 아이가 실패할 것 같은데요...

P: No surprise there, right?
놀랄 일도 아니야, 그렇지?

4 교수는 이렇게 말함으로써 무엇을 의미하는가:

P: No surprise there, right?

Ⓐ 교수는 학생의 대답에 감명받았다.
Ⓑ 그 각본은 오직 하나의 가능한 결과를 가지고 있다.
Ⓒ 그 질문은 학생을 놀라게 했을 수도 있다.
Ⓓ 아이의 실패 원인은 불분명하다.

해설
교수는 자전거 타는 법을 처음 배우는 아이가 실패하는 것은 당연하다고 말하며, 그 상황에서는 실패할 수밖에 없다는 것, 즉 오직 한 가지 결과만이 가능하다는 것을 암시합니다.

5 학생은 다음에 무엇을 할 것인가?

Ⓐ 도서관 방문하기
Ⓑ 책 읽기
Ⓒ 수업 참석하기
Ⓓ 필기하기

해설
"I've got a class in a few minutes ~"이하에서 학생이 곧 수업에 참석할 것임을 알 수 있습니다.

[6-11]   Listen to part of a lecture from a psychology class.

P: Most children become fluent in their native language at a very young age. How is this possible in such a short period of time and without formal instruction? Q6 Well, today, we will look at one theory . . . And discuss how children acquire language from the perspective of behavioral psychology.

주제
행동심리학
관점에서 보는
언어 습득 과정

Q7 Behaviorists argue that people are born with a blank slate. This means they have no preexisting knowledge whatsoever. Therefore, everything, including language, must be learned. But how does learning take place?

과정 1
자극과 반응

For starters, learning takes place through a process of stimulus and response. Um, a stimulus, of course, is anything that provokes a response . . . By necessity, this involves some form of exchange, or interaction. Q8 Within the context of language learning, this interaction happens between a child and other people. These people are usually the child's parents, but they can be anyone in the child's social environment.

S1: Uh, so what you're saying is that parents stimulate language learning by, um, speaking to their child? That seems obvious.

P: Well, yes. But let's get more specific. A mother might get her child to say "mama" by repeating the word over and over. Eventually, the child responds by imitating what he or she hears. Imitation, actually, is a crucial step in the language learning process.

The second step is reinforcement. I'm sure everyone is familiar with some version of the following scenario . . . Q9 Parents react to a child's first words by screaming with delight or by clapping their hands enthusiastically. Well, this rewards the baby's behavior with positive reinforcement. Reinforcement works like a reward. It acknowledges and encourages appropriate behavior–in this case, the correct utterance of a word or phrase.

OK. The same process helps children to figure out many of the rules of grammar before being taught this subject in school . . . Now, um, what typically happens when a behavior is rewarded?

S2: Um . . . it's repeated? I mean, if I was given a reward for a particular behavior, I'd do that same behavior again and again.

P: Absolutely. Positive reinforcement rewards a behavior and so encourages children to repeat that behavior . . . Q10 Repetition, or practice, forms the third main step in the language learning process: habituation. Essentially, children develop the habit of saying certain words and phrases. These are ones that they've been encouraged to repeat through positive reinforcement.

Q11 Now, I know what you're thinking. Sometimes, a child might say things incorrectly . . . In these cases, parents may react with correction instead of praise. The act of correction can be seen as a mild form of punishment. In behavioral psychology terms, punishment refers to any response that weakens rather than strengthens a behavior . . . By correcting the child, the parent is discouraging him or her from using words incorrectly.

과정 2
강화

과정 3
습관화

4th Week Hackers TOEFL Listening Basic

해석

심리학 강의의 일부를 들으시오.

P: 대부분의 아이들은 매우 어린 나이에 모국어에 유창해집니다. 어떻게 그렇게 짧은 기간에 정식 교육도 없이 이것이 가능한 걸까요? 음, 오늘, 우리는 하나의 이론을 살펴볼 거예요... 그리고 아이들이 어떻게 언어를 습득하는지 행동 심리학의 관점에서 논의해 보겠습니다.

행동주의 심리학자들은 사람들이 백지상태로 태어난다고 주장합니다. 이는 사람들이 기존의 지식을 전혀 가지고 있지 않다는 것을 의미하죠. 그러므로, 언어를 포함한 모든 것은 학습되어야만 해요. 그런데 학습은 어떻게 일어나는 걸까요?

첫 번째로, 학습은 자극과 반응의 과정을 통해 일어납니다. 음, 자극이란, 물론, 반응을 유발하는 모든 것을 말해요... 필연적으로, 이는 어떤 형태의 교환이나, 상호작용을 수반합니다. 언어 학습의 맥락에서, 이 상호작용은 한 아이와 다른 사람들 사이에서 일어납니다. 이 사람들은 보통 아이의 부모이지만, 그 아이의 사회적 환경에 있는 사람들 누구라도 될 수 있어요.

S1: 어, 그러니까 교수님은 부모가, 음, 자녀들에게 말을 함으로써 언어 학습을 활성화한다고 말씀하시는 건가요? 그건 뻔해 보이는데요.

P: 음, 맞아요. 하지만 더 구체적으로 이야기해 봅시다. 어머니는 단어를 계속 반복함으로써 아이가 '엄마'라고 말하게 할 수 있을 거예요. 언젠가, 아이는 자신이 들은 것을 흉내 냄으로써 반응합니다. 실제로, 흉내 내기는 언어 학습 과정에서 매우 중요한 단계죠.

두 번째 단계는 강화입니다. 모두가 다음 각본의 몇 가지 형태에 익숙할 거라고 생각해요... 부모들은 아이의 첫 마디에 기뻐서 소리를 지르거나 열광적으로 박수를 치며 반응합니다. 음, 이는 긍정적 강화로 아기의 행동을 보상하는 거예요. 강화는 보상처럼 작용하죠. 그것은 적절한 행동을 인정하고 격려하는데, 이 경우에, 적절한 행동이란 한 단어나 구의 정확한 발화가 되겠죠.

좋아요. 이 같은 과정은 아이들이 많은 문법 규칙을 학교에서 배우기 전에 알아내도록 도와줍니다... 자, 음, 어떤 행동이 보상을 받으면 일반적으로 무슨 일이 일어날까요?

S2: 음... 그 행동이 반복되나요? 제 말은, 만약 제가 특정한 행동에 대해 보상을 받는다면, 저는 같은 행동을 계속해서 할 것 같아요.

P: 정확해요. 긍정적 강화는 행동에 대해 보상하고, 그렇게 함으로써 아이들이 그 행동을 반복하도록 격려합니다... 반복, 혹은 훈련은 언어 학습 과정의 세 번째 주요 단계인 습관화를 형성합니다. 기본적으로, 아이들은 특정 단어와 구를 말하는 습관을 발달시키게 되죠. 이러한 것들은 그들이 긍정적 강화를 통해서 반복하도록 격려받은 것들이에요. 자, 여러분들이 무슨 생각을 하고 있는지 알아요. 때때로, 아이는 무언가를 틀리게 말할 수도 있겠죠... 이럴 때, 부모는 아마 칭찬 대신 정정으로 반응할 거예요. 잘못을 정정해주는 행동은 처벌의 온화한 형태로 보일 수 있어요. 행동심리학 용어로, 처벌은 어떤 행동을 강화하기보다 약화하는 모든 반응을 말합니다... 아이의 잘못을 정정해줌으로써, 부모는 아이가 단어를 틀리게 말하지 않도록 하는 거죠.

6 강의의 주된 주제는 무엇인가?
Ⓐ 언어를 배우는 데 사용할 수 있는 방법
Ⓑ 아이들이 언어를 쉽게 배우는 이유
Ⓒ 언어 습득 과정에 대한 행동학적 관점
Ⓓ 언어를 일찍 배우는 것의 효과

해설
도입부의 "today, we will look at one theory ~" 이하에서 강의의 주제가 행동심리학적 관점에서 보는 아이들의 언어 습득 과정임을 알 수 있습니다.

7 사람들이 백지상태로 태어난다는 사상의 결론은 무엇인가?
Ⓐ 그들은 구조화된 환경에서 가장 잘 배운다.
Ⓑ 그들은 충분한 사회적 상호작용을 필요로 한다.
Ⓒ 그들은 학습하는 데 지도받을 필요가 있다.
Ⓓ 그들은 완전한 무지의 상태에서 시작한다.

해설
교수는 행동주의 심리학자들이 말하는 백지상태란 기존의 지식을 전혀 가지고 있지 않음을 의미한다고 말합니다.

8 교수는 자극-반응 행동에 관해 무엇이라고 말하는가?
Ⓐ 그것은 대화 교환 없이 일어날 수 없다.
Ⓑ 그것의 지속 기간은 사회적 상황에 따라 다르다.
Ⓒ 그것은 아이의 친부모를 포함하지 않아도 된다.
Ⓓ 그것은 효과적이지 않은 언어 학습 방법이다.

해설
교수는 자극과 반응의 과정이 주로 아이와 부모 사이에서 일어나지만, 이는 아이의 사회적 환경에 있는 누구와의 사이에서도 일어날 수 있다고 말합니다. 즉, 아이의 친부모를 포함하지 않아도 된다는 것을 알 수 있습니다.

9 교수는 왜 부모들이 자녀의 첫 마디에 어떻게 반응하는지를 언급하는가?
Ⓐ 칭찬하는 것의 중요성을 강조하기 위해
Ⓑ 사람들이 생각하는 것보다 아이들이 더 영리하다는 것을 보여주기 위해

ⓒ 강화의 개념을 설명하기 위해

ⓓ 아이들에게 단어를 가르치는 적절한 방법을 설명하기 위해

해설

교수는 긍정적 강화의 개념을 설명하기 위한 예로서 자녀의 첫 마디에 대한 부모들의 반응을 언급합니다.

10 행동학적 관점에서의 언어 학습에 관해 추론할 수 있는 것은 무엇인가?

ⓐ 그것은 정정을 통해 가속될 수 있다.

ⓑ 그것은 사람들이 외국어를 배우는 방법과는 다르다.

ⓒ 그것은 오래된 습관을 버릴 것을 요구한다.

ⓓ 그것은 훈련을 통해 강화된다.

해설

반복과 훈련은 언어 학습 과정의 세 번째 단계인 습관화로 이어지고 이는 아이들이 특정 단어나 구를 말하는 습관을 발달시킨다는 내용에서, 언어 학습이 훈련을 통해 강화된다는 것을 추론할 수 있습니다.

강의의 일부를 다시 듣고 질문에 답하시오.

P: Now, I know what you're thinking. Sometimes, a child might say things incorrectly . . . In these cases, parents may react with correction instead of praise.

자, 여러분들이 무슨 생각을 하고 있는지 알아요. 때때로, 아이는 무언가를 틀리게 말할 수도 있겠죠... 이럴 때, 부모는 아마 칭찬 대신 정정으로 반응할 거예요.

11 교수는 왜 이렇게 말하는가:

P: Now, I know what you're thinking.

ⓐ 반대 의견에 미리 응하기 위해

ⓑ 요점에 대한 그의 이해를 확인하기 위해

ⓒ 일반적인 오해를 정정하기 위해

ⓓ 의견에 대한 지지를 표현하기 위해

해설

다시 들려주는 부분에 이어서 교수는 지금까지 설명한 긍정적 강화와는 반대되는 개념인 정정 반응에 대해 설명합니다. 즉, 언어 학습이 항상 긍정적 강화를 통해서만 일어나는 것은 아닐 수도 있다는 학생들의 반대 의견을 예상하고, 이에 미리 응하기 위해 말한 것임을 알 수 있습니다.

[12-17] Listen to part of a talk on business. The professor is discussing the four Ms of marketing.

주제
마케팅의
네 가지 요소
– 4M

Um . . . Q12 This morning, we'll be talking about, uh, certain factors that help ensure success in marketing a product or service. I'd like to focus on what are called the four Ms–that's market, money, message, and media. Let's see how these factors contribute to the overall success of a company's marketing strategy.

요소 1
Market (시장)

Now . . . when we say market, we're referring to the people we want to sell the product or service to. Q15 So . . . you need to get very specific about who you're targeting. Like . . . how old are they, what's their profession, their educational level, how much money do they make, where do they live? Why are these details important to know? Well, if you're selling lawn tractors, do you think you'd be able to sell them to people who live in, um . . . apartments? See? So . . . once you're clear about who your market is, you can send your product or service message to the right people.

<table>
<tr><td>요소 2
Money (예산)</td><td>Next . . . money. Um . . . a lot of entrepreneurs start businesses with absolutely no idea how much should be budgeted for marketing. ^{Q13} Naturally, this requires careful study . . . But I want to emphasize that you should spend as little as possible when you start. If it isn't needed, scrap it. But, uh . . . you should also be willing to make an investment when it's a strategic one. What do I mean by this? Well, it wouldn't be a strategic move to invest in a lavish press conference at an expensive hotel when you're just starting out. An investment in a good website, communications technology . . . these would help improve your profit picture.</td></tr>
</table>

요소 2
Money (예산)

Next . . . money. Um . . . a lot of entrepreneurs start businesses with absolutely no idea how much should be budgeted for marketing. [Q13] Naturally, this requires careful study . . . But I want to emphasize that you should spend as little as possible when you start. If it isn't needed, scrap it. But, uh . . . you should also be willing to make an investment when it's a strategic one. **What do I mean by this?** Well, it wouldn't be a strategic move to invest in a lavish press conference at an expensive hotel when you're just starting out. An investment in a good website, communications technology . . . these would help improve your profit picture.

요소 3
Message (메시지)

So . . . you know the people you want to sell your product to and which investments will make your product easier to sell. And now you're ready to advertise. What will you tell your customers? Well, that's the message. Now . . . when you're formulating your message, the assumption is you know what you're offering your customer. What are the special features of your product? That's your selling point. And what extra benefits can you offer? Are you giving a free gift with a subscription? [Q14] Well, how about this? Let's say you've opened up a new cake shop. To attract customers, you give away free baby diapers. Great for new moms, sure . . . But do you think potential customers will really want to buy your cake? In their minds, they're going to start equating dirty diapers to the cake they're eating. Bad offer, bad message. You see what I mean?

요소 4
Media (매체)

All right. Last but not least . . . the media. How will you get your message across to your target market? Again, this requires careful planning. Don't expect that an ad in any newspaper will have customers pounding at your door to buy what you're selling. **What is the best way to reach your customer?** [Q16/Q17] Okay . . . let's say your target market is, uh . . . teenage girls between the ages of 13 and 17. What would be the most effective media to advertise in? A classical music radio station? The business section in the newspaper? Or, an online social networking site? I don't have to tell you the answer, right? **It's details like these that can determine whether or not the customers you're targeting will buy your product.**

해석

경영학 강의의 일부를 들으시오. 교수는 마케팅의 4M을 논의하고 있습니다.

음... 오늘 아침에는, 어, 재화나 서비스를 시장에 파는 것을 확실히 성공하도록 도와주는 특정 요소들에 관해 이야기해 보겠습니다. 4M, 즉 시장, 예산, 메시지, 그리고 매체에 초점을 맞추고 싶군요. 이런 요소들이 어떻게 한 회사의 마케팅 전략의 전반적인 성공에 기여하는지 알아봅시다.

자... 우리가 시장이라고 할 때, 그것은 우리가 재화나 서비스를 팔고자 하는 사람들을 가리킵니다. 그러니까... 여러분들은 누구를 대상으로 삼을지에 대해 아주 구체적일 필요가 있습니다. 가령... 연령대가 어떻게 되는지, 직업이 무엇인지, 교육 수준은 어느 정도인지, 돈을 얼마나 버는지, 어디에 사는지에 대해서 말이에요? 이런 세부사항들을 아는 것이 왜 중요할까요? 자, 만약 여러분이 잔디 깎는 기계를 판다면, 그것들을, 음... 아파트에 사는 사람들에게 파는 것이 가능하다고 생각하시나요? 알겠죠? 그래서... 누가 여러분의 시장인지에 관해 확실히 알게 된다면, 여러분은 재화나 서비스 메시지를 알맞은 사람들에게 보낼 수 있는 것입니다.

다음은... 예산입니다. 음... 많은 사업가가 마케팅을 위해 얼마나 예산을 짜야 하는지 전혀 모르는 상태에서 사업을 시작합니다. 물론, 이것에는 신중한 연구가 필요하죠... 그러나 시작할 때에는 가능한 적게 투자해야 한다는 것을 강조하고 싶군요. 만약 필요치 않다면, 빼버리세요. 그러나, 어... 마케팅이 전략적일 때에는 또한 기꺼이 투자해야 합니다. 이 말은 무슨 뜻일까요? 자, 여러분들이 막 시작하는 단계에서 비싼 호텔에서 사치스러운 기자 회견을 여는 것은 전략적인 조치가 될 수 없겠죠. 괜찮은 웹사이트나 통신 기술에 투자하는 것... 이것들은 여러분의 수익 상황을 개선하도록 도울 거예요.

자... 여러분은 상품을 팔고 싶은 사람과 어떤 투자가 여러분의 상품을 쉽게 팔리게 만들어줄지에 대해 배웠습니다. 그러면 이제 여러분은 광고할 준비가 된 것입니다. 여러분은 고객에게 뭐라고 말할 건가요? 음, 그것이 메시지입니다. 자... 여러분이 메시지를 만들 때, 전제는 여러분이 고객에게 제공하는 것에 대해 알고 있다는 점이에요. 그 상품의 독특한 특징은 무엇인가요? 그것이 상품의 장점입니다. 그리고 어떤 추가적인 혜택을 제공할 수 있나요? 구독하면 무료 사은품을 줄 것입니까? 자, 이건 어떨까요? 여러분이 새로운 케이크 가게를 열었다고 가정해 봅시다. 여러분은 고객들을 끌기 위해, 무료로 아기 기저귀를 나눠줍니다. 물론, 어린 아기를 둔 엄마들에게는 좋겠죠... 하지만 잠재적 고객이 정말로 여러분의 케이크를 사고 싶어 할 거라고 생각하나요? 그들은 마음 속으로, 더러운 기저귀와 그들이 먹고 있는 케이크를 동일시하기 시작할 겁니다. 적당하지 않은 제안이자, 적당하지 않은 메시지죠. 무슨 말인지 알겠나요?

좋아요. 마지막으로 중요한 것은... 매체입니다. 여러분의 메시지를 어떻게 표적 시장에 전달할 건가요? 다시 말하지만, 이것은 신중한 계획을 필요로 합니다. 아무 신문에나 광고를 내더라도 고객들이 여러분의 상품을 사기 위해 문을 두드릴 거라고 기대하지 마세요. 여러분의 고객에게 다가갈 가장 좋은 방법은 무엇일까요? 좋아요... 여러분의 표적 시장이, 어... 13세에서 17세 사이의 10대 소녀들이라고 가정해 봅시다. 광고를 위한 가장 효과적인 매체는 무엇일까요? 클래식 음악 라디오 방송국? 신문의 경제면? 아니면, 온라인 소셜 네트워킹 사이트? 답을 말해줄 필요는 없을 거예요, 그렇죠? 이와 같은 세부 사항들이 바로 여러분이 대상으로 삼고 있는 고객이 여러분의 상품을 살지 말지 결정하는 것입니다.

12 강의는 주로 무엇에 관한 것인가?
  Ⓐ 마케팅 전략에 영향을 미치는 네 가지 요소
  Ⓑ 상품이 최고의 시장을 결정하는 방법
  Ⓒ 광고 내용 전달을 위한 적합한 미디어를 결정하는 것
  Ⓓ 4M을 활용하기 위해 충분한 자본이 필요한 이유

해설
"we'll be talking about ~" 이하에서 강의가 재화나 서비스 판매에 성공하도록 도와주는 마케팅의 네 가지 요소에 관한 것임을 알 수 있습니다.

13 교수는 마케팅 비용을 위한 예산에 관해 무엇이라고 말하는가?
  Ⓐ 그것은 기자 회견의 비용을 포함해야 한다.
  Ⓑ 그것은 보통 시작 단계의 회사의 경우 불충분하다.
  Ⓒ 그것은 인터넷 기술에만 사용되어야 한다.
  Ⓓ 그것은 필요한 경우에만 소비되어야 한다.

해설
교수는 "But I want to emphasize ~" 이하에서 예산을 가능한 줄여야 하지만, 전략적인 경우에는 투자를 해야 한다고 말합니다. 즉, 필요한 경우에만 비용을 들여야 한다는 의미임을 알 수 있습니다.

14 교수는 왜 아기 기저귀를 언급하는가?
  Ⓐ 고객은 항상 공짜 선물을 좋아한다는 것을 보여주기 위해
  Ⓑ 고객의 관심을 끄는 상품 제공의 예를 들기 위해
  Ⓒ 적절한 제안을 하는 것의 중요성을 강조하기 위해
  Ⓓ 표적 시장을 확인하는 것의 필요성을 설명하기 위해

해설
교수는 메시지를 만들 때 무엇을 제공할지 정확히 알아야 한다고 말하면서, 적절하지 않은 제안의 예로 케이크 가게에서 아기 기저귀를 주는 경우를 언급합니다.

강의의 일부분을 다시 듣고 질문에 답하시오.
P: So . . . you need to get very specific about who you're targeting. Like . . . how old are they, what's their profession, their educational level, how much money do they make, where do they live? Why are these details important to know? Well, if you're selling lawn tractors, do you think you'd be able to sell them to people who live in, um . . .

apartments?

그러니까... 여러분들은 누구를 대상으로 삼을지에 대해 아주 구체적일 필요가 있습니다. 가령... 연령대가 어떻게 되는지, 직업이 무엇인지, 교육 수준은 어느 정도인지, 돈을 얼마나 버는지, 어디에 사는지에 대해서 말이에요? 이런 세부사항들을 아는 것이 왜 중요할까요? 자, 만약 여러분이 잔디 깎는 기계를 판다면, 그것들을, 음... 아파트에 사는 사람들에게 파는 것이 가능하다고 생각하시나요?

15 교수는 왜 이렇게 말하는가:

P: Well, if you're selling lawn tractors, do you think you'd be able to sell them to people who live in, um . . . apartments?

Ⓐ 정확하지 않다고 생각하는 이론을 비판하기 위해
Ⓑ 왜 어떤 결정들은 내리기 힘든지 설명하기 위해
Ⓒ 학생들이 문제의 해결책을 제시하도록 하기 위해
Ⓓ 그가 소개한 개념의 예를 들기 위해

해설
교수는 누구를 판매 대상으로 삼을지에 대해 아주 구체적일 필요가 있다고 말한 뒤, 대상을 제대로 선정하지 못한 예로 아파트에 사는 사람들에게 잔디 깎는 기계를 파는 경우를 제시합니다.

강의의 일부분을 다시 듣고 질문에 답하시오.

P: Okay . . . let's say your target market is, uh . . . teenage girls between the ages of 13 and 17. What would be the most effective media to advertise in? A classical music radio station? The business section in the newspaper? Or, an online social networking site? I don't have to tell you the answer, right?

좋아요... 여러분의 표적 시장이, 어... 13세에서 17세 사이의 10대 소녀들이라고 가정해 봅시다. 광고를 위한 가장 효과적인 매체는 무엇일까요? 클래식 음악 라디오 방송국? 신문의 경제면? 아니면, 온라인 소셜 네트워킹 사이트? 답을 말해줄 필요는 없을 거예요, 그렇죠?

16 교수는 이렇게 말함으로써 무엇을 암시하는가:

P: I don't have to tell you the answer, right?

Ⓐ 교수는 학생들에게 이미 정답을 말했다.
Ⓑ 학생들에게 정답이 명백할 것이다.
Ⓒ 교수는 학생들이 질문에 대답할 것을 기대하지 않는다.
Ⓓ 교수가 제시한 예시는 강의에서 중요하지 않다.

해설
교수는 10대 소녀들을 대상으로 클래식 음악 라디오 방송국, 신문의 경제면, 온라인 소셜 네트워킹 사이트 중에서 어디에 광고를 낼 것인지를 묻습니다. 답을 말해줄 필요가 없다는 말은 그것이 소셜 네트워킹 사이트임이 명백하다는 것을 암시합니다.

17 매체에 관해 추론할 수 있는 것은 무엇인가?

Ⓐ 표적 시장과 유사한 대상을 가진 매체가 가장 좋다.
Ⓑ 소셜 네트워킹 사이트는 다른 종류의 매체보다 저렴한 광고료를 제공한다.
Ⓒ 재화나 서비스를 판매할 때에는 모든 종류의 매체가 활용되어야 한다.
Ⓓ 적합한 매체를 활용하면 고객은 항상 상품을 구입한다.

해설
10대 소녀들을 목표로 할 경우에는 소셜 네트워킹 사이트에 광고를 내야 한다는 교수의 말에서, 표적 시장과 유사한 대상을 가진 매체가 가장 좋다는 것을 추론할 수 있습니다.

| 1 B Main Topic | 2 D Detail | 3 C Detail |

1 B Main Topic   2 D Detail   3 C Detail

4 A Function & Attitude   5 C Inference   6 C Main Topic

7 B Detail   8 C Inference   9 C Detail

10 A Connecting Contents - Purpose   11 A Function & Attitude   12 D Main Topic

13 A, C Detail   14 B Connecting Contents - Purpose   15 B Detail

16 C Function & Attitude

17 Connecting Contents - List

	Yes	No
They become covered in harmful molds.	✓	
They are hard to operate in remote areas.		✓
They require specific climate conditions.	✓	
They are vulnerable to wind damage.	✓	
They must be repaired once a year.		✓

18 B Main Topic   19 B, D Detail   20 B Connecting Contents - Purpose

21 C Function & Attitude   22 C Detail   23 D Main Topic

24 C Detail   25 D Connecting Contents - Purpose   26 D Function & Attitude

27 A, B, D Detail   28 B Detail

[1-5]   Listen to a conversation between a student and a professor.

S: Professor Hicks? You wanted to see me?

P: José, yes, come in, come in . . . So, how's it going?

S: Oh, just okay, I guess. Been a little busy . . . Was there something you wanted to talk to me about?

P: Um, yeah . . . Q1 It's about that essay you did in class . . . the one about governments.

S: Oh, yeah . . . I hope it wasn't that bad.

P: Q2 As far as the topic goes, I'm happy with it. It's a new angle—why none of the governments men have set up have been able to satisfy the needs of the citizenry. Pretty bold, I'd say.

교수가 학생을
부른 용건

학생의 보고서 –
단락은 두 개
뿐인데 내용이
너무 많음

S: Thanks, professor. I wasn't very confident about what I wrote.

P: It's good! But . . . um . . . here's the thing . . . See, you only wrote a couple of paragraphs even though Q3 there's a lot of material here. It's like you tried to cram all these details in. Uh, here, where you're trying to inject an example . . . well, I thought the earlier example was plenty, you know what I mean?

교수의 제안

1. 반복 빼고
일화 줄일 것

S: Yes, I think so.

P: So . . . take out all the repetition . . . and also all these little anecdotes. I . . . I think you wanted to liven up your essay with them, but one or two would probably have been enough.

S: Q1 So you're asking me to revise the essay?

P: Yeah, I liked it, but you can make it much stronger, you know.

S: Uh huh.

2. 서론
작성할 것
P: And . . . Oh, yeah . . . I mentioned earlier that you've only got two big paragraphs here . . . but you actually have three sub-points . . . Q4 So what I want you to do is to give the intro its own paragraph. And in your introduction, state your main points in one or two sentences.

S: I forgot about the introduction.

3. 세부 요점에
따라 단락 나눌 것
P: Then, you've gotta give each of the supporting points its own paragraph as well . . . so, uh, with three supporting points, I'd expect to see how many paragraphs?

S: Four?

4. 결론
작성할 것
P: You're missing something . . . You've got the intro and a paragraph for each supporting point, but you need a concluding paragraph too . . . You know, wrap it all up and make some kind of big statement.

학생의 반응
긍정
S: OK, I see. When do you want me to show you the revised one?

P: Q5 Um, I'm going up to Washington, D.C. for a conference in a couple of days. Do you think you could have your revised essay on my desk by tomorrow afternoon, say, 2 p.m.?

S: Uh, that's stretching it a bit for me. I've got the last of my midterms tomorrow . . . Couldn't I . . .

P: OK, well . . . let's do this. Um, can you send your essay by e-mail this coming Thursday?

S: Uh, I think that would work. Sure . . . Thursday, then.

해석

학생과 교수 사이의 대화를 들으시오.

S: Hicks 교수님? 저를 보자고 하셨죠?

P: José, 그래, 들어오렴, 들어와... 그래, 어떻게 지내니?

S: 오, 저는, 그냥 괜찮은 것 같아요. 조금 바빴어요... 제게 뭔가 하실 말씀이라도 있으셨나요?

P: 음, 그래... 네가 수업 시간에 쓴 보고서에 관한 거야... 정부에 대해 쓴 것 말이야.

S: 오, 네... 그렇게 나쁘진 않았길 바라요.

P: 주제에 한해서는, 마음에 들었어. 새로운 시각이야, 왜 사람들이 세운 정부 중 어떤 것도 시민의 요구를 충족시키지 못해왔는가. 무척 대담하다고 말하고 싶구나.

S: 감사합니다, 교수님. 제가 쓴 것에 매우 자신 있지는 않았거든요.

P: 잘 썼어! 그런데... 음... 문제는 말이야... 보렴, 여기 많은 내용이 있는데도 네가 두 단락밖에 쓰지 않았다는 거야. 이건 이 모든 세부 내용들을 쑤셔 넣으려고 하는 것 같아. 어, 여기, 예시를 삽입하려고 한 부분 말인데... 글쎄, 나는 앞에 나온 예시만으로도 많다고 생각했단다, 무슨 말인지 알겠니?

S: 네, 알 것 같아요.

P: 그러니까... 반복되는 부분들은 모두 빼는 게 좋겠어... 그리고 또 이런 사소한 일화들도 말이야. 내... 내 생각에는 네가 일화들로 보고서에 활기를 불어넣고 싶었겠지만, 한두 개로도 충분했을 거야.

S: 그러니까 보고서를 수정하라는 말씀이시죠?

P: 그래, 네 보고서가 마음에 들지만, 그러니까, 훨씬 더 잘 쓸 수 있잖니.

S: 네.

P: 그리고... 오, 그래... 아까도 말했지만 너는 여기에 두 개의 큰 단락만 썼지만... 사실 세 개의 세부 요점을 가지고 있지... 그래서 내가 너에게 바라는 건 서론을 별개의 단락으로 쓰는 거야. 그리고 서론에서, 요점들을 한두 문장으로 언급하는 거지.

S: 제가 서론을 생각 못 했군요.

P: 그런 다음, 세부 요점들 역시 각각의 단락으로 만드는 거야... 그럼, 어, 세부 요점이 세 가지니까, 단락이 몇 개가 될까?

S: 네 개요?

P: 네가 놓치고 있는 부분이 있어... 서론과 각 세부 요점에 해당하는 단락이 있지만, 결론을 내리는 단락도 필요해... 그러니까, 모든 내용을 마무리하면서 깊은 인상을 남기는 말을 쓰는 부분 말이야.

S: 네, 알겠어요. 언제쯤 수정된 보고서를 보여드리면 될까요?

P: 음, 내가 며칠 후에 회의 차 워싱턴에 가거든, 내일, 그러니까, 오후 2시까지 내 책상에 수정된 보고서를 가져다 놓을 수 있을 것 같니?

S: 어, 제게는 부담을 좀 줄 것 같아요. 내일 중간고사 마지막 시험이 있거든요... 그러니까...

P: 그래, 그럼... 이렇게 하자. 음, 이번 주 목요일까지 보고서를 이메일로 보낼 수 있겠니?

S: 어, 그건 할 수 있을 것 같아요. 확실히요... 그럼, 목요일까지 보내드리겠습니다.

1 교수는 왜 학생과 이야기하는가?
    Ⓐ 보고서를 하나 더 쓰라고 권유하기 위해
    Ⓑ 보고서를 개선할 수 있는 방법을 설명하기 위해
    Ⓒ 보고서 제출 시기를 물어보기 위해
    Ⓓ 보고서 마감 기한을 상기시키기 위해

해설
"It's about that essay ~" 이하에서 교수가 학생의 보고서 때문에 그를 불렀음을 알 수 있습니다. 이어서 교수는 학생의 보고서를 개선할 수 있는 방법을 설명합니다.

2 교수는 학생의 보고서 주제에 관해 무엇이라고 말하는가?
    Ⓐ 그것은 더 좁혀질 수 있다.
    Ⓑ 그것은 수업 주제에 적절하지 않다.
    Ⓒ 그것은 학생의 보고서로는 너무 어렵다.
    Ⓓ 그것은 신선하고 대담하다.

해설
교수는 보고서의 주제가 새로운 시각을 가지고 있으며 무척 대담하다고 말합니다.

3 교수는 학생의 예시와 일화에 관해 어떤 점을 언급하는가?
    Ⓐ 그것들은 잘 구성되어 있다.
    Ⓑ 그것들은 주제에 부적합하다.
    Ⓒ 그것들은 너무 많다.
    Ⓓ 그것들은 그다지 흥미롭지 않다.

해설
교수는 학생의 보고서에 너무 많은 내용이 들어가 있다고 말합니다.

대화의 일부를 다시 듣고 질문에 답하시오.

P: So what I want you to do is to give the intro its own paragraph. And in your introduction, state your main points in one or two sentences.

그래서 내가 너에게 바라는 건 서론을 별개의 단락으로 쓰는 거야. 그리고 서론에서, 요점들을 한두 문장으로 언급하는 거지.

S: I forgot about the introduction.

제가 서론을 생각 못 했군요.

P: Then, you've gotta give each of the supporting points its own paragraph as well . . . so, uh, with three supporting points, I'd expect to see how many paragraphs?

그런 다음, 세부 요점들 역시 각각의 단락으로 만드는 거야... 그럼, 어, 세부 요점이 세 가지니까, 단락이 몇 개가 될까?

4 교수는 왜 이렇게 말하는가:

P: . . . I'd expect to see how many paragraphs?

Ⓐ 학생이 대답을 하도록 유도하기 위해

Ⓑ 보고서의 심각한 문제점을 지적하기 위해

Ⓒ 보고서 길이에 대해 문제를 제기하기 위해

Ⓓ 학생에게 서론을 쓸 것을 상기시키기 위해

해설

교수는 보고서의 구성에 관해 개괄적으로 설명한 후 학생에게 질문을 함으로써, 그가 스스로 정확한 대답을 하도록 유도합니다.

대화의 일부를 다시 듣고 질문에 답하시오.

P: Um, I'm going up to Washington, D.C. for a conference in a couple of days. Do you think you could have your revised essay on my desk by tomorrow afternoon, say, 2 p.m.?

음, 내가 며칠 후에 회의 차 워싱턴에 가거든. 내일, 그러니까, 오후 2시까지 내 책상에 수정된 보고서를 가져다 놓을 수 있을 것 같니?

S: Uh, that's stretching it a bit for me. I've got the last of my midterms tomorrow . . . Couldn't I . . .

어, 제게는 부담을 좀 줄 것 같아요. 내일 중간고사 마지막 시험이 있거든요... 그러니까...

5 학생에 관해 추론할 수 있는 것은 무엇인가?

Ⓐ 그는 중간고사를 통과하지 못할까 봐 걱정한다.

Ⓑ 그는 수정된 보고서를 오후 늦게 제출할 예정이다.

Ⓒ 그는 다음 날 보고서를 제출할 수 없을 것이다.

Ⓓ 그는 보고서를 수정할 계획이 없다.

해설

수정된 보고서를 내일 오후까지 제출하라는 교수의 제안에 학생은 시험 때문에 부담이 될 것 같다고 대답합니다. 즉, 학생이 다음 날 보고서를 제출하지 못할 것임을 추론할 수 있습니다.

[6-11] Listen to part of a lecture in a history class.

주제
바이킹에 대한
관점의 변화

Good morning, class. To continue our discussion of Scandinavian history, we'll be talking about the Vikings today.

Q11 Now, when I mention Vikings, what sort of picture comes to mind? Maybe a long-haired, muscular warrior wearing a horned helmet and, um, swinging a giant battle-axe? Sound about right? Q6 This popular image of Vikings has some pretty old roots, and in fact, for many years, most people considered Vikings to be barbarians. However, more recently, they've been described as educated and civilized explorers. Why the differences of opinion? Let's examine the historical record and try to figure it out.

아이슬란드
영웅 전설
야만인으로
묘사

OK . . . I think that an important moment in how the Vikings were portrayed as barbaric resulted from an incident in AD 793. In that year, Viking pirates arrived in Northumbria, an old British kingdom. They raided a monastery, killed many monks, and stole all of the precious items they came across. Now . . . these attacks continued off and on in different parts of Britain until the latter half of the eleventh century. Q7 To many in Europe, these raids came as quite a shock. You see, the Vikings had attacked holy places, and anyone who would harm religious institutions was seen as savage. Public perceptions of the Vikings were also heavily influenced by the contents of, uh, ancient writings known as the Icelandic sagas. The sagas are full of heroic tales that glamorize the Vikings as fierce warriors . . . but at the same time, the Vikings are portrayed as bloodthirsty pirates with, uh, a healthy appetite for violence. Sort of like "noble savages," if you will. Historically, the Icelandic sagas were considered a good source of information . . . after all, they were the only known historical texts about Viking society. Well, the problem was . . . the earliest of these sagas wasn't actually recorded until about the twelfth century . . . long after the events actually took place . . . and scholars who examined the records said they were partly inaccurate. Q8 That's because the sagas were written in a highly literary style called skaldic verse, and the writers sacrificed accuracy to ensure that their words fit the style's restrictive structure.

So, as historians realized that the sagas were, um, unreliable as historical sources, they also began to doubt some of the more negative depictions of Vikings. But the biggest change in the Vikings' reputation came in the seventeenth century, when Danish scholars discovered a large number of Viking artifacts called runestones. These stone structures were, uh, memorials, sort of like gravestones, for deceased individuals. Now, as you'd expect, some of the runestones were made for Viking soldiers who had been killed in foreign battles . . . but actually, the majority were built for regular people who died in the Viking homelands. Q10 The inscriptions on these stones have given researchers a fascinating look into many different aspects of Viking society and culture that were previously unknown. For example, some stones explain how the deceased's possessions were, um, inherited, shedding light on the Viking legal system . . . other stones tell us about the person's religious beliefs, economic status, uh, even their education. Q9 Runestones have really opened a new window into a Viking society that was much more, well, sophisticated than had previously been believed.

룬스톤
교양 있는
사회

해석

역사 강의의 일부를 들으시오.

좋은 아침이에요, 여러분. 스칸디나비아 역사에 대한 논의를 계속하기 위해, 오늘은 바이킹에 대해 이야기할 거예요. 자, 제가 바이킹이라고 말하면, 어떤 종류의 그림이 생각나나요? 아마도 긴 머리에, 뿔이 난 투구를 쓰고, 음, 거대한 전투용 도끼를 휘두르는 근육질의 전사인가요? 거의 맞았죠? 바이킹의 이런 대중적인 이미지는 꽤 오래된 기원을 가지고 있는데, 사실, 오랫동안, 대부분의 사람은 바이킹을 야만인으로 여겼답니다. 하지만, 최근 들어, 그들은 교육을 받고 문명화된 탐험가들로 묘사되어 왔어요. 왜 의견이 달라진 걸까요? 역사적인 기록을 살펴보고 그 이유를 알아보도록 합시다.

좋아요... 제 생각에 바이킹을 어떻게 야만인으로 묘사하게 되었는지에 대한 중요한 계기는 서기 793년의 사건에서 기인한 것 같습니다. 그 해에, 바이킹 해적은 옛 영국의 왕국인, 노섬브리아에 도착했어요. 그들은 수도원을 습격했고, 많은 수도승을 죽였으며, 발견한 모든 귀중품을 훔쳤습니다. 자... 이 공격은 11세기 후반까지 영국의 다른 지역에서 불규칙적으로 계속되었습니다. 많은 유럽 사람에게, 이 습격은 큰 충격으로 다가왔어요. 그러니까, 바이킹은 신성한 장소들을 공격했고, 종교적인 기관을 훼손하는 사람은 누구든지 야만적이라고 간주되었거든요. 바이킹에 대한 대중적인 인식은 또한, 어, 아이슬란드의 영웅 전설로 알려진 고대 작품의 내용으로부터 상당한 영향을 받았습니다. 이 영웅 전설은 바이킹을 맹렬한 전사로 미화하는 영웅 이야기로 가득 차 있었습니다... 하지만 동시에, 바이킹은 폭력에 대해 왕성한 욕구를 가진, 어, 피에 굶주린 해적들로 그려졌어요. 말하자면, '고결한 야만인' 같은 거죠. 역사적으로, 아이슬란드 영웅 전설은 좋은 정보원으로 여겨졌습니다... 어쨌든, 이것이 바이킹 사회에 대해 유일하게 알려진 역사적인 글이었으니까요. 자, 문제는... 이 영웅 전설 초기의 작품들이 사실 12세기 즈음이 되어서야 기록되었다는 것입니다... 사건이 실제로 일어나고 나서 한참 후였죠... 그리고 기록을 살펴본 학자들은 그 기록이 부분적으로 정확하지 않다고 말했습니다. 그것은 영웅 전설이 스칼드 시라고 불리는 매우 문학적인 방식으로 쓰였고, 작가들이 글을 이 형식의 제한적인 구조에 맞추기 위해 정확성을 희생시켰기 때문이죠.

그래서, 역사학자들이 영웅 전설을, 음, 역사적인 자료로 신뢰할 수 없다는 걸 깨달았을 때, 그들은 또한 바이킹에 대한 더욱 부정적인 묘사를 의심하기 시작했습니다. 하지만 바이킹의 평판에 대한 가장 큰 변화는 17세기에 일어났어요, 덴마크 학자들이 룬스톤이라고 불리는 바이킹의 수많은 유물을 발견했을 때죠. 이 석조 구조물은, 어, 기념비였습니다. 죽은 사람들을 위한, 일종의 묘비였죠. 자, 여러분이 짐작하는 것처럼, 몇몇 룬스톤은 외국과의 전쟁에서 사망한 바이킹 전사들을 위해 세워졌습니다... 하지만 사실, 대다수는 바이킹 본국에서 죽은 일반 사람들을 위해 세워졌죠. 이 묘비에 새겨진 비문은 연구원들에게 이전에는 알려지지 않았던 바이킹 사회와 문화의 많은 다른 측면들을 볼 수 있게 하는 굉장히 흥미로운 볼거리를 주었습니다. 예를 들어, 일부 묘비는 죽은 사람의 소유물이, 음, 어떻게 상속되는지를 설명하며, 바이킹의 법률 체계에 대한 실마리를 던져주었어요... 다른 묘비는 그 사람의 신앙, 경제적 지위, 어, 심지어 교육 수준까지 말해주죠. 룬스톤은 정말로 이전에 생각되었던 것보다 훨씬 더, 음, 교양 있는 바이킹 사회를 향한 새로운 창을 열어주었어요.

6 강의의 목적은 무엇인가?

ⓐ 영국 역사의 비극적인 일련의 사건들을 이야기하는 것
ⓑ 바이킹이 다른 문명 사회를 습격한 이유를 설명하는 것
ⓒ 바이킹에 대한 서로 다른 관점을 비교하는 것
ⓓ 역사적 기록을 만드는 것의 어려움을 논의하는 것

해설
교수는 바이킹에 대한 과거의 인식과 최근에 달라진 인식을 언급하며, 바이킹에 대한 관점이 달라진 이유를 살펴보자고 말합니다. 즉, 강의의 목적이 바이킹에 대한 서로 다른 관점을 비교하는 것임을 알 수 있습니다.

7 교수에 따르면, 왜 많은 유럽인이 바이킹의 습격에 충격을 받았는가?

ⓐ 바이킹은 인근에 있던 영국 왕국을 오랫동안 침략했다.
ⓑ 바이킹은 성스럽게 여겨지던 장소들을 목표로 삼았다.
ⓒ 바이킹은 전쟁을 선언하는 대신 기습 공격했다.
ⓓ 바이킹은 심지어 평화로운 시기에 습격했다.

해설
교수는 바이킹이 신성한 장소들을 공격했다(the Vikings had attacked holy places)기 때문에 많은 유럽인이 충격을 받았다고 말합니다.

8 아이슬란드 영웅 전설에 관해 추론할 수 있는 것은 무엇인가?

ⓐ 그것들은 주로 12세기 이후의 발전에 대해 묘사했다.
ⓑ 작가들은 정확한 역사적 정보에 가치를 두었다.
ⓒ 그것들은 역사보다는 문학적 목적을 위해 작성되었다.
ⓓ 영웅 전설의 저자는 오늘날까지 여전히 논란이 되고 있다.

해설
영웅 전설이 문학적인 방식으로 쓰였고, 작가들이 이 형식에 맞추기 위해 정확성을 포기했다는 교수의 설명에서 아이슬란드 영웅 전설이 역사보다는 문학적 목적을 위해 작성되었음을 추론할 수 있습니다.

9 룬스톤은 바이킹 사회에 관해 무엇을 암시하는가?

ⓐ 그것은 다른 시민들보다 군인을 훨씬 높게 평가했다.
ⓑ 그것은 이웃하고 있는 문화들보다 덜 교양 있었다.
ⓒ 그것의 발달 정도는 과소평가되어 왔다.
ⓓ 그것은 전투에서의 승리를 매우 강조했다.

해설
교수가 룬스톤을 통해 이전에 생각되었던 것보다 훨씬 교양 있는 바이킹 사회를 알게 되었다고 말하는 것을 볼 때, 바

이킹 사회의 발달 정도가 과소평가되어 왔음을 알 수 있습니다.

10 교수는 왜 바이킹의 법률 체계를 언급하는가?

Ⓐ 룬스톤으로부터 얻은 새로운 지식을 설명하기 위해

Ⓑ 바이킹과 유럽 본토의 사회를 비교하기 위해

Ⓒ 바이킹의 재산이 상속된 방법을 설명하기 위해

Ⓓ 룬스톤이 바이킹 문화에 끼친 영향을 보여주기 위해

해설

교수는 룬스톤의 비문이 이전에는 알려지지 않았던 바이킹 사회와 문화를 볼 수 있게 했다고 말하며, 한 예로 바이킹의 법률 체계를 언급합니다. 즉, 룬스톤으로부터 얻은 새로운 지식을 설명하기 위해 언급한 것임을 알 수 있습니다.

강의의 일부분을 다시 듣고 질문에 답하시오.

P: Now, when I mention Vikings, what sort of picture comes to mind? Maybe a long-haired, muscular warrior wearing a horned helmet and, um, swinging a giant battle-axe? Sound about right?

자, 제가 바이킹이라고 말하면, 어떤 종류의 그림이 생각나나요? 아마도 긴 머리에, 뿔이 난 투구를 쓰고, 음, 거대한 전투용 도끼를 휘두르는 근육질의 전사인가요? 거의 맞았죠?

11 교수는 왜 이렇게 말하는가:

P: Sound about right?

Ⓐ 바이킹에 대한 일반적인 인식을 확인하기 위해

Ⓑ 이전에 믿어졌던 것에 대해 의문을 제기하기 위해

Ⓒ 바이킹의 역사적 모습을 확인하기 위해

Ⓓ 주제에 대한 학생의 의견을 구하기 위해

해설

교수가 사람들이 일반적으로 생각하는 바이킹의 모습을 설명하며 학생들에게 이러한 모습이 맞았냐고 질문하는 것을 볼 때, 바이킹에 대한 일반적인 인식을 확인하고자 한 말임을 알 수 있습니다.

[12-17] Listen to part of a lecture in an environmental science class.

주제
대기에서 물을
얻는 방법 –
안개 수확

P: I'm sure most of you have noticed that grass and leaves are often wet in the morning . . . particularly when a fog has formed. This is because the air contains moisture. Um, water vapor becomes a liquid when it touches a cool surface. For example, this occurs with leaves following a nighttime drop in temperatures. Q12 Inhabitants of arid regions, such as deserts, can exploit this phenomenon to get water. For the rest of this class, I want to explore a method for capturing the water in the air. It's known as fog harvesting.

안개 울타리의
장점

The most effective fog-harvesting device is a fog fence. It has a number of advantages. Q13 Most importantly, it is very inexpensive. Cost is an important issue for people in desert communities because resources are often scarce there. Um, you don't need special materials to build one . . . just wood, cloth, and plastic. In addition, a fog fence doesn't use a power source. This means that there is no need to pay for fuel or electricity. Another benefit of a fog fence is that it is easy to set up. Here, let me put a picture of one up on the screen . . . As you can see, a fog fence is simply a large piece of cloth hung between two poles. It is usually about 12 meters long and 4 meters wide.

Q14 This material should not be solid. It needs to be in the form of thick threads with gaps between them . . . Uh, think of a spider web. It's basically the same idea.

So . . . how does a fog fence produce water? **Q15** Well, the key is that it must be placed at a suitable site. There should be steady winds from one direction that can carry moist air into the fog fence. Um, the side of a mountain, for example. When water vapor encounters the material, it turns into water. The liquid then drips down into the container placed under the fence . . .

S1: **Q16** Um, does this result in much water being collected? It seems like it would take a long time to get even a small amount of water . . .

P: You'd be surprised. A fog fence such as the one I described can capture up to 750 liters per day . . . and many of these devices can be set up at one site.

Now, with all these benefits, the obvious question is . . . why isn't this technology more widely used? Well, fog harvesting has a few major disadvantages. **Q17** Most significantly, it is highly dependent on local climate conditions. Um, it is impossible to extract much water from the air in arid regions with low humidity . . . such as the interior of the Sahara Desert. This method can only really be used in coastal areas situated near cold water because a lot of fog forms in those places. Another consideration is contamination. Does anyone want to take a guess as to what I'm referring to?

안개 울타리의 단점

S2: Do things fall into the storage container? You know, like birds or insects? A fog fence seems almost like a giant net . . .

P: **Q17** Well, that happens, but a bigger concern is mold. The fence is almost always wet and encourages the growth of mold. This can be harmful to humans. Also, the fog fences are easily damaged by high winds . . . This means that they require almost constant maintenance and must be replaced every year or so.

해석

환경 과학 강의의 일부를 들으시오.

P: 여러분 중 대부분이 아침에 풀과 잎사귀가 종종 젖어있는 것을 알아차린 적이 있을 거예요... 특히 안개가 형성됐을 때 말이죠. 이건 공기가 수분을 함유하고 있기 때문입니다. 음, 수증기는 차가운 표면에 닿으면 액체가 됩니다. 예를 들어, 이것은 야간 온도 하강의 결과로 잎사귀에 발생하죠. 사막처럼, 매우 건조한 지역의 거주자들은 물을 얻기 위해 이 현상을 활용할 수 있습니다. 저는 오늘 남은 수업 시간 동안, 공기 중에 있는 물을 획득하는 한 가지 방법을 살펴보고자 합니다. 그것은 안개 수확이라고 알려져 있어요.

가장 효과적인 안개 수확 장치는 안개 울타리입니다. 그건 많은 장점을 가지고 있어요. 무엇보다도, 매우 저렴하죠. 사막 공동체에서는 보통 자원이 부족하기 때문에 그곳에 사는 사람들에게 비용은 중요한 문제입니다. 음, 안개 울타리 하나를 짓는 데에는 특별한 재료가 필요하지 않아요... 단지 나무, 천, 그리고 플라스틱이면 되죠. 게다가, 안개 울타리는 전력원을 사용하지 않습니다. 이것은 연료나 전기에 비용을 들일 필요가 없다는 걸 의미하죠. 안개 울타리의 또 다른 장점은 설치하기 쉽다는 거예요. 여기, 안개 울타리의 사진 하나를 화면에 띄워 볼게요... 여러분도 볼 수 있듯이, 안개 울타리는 그냥 두 개의 기둥 사이에 매달려 있는 커다란 천 조각입니다. 그건 보통 약 12m 길이에 너비는 4m 정도예요. 이 천은 견고하면 안 됩니다. 사이에 틈이 있는 두꺼운 실의 형태로 있어야만 하죠... 어, 거미줄을 생각해 보세요. 기본적으로 같은 개념입니다.

그래서... 안개 울타리가 어떻게 물을 만들어낼까요? 음, 핵심은 그것이 적절한 장소에 놓여 있어야만 한다는 것입니다. 촉촉한 공기를 안개 울타리로 운반할 수 있는 한 방향의 지속적인 바람이 있어야 하죠. 음, 예를 들어, 산의 측면 같은 곳 말이에요. 수증기가 그 천을 만나면, 물로 변하게 됩니다. 그러면 액체가 울타리 밑에 놓인 용기로 떨어지죠...

S1: 음, 이게 많은 물이 모이게 할 수 있나요? 적은 양의 물조차도 모으는 데 오랜 시간이 걸릴 것으로 보이는데요...

P: 여러분들은 아마 놀랄 거예요. 제가 설명한 것과 같은 안개 울타리는 하루에 750리터까지 획득할 수 있거든요... 그

리고 이러한 장치들 여러 개가 한 장소에 설치될 수 있죠.

자, 이 모든 장점에 대해, 분명한 질문이 있어요... 왜 이 기술이 더 폭넓게 사용되지 않을까요? 음, 안개 수확은 몇 가지 주요한 단점을 가지고 있어요. 가장 중요한 것은, 그것이 현지의 기후 조건에 매우 의존적이라는 거예요. 음, 낮은 습도를 가진 매우 건조한 지역의 공기로부터 많은 물을 추출하는 것은 불가능하죠... 사하라 사막의 내륙 같은 곳에서요. 이 방법은 실제로 차가운 해수 주변에 위치한 연안 지역에서만 사용될 수 있는데, 이는 그러한 지역에 많은 안개가 형성되기 때문이죠. 또 다른 고려 사항은 오염입니다. 제가 말하고 있는 것이 무엇인지 추측해 볼 사람 있나요?

S2: 무언가가 저장 용기로 떨어지는 건가요? 그러니까, 새나 곤충 같은 거요? 안개 울타리는 거의 거대한 그물처럼 보여요...

P: 음, 그럴 수도 있겠지만, 더 큰 문제는 곰팡이에요. 울타리는 거의 항상 젖어 있고 곰팡이의 성장을 촉진합니다. 이것은 인간에게 해로울 수 있죠. 또한, 안개 울타리는 강한 바람에 의해 쉽게 손상돼요... 이는 그것들이 거의 끊임없는 관리를 필요로 하고, 매년 또는 그쯤마다 교체되어야 한다는 것을 의미합니다.

12 강의의 주된 주제는 무엇인가?

Ⓐ 안개 수확의 장점

Ⓑ 사막 지역에서의 물 부족

Ⓒ 안개 형성의 원인

Ⓓ 공기로부터 물을 얻는 한 가지 방법

해설

도입부의 "For the rest of this class, ~" 이하에서 강의의 주제가 공기 중에 있는 물을 획득하는 방법 중 하나인 안개 수확에 관한 것임을 알 수 있습니다.

13 교수에 따르면, 안개 울타리는 왜 매우 저렴한가?

Ⓐ 그것들은 작동하기 위해 전력을 필요로 하지 않는다.

Ⓑ 그것들은 하나의 특정한 지역에 지어진다.

Ⓒ 그것들은 흔한 재료로 만들어진다.

Ⓓ 그것들은 관리를 필요로 하지 않는다.

해설

교수는 안개 울타리가 저렴한 이유가 1. 특별한 재료가 필요하지 않(you don't need special materials to build one)고, 2. 전력원을 사용하지 않(a fog fence doesn't use a power source)기 때문이라고 말합니다.

14 교수는 왜 거미줄을 언급하는가?

Ⓐ 천연 안개 울타리의 예시를 제공하기 위해

Ⓑ 천이 조직된 방법을 설명하기 위해

Ⓒ 천이 견고하면 안 되는 이유를 설명하기 위해

Ⓓ 안개 울타리의 효과를 강조하기 위해

해설

교수는 천 조각이 사이에 틈이 있는 두꺼운 실의 형태로 있어야 한다고 말하면서, 기본적으로 거미줄과 같은 개념이라고 설명합니다. 즉, 천이 조직된 방법을 설명하기 위해 거미줄을 언급했음을 알 수 있습니다.

15 한 장소를 안개 울타리에 적절하도록 만드는 것은 무엇인가?

Ⓐ 아침에 젖어 있는 식물

Ⓑ 한쪽으로 움직이는 기류

Ⓒ 바람이 거의 없는 산악 지형

Ⓓ 물을 저장하는 데 사용될 수 있는 커다란 구멍

해설

교수는 안개 울타리가 놓이는 장소에는 촉촉한 공기를 안개 울타리로 운빈할 수 있는 한 방향의 지속적인 바람, 즉 한 쪽으로 움직이는 기류가 있어야 한다고 말합니다.

강의의 일부를 다시 듣고 질문에 답하시오.

S1: Um, does this result in much water being collected? It seems like it would take a long time to get even a small amount of water . . .

음, 이게 많은 물이 모이게 할 수 있나요? 적은 양의 물조차도 모으는 데 오랜 시간이 걸릴 것으로 보이는데요...

P: You'd be surprised. A fog fence such as the one I described can capture up to 750 liters per day . . .

여러분들은 아마 놀랄 거예요. 제가 설명한 것과 같은 안개 울타리는 하루에 750리터까지 획득할 수 있거든요...

16 교수는 이렇게 말함으로써 무엇을 의미하는가:

P: You'd be surprised.

Ⓐ 학생이 물의 양을 과대평가했다.
Ⓑ 학생이 예상 밖의 질문을 했다.
Ⓒ 학생이 부정확한 추측을 했다.
Ⓓ 학생이 안개 울타리의 목적을 잘못 이해했다.

해설

한 학생이 안개 울타리의 효율에 의문을 제기하자, 교수는 학생들에게 아마 놀랄 것이라고 하며 안개 울타리가 하루에 750리터까지 물을 획득할 수 있다고 설명합니다. 즉, 학생이 부정확한 추측을 했다는 것을 의미합니다.

17 강의에서, 교수는 안개 울타리의 몇 가지 단점을 언급한다. 다음의 항목이 단점인지를 표시하시오.

	예	아니오
그것들은 해로운 곰팡이로 뒤덮이게 된다.		
그것들은 외딴 지역에서는 운용되기 힘들다.		
그것들은 특정한 기후 조건을 필요로 한다.		
그것들은 바람에 의한 피해에 취약하다.		
그것들은 일 년에 한 번 수리되어야 한다.		

해설

교수는 안개 울타리가 1. 현지의 기후 조건에 매우 의존적이(it is highly dependent on local climate conditions)고, 2. 곰팡이의 성장을 촉진하(encourages the growth of mold)며, 3. 강한 바람에 의해 쉽게 손상된다(the fog fences are easily damaged by high winds)고 설명합니다.

[18-22] Listen to a conversation between a student and an employee at the university bookstore.

M: Hello. Um, I noticed that you sell artwork . . .

W: That's right. We offer a selection of works by local artists.

M: Q18 Well, that's why I'm here . . . Um, I'm an art major. I have several paintings that I'd like to sell. Could I display them in the bookstore?

학생의 용건/문제점
팔고 싶은 그림을 서점에 전시할 수 없음

W: Unfortunately, that's not possible . . .

M: Q19 Really? I thought students were allowed to sell their works in the bookstore.

W: We changed the policy regarding student art last semester . . . There were a lot of arguments between employees and students about prices. On top of that, so many students wanted to sell stuff that we ran out of room to display the works of other artists.

M: That's too bad. I was really hoping to sell some of my paintings. ^{Q20} I want to participate in a study abroad program this summer, but it's really expensive. I have a part-time job, but I don't think I will be able to save enough. Every extra bit of money I can raise will help.

W: ^{Q18} Well, there are other options available.

M: Like what?

직원의 제안 1
도서관 입구에
전시할 것

W: Um, the library has a space set aside for student artwork. It's near the main entrance.

M: I heard about that. But I thought students weren't allowed to sell their art there. Um, you know . . . it was just to get exposure.

W: I'm pretty sure it's permitted. Um, I've seen price lists posted for past exhibits. And you can include your email address and phone number with the display as well. People who like your paintings can contact you to purchase one.

학생의 반응
부정 – 사람들이
그림을 유심히
보지 않을 것임

M: ^{Q21} I don't know. Most people will probably just pass by quickly and won't look at my art closely . . . I mean, students go to the library to study or do research for class projects. They aren't going to take the time to examine my paintings carefully.

W: I guess you have a point. Um, you might want to consider one of the private galleries in the city, then.

M: Do you mean I should try to convince a gallery to display my work? That doesn't seem very likely. I'm just a student. Galleries usually only feature established artists.

직원의 제안 2
사립 미술관에
전시할 것

W: ^{Q22} I heard that there are several local galleries that set aside space for student artists. Um, from my understanding, they are trying to promote the study of the fine arts.

M: Um, that sounds great . . . I bet that I would be able to sell quite a few paintings that way.

W: Right . . . And the gallery staff can help you determine the right price for each painting. They have a lot of experience with these things.

M: That's what I'll do then. Um, do you have any suggestions about which galleries I should approach?

학생의 반응
긍정

W: I'm not sure. You should probably speak to someone in the university's art department about that.

M: Good idea . . . Thanks.

해석

학교 서점에서 학생과 직원 사이의 대화를 들으시오.

M: 안녕하세요. 음, 여기서 미술품을 판매한다는 것을 알게 됐는데요...

W: 맞아요. 우리는 지역 예술가들의 다양한 작품을 제공해요.

M: 음, 그게 제가 온 이유예요... 음, 저는 미술 전공자거든요. 팔고 싶은 그림 몇 점이 있어요. 그것들을 서점 안에 전시해도 될까요?

W: 유감스럽게도, 그건 불가능해요...

M: 정말요? 저는 학생들이 서점 안에서 작품을 판매하도록 허용된 줄 알았는데요.

W: 우리는 지난 학기에 학생들의 미술품에 대한 정책을 변경했어요... 가격에 대해 직원들과 학생들 간의 논쟁이 많았거든요. 그뿐만 아니라, 너무 많은 학생들이 물건을 팔고 싶어 해서 다른 예술가들의 작품을 전시할 공간이 부족했어요.

M: 유감이네요. 저는 정말로 제 그림 몇 점을 팔았으면 했어요. 이번 여름에 유학 프로그램에 참가하고 싶은데, 정말 돈

이 많이 들거든요. 아르바이트를 하고 있지만, 돈을 충분히 모을 수 있을 것 같지 않아요. 모을 수 있는 모든 추가적인 돈이 도움이 될 거예요.

W: 음, 다른 가능한 선택권들이 있어요.

M: 예를 들면요?

W: 음, 도서관에는 학생들의 미술품을 위해 따로 확보해 둔 공간이 있어요. 중앙 출입구 근처에요.

M: 그것에 대해 들었어요. 그런데 저는 그곳에서 학생들이 미술품을 판매하도록 허용되지는 않는다고 생각했거든요. 음, 그러니까... 단지 진열하기 위한 거라고 생각했어요.

W: 그게 허용된다고 꽤 확신해요. 음, 지난 전시품들에 게시된 가격표를 본 적이 있어요. 그리고 학생은 이메일 주소와 전화번호를 전시에 포함할 수 있어요. 학생의 그림을 마음에 들어 하는 사람들이 그것을 구매하기 위해 학생에게 연락할 수 있죠.

M: 잘 모르겠어요. 대부분 사람들은 아마 그냥 빠르게 지나가지 제 미술품을 유심히 보지는 않을 거예요... 제 말은, 학생들은 공부를 하거나 수업 과제에 대한 조사를 하기 위해 도서관에 가잖아요. 그들은 제 그림을 세심하게 살펴볼 시간을 내지 않을 거예요.

W: 일리가 있는 것 같네요. 음, 그렇다면, 시내에 있는 사립 미술관 중 하나를 고려해 보세요.

M: 제 작품을 전시해달라고 미술관을 설득하라는 말씀이신가요? 그건 별로 가능해 보이지 않는데요. 저는 학생일 뿐이잖아요. 미술관들은 보통 인정받는 예술가들만 특별히 다루죠.

W: 학생 예술가들을 위한 공간을 따로 확보해 두는 지역 미술관들이 몇 개 있다고 들었어요. 음, 제가 알기로, 그들은 순수 예술 학문을 홍보하려 하고 있어요.

M: 음, 그거 괜찮네요... 틀림없이 그 방법으로 꽤 많은 그림을 팔 수 있을 거예요.

W: 맞아요... 그리고 미술관 직원은 학생이 각 그림의 적정가를 정하도록 도와줄 수 있을 거예요. 그들은 이런 것들에 경험이 많으니까요.

M: 그럼 그게 바로 제가 할 일이네요. 음, 제가 어느 미술관에 가야 하는지에 대해 어떤 제안이라도 있으신가요?

W: 잘 모르겠어요. 그것에 대해서는 아마 학교의 예술 학부에 있는 누군가와 이야기해야 할 거예요.

M: 좋은 생각이에요... 감사합니다.

18 대화의 주된 주제는 무엇인가?

Ⓐ 수업을 위해 어떤 미술 용품이 필요한지
Ⓑ 학생이 어디에 전시품을 진열할 수 있는지
Ⓒ 지역 예술가들에 대한 정보를 어떻게 찾는지
Ⓓ 학생이 왜 그의 미술품을 팔고 싶어 하는지

해설

자신의 미술품을 서점에 전시하고 싶어 하는 학생에게 직원은 정책이 변경되어 불가능하다고 말한 후, 미술품을 진열할 수 있는 다른 장소를 제안합니다.

19 최근에 서점은 왜 정책을 변경했는가?

Ⓐ 그것은 직원들에게 부가적인 업무를 만들어냈다.
Ⓑ 그것은 학생들과 직원 사이의 갈등으로 이어졌다.
Ⓒ 그것은 상품의 가격 인상을 야기했다.
Ⓓ 그것은 전시 공간 부족의 결과를 낳았다.

해설

직원은 학생들의 미술품 관련 정책을 변경한 이유로 1. 가격에 대해 직원과 학생들 간의 논쟁이 많았으며, 2. 너무 많은 학생들이 물건을 팔고 싶어 해서 다른 예술가들의 작품을 전시할 공간이 부족했다고 말합니다.

20 학생은 왜 유학 프로그램을 언급하는가?

Ⓐ 미술 공부에 대한 그의 전념을 보여주기 위해
Ⓑ 그가 돈을 필요로 하는 이유를 설명하기 위해

ⓒ 그림에 대한 그의 관심을 설명하기 위해

ⓓ 그의 여름 계획을 구체적으로 말하기 위해

해설

학생은 이번 여름에 유학 프로그램에 참가하고 싶지만, 아르바이트로는 충분한 돈을 모을 수 없을 것 같다고 말합니다. 즉, 돈을 필요로 하는 이유를 설명하기 위해 유학 프로그램을 언급합니다.

21 도서관에 그림을 전시하는 것에 대한 학생의 태도는 무엇인가?

ⓐ 그는 그 전시품을 지나가는 사람이 거의 없을 것이라고 생각한다.

ⓑ 그는 허가를 받지 못할 것을 걱정한다.

ⓒ 그는 아무도 그의 작품에 집중하기 위해 멈춰서지 않을 것을 걱정한다.

ⓓ 그는 그의 작품이 그 공간에 적합하지 않다고 생각한다.

해설

학생들은 보통 공부나 조사를 하기 위해 도서관에 가기 때문에 따로 자신의 그림을 살펴볼 시간을 내지 않을 것이라는 학생의 말에서, 아무도 그의 작품에 집중하기 위해 멈춰서지 않을 것을 걱정하고 있습니다.

22 직원은 지역 미술관에 관해 무엇이라고 말하는가?

ⓐ 그들은 대학을 위해 미술 전시회를 개최한다.

ⓑ 그들은 미술 전시회를 여는 것에 요금을 부과한다.

ⓒ 그들은 학생 예술가들의 작품을 전시한다.

ⓓ 그들은 순수 예술 학도들에게 지원금을 제공한다.

해설

직원은 지역 미술관에 작품을 전시하는 것에 자신 없는 태도를 취하는 학생에게 몇몇 미술관들이 순수 예술 학문을 홍보하기 위해 학생 예술가들의 작품을 전시한다고 말합니다.

[23-28] Listen to part of a lecture in a biology class.

주제
상리공생 관계 –
소 딱따구리와
아프리카들소

P: By now, you all know that relationships are formed between animals of different species. In some cases, both animals benefit. This is known as mutualism. Q23 Um, the relationship between salmon and trees that I mentioned the other day is a form of mutualism. I'd like to examine another example this morning . . . the oxpecker and the African buffalo.

Q24 The oxpecker is a type of bird found throughout Africa. It sits on large mammals, such as a buffalo, for most of the day. In fact, a buffalo with several oxpeckers on its back is a common sight. Now, why do you think the oxpecker does this? Anyone?

S1: For protection maybe?

P: Interesting . . . Why do you say that?

S1: Q25 Um, I just kind of assumed that predators would be reluctant to attack a bird if it was on a buffalo. I know that there are fish that cling to sharks for safety. It could work the same way for the, um, oxpeckers, I guess.

소 딱따구리가
얻는 이익
먹이를 제공 받음

P: Well, you're right that some small animals form protective relationships with larger ones . . . but that's not the case here. Q26 You see, the oxpecker is feeding on the bugs that live on a buffalo's body. Its preferred prey is a type of tick. Um, everyone knows what ticks are, right? Hmm . . . maybe I should explain. These tiny creatures belong to the same class of animals as spiders. They attach themselves to an animal's body and then drink its blood. And there are a tremendous amount of ticks on a buffalo . . . meaning that an oxpecker is never short of food.

So, how does the buffalo benefit from this relationship? Well, the most obvious answer is that a single oxpecker can remove a large number of ticks from its body . . . And remember that there are usually several oxpeckers on each buffalo. Yes? Did you want to ask something?

S2: Yeah. Why are ticks such a problem? A buffalo is pretty big . . . I don't see how a bunch of little bugs could do it much harm . . .

P: That's a good question. [Q27] Ticks irritate the buffalo's skin. This creates small sores that easily become infected. They also transfer diseases between animals . . . and many of these are fatal. Another concern is blood loss. Um, each tick consumes only a small amount of blood. But when there are many ticks on a buffalo's body . . . well, a lot of blood is lost each day. This can lead to health problems . . . especially for a young calf or a pregnant female.

S2: So I guess having ticks removed from its body is a pretty significant advantage for a buffalo, then . . .

P: Exactly. But it isn't the only one. [Q28] The oxpecker also functions as . . . well, almost as an alarm. It warns the buffalo when predators approach. It will fly in the air and then make loud sounds. When the buffalo hears this, it knows that it is in danger. It will then take action to escape or defend itself. This means that the buffalo has a much better chance of surviving an attack by a predator.

아프리카 들소가
얻는 이익
1. 진드기 제거

2. 포식자에
대한 경고 신호

해석

생물학 강의의 일부를 들으시오.

P: 이제, 여러분 모두는 다른 종의 동물들 간에 관계가 형성된다는 것을 알 거예요. 어떤 경우에는, 두 동물 모두 이득을 얻죠. 이는 상리공생이라고 알려져 있습니다. 음, 지난번에 제가 언급했던 연어와 나무 사이의 관계가 상리공생 형태죠. 오늘 아침에는 또 다른 예를 살펴보겠습니다... 소 딱따구리와 아프리카소 말이죠.

소 딱따구리는 아프리카 곳곳에서 발견되는 새의 한 종류입니다. 그것은 하루 대부분을 들소와 같은 커다란 포유동물 위에 앉아 있어요. 사실, 등에 몇 마리의 소 딱따구리를 매달고 있는 들소는 흔히 볼 수 있는 광경이죠. 자, 여러분들은 소 딱따구리가 왜 이런 행동을 한다고 생각하나요? 말해 볼 사람 있나요?

S1: 혹시 보호를 위해서인가요?

P: 흥미롭군요... 왜 그렇게 말하죠?

S1: 음, 저는 그저 새가 들소 위에 있다면 포식자들이 그 새를 공격하기 주저할 거라는 식으로 추측했어요. 안전을 위해 상어에 매달려 있는 물고기가 있다는 걸 알거든요. 제 생각에는, 음, 그게 소 딱따구리에게도 같은 방식으로 작용할 수 있을 것 같아서요.

P: 음, 몇몇 작은 동물이 더 큰 동물과 보호를 위한 관계를 형성하는 것은 맞아요... 하지만 이 경우에는 아니에요. 그러니까, 소 딱따구리는 들소의 몸에 사는 벌레들을 먹고 살아요. 소 딱따구리가 좋아하는 먹이는 진드기의 한 종류거든요. 음, 모두 진드기가 뭔지 알죠? 흠... 아마도 설명을 해야 할 것 같네요. 이 작은 생물은 거미와 같은 동물 종에 속해요. 그들은 동물의 몸에 들러붙고서 그 동물의 피를 마시죠. 그리고 들소에는 엄청난 양의 진드기가 있고요... 이는 소 딱따구리에게 절대 먹이가 부족하지 않다는 뜻이죠.

그러면, 들소는 이 관계에서 어떻게 이익을 얻을까요? 음, 가장 명확한 답은 한 마리의 소 딱따구리가 들소의 몸에 있는 수많은 진드기를 제거할 수 있다는 거예요... 그리고 보통 들소 한 마리에는 몇 마리의 소 딱따구리가 있다는 것을 유념하세요. 네? 질문하고 싶은 것이 있나요?

S2: 네. 진드기가 왜 그렇게 문제가 되죠? 들소는 상당히 크잖아요... 어떻게 작은 벌레들 한 무리가 들소에게 많은 해를 끼칠 수 있는지 잘 모르겠어요...

P: 좋은 질문이에요. 진드기는 들소의 피부에 염증을 일으켜요. 이는 쉽게 감염되는 작은 상처들을 만들죠. 그들은 또

한 동물들 간에 질병을 옮겨요... 그리고 진드기 대다수는 치명적이죠. 또 다른 문제는 혈액 손실입니다. 음, 한 마리의 진드기는 매우 적은 양의 피를 마셔요. 하지만 들소의 몸에 많은 진드기가 있다면... 음, 매일 많은 양의 피를 빼앗기는 거죠. 이건 건강 문제로 이어질 수 있고요... 특히 어린 송아지나 새끼를 밴 암컷에게 말이에요.

S2: 그러니까 들소에게는 몸에서 진드기가 제거되게 하는 것이 상당히 중요한 이점인 거네요...

P: 정확해요. 하지만 그게 유일한 이점은 아니에요. 소 딱따구리는 또한... 음, 거의 경보 장치 역할을 합니다. 포식자가 접근하면 들소에게 위험을 알리죠. 그건 공중으로 날아가서 커다란 소리를 낼 거예요. 들소가 이 소리를 들으면, 자기가 위험에 처했다는 것을 알게 돼요. 그러고 나면 그것은 도망치거나 자신을 방어하기 위한 조치를 취할 겁니다. 이는 들소가 포식자의 공격으로부터 살아남는 훨씬 더 많은 기회를 가지는 것을 의미하죠.

23 강의의 주된 주제는 무엇인가?

ⓐ 동물들 간의 다양한 관계
ⓑ 들소에 있어서 소 딱따구리의 중요성
ⓒ 종들 사이의 상호작용의 위험성
ⓓ 두 종 사이의 관계

해설
도입부의 "I'd like to examine ~" 이하에서 강의의 주제가 소 딱따구리와 아프리카들소의 상리공생, 즉 그들 사이의 관계에 관한 것임을 알 수 있습니다.

24 교수는 소 딱따구리에 관해 무엇이라고 말하는가?

ⓐ 그들에게는 야생에 많은 포식자들이 있다.
ⓑ 그들은 아프리카의 몇몇 작은 지역에서 산다.
ⓒ 그들은 다른 동물들 위에서 많은 시간을 보낸다.
ⓓ 그들은 들소에게 큰 해를 끼친다.

해설
교수는 소 딱따구리가 하루의 대부분을 들소와 같은 커다란 포유동물 위에 앉아 있다고 말합니다.

25 학생은 왜 상어에 매달려 있는 물고기를 언급하는가?

ⓐ 교수와의 의견 차이를 표현하기 위해
ⓑ 그가 개념을 이해한다는 것을 보여주기 위해
ⓒ 이전 진술에서의 오류를 수정하기 위해
ⓓ 교수에게 그의 대답을 설명하기 위해

해설
학생은 포식자들이 들소 위에 있는 소 딱따구리들을 공격하기 주저할 것이라는 자신의 대답을 부연 설명하기 위해 상어에 매달려 있는 물고기를 언급합니다.

강의의 일부를 다시 듣고 질문에 답하시오.

P: You see, the oxpecker is feeding on the bugs that live on a buffalo's body. Its preferred prey is a type of tick. Um, everyone knows what ticks are, right? Hmm . . . maybe I should explain. These tiny creatures belong to the same class of animals as spiders.

그러니까, 소 딱따구리는 들소의 몸에 사는 벌레들을 먹고 살아요. 소 딱따구리가 좋아하는 먹이는 진드기의 한 종류거든요. 음, 모두 진드기가 뭔지 알죠? 흠... 아마도 설명을 해야 할 것 같네요. 이 작은 생물은 거미와 같은 동물 종에 속해요.

26 교수는 이렇게 말함으로써 무엇을 의미하는가:

P: Hmm . . . maybe I should explain.

Ⓐ 학생들은 그녀의 질문을 이해하지 못했을 것이다.
Ⓑ 학생들은 아마도 그녀의 주장에 반대할 것이다.
Ⓒ 학생들은 진드기를 거미와 혼동했을 것이다.
Ⓓ 학생들은 어떤 생물에 익숙하지 않을 것이다.

해설
교수는 학생들에게 진드기를 알고 있는지 질문한 뒤, 진드기에 대한 설명을 덧붙입니다. 즉, 학생들이 그 생물에 익숙하지 않을 것이라 생각했음을 알 수 있습니다.

27 진드기가 들소에게 해를 끼치는 세 가지 방식은 무엇인가?
Ⓐ 그것들은 상처를 낸다.
Ⓑ 그것들은 혈액 손실을 야기한다.
Ⓒ 그것들은 아물지 않은 상처를 감염시킨다.
Ⓓ 그것들은 질병을 퍼뜨린다.
Ⓔ 그것들은 피부를 건조하게 한다.

해설
교수는 진드기가 1. 쉽게 감염되는 작은 상처들을 만들고, 2. 동물들 간에 질병을 옮기며, 3. 혈액 손실을 야기한다고 설명합니다.

28 교수에 따르면, 소 딱따구리는 어떻게 들소에게 위험을 경고하는가?
Ⓐ 그것은 포식자가 있는 방향으로 날아간다.
Ⓑ 그것은 심한 소음을 낸다.
Ⓒ 그것은 그 지역에서 도망치려고 한다.
Ⓓ 그것은 위협에 맞서 스스로를 방어한다.

해설
교수는 포식자가 들소에게 접근하면 소 딱따구리가 공중으로 날아가 커다란 소리를 냄으로써 들소에게 위험을 알린다고 설명합니다.

|H|A|C|K|E|R|S|

TOEFL
LISTENING
BASIC

본 교재 인강 · 교재 MP3 · 단어암기 MP3 **해커스인강 (HackersIngang.com)**

토플 쉐도잉&말하기 연습 프로그램 · 토플 스피킹/라이팅 첨삭 게시판 · 토플 공부전략 강의 · 토플 자료 및 유학 정보 **고우해커스 (goHackers.com)**

해커스 어학연구소

1위 해커스어학원
260만이 선택한 해커스 토플

단기간 고득점 잡는 해커스만의 체계화된 관리 시스템

01 토플 무료 배치고사

현재 실력과 목표 점수에 딱 맞는
학습을 위한 무료 반배치고사 진행!

토플 Trial Test

월 2회 실전처럼 모의테스트 가능한
TRIAL test 응시기회 제공!

02

월 2회

1:1 개별 첨삭시스템

채점표를 기반으로 약점파악 및 피드백,
1:1 개인별 맞춤 첨삭 진행!

03

해커스 빡센 관리 받고
1달 만에 토플 고득점 졸업 go ▶